抗日战争时期中国人口伤亡和财产损失调研丛书

主　编　李忠杰
副主编　李　蓉　姚金果
　　　　霍海丹　蒋建农

山东省百县（市、区）抗日战争时期死难者名录

13

山东省委党史研究室　编

中共党史出版社

山东省抗日战争时期人口伤亡和
财产损失课题研究办公室

（2006 年 9 月）

主　任（重大专项课题组组长）　　常连霆

副主任（重大专项课题组副组长）　　席　伟

成　员　　岳绍红　张绍麟　丁广斌　于文新　王成华
　　　　　陈金亮　李清汉　郑世诗　宋继法　亓　涛
　　　　　张启信　范伟正　李秀业　崔维志　张宜华
　　　　　刘如峰　李双安　苗祥义　韩立明　刘桂林
　　　　　魏子焱　张艳芳　王增乾

山东省抗日战争时期人口伤亡和
财产损失课题研究办公室

（2008 年 2 月）

主　任（重大专项课题组组长）　　常连霆

副主任（重大专项课题组副组长）　　席　伟

成　员　　岳绍红　张绍麟　丁广斌　侯希杰　张开增
　　　　　陈金亮　李清汉　郑世诗　秦佑镇　亓　涛
　　　　　张启信　范伟正　李秀业　李克彬　李凤华
　　　　　刘如峰　李双安　魏玉杰　韩立明

山东省抗日战争时期人口伤亡和财产损失课题研究办公室

（2010 年 7 月）

主　任（重大专项课题组组长）　　常连霆

副主任（重大专项课题组副组长）　　席　伟　韩立明

成　员　岳绍红　张绍麟　丁广斌　张开增　褚金光

　　　　李清汉　郑世诗　秦佑镇　亓　涛　张启信

　　　　范伟正　李秀业　李克彬　李凤华　刘如峰

　　　　李双安　魏玉杰

山东省抗日战争时期人口伤亡和财产损失课题研究办公室

（2014 年 8 月）

主　任（重大专项课题组组长）　　常连霆

副主任（重大专项课题组副组长）　　席　伟　韩立明

成　员　刘　浩　冯　英　司志兰　张开增　褚金光

　　　　杨仁祥　郑世诗　崔　康　牛国新　肖　怡

　　　　肖　梅　李秀业　李洪彦　刘宝良　张绪阳

　　　　李文进　李允富　张　华

《山东省百县（市、区）抗日战争时期死难者名录》编纂委员会

（2014 年 8 月）

主　任　常连霆

副主任　邱传贵　林　杰　席　伟　李晨玉

　　　　韩延明　吴士英　臧济红

成　员　姚丙华　韩立明　田同军　郭洪云　危永安

　　　　许　元　刘　浩　冯　英　司志兰　张开增

　　　　褚金光　杨仁祥　郑世诗　崔　康　牛国新

　　　　肖　怡　肖　梅　李秀业　李洪彦　刘宝良

　　　　张绪阳　李文进　李允富

主　编　常连霆

副主编　席　伟　韩立明

编　辑　赵　明　李　峰　吕　海　李草晖　邱吉元

　　　　王华艳　尹庆峰　郑功臣　贾文章　韩　莉

　　　　姜俊英　曹东亚　高培忠　刘佳慧　韩百功

　　　　李治朴　李耀德　宋元明　李海卫　封彦君

　　　　韩庆伟　刘　可　邵维霞　潘维胜　郭纪锋

　　　　刘兆东　吉薇薇　杨兴文　王玉玺　宁　峰

　　　　陈　旭　罗　丹　焦晓丽　赵建国　孙　颖

王红兵	张　丽	樊京荣	曾世芳	田同军
郭洪云	危永安	许　元	肖　夏	张耀龙
闫化川	乔士华	邱从强	刘　莹	孟红兵
王增乾	左进峰	马　明	潘　洋	吴秀才
张　华	张江山	朱伟波	耿玉石	秦国杰
王小龙	齐　薇	柳　晶		

编纂说明

　　本名录以 2006 年山东省抗日战争时期人口伤亡和财产损失大型调研活动收集的见证人、知情人口述资料为基础整理编纂而成。

　　按照中央党史研究室关于开展抗日战争时期中国人口伤亡和财产损失调研方案的总体要求，在中央党史研究室的精心组织和科学指导下，山东省于 2006 年开展了抗日战争时期人口伤亡和财产损失大型调研活动。调研期间，全省组织 32 万余名乡村走访调查人员，走访调查了省内 95% 以上的行政村和 80% 以上的 70 岁以上老人，收集见证人和知情人关于日军屠杀平民的证言证词 79 万余份。此后，在中央党史研究室的指导下，山东省委党史研究室组织各市、县（市、区）委党史研究室以县（市、区）为单位认真梳理证言证词等调研资料，于 2010 年整理形成了包括 140 个县（市、区）和 16 个经济开发区、高新技术开发区的《山东省抗日战争时期伤亡人员名录》，共收录现山东行政区域范围内抗日战争期间（1937 年 7 月至 1945 年 8 月）因战争因素造成伤亡的人员 46.9 万余名。2014 年初，根据中央党史研究室关于编纂出版《抗日战争时期中国人口伤亡和财产损失调研丛书》的部署，我们以《山东省抗日战争时期伤亡人员名录》为基础，选择信息比较完整、填写比较规范的 100 个县（市、区）抗日战争时期死难人员名录，经省市县三级党史部门进一步整理、编纂，形成了《山东省百县（市、区）抗日战争时期死难者名录》，共收录死难者 169173 人。

　　本名录所收录的死难者，系指抗日战争时期因日本发动侵略战争，在山东境内造成死难的平民。包括被杀死、轰炸及其引起火灾等致死和因生化战、被奸淫、被迫吸毒等而死，以及因战争因素造成的饿死、冻死、累死等其他非正常死亡的平民。死难者信息主要来源于 2006 年乡村走访调查的口述资料，也有个别县（市、区）收录了文献资料中记载的部分死难者。死难者信息包含"姓名"、"籍贯"、"年龄"、"性别"、"死难时间"5 项要素。在编纂过程中，我们尽量使各项要素达到规范、完整。但由于历史已经过去了 60 多年，行政区划有很大变动，人口迁徙规模很大，流动状况非常复杂，有的见证人和知情人对死难者信息的记忆本身就不完整；由于参与调查笔录和名录整理的人员多达数万人，对死难者信息各要素的规范和掌握也难以做到完全一致，所以，名录编纂工作非常复杂。为了保证科学性、规范性和准确性，我们尽可能采取了比较合理的处理方式，现特作如下说明：

1. "姓名"一栏中，一律以见证人和知情人的证言证词记录的死难者姓名为依据。证言证词怎么记录的，名录就怎么记载，在编纂中未作改变和加工。有些死难者姓名为乳名、绰号，有的乳名、绰号多则四个字，少则一个字；有些死难者姓名是以其家人或关联人的姓名记录的，用"××之子"、"××之家属之一"、"××之家属之二"等表述；还有些死难人员无名无姓但职业指向明确，如"卖炸鱼之妇女"、"老油匠"等；还有个别情况，是死难人员的亲属感到死难人员的乳名、绰号不雅，为其重新起了名字。上述情况都依据证言证词上的原始记录保留了其称谓。有的死难者只知道姓氏，如"杨某某"、"李××"等，在编纂中我们作了适当规范，其名字统一用"×"号代替，如"杨××"、"李××"等。

2. "籍贯"一栏中，地名为2006年调研时的名称。部分县（市、区）收录了少量非本县（市、区）籍或非山东籍，但死难地在本县（市、区）的死难者。凡山东省籍的死难人员均略去了省名，一般标明了县（市、区）、乡（镇）、村三级名称。但也有个别条目，由于证言证词记录不完整，只记录了县名或县、乡（镇）两级名称或县、村两级名称。村一级名称，有些标注了"村"字，有些标注了"社区"，有些既未标注"村"字，也未标注"社区"，在编纂中我们未作规范。对于死难者籍贯不明，但能够说明其死难时居住地点或工作、就业的组织（单位）情况的，也在此栏中予以保留。

3. "年龄"一栏中，死难者的岁数大多是见证人或知情人回忆或与同龄人比对后估算的，所以整数相对较多。由于年代久远，亦不可避免地存在着部分死难者年龄要素缺失的情况。

4. "性别"一栏中，个别死难者的性别因调查笔录漏记，其性别难以判断和核查，只能暂时空缺。另外，由于乡村风俗习惯造成的个别男性取女性名字，如"张二妮"性别为"男"等情况均保持原貌。

5. "死难时间"一栏中，由于年代久远，当事人或知情人记忆模糊，部分死难者遇难时间没有留下精确的记录。凡确认抗日战争时期死难，但无法确定具体年份的用"—"作了标示。另外，把农历和公历混淆的情况也较多见，也不排除个别把年份记错的情况。

在编纂中，对于见证人或知情人证言证词中缺漏的要素，在对应的表格栏目内采用"—"标示。

本名录所收录的 100 个县（市、区）的名称、区域范围，均为 2006 年山东省开展抗日战争时期人口伤亡和财产损失大型调研活动时的名称和区域范围。各县（市、区）死难者名录填报单位、填表人及填报时间，保留了 2009 年各县（市、区）伤亡人员名录形成时的记录，核实人、责任人除保留原核实人和责任人外，增加了 2014 年各县（市、区）复核时的核实人和责任人。名录所依据的证言证词原件存于各县（市、区）党史部门或档案馆。

编　者

2014 年 8 月

目　　录

冠县抗日战争时期死难者名录

姓 名	籍 贯	年 龄	性 别	死难时间
段保富	冠县万善乡段辛庄	—	男	1937 年 11 月 29 日
段之尉	冠县万善乡段辛庄	—	男	1937 年 11 月 29 日
段方莱	冠县万善乡段辛庄	—	男	1937 年 11 月 30 日
段方颜	冠县万善乡段辛庄	—	男	1937 年 11 月 30 日
段金玉	冠县万善乡段辛庄	—	男	1937 年 11 月 30 日
段李氏	冠县万善乡段辛庄	—	女	1937 年 11 月 29 日
段宋氏	冠县万善乡段辛庄	—	女	1937 年 11 月 30 日
段薛氏	冠县万善乡段辛庄	—	女	1937 年 11 月 30 日
宋大民	冠县万善乡段辛庄	—	男	1937 年 11 月 30 日
段老笨	冠县万善乡段辛庄	—	男	1937 年 11 月 30 日
段丙银之妻	冠县万善乡段辛庄	—	女	1937 年 11 月 30 日
段丙银	冠县万善乡段辛庄	—	男	1937 年 11 月 30 日
耿 ×	冠县万善乡段辛庄	—	男	1937 年 11 月 30 日
宋学仙	冠县万善乡宋村	—	男	1937 年 11 月 30 日
宋学艳	冠县万善乡宋村	—	男	1937 年 11 月 30 日
宋明训	冠县万善乡宋村	—	男	1937 年 11 月 30 日
宋学春	冠县万善乡宋村	—	男	1937 年 11 月 30 日
白培田之曾祖母	冠县冠城镇南街	—	女	1937 年 11 月
鲍德聚之祖母	冠县冠城镇南街	—	女	1937 年 11 月
鲍付振	冠县辛集乡鲍庄	42	男	1937 年 12 月 14 日
鲍观长	冠县辛集乡鲍庄	20	男	1937 年 12 月 14 日
鲍观礼	冠县辛集乡鲍庄	37	男	1937 年 12 月 14 日
鲍观星	冠县辛集乡鲍庄	14	男	1937 年 12 月 14 日
鲍观珍	冠县辛集乡鲍庄	19	男	1937 年 12 月 14 日
鲍海成	冠县辛集乡鲍庄	20	男	1937 年 12 月 14 日
鲍连宽	冠县辛集乡鲍庄	31	男	1937 年 12 月 14 日
鲍文明	冠县辛集乡鲍庄	20	男	1937 年 12 月 14 日
鲍文秀	冠县辛集乡鲍庄	19	男	1937 年 12 月 14 日
鲍延喜	冠县辛集乡鲍庄	20	男	1937 年 12 月 14 日
鲍玉秀	冠县辛集乡鲍庄	26	男	1937 年 12 月 14 日
常金仓	冠县辛集乡鲍庄	33	男	1937 年 12 月 14 日

姓 名	籍 贯	年 龄	性 别	死难时间
王长岭	冠县辛集乡鲍庄	33	男	1937 年 12 月 14 日
鲍春雨	冠县辛集乡鲍庄	—	男	1937 年 12 月 14 日
冯春才	冠县兰沃乡赵柳邵村	19	男	1937 年 12 月 21 日
赵付贵	冠县兰沃乡赵柳邵村	30	男	1937 年 12 月 21 日
赵贵池	冠县兰沃乡赵柳邵村	28	男	1937 年 12 月 21 日
赵金仁	冠县兰沃乡赵柳邵村	40	男	1937 年 12 月 21 日
赵善岗	冠县兰沃乡赵柳邵村	56	男	1937 年 12 月 21 日
赵为臣	冠县兰沃乡赵柳邵村	48	男	1937 年 12 月 21 日
赵为海	冠县兰沃乡赵柳邵村	55	男	1937 年 12 月 21 日
丁怀起	冠县辛集乡丁刘八寨村	60	男	1937 年 12 月
丁怀起之外甥女	冠县辛集乡丁刘八寨村	21	女	1937 年 12 月
黄石头	冠县万善乡南王段村	—	男	1937 年
黄照宝	冠县万善乡南王段村	—	男	1937 年
马长林	冠县万善乡南王段村	—	男	1937 年
蔺道成	冠县东古城镇蔺庄	20	男	1937 年
王孟耕	冠县东古城镇王安堤村	25	男	1937 年
李万贵	冠县冠城镇北街	27	男	1937 年
张树德	冠县冠城镇崔八里庄	36	男	1937 年
樊保加	冠县冠城镇田庄	—	男	1937 年
樊保群	冠县冠城镇田庄	—	男	1937 年
宫思玉	冠县贾镇东庄	25	男	1937 年
李金祥	冠县贾镇东庄	20	男	1937 年
沙占明	冠县梁堂乡高庄	30	男	1937 年
董合平	冠县梁堂乡前何仲村	20	男	1937 年
范明德	冠县桑阿镇段庄	18	男	1937 年
李文月	冠县桑阿镇梁庄	—	—	1937 年
李明瑞	冠县桑阿镇梁庄	—	—	1937 年
管华峰	冠县桑阿镇潘庄	—	男	1937 年
管庆昌之叔父	冠县桑阿镇潘庄	—	男	1937 年
管世良	冠县桑阿镇潘庄	—	男	1937 年
管世柱	冠县桑阿镇潘庄	—	男	1937 年
管占祥之母	冠县桑阿镇潘庄	—	女	1937 年
韩保平	冠县桑阿镇申小屯村	16	男	1937 年
刘 鸭	冠县万善乡西贾村	—	男	1937 年

姓 名	籍 贯	年 龄	性 别	死难时间
吴清魁	冠县万善乡元坊村	—	男	1937 年
冯桂本之妻	冠县辛集乡白官屯村	42	女	1937 年
宋其光	冠县辛集乡贾庄	27	男	1937 年
杨玉活	冠县辛集乡贾庄	23	男	1937 年
王朝付	冠县辛集乡岳胡庄	30	男	1937 年
邹代成	冠县辛集乡邹村	30	男	1937 年
邹代明	冠县辛集乡邹村	26	男	1937 年
李海德	冠县万善乡东召村	—	男	1938 年 1 月 14 日
薛培信	冠县万善乡东召村	—	男	1938 年 1 月 14 日
胡五辈	冠县万善乡东召村	—	男	1938 年 1 月 14 日
李灯二	冠县万善乡东召村	—	男	1938 年 1 月 14 日
李灯六	冠县万善乡东召村	—	男	1938 年 1 月 14 日
李振三	冠县万善乡东召村	—	男	1938 年 1 月 14 日
薛尚林	冠县万善乡东召村	—	男	1938 年 1 月 14 日
张恒香	冠县辛集乡史庄村	—	—	1938 年 1 月 26 日
张汝魁	冠县辛集乡史庄村	23	—	1938 年 1 月 26 日
张小六	冠县辛集乡史庄村	—	—	1938 年 1 月 26 日
张小女	冠县辛集乡史庄村	—	—	1938 年 1 月 26 日
张元义	冠县辛集乡史庄村	—	—	1938 年 1 月 26 日
张子英	冠县辛集乡史庄村	—	—	1938 年 1 月 26 日
张付瑞之父	冠县辛集乡史庄村	26	男	1938 年 1 月
张广英之父	冠县辛集乡史庄村	25	男	1938 年 1 月
闫洪廷	冠县北馆陶镇后纸房村	40	男	1938 年 1 月
王金成	冠县北馆陶镇	60	男	1938 年 1 月
刘保连	冠县辛集乡洼刘村	38	男	1938 年 1 月 29 日
刘丙辰	冠县辛集乡洼刘村	45	男	1938 年 1 月 29 日
刘丙堂	冠县辛集乡洼刘村	57	男	1938 年 1 月 29 日
刘成山	冠县辛集乡洼刘村	26	男	1938 年 1 月 29 日
刘春安	冠县辛集乡洼刘村	35	男	1938 年 1 月 29 日
刘春茂	冠县辛集乡洼刘村	50	男	1938 年 1 月 29 日
刘化臣	冠县辛集乡洼刘村	41	男	1938 年 1 月 29 日
刘纪江	冠县辛集乡洼刘村	39	男	1938 年 1 月 29 日
刘芹廷	冠县辛集乡洼刘村	50	男	1938 年 1 月 29 日
刘庆禄	冠县辛集乡洼刘村	14	男	1938 年 1 月 29 日

姓　名	籍　贯	年　龄	性　别	死难时间
刘　群	冠县辛集乡洼刘村	50	男	1938 年 1 月 29 日
刘同六	冠县辛集乡洼刘村	22	男	1938 年 1 月 29 日
刘同顺	冠县辛集乡洼刘村	45	男	1938 年 1 月 29 日
刘维章	冠县辛集乡洼刘村	39	男	1938 年 1 月 29 日
刘新印	冠县辛集乡洼刘村	36	男	1938 年 1 月 29 日
郭振华	冠县辛集乡洼刘村	30	男	1938 年 1 月 29 日
刘成兴	冠县辛集乡洼刘村	43	男	1938 年 1 月 29 日
刘春胞	冠县辛集乡洼刘村	35	男	1938 年 1 月 29 日
刘春六	冠县辛集乡洼刘村	24	男	1938 年 1 月 29 日
刘春田	冠县辛集乡洼刘村	55	男	1938 年 1 月 29 日
刘春阳	冠县辛集乡洼刘村	47	男	1938 年 1 月 29 日
刘春藻	冠县辛集乡洼刘村	18	男	1938 年 1 月 29 日
刘洪章	冠县辛集乡洼刘村	50	男	1938 年 1 月 29 日
刘纪山	冠县辛集乡洼刘村	22	男	1938 年 1 月 29 日
刘金成	冠县辛集乡洼刘村	35	男	1938 年 1 月 29 日
刘金斗	冠县辛集乡洼刘村	36	男	1938 年 1 月 29 日
刘金升	冠县辛集乡洼刘村	30	男	1938 年 1 月 29 日
刘立成	冠县辛集乡洼刘村	30	男	1938 年 1 月 29 日
刘显章	冠县辛集乡洼刘村	33	男	1938 年 1 月 29 日
刘胡氏	冠县辛集乡洼刘村	22	女	1938 年 1 月 29 日
刘保成	冠县辛集乡洼刘村	33	男	1938 年 1 月 29 日
刘保平	冠县辛集乡洼刘村	60	男	1938 年 1 月 29 日
刘春荣	冠县辛集乡洼刘村	37	男	1938 年 1 月 29 日
刘纪岭	冠县辛集乡洼刘村	20	男	1938 年 1 月 29 日
刘庆里	冠县辛集乡洼刘村	16	男	1938 年 1 月 29 日
刘同立	冠县辛集乡洼刘村	30	男	1938 年 1 月 29 日
刘春龙	冠县辛集乡洼刘村	—	—	1938 年 1 月 29 日
刘庆习	冠县辛集乡洼刘村	—	男	1938 年 1 月 29 日
刘义成	冠县辛集乡洼刘村	—	—	1938 年 1 月 29 日
张长路	冠县辛集乡史庄村	—	男	1938 年 1 月
樊守田	冠县辛集乡齐庄	50	男	1938 年 2 月
宫汝贵	冠县冠城镇杜刘村	—	男	1938 年 3 月 1 日
岳培荣	冠县桑阿镇岳庄	45	男	1938 年 7 月 4 日
穆西之女	冠县柳林镇东街	3	女	1939 年 9 月 26 日

姓　名	籍　贯	年龄	性别	死难时间
要庆祥	冠县柳林镇东街	27	男	1939 年 9 月 26 日
燕立刚	冠县柳林镇大杨庄	40	男	1938 年 11 月 19 日
燕光堂	冠县柳林镇大杨庄	70	男	1938 年 10 月 28 日
燕光堂之妻	冠县柳林镇大杨庄	70	女	1938 年 10 月 28 日
李保田	冠县柳林镇大杨庄	40	男	1938 年 10 月 28 日
米　安	冠县柳林镇大杨庄	—	男	1938 年 10 月 28 日
米保德之父	冠县柳林镇大杨庄	60	男	1938 年 10 月 28 日
王春台之伯父	冠县柳林镇大杨庄	—	男	1938 年 10 月 28 日
王春台之父	冠县柳林镇大杨庄	—	男	1938 年 10 月 28 日
杨保哲	冠县柳林镇大杨庄	60	男	1938 年 10 月 28 日
杨曹氏	冠县柳林镇大杨庄	60	女	1938 年 10 月 28 日
杨东启之妻	冠县柳林镇大杨庄	50	女	1938 年 10 月 28 日
杨培贵	冠县柳林镇大杨庄	30	男	1938 年 10 月 28 日
杨培堂	冠县柳林镇大杨庄	30	男	1938 年 10 月 28 日
杨序辽	冠县柳林镇大杨庄	30	男	1938 年 10 月 28 日
杨序贤之祖母	冠县柳林镇大杨庄	60	女	1938 年 10 月 28 日
杨玉凡	冠县柳林镇大杨庄	30	男	1938 年 10 月 28 日
杨子山	冠县柳林镇大杨庄	50	男	1938 年 10 月 28 日
李印发	冠县柳林镇大杨庄	34	男	1938 年 10 月 28 日
李印发之母	冠县柳林镇大杨庄	70	女	1938 年 10 月 28 日
王春台之母	冠县柳林镇大杨庄	—	女	1938 年 10 月 28 日
杨福增	冠县柳林镇大杨庄	30	男	1938 年 10 月 28 日
杨孝恩	冠县柳林镇大杨庄	30	男	1938 年 10 月 28 日
杨序高	冠县柳林镇大杨庄	60	男	1938 年 10 月 28 日
杨序合	冠县柳林镇大杨庄	20	男	1938 年 10 月 28 日
杨序连	冠县柳林镇大杨庄	30	男	1938 年 10 月 28 日
代金香	冠县柳林镇大杨庄	30	—	1938 年 10 月 28 日
李保德	冠县柳林镇大杨庄	—	男	1938 年 10 月 28 日
代书祥	冠县柳林镇大杨庄	60	—	1938 年 10 月 28 日
马丙礼	冠县范寨乡马楼村	45	男	1938 年 10 月
焦瘸子	冠县万善乡后田平村	—	男	1938 年 10 月
王守拙	冠县辛集乡王刘八寨村	19	男	1938 年 11 月 30 日
张新起	冠县东古城镇四合村	18	男	1938 年 11 月
张西臣	冠县冠城镇东三里庄	24	男	1938 年 11 月

姓 名	籍 贯	年 龄	性 别	死难时间
朱义明	冠县冠城镇东三里庄	23	男	1938 年 11 月
郭长德	冠县冠城镇七里韩村	19	男	1938 年 11 月
于孟周	冠县冠城镇西谷子头村	33	男	1938 年 11 月
朱玉格	冠县冠城镇朱霍三里庄	28	男	1938 年 11 月
刘付耕	冠县贾镇东赵店村	31	男	1938 年 11 月
王秋成	冠县贾镇王辛村	23	男	1938 年 11 月
王进武	冠县清水镇前小庄	21	男	1938 年 11 月
冯兆年	冠县桑阿镇大张庄	—	男	1938 年 11 月
王凤生	冠县桑阿镇朵庄	28	男	1938 年 11 月
薛尚存	冠县万善乡东召村	18	男	1938 年 11 月
石宗高	冠县斜店乡东野庄	18	男	1938 年 11 月
张永福	冠县斜店乡南满菜村	—	男	1938 年 11 月
张汝信	冠县斜店乡南满菜村	21	男	1938 年 11 月
张汝泽	冠县斜店乡南满菜村	28	男	1938 年 11 月
郭保明	冠县斜店乡汤庄	20	男	1938 年 11 月
郭增利	冠县斜店乡斜店村	23	男	1938 年 11 月
赵春德	冠县斜店乡新郭庄	17	男	1938 年 11 月
邱好仁	冠县辛集乡阎二庄	31	男	1938 年 11 月
沙金敬	冠县烟庄乡后十里铺村	19	男	1938 年 11 月
白炳武	冠县烟庄乡野庄	27	男	1938 年 11 月
张英德	冠县冠城镇	—	男	1938 年 12 月 29 日
王以璨	冠县辛集乡王刘八寨村	26	男	1938 年 12 月 30 日
成立本	冠县烟庄乡王村	—	男	1938 年
董广菊	冠县冠城镇西提固村	30	男	1938 年
李明山	冠县冠城镇南街	—	男	1938 年
杨明山	冠县冠城镇南街	30	男	1938 年
石 六	冠县定远寨乡石薛村	48	男	1938 年
石长银	冠县定远寨乡石薛村	50	男	1938 年
石发成	冠县定远寨乡石薛村	50	男	1938 年
石兴路	冠县定远寨乡石薛村	47	男	1938 年
石书芹	冠县定远寨乡石薛村	47	男	1938 年
石银贵	冠县定远寨乡石薛村	49	男	1938 年
刘 群	冠县北馆陶镇北街	—	男	1938 年
薛长太	冠县北馆陶镇北街	—	男	1938 年

姓 名	籍 贯	年 龄	性 别	死难时间
曹二胖	冠县冠城镇吴家村	24	男	1938 年
曹洪胖	冠县冠城镇吴家村	26	男	1938 年
曹三胖	冠县冠城镇吴家村	20	男	1938 年
郭金芳	冠县冠城镇朱霍三里庄	24	男	1938 年
王修山	冠县定远寨乡王海子村	61	男	1938 年
王学增	冠县定远寨乡王海子村	34	男	1938 年
周书女	冠县定远寨乡王海子村	16	女	1938 年
王栾氏	冠县定远寨乡王海子村	31	女	1938 年
马开得	冠县定远寨乡王海子村	34	男	1938 年
王春活	冠县定远寨乡王海子村	28	男	1938 年
王少林	冠县定远寨乡王海子村	60	男	1938 年
王树成	冠县定远寨乡王海子村	32	男	1938 年
童东申	冠县东古城镇北童庄	24	男	1938 年
童东岳	冠县东古城镇北童庄	19	男	1938 年
童万仓	冠县东古城镇北童庄	25	男	1938 年
童玉习	冠县东古城镇北童庄	24	男	1938 年
张 生	冠县东古城镇北童庄	24	男	1938 年
曲路合	冠县东古城镇曲庄	17	男	1938 年
许以芳	冠县甘官屯乡赵郎寨村	—	男	1938 年
张尔新	冠县冠城镇南街	—	男	1938 年
王保安	冠县冠城镇朱王芦村	35	男	1938 年
王玉兰	冠县冠城镇朱王芦村	33	男	1938 年
宫金宝	冠县贾镇宫庄	22	男	1938 年
石玉泉	冠县贾镇庞田村	22	男	1938 年
时克印	冠县贾镇庞田村	28	男	1938 年
刘奎江	冠县贾镇司庞庄	34	男	1938 年
田付常	冠县贾镇田茉莉营村	28	男	1938 年
王玉才	冠县贾镇王赵店村	28	男	1938 年
刘俊超	冠县贾镇西赵店村	24	男	1938 年
王 三	冠县贾镇西庄	28	男	1938 年
姜桂玉	冠县兰沃乡赵柳邵村	18	男	1938 年
王本敬	冠县梁堂乡胡史村	19	男	1938 年
殷汝怀	冠县梁堂乡胡史村	35	男	1938 年
李春怀之妹	冠县柳林镇三和庄	—	女	1938 年

姓　名	籍　贯	年　龄	性　别	死难时间
李春怀之母	冠县柳林镇三和庄	—	女	1938 年
李启德之女	冠县柳林镇三和庄	—	女	1938 年
张鹏飞	冠县桑阿镇陈贯庄	28	男	1938 年
冯代平	冠县桑阿镇大张庄	—	—	1938 年
李永成	冠县桑阿镇大张庄	—	男	1938 年
王金明	冠县桑阿镇大张庄	—	男	1938 年
张本树	冠县桑阿镇大张庄	—	男	1938 年
段兴鲁	冠县桑阿镇东朵庄	50	男	1938 年
范金元	冠县桑阿镇东朵庄	24	男	1938 年
郑风合	冠县桑阿镇东朵庄	9	男	1938 年
李瑞现	冠县桑阿镇后李赵庄	—	男	1938 年
李着然	冠县桑阿镇后李赵庄	48	男	1938 年
李振西	冠县桑阿镇李莱庄	37	男	1938 年
蒋如林	冠县桑阿镇吕庄		男	1938 年
王书林	冠县桑阿镇吕庄	—	男	1938 年
潘龙春	冠县桑阿镇潘家村	20	男	1938 年
冯永光	冠县桑阿镇务头村	18	男	1938 年
李金河	冠县桑阿镇西朵庄	34	男	1938 年
吴风军	冠县桑阿镇西朵庄	32	男	1938 年
吴长法	冠县桑阿镇西朵庄	27	男	1938 年
张子俭	冠县辛集乡大王庄	32	男	1938 年
岳石庆	冠县桑阿镇岳庄	65	男	1938 年
岳培合	冠县桑阿镇岳庄	54	男	1938 年
陈保太	冠县万善乡北召村	—	男	1938 年
陈留成之兄	冠县万善乡北召村	—	男	1938 年
李德冠	冠县万善乡北召村	—	男	1938 年
王东良	冠县万善乡北召村	—	男	1938 年
王东太之父	冠县万善乡北召村	—	男	1938 年
二傻子	冠县万善乡马固村	—	男	1938 年
刘兆基	冠县万善乡马固村	—	男	1938 年
邢云甫之弟	冠县万善乡马固村	—	男	1938 年
刘兆起	冠县万善乡宋村	—	男	1938 年
樊金安	冠县斜店乡樊楼村	25	男	1938 年
郭之利	冠县斜店乡斜店村	27	男	1938 年

姓　名	籍　贯	年龄	性别	死难时间
二北瓜	冠县定远寨乡黄寨子村	38	男	1939 年 1 月
小哑巴	冠县定远寨乡黄寨子村	45	男	1939 年 1 月
冯五辈	冠县定远寨乡黄寨子村	28	男	1939 年 2 月
孙立秋	冠县定远寨乡黄寨子村	28	男	1939 年 2 月
顾首道	冠县万善乡前田平村	20	男	1939 年 2 月
于兰生	冠县冠城镇于村	29	男	1939 年 3 月
倪汝文	冠县柳林镇倪屯村	18	男	1939 年 4 月 18 日
张廷珍	冠县东古城镇后田庄	—	男	1939 年 4 月
马青山	冠县东古城镇前田庄	29	男	1939 年 4 月
郭正禄	冠县东古城镇后田庄	18	男	1939 年 4 月
徐付勤	冠县冠城镇徐刘村	—	男	1939 年 4 月
张保兴	冠县东古城镇张庄	18	男	1939 年 4 月
李登玉	冠县东古城镇曲庄	19	男	1939 年 4 月
程金池	冠县东古城镇程家庄	22	男	1939 年 4 月
程金路	冠县东古城镇程家庄	18	男	1939 年 4 月
程秀德	冠县东古城镇程家庄	24	男	1939 年 4 月
徐玉章	冠县冠城镇前旺庄	32	男	1939 年 6 月
张炳元	冠县	—	男	1939 年 7 月 14 日
董金尧	冠县柳林镇乔庄	—	—	1939 年 8 月 12 日
王登明	冠县贾镇王辛村	29	男	1939 年 8 月 13 日
安二更	冠县定远寨乡范王庄	38	男	1939 年 8 月
范建亮	冠县桑阿镇范家村	39	男	1939 年 8 月
董吾尧	冠县柳林镇乔庄	—	男	1939 年 9 月 24 日
杜金康	冠县柳林镇乔庄	—	男	1939 年 9 月 24 日
张玉德	冠县柳林镇乔庄	—	男	1939 年 9 月 24 日
王新德	冠县柳林镇	40	男	1939 年 9 月 26 日
赵和熙	冠县柳林镇	—	男	1939 年 9 月 26 日
赵恒基	冠县柳林镇	—	男	1939 年 9 月 26 日
杨金熙	冠县柳林镇	—	男	1939 年 9 月 26 日
蔡　×	冠县柳林镇	—	男	1939 年 9 月 26 日
蔡×之妻	冠县柳林镇	—	女	1939 年 9 月 26 日
杨金简	冠县柳林镇	—	男	1939 年 9 月 26 日
杨为起	冠县柳林镇	—	男	1939 年 9 月 26 日
杨训之	冠县柳林镇	—	男	1939 年 9 月 26 日

姓 名	籍 贯	年 龄	性 别	死难时间
王献朝	冠县柳林镇	—	男	1939 年 9 月 26 日
杨广萧	冠县柳林镇	—	男	1939 年 9 月 26 日
杨广知	冠县柳林镇	—	男	1939 年 9 月 26 日
穆道条之母	冠县柳林镇北街	—	女	1939 年 9 月 26 日
穆 新	冠县柳林镇北街	—	男	1939 年 9 月 26 日
穆以榜之妹	冠县柳林镇北街	—	女	1939 年 9 月 26 日
王德新	冠县柳林镇北街	—	男	1939 年 9 月 26 日
王连山	冠县柳林镇北街	—	男	1939 年 9 月 26 日
王义山之母	冠县柳林镇北街	—	女	1939 年 9 月 26 日
张学孟之妻	冠县柳林镇北街	—	女	1939 年 9 月 26 日
韩长海	冠县柳林镇北街	—	男	1939 年 9 月 26 日
穆其让	冠县柳林镇东街	51	男	1939 年 9 月 26 日
杨致章之妻	冠县柳林镇南街	38	女	1939 年 9 月 26 日
岳庆生	冠县柳林镇西街	—	男	1939 年 9 月 26 日
赵德基	冠县柳林镇西街	—	男	1939 年 9 月 26 日
杨朝范	冠县东古城镇杨庄	39	男	1939 年 9 月
二白秃	冠县定远寨乡黄寨子村	23	男	1939 年 10 月
王德胜	冠县定远寨乡北杨庄	24	男	1939 年 10 月
陈德胜	冠县东古城镇南辛庄	21	男	1939 年 10 月
孙九成	冠县定远寨乡黄寨子村	50	男	1939 年 11 月
苏干荣	冠县冠城镇常芦村	22	男	1939 年 11 月
郭梅轩	冠县北馆陶镇北街	24	男	1939 年
刘玉海	冠县北馆陶镇北街	30	男	1939 年
胡国福	冠县北馆陶镇胡屯村	18	男	1939 年
秦玉忠	冠县北馆陶镇林庄	20	男	1939 年
张林锋	冠县北馆陶镇西沟塞村	20	男	1939 年
赵清山	冠县北馆陶镇肖城村	30	男	1939 年
邢邱成	冠县北馆陶镇邢庄	20	男	1939 年
张西礼	冠县北馆陶镇许庄	26	男	1939 年
王兴德	冠县北馆陶镇学门口村	32	男	1939 年
毛金柱	冠县北馆陶镇庄村	16	男	1939 年
潘照章	冠县店子乡赵当铺村	25	男	1939 年
杨德新	冠县定远寨乡北杨庄	27	男	1939 年
侯官生	冠县定远寨乡高家村	29	男	1939 年

姓 名	籍 贯	年龄	性别	死难时间
郭绍俭	冠县定远寨乡金郭庄	30	男	1939 年
程廷章	冠县定远寨乡金郭庄	25	男	1939 年
樊廷安	冠县定远寨乡双庙村	51	男	1939 年
么梅长	冠县东古城镇北么庄	22	男	1939 年
么发运	冠县东古城镇北么庄	24	男	1939 年
么风起	冠县东古城镇北么庄	20	男	1939 年
童万奎	冠县东古城镇北童庄	20	男	1939 年
赵新立	冠县东古城镇北徐庄	20	男	1939 年
赵全福	冠县东古城镇北徐庄	—	男	1939 年
赵新太	冠县东古城镇北徐庄	18	男	1939 年
郎勤耕	冠县东古城镇	32	男	1939 年
李学道	冠县东古城镇东罗头村	21	男	1939 年
刘荣云	冠县东古城镇郭安堤村	17	男	1939 年
李书平	冠县东古城镇李草村	25	男	1939 年
李西怀	冠县东古城镇李圈村	23	男	1939 年
栾金廷	冠县东古城镇栾庄	21	男	1939 年
李金省	冠县东古城镇南李庄	23	男	1939 年
李老会	冠县东古城镇南童庄	23	男	1939 年
李保文	冠县东古城镇曲庄	28	男	1939 年
柳玉珍	冠县东古城镇温家庄	20	男	1939 年
赵墨祥	冠县东古城镇赵庄	21	男	1939 年
赵新路	冠县东古城镇赵庄	20	男	1939 年
陈宝生	冠县冠城镇铺上村	—	男	1939 年
王金皋	冠县冠城镇王孝村	25	男	1939 年
殷需林	冠县冠城镇殷芦村	26	男	1939 年
阎扬印	冠县冠城镇朱霍三里庄	27	男	1939 年
朱子符	冠县冠城镇朱霍三里庄	20	男	1939 年
郭效俭	冠县贾镇李榆林头村	24	男	1939 年
张焕奎	冠县贾镇许辛村	—	男	1939 年
杜大保	冠县梁堂乡安庄	29	男	1939 年
申成立	冠县梁堂乡北黄城村	24	男	1939 年
申怀君	冠县梁堂乡北黄城村	19	男	1939 年
张玉田	冠县梁堂乡北黄城村	19	男	1939 年
张松桥	冠县梁堂乡北寺地村	16	男	1939 年

姓 名	籍 贯	年 龄	性 别	死难时间
李金月	冠县梁堂乡李梁堂村	18	男	1939 年
燕朝臣	冠县梁堂乡前何仲村	20	男	1939 年
沙元梅	冠县梁堂乡申阎村	28	男	1939 年
王怀增	冠县梁堂乡王庄	—	男	1939 年
赵伯熙	冠县柳林镇西街	19	男	1939 年
王振见	冠县桑阿镇程村	27	男	1939 年
王吉成	冠县桑阿镇郝胡疃村	17	男	1939 年
路秋华	冠县桑阿镇侯六庄	21	男	1939 年
李士成	冠县桑阿镇李菜庄	19	男	1939 年
三 秃	冠县桑阿镇	—	男	1939 年
田俊禾	冠县桑阿镇	—	男	1939 年
张立德	冠县桑阿镇	—	男	1939 年
张引堂	冠县桑阿镇	20	男	1939 年
王洪曲之祖父	冠县桑阿镇西朵庄	—	男	1939 年
王洪曲之父	冠县桑阿镇西朵庄	—	男	1939 年
王洪曲之叔	冠县桑阿镇西朵庄	—	男	1939 年
申双印	冠县桑阿镇申小屯村	18	男	1939 年
刘志才	冠县桑阿镇西吕庄	25	男	1939 年
刘金箱	冠县万善乡马固村	20	男	1939 年
孙友福	冠县斜店乡孙庄	—	男	1939 年
荆维德	冠县辛集乡火烧营村	35	男	1939 年
张兆文	冠县辛集乡阎二庄	25	男	1939 年
唐德奇	冠县烟庄乡东范庄	22	男	1939 年
张付成	冠县烟庄乡七里佛堂村	21	男	1939 年
徐立德	冠县北馆陶镇后纸房村	18	男	1940 年 1 月
翟新起	冠县北馆陶镇吴家庄	20	男	1940 年 1 月
孙树声	冠县东古城镇张查村	23	男	1940 年 2 月 22 日
王德林	冠县东古城镇后田庄	28	男	1940 年 2 月 22 日
申金海	冠县冠城镇前董固村	23	男	1940 年 2 月
冯西建	冠县兰沃乡王羙村	27	男	1940 年 2 月
任书岭	冠县桑阿镇轧庄	—	男	1940 年 3 月 29 日
贾 银	冠县桑阿镇轧庄	—	男	1940 年 3 月 29 日
李玉盘	冠县桑阿镇轧庄	—	男	1940 年 3 月 29 日
任怀宝	冠县桑阿镇轧庄	—	男	1940 年 3 月 29 日

姓 名	籍 贯	年 龄	性 别	死难时间
王进银	冠县桑阿镇轧庄	—	男	1940 年 3 月 29 日
王书太	冠县桑阿镇轧庄	—	男	1940 年 3 月 29 日
颜 氏	冠县桑阿镇轧庄	—	女	1940 年 3 月 29 日
张 氏	冠县桑阿镇轧庄	—	女	1940 年 3 月 29 日
张孟元	冠县斜店乡南满菜村	17	男	1940 年 5 月 26 日
张汝善之父	冠县斜店乡南满菜村	50	男	1940 年 5 月 26 日
陶 三	冠县斜店乡南满菜村	—	男	1940 年 5 月 26 日
张二蝼蛄	冠县斜店乡南满菜村	—	男	1940 年 5 月 26 日
张黑臭	冠县斜店乡南满菜村	—	男	1940 年 5 月 26 日
张汝朋	冠县斜店乡南满菜村	50	男	1940 年 5 月 26 日
张汝善之表弟	冠县斜店乡南满菜村	15	男	1940 年 5 月 26 日
许金良	冠县定远寨乡黄寨子村	45	男	1940 年 5 月
黄云明	冠县万善乡南王段村	—	男	1940 年 5 月
王连才	冠县冠城镇马寨村	27	男	1940 年 5 月
刘于池	冠县定远寨乡黄寨子村	20	男	1940 年 6 月
马立勋	冠县东古城镇前田庄	22	男	1940 年 6 月
郭 生	冠县定远寨乡黄寨子村	30	男	1940 年 7 月
刘二妮	冠县定远寨乡黄寨子村	29	男	1940 年 7 月
许 臭	冠县定远寨乡黄寨子村	24	男	1940 年 7 月
范道龙	冠县甘官屯乡南野庄	48	男	1940 年 7 月
傅乐义	冠县甘官屯乡南野庄	65	男	1940 年 7 月
路云重	冠县甘官屯乡南野庄	42	男	1940 年 7 月
许山岭	冠县冠城镇	12	男	1940 年 7 月
朱新江	冠县店子乡东化村	35	男	1940 年 7 月
黄书贵	冠县	35	男	1940 年 8 月
黄汝给	冠县定远寨乡黄寨子村	30	男	1940 年 9 月
王凤亭	冠县桑阿镇贾六庄	31	男	1940 年 9 月
沙延孝	冠县梁堂乡申阁村	25	男	1940 年 10 月 7 日
马廷骧	冠县万善乡马王段村	24	男	1940 年 10 月 17 日
潘庚柱	冠县店子乡赵当铺村	23	男	1940 年 10 月 17 日
刘建更	冠县兰沃乡石家寨村	31	男	1940 年 11 月
吴贵海之兄	冠县清水镇	24	男	1940 年 12 月
邢金梁	冠县冠城镇邢八里庄	25	男	1940 年
李明为之父	冠县斜店乡辛庄	70	男	1940 年

姓　名	籍　贯	年　龄	性　别	死难时间
陈英冠	冠县店子乡里固九甲村	33	男	1940 年
陈英卉之兄	冠县店子乡里固九甲村	34	男	1940 年
侯子林	冠县北馆陶镇东沟塞村	23	男	1940 年
张皂保	冠县北馆陶镇郎庄	19	男	1940 年
秦玉智	冠县北馆陶镇林庄	16	男	1940 年
三豁子	冠县北馆陶镇王屯村	70	男	1940 年
张　六	冠县北馆陶镇西沟塞村	23	男	1940 年
张学璞	冠县北馆陶镇西沟塞村	29	男	1940 年
王凤云	冠县北馆陶镇	19	男	1940 年
任　华	冠县店子乡大近村	20	男	1940 年
赵长海	冠县店子乡孔村	19	男	1940 年
曲金山	冠县店子乡李张固村	29	男	1940 年
王振兴	冠县店子乡西化村	19	男	1940 年
郭清池	冠县定远寨乡郭关庙村	19	男	1940 年
郭树义	冠县定远寨乡郭关庙村	25	男	1940 年
陈太然	冠县定远寨乡后杏园村	24	男	1940 年
范福祥	冠县定远寨乡千户营村	26	男	1940 年
许灵台	冠县定远寨乡许马村	39	男	1940 年
许树芳	冠县定远寨乡许马村	38	男	1940 年
高吉然	冠县定远寨乡阎营村	25	男	1940 年
阎路青	冠县定远寨乡张阎二庄	20	男	1940 年
么花荣	冠县东古城镇北么庄	21	男	1940 年
赵新安	冠县东古城镇北徐庄	28	男	1940 年
严善修	冠县东古城镇	20	男	1940 年
郭金路	冠县东古城镇郭安堤村	20	男	1940 年
魏长山	冠县东古城镇后邵村	19	男	1940 年
张廷岭	冠县东古城镇后田庄	22	男	1940 年
张思岭	冠县东古城镇后田庄	19	男	1940 年
张廷修	冠县东古城镇后田庄	24	男	1940 年
张思俊	冠县东古城镇后田庄	18	男	1940 年
张付山	冠县东古城镇后辛庄	21	男	1940 年
张付善	冠县东古城镇后辛庄	20	男	1940 年
张金太	冠县东古城镇后辛庄	—	男	1940 年
么有核	冠县东古城镇李才村	20	男	1940 年

姓 名	籍 贯	年 龄	性 别	死难时间
陈志江	冠县东古城镇刘庄	20	男	1940 年
刘全建	冠县东古城镇刘庄	35	男	1940 年
张发仓	冠县东古城镇吕庄	19	男	1940 年
张桂廷	冠县东古城镇乜村	26	男	1940 年
么成秀	冠县东古城镇南么庄	24	男	1940 年
李会元	冠县东古城镇南童庄	21	男	1940 年
李振起	冠县东古城镇前邵村	20	男	1940 年
翟凤义	冠县东古城镇前田庄	19	男	1940 年
翟路会	冠县东古城镇前田庄	20	男	1940 年
曲怀朱	冠县东古城镇曲庄	19	男	1940 年
曲汝合	冠县东古城镇曲庄	26	男	1940 年
温长善	冠县东古城镇温家庄	20	男	1940 年
温徐臣	冠县东古城镇温家庄	20	男	1940 年
陈红振	冠县东古城镇杨召村	20	男	1940 年
孙士书	冠县东古城镇张查村	25	男	1940 年
孙兆兰	冠县东古城镇张查村	18	—	1940 年
周保龙	冠县范寨乡戴里庄	20	男	1940 年
范怀文	冠县范寨乡范寨村	27	男	1940 年
许书朋	冠县冠城镇安村	42	男	1940 年
朱光友	冠县冠城镇北街	19	男	1940 年
沙延章	冠县冠城镇东街	19	男	1940 年
曹金合	冠县冠城镇王孝村	14	男	1940 年
王保法	冠县冠城镇王孝村	30	男	1940 年
梁保起	冠县冠城镇王孝村	22	男	1940 年
曹玉华	冠县冠城镇王孝村	39	男	1940 年
徐洪宾	冠县冠城镇西范庄	21	男	1940 年
邢保平	冠县冠城镇邢八里庄	26	男	1940 年
安洪亮	冠县冠城镇杨村	—	男	1940 年
殷冠朝	冠县冠城镇殷芦村	—	男	1940 年
殷冠增	冠县冠城镇殷芦村	—	男	1940 年
张里元	冠县冠城镇殷芦村	—	男	1940 年
于良臣	冠县冠城镇于村	26	男	1940 年
任清太	冠县贾镇艾寨村	30	男	1940 年
赵伦达	冠县贾镇李辛村	25	男	1940 年

姓 名	籍 贯	年 龄	性 别	死难时间
时玉泉	冠县贾镇庞田村	23	男	1940 年
郭文明	冠县贾镇司庞庄	21	男	1940 年
张长海	冠县贾镇相里村	20	男	1940 年
郭 爱	冠县贾镇张货营村	24	男	1940 年
王广德	冠县兰沃乡韩路村	27	男	1940 年
刘学贵	冠县兰沃乡邢柳邵村	35	男	1940 年
张凤为	冠县梁堂乡北黄城村	—	男	1940 年
张臣好	冠县梁堂乡北黄城村	26	男	1940 年
王春成	冠县梁堂乡常菜庄	22	男	1940 年
高金清	冠县梁堂乡高庄	21	男	1940 年
沙广成	冠县梁堂乡高庄	19	男	1940 年
沙广晓	冠县梁堂乡高庄	20	男	1940 年
沙占海	冠县梁堂乡高庄	20	男	1940 年
李冠忠	冠县梁堂乡胡阎村	17	男	1940 年
张书范	冠县梁堂乡李梁堂村	28	男	1940 年
申凤奇	冠县梁堂乡申阎村	20	男	1940 年
王本义	冠县桑阿镇王六庄	22	男	1940 年
杨怀起	冠县梁堂乡杨寺地村	65	男	1940 年
高怀清	冠县甘官屯乡连寨后村	20	男	1940 年
高云福	冠县甘官屯乡连寨后村	21	男	1940 年
郭法河	冠县桑阿镇白塔集村	27	男	1940 年
杨春波	冠县桑阿镇白塔集村	20	男	1940 年
冯代武	冠县桑阿镇大张庄	19	男	1940 年
段德活	冠县桑阿镇段菜庄	38	男	1940 年
周玉安之妻	冠县桑阿镇段菜庄	35	女	1940 年
侯书堂	冠县桑阿镇侯六庄	21	男	1940 年
赵恩成	冠县桑阿镇潘庄	29	男	1940 年
许合重	冠县桑阿镇前李赵庄	20	男	1940 年
高春海	冠县桑阿镇	22	男	1940 年
张力全	冠县桑阿镇桑桥村	27	男	1940 年
申云平	冠县桑阿镇申小屯村	32	男	1940 年
王东卜	冠县桑阿镇申小屯村	19	男	1940 年
马明成	冠县桑阿镇苏胡疃村	23	男	1940 年
赵为汉	冠县桑阿镇王六庄	23	男	1940 年

姓　名	籍　贯	年　龄	性　别	死难时间
宋　伦	冠县桑阿镇苇园村	16	男	1940 年
宋士昌	冠县桑阿镇苇园村	17	男	1940 年
范保安	冠县桑阿镇西白塔村	26	男	1940 年
李凤桐	冠县桑阿镇西白塔村	21	男	1940 年
田庆岭	冠县桑阿镇玉庄	23	男	1940 年
王太义	冠县桑阿镇轧庄	—	男	1940 年
满林合	冠县万善乡北田平村	21	男	1940 年
邢路朝	冠县万善乡北田平村	25	男	1940 年
刘振山	冠县万善乡北召村	18	男	1940 年
徐采荣	冠县万善乡高王段村	19	男	1940 年
马振山	冠县万善乡万善村	35	男	1940 年
魏保德	冠县斜店乡班庄	17	男	1940 年
宋玉刚之姐	冠县斜店乡北满菜村	30	女	1940 年
张国元	冠县斜店乡北满菜村	20	男	1940 年
赵先进	冠县斜店乡南史村	21	男	1940 年
曹春法	冠县斜店乡史村	20	男	1940 年
闫新旺	冠县斜店乡汤庄	21	男	1940 年
闫朝兰	冠县斜店乡汤庄	30	男	1940 年
张书范	冠县斜店乡汤庄	40	男	1940 年
杜显章	冠县斜店乡汤庄	30	男	1940 年
杜玉章	冠县斜店乡汤庄	25	男	1940 年
杜国士	冠县斜店乡汤庄	30	男	1940 年
杜树章	冠县斜店乡汤庄	22	男	1940 年
杜之平	冠县斜店乡汤庄	19	男	1940 年
杨玉拴	冠县斜店乡王史村	26	男	1940 年
孙老肥	冠县斜店乡西野庄	22	男	1940 年
辛启臣之妻	冠县斜店乡辛屯村	50	女	1940 年
荆学增	冠县辛集乡火烧营村	17	男	1940 年
杨纪福	冠县辛集乡李刘八寨村	21	男	1940 年
王化成	冠县辛集乡阎二庄	17	男	1940 年
张甲福	冠县辛集乡元虎寨村	22	男	1940 年
沙孟胥	冠县烟庄乡后十里铺村	50	男	1940 年
梁荫堂	冠县烟庄乡梁辛庄	20	男	1940 年
梁明树	冠县烟庄乡刘辛庄	28	男	1940 年

姓 名	籍 贯	年 龄	性 别	死难时间
张甫田	冠县烟庄乡七里佛堂村	22	男	1940 年
周学顺	冠县烟庄乡前小化村	20	男	1940 年
白成武	冠县烟庄乡野庄	—	男	1940 年
张衍梦	冠县烟庄乡义村	33	男	1940 年
高世路	冠县定远寨乡高家村	34	男	1941 年 1 月
许长合	冠县斜店乡东野庄	22	男	1941 年 1 月
黄汝会	冠县定远寨乡黄寨子村	23	男	1941 年 2 月
刘符云	冠县辛集乡赵庄	20	男	1941 年 3 月 27 日
柴观仁	冠县辛集乡赵庄	30	男	1941 年 3 月 27 日
王心富	冠县辛集乡赵庄	32	男	1941 年 3 月 27 日
宋宪池	冠县辛集乡赵庄	35	男	1941 年 3 月 27 日
马广元	冠县辛集乡后张官屯村	—	—	1941 年 5 月 15 日
宁朝信	冠县辛集乡野屋村	41	男	1941 年 5 月 17 日
张德印	冠县辛集乡野屋村	35	男	1941 年 5 月 17 日
许朝元	冠县贾镇王谈二寨村	37	男	1941 年 5 月
石玉南	冠县辛集乡后张官屯村	45	男	1941 年 5 月 15 日
赵德录	冠县辛集乡后张官屯村	24	男	1941 年 5 月 15 日
赵福海	冠县辛集乡后张官屯村	57	男	1941 年 5 月 15 日
赵福江	冠县辛集乡后张官屯村	54	男	1941 年 5 月 15 日
赵贵录	冠县辛集乡后张官屯村	27	男	1941 年 5 月 15 日
赵廷录	冠县辛集乡后张官屯村	31	男	1941 年 5 月 15 日
宗崔氏	冠县辛集乡后张官屯村	37	女	1941 年 5 月 15 日
宗翠山	冠县辛集乡后张官屯村	56	男	1941 年 5 月 15 日
宗明德	冠县辛集乡后张官屯村	20	男	1941 年 5 月 15 日
宗修德	冠县辛集乡后张官屯村	30	男	1941 年 5 月 15 日
高四超	冠县辛集乡后张官屯村	25	男	1941 年 5 月 15 日
石林祥	冠县辛集乡后张官屯村	31	男	1941 年 5 月 15 日
石朋图	冠县辛集乡后张官屯村	43	男	1941 年 5 月 15 日
石朋星	冠县辛集乡后张官屯村	50	男	1941 年 5 月 15 日
石寿令	冠县辛集乡后张官屯村	52	男	1941 年 5 月 15 日
石学武	冠县辛集乡后张官屯村	—	—	1941 年 5 月 15 日
曹建功	冠县辛集乡白官屯村	16	男	1941 年 6 月 29 日
冯春粉	冠县辛集乡白官屯村	37	男	1941 年 6 月 29 日
春岗之祖父	冠县辛集乡白官屯村	60	男	1941 年 6 月 29 日

姓 名	籍 贯	年 龄	性 别	死难时间
冯大龙	冠县辛集乡白官屯村	40	男	1941 年 6 月 29 日
冯秆动	冠县辛集乡白官屯村	38	男	1941 年 6 月 29 日
冯西军	冠县辛集乡白官屯村	45	男	1941 年 6 月 29 日
冯西平	冠县辛集乡白官屯村	56	男	1941 年 6 月 29 日
冯西清	冠县辛集乡白官屯村	47	男	1941 年 6 月 29 日
金光之伯父	冠县辛集乡白官屯村	35	男	1941 年 6 月 29 日
吕二迈	冠县辛集乡白官屯村	34	男	1941 年 6 月 29 日
齐大憨	冠县辛集乡白官屯村	39	男	1941 年 6 月 29 日
齐二憨	冠县辛集乡白官屯村	36	男	1941 年 6 月 29 日
西文之兄	冠县辛集乡白官屯村	16	男	1941 年 6 月 29 日
尹金柱	冠县辛集乡白官屯村	55	男	1941 年 6 月 29 日
宗合之祖父	冠县辛集乡白官屯村	54	男	1941 年 6 月 29 日
春强之祖父	冠县辛集乡白官屯村	52	男	1941 年 6 月 29 日
风山之兄	冠县辛集乡白官屯村	40	男	1941 年 6 月 29 日
冯春林	冠县辛集乡白官屯村	35	男	1941 年 6 月 29 日
冯西止	冠县辛集乡白官屯村	46	男	1941 年 6 月 29 日
庆海之祖父	冠县辛集乡白官屯村	53	男	1941 年 6 月 29 日
清常之父	冠县定远寨乡黄寨子村	51	男	1941 年 6 月
冯玉贵	冠县定远寨乡黄寨子村	41	男	1941 年 7 月
马东甫	冠县万善乡马王段村	20	男	1941 年 7 月
庄大马	冠县清水镇前小庄	17	男	1941 年 8 月
韩云梁	冠县定远寨乡薛阎二庄	72	男	1941 年 9 月 24 日
曹加子	冠县范寨乡大纸坊头村	14	男	1941 年 9 月
车 四	冠县定远寨乡黄寨子村	27	男	1941 年 10 月
孙二滚	冠县定远寨乡黄寨子村	43	男	1941 年 10 月
王之友	冠县梁堂乡常菜庄	37	男	1941 年 12 月 29 日
王之友之侄	冠县梁堂乡常菜庄	23	男	1941 年 12 月 29 日
孙三滚	冠县定远寨乡黄寨子村	41	男	1941 年 12 月
许友台	冠县定远寨乡许马村	15	男	1941 年 12 月
么富勤	冠县东古城镇南么庄	21	男	1941 年 12 月
宋书奎	冠县贾镇李榆林头村	21	男	1941 年 12 月
宋书林	冠县贾镇李榆林头村	20	男	1941 年 12 月
于士玺	冠县北馆陶镇耿屯村	29	男	1941 年 12 月
李云臣	冠县北馆陶镇西柴庄	18	男	1941 年 12 月

姓 名	籍 贯	年 龄	性 别	死难时间
郎勤俭	冠县东古城镇	18	男	1941 年 12 月
李书桥	冠县万善乡北田平村	26	男	1941 年 12 月
宋章成	冠县斜店乡北满菜村	21	男	1941 年 12 月
邱丙旺	冠县烟庄乡张家庄	27	男	1941 年 12 月
梁保生	冠县烟庄乡赵村	—	男	1941 年
董显堂	冠县冠城镇西提固村	42	男	1941 年
侯保臣	冠县梁堂乡常菜庄	37	男	1941 年
王德贵	冠县北馆陶镇东街	35	男	1941 年
秦玉江	冠县北馆陶镇林庄	22	男	1941 年
徐恩涛之妻	冠县北馆陶镇王屯村	—	女	1941 年
王金府	冠县北馆陶镇王屯村	22	男	1941 年
郭玉钦	冠县北馆陶镇窝头村	17	男	1941 年
刘存才	冠县定远寨乡定远寨村	21	男	1941 年
陈俊申	冠县定远寨乡后杏园村	25	男	1941 年
老 吴	冠县定远寨乡李海子村	—	男	1941 年
李书德	冠县定远寨乡李海子村	—	男	1941 年
李保柱	冠县定远寨乡李海子村	—	男	1941 年
李富贵	冠县定远寨乡李海子村	—	男	1941 年
李判林	冠县定远寨乡李海子村	—	男	1941 年
李英高	冠县定远寨乡李海子村	—	男	1941 年
樊秀臣	冠县定远寨乡双庙村	20	男	1941 年
许庆台	冠县定远寨乡许马村	16	男	1941 年
么花友	冠县东古城镇北么庄	22	男	1941 年
刘文元	冠县东古城镇	24	男	1941 年
严良才	冠县东古城镇	38	男	1941 年
李学考	冠县东古城镇东罗头村	22	男	1941 年
么忠勤	冠县东古城镇东么庄	23	男	1941 年
轩麻三	冠县东古城镇公曹村	22	男	1941 年
郭士玺	冠县东古城镇郭安堤村	27	男	1941 年
张付郎	冠县东古城镇后辛庄	20	男	1941 年
焦汝海	冠县东古城镇焦圈村	19	男	1941 年
焦邦山	冠县东古城镇焦庄	18	男	1941 年
李西山	冠县东古城镇李圈村	21	男	1941 年
焦朝岭	冠县东古城镇栾庄	21	男	1941 年

姓 名	籍 贯	年 龄	性 别	死难时间
么富江	冠县东古城镇南么庄	22	男	1941 年
翟金梅	冠县东古城镇南么庄	22	男	1941 年
么福勤	冠县东古城镇南么庄	21	男	1941 年
孙志高	冠县东古城镇平村	23	男	1941 年
王官堂	冠县东古城镇王安堤村	28	男	1941 年
温润阁	冠县东古城镇温家庄	23	男	1941 年
翟振公	冠县东古城镇翟庄	22	男	1941 年
王东太	冠县东古城镇张查村	21	男	1941 年
安连池	冠县冠城镇安村	51	男	1941 年
杜长林	冠县冠城镇杜刘村	25	男	1941 年
任希古	冠县冠城镇吉固村	40	男	1941 年
张兆林	冠县冠城镇刘神伯东村	20	男	1941 年
孙常兴	冠县冠城镇铺上村	—	男	1941 年
宋保安	冠县冠城镇宋三里庄	23	男	1941 年
张士恩	冠县冠城镇孙瞳村	21	男	1941 年
陈海亮	冠县冠城镇西谷子头村	25	男	1941 年
王寿增	冠县贾镇	—	男	1941 年
张纪海	冠县贾镇	26	男	1941 年
葛和瑞	冠县贾镇葛辛村	21	男	1941 年
刘石城	冠县贾镇司庞庄	21	男	1941 年
田付聚	冠县贾镇田茉莉营村	30	男	1941 年
许木德	冠县贾镇许辛村	20	男	1941 年
许忠洺	冠县贾镇许辛村	19	男	1941 年
于占法	冠县贾镇榆林头村	21	男	1941 年
于代成	冠县贾镇张货营村	26	男	1941 年
任增岐	冠县贾镇张货营村	19	男	1941 年
张宝顺	冠县兰沃乡张连子村	35	男	1941 年
刘新合	冠县梁堂乡安庄	—	男	1941 年
申书正	冠县梁堂乡北黄城村	21	男	1941 年
董和平	冠县梁堂乡前何仲村	25	男	1941 年
孙发芝	冠县梁堂乡许菜庄	18	男	1941 年
杨栓德	冠县梁堂乡杨寺地村	24	男	1941 年
刘子明	冠县桑阿镇程村	28	男	1941 年
刘向军	冠县桑阿镇东周堡村	33	男	1941 年

姓 名	籍 贯	年 龄	性 别	死难时间
宋焕武	冠县桑阿镇杜庄	40	男	1941 年
宋延林	冠县桑阿镇杜庄	38	男	1941 年
孙发友	冠县桑阿镇杜庄	45	男	1941 年
孙立旺	冠县桑阿镇杜庄	32	男	1941 年
郝存生	冠县桑阿镇郝胡瞳村	21	男	1941 年
侯书生	冠县桑阿镇侯六庄	28	男	1941 年
程学明	冠县桑阿镇胡瞳村	—	男	1941 年
韩桂良	冠县桑阿镇槐木园村	21	男	1941 年
李彦生	冠县桑阿镇李菜庄	28	男	1941 年
赵恩战	冠县桑阿镇潘庄	37	男	1941 年
任付海	冠县桑阿镇任菜庄	23	男	1941 年
任付印	冠县桑阿镇任菜庄	23	男	1941 年
董之友	冠县桑阿镇苏胡瞳村	22	男	1941 年
李 八	冠县桑阿镇苏胡瞳村	21	男	1941 年
王克鲁	冠县桑阿镇西白塔村	21	男	1941 年
许 浩	冠县桑阿镇西吕庄	21	男	1941 年
刘更申	冠县桑阿镇杨胡瞳村	18	男	1941 年
高景月	冠县桑阿镇袁菜庄	30	男	1941 年
郭尚起	冠县万善乡东贾村	21	男	1941 年
任铁柱	冠县万善乡东贾村	21	男	1941 年
李振湖	冠县万善乡东召村	22	男	1941 年
吕凤周	冠县万善乡南王段村	24	男	1941 年
刘长付	冠县万善乡孝子哭村	25	男	1941 年
李春起	冠县斜店乡班庄	21	男	1941 年
赵启发	冠县斜店乡班庄	27	男	1941 年
蒋金梅	冠县斜店乡北满菜村	23	男	1941 年
纪永胜	冠县斜店乡东野庄	21	男	1941 年
吕恩敬之母	冠县斜店乡吕屯村	30	女	1941 年
吕秀梅	冠县斜店乡吕屯村	—	女	1941 年
王连合	冠县斜店乡南马寨村	19	男	1941 年
赵宝生	冠县斜店乡南史村	25	男	1941 年
于培文	冠县斜店乡施庄铺村	50	男	1941 年
闫士选	冠县斜店乡汤庄	33	男	1941 年
阎路先	冠县斜店乡汤庄	22	男	1941 年

姓　名	籍　贯	年　龄	性　别	死难时间
郭子敬	冠县斜店乡斜店村	21	男	1941 年
许春成	冠县斜店乡斜店村	24	男	1941 年
赵海增	冠县斜店乡新郭庄	30	男	1941 年
李玉明	冠县斜店乡新郭庄	—	男	1941 年
张书生	冠县斜店乡许盘村	20	男	1941 年
宋传山	冠县斜店乡张盘村	—	男	1941 年
程广新	冠县斜店乡赵屯村	30	男	1941 年
孙新义	冠县斜店乡赵屯村	21	男	1941 年
樊振汉	冠县辛集乡	—	男	1941 年
冯　友	冠县辛集乡白官屯村	61	男	1941 年
冯春成	冠县辛集乡白官屯村	37	男	1941 年
冯桂点	冠县辛集乡白官屯村	49	男	1941 年
春田之祖父	冠县辛集乡白官屯村	56	男	1941 年
王金凤	冠县辛集乡大夫人寨村	18	男	1941 年
白以清	冠县辛集乡郭庄	18	男	1941 年
于公堂	冠县辛集乡于家村	19	男	1941 年
张志成	冠县烟庄乡东南庄	21	男	1941 年
梁华印	冠县烟庄乡梁辛庄	—	男	1941 年
路干臣	冠县烟庄乡七里佛堂村	27	男	1941 年
张彦华	冠县烟庄乡七里佛堂村	21	男	1941 年
张彦义	冠县烟庄乡七里佛堂村	31	男	1941 年
刘长海	冠县烟庄乡前小化村	19	男	1941 年
范炳毅	冠县烟庄乡前张平村	23	男	1941 年
张万君	冠县烟庄乡王马庄	24	男	1941 年
刘立宽	冠县烟庄乡西贾庄	25	男	1941 年
张成玉	冠县烟庄乡西十里营村	23	男	1941 年
贾维贤	冠县烟庄乡野庄	21	男	1941 年
杨　五	冠县斜店乡王史村	50	男	1942 年 1 月 19 日
杨汝英	冠县斜店乡王史村	60	男	1942 年 1 月 19 日
二洋娃	冠县定远寨乡黄寨子村	31	男	1942 年 1 月
范付祥	冠县定远寨乡千户营村	20	男	1942 年 1 月
闫连安	冠县定远寨乡小阎二庄	42	男	1942 年 2 月
王普臣	冠县万善乡万善屯村	27	男	1942 年 2 月
赵贵芳	冠县梁堂乡菜庄集村	36	男	1942 年 3 月 6 日

姓　名	籍　贯	年　龄	性　别	死难时间
闫更银	冠县定远寨乡小闫二庄	34	男	1942 年 3 月
王五兴	冠县梁堂乡邹六庄	54	男	1942 年 3 月
张登泽	冠县兰沃乡张连子村	22	男	1942 年 3 月
赵贵堂	冠县梁堂乡菜庄	38	—	1942 年 4 月 6 日
王泽香	冠县桑阿镇贾六庄	—	男	1942 年 5 月 9 日
冯玉明	冠县定远寨乡黄寨子村	40	男	1942 年 5 月
庄维兰	冠县清水镇前小庄	24	男	1942 年 5 月
张公保	冠县甘官屯乡西杏庄	22	男	1942 年 5 月
钱明林	冠县贾镇贾镇街	—	男	1942 年 5 月
钱明显	冠县贾镇贾镇街	27	男	1942 年 5 月
王德才	冠县贾镇贾镇街	26	男	1942 年 5 月
阎德先	冠县斜店乡汤庄	31	男	1942 年 5 月
齐南峰	冠县辛集乡齐庄	27	男	1942 年 7 月 21 日
马金海之父	冠县贾镇相里村	—	男	1942 年 7 月
韩登山	冠县桑阿镇袁菜庄	54	男	1942 年 7 月
王朝征	冠县店子乡王当铺村	28	男	1942 年 8 月
王金贵	冠县店子乡王当铺村	32	男	1942 年 8 月
孙立民	冠县冠城镇唐寺村	28	男	1942 年 9 月
宋华山	冠县斜店乡北满菜村	25	男	1942 年 9 月
边保贵	冠县辛集乡边庄	34	男	1942 年 9 月
刘朝钦	冠县店子乡	33	男	1942 年 10 月
许西义	冠县冠城镇安村	18	男	1942 年 10 月
刘凤海	冠县兰沃乡石家寨村	23	男	1942 年 10 月
刘小保	冠县	23	男	1942 年 11 月
祁万仁	冠县东古城镇程家庄	20	男	1942 年 11 月
高元善	冠县万善乡高王段村	—	男	1942 年 12 月 11 日
侯兰芳	冠县万善乡高王段村	—	男	1942 年 12 月 11 日
侯兰珍	冠县万善乡高王段村	—	男	1942 年 12 月 11 日
尉兰普	冠县桑阿镇杨胡疃村	33	男	1942 年 12 月
沙大六	冠县梁堂乡中闫村	—	男	1942 年
李电池	冠县万善乡葫芦营村	—	男	1942 年
刘西岭	冠县烟庄乡东十里营村	—	男	1942 年
石玉琢	冠县烟庄乡东十里营村	—	男	1942 年
王春朝之姨	—	28	女	1942 年

姓 名	籍 贯	年 龄	性 别	死难时间
高发太之父	冠县梁堂乡北寺地村	—	男	1942 年
王长富	冠县梁堂乡于林头村	14	男	1942 年
槐树之父	冠县北馆陶镇	—	男	1942 年
靳书田	冠县北馆陶镇	28	男	1942 年
王建春	冠县北馆陶镇	22	男	1942 年
艾茂轩	冠县北馆陶镇北街	26	男	1942 年
李兰池	冠县北馆陶镇东街	22	男	1942 年
胡廷安	冠县北馆陶镇胡屯村	—	男	1942 年
郎登科	冠县北馆陶镇郎庄	20	男	1942 年
杨逢瑞	冠县北馆陶镇南关	29	男	1942 年
康玉山	冠县北馆陶镇乔马庄	30	男	1942 年
许云兴	冠县北馆陶镇许庄	19	男	1942 年
张振业	冠县北馆陶镇阎庄	21	男	1942 年
白长喜	冠县店子乡大近村	—	男	1942 年
马为秀	冠县店子乡大近村	—	男	1942 年
马培义	冠县店子乡大近村西	—	男	1942 年
马元甫	冠县店子乡大近村西	—	男	1942 年
张延起	冠县店子乡孔村	22	男	1942 年
梁桂山	冠县店子乡赵固村	19	男	1942 年
王得胜	冠县定远寨乡北杨庄	—	男	1942 年
杨得胜	冠县定远寨乡北杨庄	—	男	1942 年
张小田	冠县定远寨乡大阎二庄	17	男	1942 年
闫海成	冠县定远寨乡大阎二庄	25	男	1942 年
张克和	冠县定远寨乡大阎二庄	60	男	1942 年
张克善	冠县定远寨乡大阎二庄	70	男	1942 年
张小友	冠县定远寨乡大阎二庄	18	男	1942 年
赵金岭	冠县定远寨乡大阎二庄	42	男	1942 年
刘春会	冠县定远寨乡定远寨村	17	男	1942 年
陈书增	冠县定远寨乡高家村	28	男	1942 年
侯书昌	冠县定远寨乡侯家村	22	男	1942 年
侯书存	冠县定远寨乡侯家村	18	男	1942 年
傅杨氏	冠县定远寨乡栾傅桂村	23	女	1942 年
傅占歧	冠县定远寨乡栾傅桂村	20	男	1942 年
王麻包	冠县定远寨乡毛庄	23	男	1942 年

姓 名	籍 贯	年 龄	性 别	死难时间
程书德	冠县东古城镇陈井村	22	男	1942 年
郭金贵	冠县东古城镇东馆陶村	26	男	1942 年
张付伍	冠县东古城镇后辛庄	18	男	1942 年
李路记	冠县东古城镇李圈村	22	男	1942 年
蔺克君	冠县东古城镇蔺庄	24	男	1942 年
袁俊坤	冠县东古城镇路庄	25	男	1942 年
焦朝山	冠县东古城镇栾庄	25	男	1942 年
么金银	冠县东古城镇么安堤村	21	男	1942 年
么路启	冠县东古城镇么安堤村	23	男	1942 年
李长业	冠县东古城镇南童庄	22	男	1942 年
张福范	冠县东古城镇南辛庄	20	男	1942 年
张福仲	冠县东古城镇南辛庄	23	男	1942 年
孙春法	冠县东古城镇平村	21	男	1942 年
李玉德	冠县东古城镇曲庄	17	男	1942 年
王朝生	冠县东古城镇王安堤村	21	男	1942 年
王官照	冠县东古城镇王安堤村	—	男	1942 年
王长在	冠县东古城镇王马园	23	男	1942 年
温清荣	冠县东古城镇温家庄	21	男	1942 年
柳玉岭	冠县东古城镇温家庄	23	男	1942 年
陈好功	冠县东古城镇张查村	22	男	1942 年
陈子功	冠县东古城镇张查村	29	男	1942 年
孙汝盘	冠县东古城镇张查村	19	男	1942 年
孙作栋	冠县东古城镇张查村	27	男	1942 年
王保友	冠县甘官屯乡东国寨村	—	男	1942 年
许以普	冠县甘官屯乡东国寨村	—	男	1942 年
吕绍尧	冠县冠城镇	38	男	1942 年
齐春堂	冠县冠城镇东谷子头村	22	男	1942 年
赵东升	冠县冠城镇吉固村	36	男	1942 年
朱立元	冠县冠城镇马宋店村	30	男	1942 年
彭呈岭	冠县冠城镇马寨村	27	男	1942 年
臧枚书	冠县冠城镇铺上村	22	男	1942 年
梁新起	冠县冠城镇前董固村	20	男	1942 年
韩东国	冠县冠城镇申尹庄	23	男	1942 年
孙相坤	冠县冠城镇孙疃村	36	男	1942 年

姓 名	籍 贯	年 龄	性 别	死难时间
樊保奎	冠县冠城镇田庄	22	男	1942 年
武永才	冠县冠城镇王孝村	21	男	1942 年
冯新连	冠县冠城镇吴家村	28	男	1942 年
曹金法	冠县冠城镇吴家村	18	男	1942 年
董怀山	冠县冠城镇五里铺村	22	男	1942 年
李新贞	冠县贾镇迟庞庄	23	男	1942 年
郭 群	冠县贾镇丁庄	53	男	1942 年
李春波	冠县贾镇李榆林头村	27	男	1942 年
刘风声	冠县贾镇司庞庄	22	男	1942 年
司计斌	冠县贾镇司庞庄	21	男	1942 年
王 春	冠县贾镇王赵店村	21	男	1942 年
王金山	冠县贾镇王赵店村	34	男	1942 年
王克和	冠县贾镇王赵店村	33	男	1942 年
刘承义	冠县贾镇西赵店村	26	男	1942 年
刘文学	冠县贾镇相里村	20	男	1942 年
郭以雷	冠县贾镇张货营村	26	男	1942 年
郭 氏	冠县贾镇张货营村	25	女	1942 年
张汝义	冠县兰沃乡大曲村	—	男	1942 年
王保民	冠县兰沃乡王连子村	30	男	1942 年
王士安	冠县兰沃乡王连子村	32	男	1942 年
刘贵兴	冠县梁堂乡安庄	23	男	1942 年
曹连增	冠县梁堂乡曹里村	29	男	1942 年
时根奇	冠县梁堂乡曹里村	22	男	1942 年
高金科	冠县梁堂乡高庄	26	男	1942 年
徐德臣	冠县梁堂乡高庄	30	男	1942 年
高金奇	冠县梁堂乡高庄	22	男	1942 年
沙九俊	冠县梁堂乡高庄	21	男	1942 年
彭启亭	冠县梁堂乡高庄	22	男	1942 年
谷文太	冠县梁堂乡胡史村	19	男	1942 年
王梅生	冠县梁堂乡胡史村	28	男	1942 年
钱孟兰	冠县梁堂乡姬阁村	21	男	1942 年
姬永太	冠县梁堂乡姬阁村	30	男	1942 年
李勤英	冠县梁堂乡李梁堂村	22	男	1942 年
李洪涛	冠县梁堂乡南邵庄	24	男	1942 年

姓名	籍贯	年龄	性别	死难时间
沙朝河	冠县梁堂乡申阁村	21	男	1942 年
田富增	冠县梁堂乡田里村	—	男	1942 年
王炳昌	冠县桑阿镇王六庄	22	男	1942 年
王玉珂	冠县桑阿镇王六庄	30	男	1942 年
张金聚	冠县梁堂乡许菜庄	36	男	1942 年
张春岭	冠县梁堂乡许菜庄	19	男	1942 年
张书维	冠县梁堂乡许菜庄	21	男	1942 年
张书香	冠县梁堂乡许菜庄	24	男	1942 年
赵培文	冠县梁堂乡赵梁堂村	23	男	1942 年
吴振生	冠县清水镇	22	男	1942 年
于文德	冠县桑阿镇白塔集村	27	男	1943 年 6 月 10 日
岳朝佃	冠县桑阿镇白塔集村	80	男	1942 年
李么海	冠县桑阿镇白塔集村	18	男	1942 年
于进河	冠县桑阿镇白塔集村	57	男	1943 年 6 月 10 日
岳景堂	冠县桑阿镇白塔集村	20	男	1943 年 6 月 10 日
郭发珠	冠县桑阿镇白塔集村	28	男	1942 年
李盈彩	冠县桑阿镇白塔集村	20	男	1942 年
刘　旭	冠县桑阿镇东周堡村	29	男	1942 年
高文明	冠县桑阿镇东周堡村	22	男	1942 年
刘志宽	冠县桑阿镇东周堡村	22	男	1942 年
杜胜雨	冠县桑阿镇杜赵庄	21	男	1942 年
周玉法	冠县桑阿镇段菜庄	38	男	1942 年
肖书元	冠县桑阿镇朵庄	22	男	1942 年
范怀保	冠县桑阿镇范家村	—	男	1942 年
马云清	冠县桑阿镇凤庄	28	男	1942 年
李芳林	冠县桑阿镇后李赵庄	22	男	1942 年
王凤河	冠县桑阿镇槐木园村	22	男	1942 年
田春梅	冠县桑阿镇贾家庄	23	男	1942 年
李振明之兄	冠县桑阿镇李菜庄	25	男	1942 年
张玉东	冠县桑阿镇南油坊村	29	男	1942 年
赵之利	冠县桑阿镇潘庄	31	男	1942 年
许臣银	冠县桑阿镇前李赵庄	21	男	1942 年
刘早顺	冠县桑阿镇任菜庄	25	男	1942 年
任汝印	冠县桑阿镇任菜庄	30	男	1942 年

姓 名	籍 贯	年 龄	性 别	死难时间
任锁成	冠县桑阿镇任菜庄	27	男	1942 年
四 秃	冠县桑阿镇	—	男	1942 年
杨清玉	冠县桑阿镇	23	男	1942 年
马保真	冠县桑阿镇苏胡瞳村	22	男	1942 年
苏玉巧	冠县桑阿镇苏胡瞳村	33	男	1942 年
李保业	冠县桑阿镇西白塔村	41	男	1942 年
李凤同	冠县桑阿镇西白塔村	80	男	1942 年
塔春台	冠县桑阿镇西白塔村	—	男	1942 年
许汝林	冠县桑阿镇西吕庄	49	男	1943 年 5 月 11 日
许月奇	冠县桑阿镇西吕庄	38	男	1943 年 5 月 11 日
许之争	冠县桑阿镇西吕庄	33	男	1943 年 5 月 11 日
李加深	冠县桑阿镇西周堡村	22	男	1942 年
王金福	冠县桑阿镇西周堡村	20	男	1942 年
徐增会	冠县万善乡高王段村	21	男	1942 年
二木头人	冠县万善乡马固村	—	男	1942 年
胡长勤	冠县万善乡南王段村	17	男	1942 年
胡玉合	冠县万善乡南王段村	22	男	1942 年
宋连庆之母	冠县斜店乡北满菜村	30	女	1942 年
宋多法	冠县斜店乡北满菜村	23	男	1942 年
宋多胜	冠县斜店乡北满菜村	18	男	1942 年
赵新阔	冠县斜店乡东张史村	18	男	1942 年
刘书贵	冠县斜店乡后社庄	22	男	1942 年
吕恩元	冠县斜店乡吕屯村	19	男	1942 年
张恒合	冠县斜店乡吕屯村	17	男	1942 年
宋保泰	冠县斜店乡南盘村	30	男	1942 年
宋章成	冠县斜店乡南盘村	40	男	1942 年
张广新	冠县斜店乡南史村	34	男	1942 年
陈九贞	冠县斜店乡施庄铺村	30	男	1942 年
王文章	冠县斜店乡十里铺村	21	男	1942 年
杜国兴	冠县斜店乡汤庄	21	男	1942 年
王西宝	冠县斜店乡王史村	29	男	1942 年
郑保江	冠县斜店乡西野庄	30	男	1942 年
郭明利	冠县斜店乡斜店村	17	男	1942 年
赵增义	冠县斜店乡斜店村	20	男	1942 年

姓 名	籍 贯	年 龄	性 别	死难时间
张银江	冠县斜店乡张史村	—	男	1942 年
赵德功	冠县斜店乡赵屯村	20	男	1942 年
齐 会	冠县辛集乡	—	男	1942 年
申法泽	冠县辛集乡阎二庄	22	男	1942 年
于公勤	冠县辛集乡于家村	24	男	1942 年
董保安	冠县烟庄乡东南庄	22	男	1942 年
董一泽	冠县烟庄乡东南庄	22	男	1942 年
李学仁	冠县烟庄乡后十里铺村	24	男	1942 年
李思波	冠县烟庄乡后张平村	24	男	1942 年
安金荣	冠县烟庄乡五岔路村	23	男	1942 年
刘云祥	冠县烟庄乡西贾庄	21	男	1942 年
赵见臣	冠县烟庄乡西宋村	22	男	1942 年
赵天才	冠县烟庄乡西宋村	22	男	1942 年
赵西筑	冠县烟庄乡西宋村	21	男	1942 年
梁桂岭	冠县冠城镇前董固村	21	男	1943 年 1 月
梁之禄	冠县冠城镇前董固村	28	男	1943 年 1 月
梁景海	冠县甘官屯乡连寨村	32	男	1943 年 2 月 18 日
闫心为	冠县甘官屯乡连寨村	33	男	1943 年 2 月 18 日
关玉柯	冠县甘官屯乡连寨村	35	男	1943 年 2 月 18 日
邢佃杰	冠县甘官屯乡连寨村	33	男	1943 年 2 月 18 日
杨成顺	冠县甘官屯乡连寨村	22	男	1943 年 2 月 18 日
张清文	冠县烟庄乡东宋村	28	男	1943 年 2 月
林以明	冠县范寨乡范寨村	24	男	1943 年 2 月
王免臣	冠县万善乡万善屯村	38	男	1943 年 2 月
马玉芝	冠县冠城镇马宋店村	35	男	1943 年 3 月 3 日
齐付宽	冠县店子乡孔村	15	男	1943 年 4 月 17 日
齐洪顺	冠县店子乡孔村	22	男	1943 年 4 月 17 日
齐登仁	冠县店子乡孔村	56	男	1943 年 4 月 17 日
齐付带	冠县店子乡孔村	18	男	1943 年 4 月 17 日
齐和年	冠县店子乡孔村	64	男	1943 年 4 月 17 日
齐洪图	冠县店子乡孔村	21	男	1943 年 4 月 17 日
齐连杰	冠县店子乡孔村	38	男	1943 年 4 月 17 日
齐连仲	冠县店子乡孔村	71	男	1943 年 4 月 17 日
齐扎根	冠县店子乡孔村	13	男	1943 年 4 月 17 日

姓 名	籍 贯	年 龄	性 别	死难时间
王春城	冠县店子乡孔村	23	男	1943 年 4 月 17 日
王凤林	冠县店子乡孔村	48	男	1943 年 4 月 17 日
齐才止	冠县店子乡孔村	69	男	1943 年 4 月 17 日
王伍臣	冠县店子乡孔村	34	男	1943 年 4 月 17 日
齐连圈	冠县店子乡孔村	57	男	1943 年 4 月 17 日
齐连成	冠县店子乡孔村	60	男	1943 年 4 月 17 日
齐连芝	冠县店子乡孔村	45	男	1943 年 4 月 17 日
郝之香	冠县店子乡孔村	21	男	1943 年 4 月 17 日
张占山	冠县店子乡孔村	24	男	1943 年 4 月 17 日
赵献孟	冠县店子乡赵当铺村	—	男	1943 年 4 月 17 日
安春英	冠县烟庄乡五岔路村	—	男	1943 年 4 月 17 日
刘德峰	冠县烟庄乡西贾庄	—	男	1943 年 4 月 17 日
郭老步	冠县店子乡西化村	38	男	1943 年 3 月
倪大山之女	冠县店子乡西化村	1	女	1943 年 3 月
李凌江之妻	冠县东古城镇克宁村	36	女	1943 年 3 月
韩西典之兄	冠县清水镇刘屯村	16	男	1943 年 3 月
满洪吉	冠县万善乡北田平村	25	男	1943 年 3 月
薛玉奎	冠县万善乡东召村	—	男	1943 年 3 月
刘兆吉	冠县万善乡马固村	20	男	1943 年 3 月
王书法	冠县辛集乡小夫人寨村	25	男	1943 年 3 月
王德正	冠县贾镇	34	男	1943 年 4 月 5 日
周如交	冠县烟庄乡前小化村	22	男	1943 年 4 月 17 日
张洪儒	冠县兰沃乡张柳邵村	32	男	1943 年 4 月 19 日
张瑞先	冠县兰沃乡张柳邵村	—	男	1943 年 4 月 19 日
张子学	冠县兰沃乡张柳邵村	—	男	1943 年 4 月 19 日
柳可义	—	—	男	1943 年 4 月 20 日
小 舜	冠县兰沃乡张柳邵村	10	男	1943 年 4 月 20 日
小 禹	冠县兰沃乡张柳邵村	10	男	1943 年 4 月 20 日
张子龙	冠县兰沃乡张柳邵村	—	男	1943 年 4 月 20 日
张子龙之子	冠县兰沃乡张柳邵村	—	男	1943 年 4 月 20 日
张子龙之妻	冠县兰沃乡张柳邵村	—	女	1943 年 4 月 20 日
张洪儒之祖母	冠县兰沃乡张柳邵村	—	女	1943 年 4 月 20 日
张瑞东之妻	冠县兰沃乡张柳邵村	—	女	1943 年 4 月 20 日
张瑞东之子	冠县兰沃乡张柳邵村	1	男	1943 年 4 月 20 日

姓 名	籍 贯	年 龄	性 别	死难时间
张子文	冠县兰沃乡张柳邵村	—	男	1943 年 4 月 20 日
刘振玉	冠县北馆陶镇	28	男	1943 年 4 月
孟鹏海	冠县北馆陶镇	27	男	1943 年 4 月
李贵祥	冠县北馆陶镇林庄	19	男	1943 年 4 月
董树勋	冠县北馆陶镇刘庄	24	男	1943 年 4 月
郭黑子	冠县北馆陶镇刘庄	22	男	1943 年 4 月
刘金明	冠县北馆陶镇南刘庄	23	男	1943 年 4 月
梁丙奇之子	冠县店子乡东化村	—	男	1943 年 4 月
郭贵云	冠县定远寨乡金郭庄	17	男	1943 年 4 月
栾成书	冠县定远寨乡栾傅桂村	22	男	1943 年 4 月
郭保贵	冠县定远寨乡毛庄	20	男	1943 年 4 月
杨太山	冠县定远寨乡南杨庄	22	男	1943 年 4 月
秦旧合	冠县定远寨乡秦阎二庄	23	男	1943 年 4 月
秦良修	冠县定远寨乡秦阎二庄	23	男	1943 年 4 月
魏伯林	冠县定远寨乡魏家庄	36	男	1943 年 4 月
魏文云	冠县定远寨乡魏家庄	22	男	1943 年 4 月
阎少勤	冠县定远寨乡魏家庄	28	男	1943 年 4 月
阎春成	冠县定远寨乡小阎二庄	25	男	1943 年 4 月
阎聚成	冠县定远寨乡小阎二庄	23	男	1943 年 4 月
阎维成	冠县定远寨乡小阎二庄	24	男	1943 年 4 月
张凤德	冠县定远寨乡张阎二庄	21	男	1943 年 4 月
程登连	冠县东古城镇北么庄	20	男	1943 年 4 月
么殿全	冠县东古城镇北么庄	22	男	1943 年 4 月
郎保仲	冠县东古城镇	39	男	1943 年 4 月
郎清仁	冠县东古城镇	40	男	1943 年 4 月
李秀雨	冠县东古城镇后邵村	19	男	1943 年 4 月
张长路	冠县东古城镇后田庄	17	男	1943 年 4 月
井国正	冠县东古城镇井庄	23	男	1943 年 4 月
王银德	冠县东古城镇廖安堤村	20	男	1943 年 4 月
蔺法海	冠县东古城镇蔺庄	20	男	1943 年 4 月
栾金臣	冠县东古城镇栾庄	—	男	1943 年 4 月
刘万世	冠县东古城镇乜村	23	男	1943 年 4 月
王潘元	冠县东古城镇年庄	19	男	1943 年 4 月
王保箱	冠县东古城镇王庄	23	男	1943 年 4 月

姓 名	籍 贯	年 龄	性 别	死难时间
王书春	冠县东古城镇王庄	24	男	1943 年 4 月
程立廷	冠县东古城镇尹固村	36	男	1943 年 4 月
翟振勤	冠县东古城镇翟庄	24	男	1943 年 4 月
雷士起	冠县范寨乡雷庄	21	男	1943 年 4 月
雷士训	冠县范寨乡雷庄	22	男	1943 年 4 月
张书和	冠县甘官屯乡东杏庄	25	男	1943 年 4 月
张凤林	冠县甘官屯乡卢辛庄	21	男	1943 年 4 月
王文科	冠县冠城镇东提固村	23	男	1943 年 4 月
毕士箱	冠县冠城镇后唐固村	20	男	1943 年 4 月
陈兰芬	冠县冠城镇后唐固村	17	男	1943 年 4 月
刘春玉	冠县冠城镇李芦村	17	男	1943 年 4 月
曹金聚	冠县冠城镇吴家村	20	男	1943 年 4 月
殷元礼	冠县冠城镇殷宋店村	23	男	1943 年 4 月
郭玉法	冠县冠城镇郑宋店村	28	男	1943 年 4 月
杨金太	冠县贾镇崔庞庄	28	男	1943 年 4 月
宫金龙	冠县贾镇宫庄	24	男	1943 年 4 月
宫金太	冠县贾镇宫庄	16	男	1943 年 4 月
宋善清	冠县贾镇花果屯村	—	男	1943 年 4 月
钱绍青	冠县贾镇贾镇街	17	男	1943 年 4 月
张贵成	冠县贾镇贾镇街	25	男	1943 年 4 月
张玉成	冠县贾镇贾镇街	29	男	1943 年 4 月
赵敬文	冠县贾镇贾镇街	18	男	1943 年 4 月
李留玉	冠县贾镇李辛村	21	男	1943 年 4 月
李天正	冠县贾镇李辛村	24	男	1943 年 4 月
李银柱	冠县贾镇李辛村	26	男	1943 年 4 月
马云庚	冠县贾镇任二庄	17	男	1943 年 4 月
韩光耀	冠县贾镇王辛村	28	男	1943 年 4 月
王金玉	冠县贾镇王赵店村	—	男	1943 年 4 月
刘龙江	冠县贾镇西赵店村	24	男	1943 年 4 月
刘荫普	冠县贾镇西赵店村	27	男	1943 年 4 月
邢金铭	冠县贾镇西庄	20	男	1943 年 4 月
曾广义	冠县贾镇西庄	32	男	1943 年 4 月
马公路	冠县贾镇相里村	19	男	1943 年 4 月
王善兴	冠县兰沃乡蔡庄	28	男	1943 年 4 月

姓 名	籍 贯	年 龄	性 别	死难时间
张金山	冠县兰沃乡大曲村	29	男	1943 年 4 月 17 日
王登子	冠县兰沃乡王曲村	22	男	1943 年 4 月
冯朝元	冠县兰沃乡王羡村	48	男	1943 年 4 月
刘春太	冠县兰沃乡王羡村	24	男	1943 年 4 月
张保箱	冠县兰沃乡张连子村	19	男	1943 年 4 月
苏怀江	冠县梁堂乡东里村	—	男	1943 年 4 月
赵明顶	冠县梁堂乡东里村	25	男	1943 年 4 月
胡云肖	冠县梁堂乡胡阁村	23	男	1943 年 4 月
沙启合	冠县梁堂乡申阁村	23	男	1943 年 4 月
尚明亮	冠县梁堂乡西里村	23	男	1943 年 4 月
杨永强	冠县梁堂乡杨寺地村	23	男	1943 年 4 月
王灿秀	冠县清水镇郭家庄	31	男	1943 年 4 月
马明海之父	冠县清水镇郭家庄	45	男	1943 年 4 月
刘如林	冠县桑阿镇白佛头村	33	男	1943 年 4 月
高留代	冠县桑阿镇程村	19	男	1943 年 4 月
刘加祥	冠县桑阿镇程村	28	男	1943 年 4 月
潘文华	冠县桑阿镇程村	21	男	1943 年 4 月
王保平	冠县桑阿镇程村	26	男	1943 年 4 月
王怀庚	冠县桑阿镇程村	23	男	1943 年 4 月
王怀山	冠县桑阿镇程村	27	男	1943 年 4 月
王留树	冠县桑阿镇程村	—	男	1943 年 4 月
王尚彬	冠县桑阿镇程村	19	男	1943 年 4 月
王尚臣	冠县桑阿镇程村	23	男	1943 年 4 月
王秀臣	冠县桑阿镇程村	25	男	1943 年 4 月
王玉书	冠县桑阿镇程村	—	男	1943 年 4 月
赵在富	冠县桑阿镇大花园头村	18	男	1943 年 4 月
陈三黄	冠县桑阿镇东吕庄	23	男	1943 年 4 月
董文才	冠县桑阿镇东吕庄	17	男	1943 年 4 月
冯玉德	冠县桑阿镇东吕庄	21	男	1943 年 4 月
高代兴	冠县桑阿镇东吕庄	31	男	1943 年 4 月
吕好连	冠县桑阿镇东吕庄	23	男	1943 年 4 月
朱九为	冠县桑阿镇东吕庄	20	男	1943 年 4 月
刘志路	冠县桑阿镇东周堡村	22	男	1943 年 4 月
呼 代	冠县桑阿镇杜庄	22	男	1943 年 4 月

姓 名	籍 贯	年 龄	性 别	死难时间
姚广西	冠县桑阿镇杜庄	29	男	1943 年 4 月
段振明	冠县桑阿镇段菜庄	24	男	1943 年 4 月
吕书明	冠县桑阿镇段菜庄	23	男	1943 年 4 月
吴士杰	冠县桑阿镇朵庄	22	男	1943 年 4 月
马增一	冠县桑阿镇凤庄	21	男	1943 年 4 月
冯之达	冠县桑阿镇胡胡疃村	18	男	1943 年 4 月
韩胜维	冠县桑阿镇槐木园村	21	男	1943 年 4 月
田凤银	冠县桑阿镇贾家庄	28	男	1943 年 4 月
李振希	冠县桑阿镇李菜庄	30	男	1943 年 4 月
宋立柱	冠县桑阿镇李菜庄	23	男	1943 年 4 月
管士柱	冠县桑阿镇潘庄	25	男	1943 年 4 月
崔长玉	冠县桑阿镇	31	男	1943 年 4 月
高春山	冠县桑阿镇	21	男	1943 年 4 月
霍金明	冠县桑阿镇	21	男	1943 年 4 月
刘春生	冠县桑阿镇	23	男	1943 年 4 月
邱东岭	冠县桑阿镇	25	男	1943 年 4 月
田根成	冠县桑阿镇	20	男	1943 年 4 月
肖保玉	冠县桑阿镇	17	男	1943 年 4 月
王玉春	冠县桑阿镇桑桥村	22	男	1943 年 4 月
张宪孟	冠县桑阿镇桑桥村	19	男	1943 年 4 月
高明成	冠县桑阿镇苏胡疃村	—	男	1943 年 4 月
冯发财	冠县桑阿镇务头村	26	男	1943 年 4 月
冯 牛	冠县桑阿镇务头村	37	男	1943 年 4 月
冯朋海	冠县桑阿镇务头村	28	男	1943 年 4 月
冯玉申	冠县桑阿镇务头村	—	男	1943 年 4 月
陈秀忍	冠县桑阿镇西吕庄	23	男	1943 年 4 月
宋金龙	冠县桑阿镇小花园头村	—	男	1943 年 4 月
陈 瑰	冠县桑阿镇谢家海村	23	男	1943 年 4 月
谢林俊	冠县桑阿镇谢家海村	23	男	1943 年 4 月
王玉德	冠县桑阿镇杨胡疃村	39	男	1943 年 4 月
尉法宽	冠县桑阿镇杨胡疃村	18	男	1943 年 4 月
尉开明	冠县桑阿镇杨胡疃村	20	男	1943 年 4 月
孙长玉	冠县桑阿镇玉庄	28	男	1943 年 4 月
田怀申	冠县桑阿镇玉庄	23	男	1943 年 4 月

姓 名	籍 贯	年 龄	性 别	死难时间
田庆文	冠县桑阿镇玉庄	20	男	1943 年 4 月
赵书仁	冠县桑阿镇玉庄	20	男	1943 年 4 月
郑学印	冠县桑阿镇玉庄	20	男	1943 年 4 月
郑子华	冠县桑阿镇玉庄	29	男	1943 年 4 月
蔡兴义	冠县万善乡后田平村	27	男	1943 年 4 月
刘合田	冠县万善乡马固村	27	男	1943 年 4 月
张兰芳	冠县万善乡马王段村	22	男	1943 年 4 月
胡长春	冠县万善乡南王段村	23	男	1943 年 4 月
崔云明	冠县万善乡前庄子村	23	男	1943 年 4 月
王相臣	冠县万善乡万善屯村	37	男	1943 年 4 月
师金奎	冠县万善乡西贾村	20	男	1943 年 4 月
班进贤	冠县斜店乡班庄	18	男	1943 年 4 月
曹春山	冠县斜店乡南史村	25	男	1943 年 4 月
赵士明	冠县斜店乡南史村	20	男	1943 年 4 月
许云江	冠县斜店乡庞屯村	21	男	1943 年 4 月
赵建贤	冠县斜店乡十里铺村	29	男	1943 年 4 月
陈金起	冠县斜店乡孙庄	19	男	1943 年 4 月
陈松印	冠县斜店乡孙庄	23	男	1943 年 4 月
班西贵	冠县斜店乡辛屯村	43	男	1943 年 4 月
李喜安	冠县斜店乡辛庄	23	男	1943 年 4 月
杜清方	冠县斜店乡辛庄	20	男	1943 年 4 月
宋洪勋	冠县斜店乡辛庄	23	男	1943 年 4 月
周克文	冠县斜店乡许盘村	21	男	1943 年 4 月
程春树	冠县斜店乡赵屯村	20	男	1943 年 4 月
赵奇明	冠县斜店乡赵屯村	20	男	1943 年 4 月
赵宗义	冠县辛集乡军盘寨村	25	男	1943 年 4 月
王德山	冠县辛集乡穆庄	20	男	1943 年 4 月
王墨成	冠县辛集乡穆庄	21	男	1943 年 4 月
梁　玉	冠县辛集乡三合庄	31	男	1943 年 4 月
孙付友	冠县辛集乡三合庄	20	男	1943 年 4 月
王桃成	冠县辛集乡三合庄	18	男	1943 年 4 月
路代俭	冠县辛集乡西康马寨村	21	男	1943 年 4 月
任以庆	冠县辛集乡西康马寨村	21	男	1943 年 4 月
赵富合	冠县辛集乡西康马寨村	23	男	1943 年 4 月

姓 名	籍 贯	年龄	性别	死难时间
靳明利	冠县辛集乡兴太集村	18	男	1943 年 4 月
韩保林	冠县辛集乡阎二庄	23	男	1943 年 4 月
张德安	冠县辛集乡岳胡庄	16	男	1943 年 4 月
陈金华	冠县烟庄乡东南庄	26	男	1943 年 4 月
董从寿	冠县烟庄乡东南庄	24	男	1943 年 4 月
张青合	冠县烟庄乡东宋村	22	男	1943 年 4 月
高喜林	冠县烟庄乡后十里铺村	22	男	1943 年 4 月
李恩兹	冠县烟庄乡后十里铺村	22	男	1943 年 4 月
苗德祥	冠县烟庄乡后十里铺村	24	男	1943 年 4 月
沙孟悦	冠县烟庄乡后十里铺村	23	男	1943 年 4 月
谢云安	冠县烟庄乡后小化村	22	男	1943 年 4 月
李书春	冠县烟庄乡后张平村	23	男	1943 年 4 月
李思学	冠县烟庄乡后张平村	24	男	1943 年 4 月
李思友	冠县烟庄乡后张平村	23	男	1943 年 4 月
冯士林	冠县烟庄乡均庄子村	23	男	1943 年 4 月
彭兰玉	冠县烟庄乡均庄子村	23	男	1943 年 4 月
李占福	冠县烟庄乡前张平村	—	男	1943 年 4 月
李占玉	冠县烟庄乡前张平村	—	男	1943 年 4 月
史清云	冠县烟庄乡前张平村	—	男	1943 年 4 月
史腾云	冠县烟庄乡前张平村	25	男	1943 年 4 月
安晨廷	冠县烟庄乡五岔路村	23	男	1943 年 4 月
安文有	冠县烟庄乡五岔路村	26	男	1943 年 4 月
安振德	冠县烟庄乡五岔路村	21	男	1943 年 4 月
刘云梅	冠县烟庄乡西贾庄	—	男	1943 年 4 月
赵建臣	冠县烟庄乡西宋村	23	男	1943 年 4 月
杨玉成	冠县桑阿镇杨赵庄	82	男	1943 年 6 月 10 日
杜子勋	冠县清水镇	—	男	1943 年 5 月 16 日
韩春池	冠县清水镇	—	男	1943 年 5 月 16 日
梁春祥	冠县清水镇	—	男	1943 年 5 月 16 日
吴桂合	冠县清水镇	—	男	1943 年 5 月 16 日
王桂让	冠县梁堂乡姬阎村	19	男	1943 年 5 月
陈林阁	冠县柳林镇三里屯村	60	男	1943 年 5 月
侯保民	冠县桑阿镇贾六庄	—	男	1943 年 5 月
梁登胜	冠县冠城镇唐固村	—	男	1943 年 5 月

姓 名	籍 贯	年 龄	性 别	死难时间
沙启言	冠县梁堂乡申阎村	22	男	1943 年 5 月
郭克义	冠县万善乡东贾村	27	男	1943 年 5 月
王学孟	冠县辛集乡军盘寨村	30	男	1943 年 6 月 3 日
李盈祥	冠县桑阿镇	17	男	1943 年 6 月 10 日
郭长发	冠县桑阿镇前李赵庄	30	男	1943 年 6 月 10 日
李邦教	冠县桑阿镇前李赵庄	53	男	1943 年 6 月 10 日
李邦业	冠县桑阿镇前李赵庄	45	男	1943 年 6 月 10 日
李心海	冠县桑阿镇前李赵庄	18	男	1943 年 6 月 10 日
李新志	冠县桑阿镇前李赵庄	17	男	1943 年 6 月 10 日
王保成	冠县桑阿镇前李赵庄	17	男	1943 年 6 月 10 日
王金顶	冠县桑阿镇前李赵庄	17	男	1943 年 6 月 10 日
王金库	冠县桑阿镇前李赵庄	44	男	1943 年 6 月 10 日
岳朝银	冠县桑阿镇前李赵庄	20	男	1943 年 6 月 10 日
岳代成	冠县桑阿镇前李赵庄	18	男	1943 年 6 月 10 日
廉吉章	河北省武安市	54	男	1943 年 6 月 10 日
赵洪琛	冠县店子乡赵当铺村	—	男	1943 年 6 月
赵洪秀	冠县店子乡赵当铺村	—	男	1943 年 6 月
温之祥	冠县店子乡赵固村	28	男	1943 年 6 月
冯二麻子	冠县定远寨乡黄寨子村	38	男	1943 年 6 月
张书录	冠县甘官屯乡前王二寨村	27	男	1945 年 7 月 11 日
张书香之母	冠县甘官屯乡前王二寨村	59	女	1945 年 7 月 11 日
侯　氏	冠县甘官屯乡前王二寨村	43	女	1945 年 7 月 11 日
张许氏	冠县甘官屯乡前王二寨村	32	女	1945 年 7 月 11 日
张许氏之母	冠县甘官屯乡前王二寨村	—	女	1945 年 7 月 11 日
张书春	冠县甘官屯乡前王二寨村	46	男	1945 年 7 月 11 日
张景华	冠县甘官屯乡前王二寨村	22	男	1945 年 7 月 11 日
张兴敬	冠县甘官屯乡前王二寨村	18	男	1945 年 7 月 11 日
刘长城	冠县贾镇司庞庄	32	男	1943 年 6 月
司保林	冠县贾镇司庞庄	—	男	1943 年 6 月
司保祥	冠县贾镇司庞庄	28	男	1943 年 6 月
卢廷山	冠县梁堂乡北寺地村	40	男	1943 年 6 月
邢金维	冠县万善乡马固村	23	男	1943 年 6 月
李朋飞	冠县兰沃乡张柳邺村	23	男	1943 年 7 月
张子安	冠县兰沃乡张柳邺村	23	男	1943 年 7 月

姓 名	籍 贯	年 龄	性 别	死难时间
樊孟保	冠县桑阿镇西白塔村	23	男	1943 年 7 月
宋玉奇	冠县斜店乡北满菜村	25	男	1943 年 7 月
郭以成	冠县兰沃乡西张庄	—	男	1943 年 8 月 15 日
王仰双	冠县辛集乡穆庄	25	男	1943 年 8 月 18 日
胡进春	冠县范寨乡胡里庄	50	男	1943 年 8 月 21 日
李国先	冠县范寨乡胡里庄	51	男	1943 年 8 月 21 日
李国彦	冠县范寨乡胡里庄	55	男	1943 年 8 月 21 日
李正由	冠县范寨乡胡里庄	50	男	1943 年 8 月 21 日
温中方	冠县范寨乡	60	男	1943 年 8 月 23 日
曹付清	冠县范寨乡大纸坊头村	24	男	1943 年 8 月 23 日
曹进堂	冠县范寨乡大纸坊头村	45	男	1943 年 8 月 23 日
曹云明	冠县范寨乡大纸坊头村	40	男	1943 年 8 月 23 日
汤付营	冠县店子乡姚张固村	23	男	1943 年 8 月 24 日
任光明	冠县店子乡大近村	22	男	1943 年 8 月
靖长禄	冠县冠城镇靖刘村	22	男	1943 年 8 月
杨保增	冠县梁堂乡刘寺地村	23	男	1943 年 8 月
马金洪	冠县清水镇郭家庄	61	男	1943 年 8 月
王伟宾之叔	冠县清水镇郭家庄	15	男	1943 年 8 月
苗振法	冠县斜店乡北满菜村	32	男	1943 年 8 月
于立柱	冠县辛集乡于家村	19	男	1943 年 8 月
李春波	冠县店子乡李张固村	—	男	1943 年 9 月
李春振	冠县店子乡李张固村	—	男	1943 年 9 月
李永章	冠县店子乡李张固村	—	男	1943 年 9 月
刘万里	冠县店子乡李张固村	61	男	1943 年 9 月
王 生	冠县桑阿镇贾六庄	—	男	1943 年 9 月
宋绍昌	冠县斜店乡北满菜村	20	男	1943 年 9 月
于公量	冠县辛集乡于家村	20	男	1943 年 9 月
王仰魁	冠县辛集乡穆庄	20	男	1943 年 10 月 21 日
徐小小	冠县定远寨乡黄寨子村	21	男	1943 年 10 月
许佃学	冠县辛集乡饮马庄	41	男	1943 年 10 月
许月山	冠县辛集乡饮马庄	52	男	1943 年 10 月
梁桂海	冠县店子乡东化村	24	男	1943 年 10 月
范胜堂	冠县范寨乡关王庙村	21	男	1943 年 10 月
苏洪宽	冠县万善乡召村铺村	18	男	1943 年 10 月

続表

姓 名	籍 贯	年 龄	性 别	死难时间
班炳文	冠县斜店乡班庄	38	男	1943 年 11 月
王志江	冠县清水镇柳行头村	—	男	1943 年 12 月 20 日
周成道	冠县定远寨乡白周家村	—	男	1943 年 12 月 24 日
周老六	冠县定远寨乡白周家村	—	男	1943 年 12 月 24 日
周同和	冠县定远寨乡白周家村	—	男	1943 年 12 月 24 日
张松杰	冠县烟庄乡前十里营村	—	男	1943 年
李恩赐	冠县烟庄乡后十里铺村	—	男	1943 年
苗德顺	冠县烟庄乡后十里铺村	—	男	1943 年
蒋观成	冠县烟庄乡西开河头村	32	男	1943 年
王长发	冠县梁堂乡于林头村	35	男	1943 年
高纪成	冠县梁堂乡北寺地村	52	男	1943 年
陈兴树	冠县店子乡里固九甲村	26	男	1943 年
陈国庚	冠县烟庄乡陈辛庄	17	男	1943 年
许兰书之父	冠县万善乡万善村	—	男	1943 年
假 妮	冠县万善乡万善村	—	男	1943 年
许学贤之祖父	冠县万善乡万善村	—	男	1943 年
罗连山	—	—	男	1943 年
乔连盛	—	—	男	1943 年
赵金成	冠县北馆陶镇东沟寨村	25	男	1943 年
何西禄	冠县北馆陶镇何庄	—	男	1943 年
李恩波	冠县北馆陶镇李园村	—	男	1943 年
刘东才	冠县北馆陶镇刘庄	19	男	1943 年
陈玉印	冠县北馆陶镇西宋庄	25	男	1943 年
路金贵	冠县北馆陶镇西宋庄	20	男	1943 年
陈崔氏	冠县北馆陶镇肖城村	26	女	1943 年
陈立勋	冠县北馆陶镇肖城村	18	男	1943 年
张凤山	冠县店子乡李张固村	18	男	1943 年
李文科	冠县店子乡里固村	25	男	1943 年
李建光	冠县店子乡石头村	24	男	1943 年
马桂荣	冠县店子乡石头村	60	男	1943 年
李焕友	冠县店子乡石头村	32	男	1943 年
齐保生	冠县店子乡赵固村	20	男	1943 年
赵金增	冠县店子乡赵固村	29	男	1943 年
丁留成	冠县定远寨乡丁阁二庄	20	男	1943 年

姓 名	籍 贯	年 龄	性 别	死难时间
李戌甲	冠县定远寨乡定远寨村	22	男	1943 年
常子祥	冠县定远寨乡黑周家村	—	男	1943 年
周自都	冠县定远寨乡黑周家村	—	男	1943 年
周考生	冠县定远寨乡黑周家村	23	男	1943 年
呼新德	冠县定远寨乡呼家村	24	男	1943 年
魏西林	冠县定远寨乡吕铺村	31	男	1943 年
傅占和	冠县定远寨乡栾傅桂村	25	—	1943 年
栾金才	冠县定远寨乡栾傅桂村	24	男	1943 年
栾早顺	冠县定远寨乡栾傅桂村	26	男	1943 年
范洪海	冠县定远寨乡千户营村	18	男	1943 年
魏思胜	冠县定远寨乡魏家庄	35	男	1943 年
阎庚艮	冠县定远寨乡小阎二庄	22	男	1943 年
林占瑞	冠县定远寨乡薛阎二庄	22	男	1943 年
么电师	冠县东古城镇北么庄	25	男	1943 年
张思海	冠县东古城镇后田庄	17	男	1943 年
张士成	冠县东古城镇后田庄	20	男	1943 年
张万顺	冠县东古城镇后田庄	27	男	1943 年
胡考位	冠县东古城镇胡马园村	20	男	1943 年
井可禄	冠县东古城镇井庄	19	男	1943 年
李国岭	冠县东古城镇李才村	26	男	1943 年
程光福	冠县东古城镇刘庄	23	男	1943 年
杨丁成	冠县东古城镇乜村	29	男	1943 年
马修进	冠县东古城镇平村	21	男	1943 年
马修平	冠县东古城镇平村	—	男	1943 年
孙春祥	冠县东古城镇平村	23	男	1943 年
温朋举	冠县东古城镇温家庄	20	男	1943 年
温运革	冠县东古城镇温家庄	22	男	1943 年
王维新	冠县东古城镇温家庄	26	男	1943 年
程忠兴	冠县东古城镇杨召村	30	男	1943 年
魏廷俊	冠县东古城镇尹固村	30	男	1943 年
赵金荣	冠县东古城镇尹固村	18	男	1943 年
陈书安	冠县东古城镇张查村	22	男	1943 年
张保贵	冠县东古城镇张庄	17	男	1943 年
范怀录	冠县范寨乡范寨村	24	男	1943 年

姓 名	籍 贯	年 龄	性 别	死难时间
范怀庆	冠县范寨乡范寨村	20	男	1943 年
武昌华	冠县范寨乡范寨村	15	男	1943 年
林怀星	冠县范寨乡沙王庄	22	男	1943 年
王登林	冠县甘官屯乡东王信村	28	男	1943 年
高小玲	冠县甘官屯乡东杏庄	3	女	1943 年
杨叔差之母	冠县甘官屯乡连寨村	45	女	1943 年
杨绪井	冠县甘官屯乡连寨村	22	—	1943 年
杨绪望	冠县甘官屯乡连寨村	47	男	1943 年
杨一界之祖母	冠县甘官屯乡连寨村	76	女	1943 年
高超然	冠县甘官屯乡刘贯庄	50	男	1943 年
张继贤	冠县甘官屯乡卢辛庄	65	男	1943 年
金汝秋	冠县甘官屯乡卢辛庄	70	男	1943 年
李玉付	冠县甘官屯乡前王二寨村	22	男	1943 年
李玉英	冠县甘官屯乡前王二寨村	24	男	1943 年
卢景福	冠县甘官屯乡前王二寨村	23	男	1943 年
陈树恩	冠县甘官屯乡西布寨村	19	男	1943 年
林兰浮	冠县甘官屯乡西杏庄	33	男	1943 年
邢含泽	冠县甘官屯乡许村	40	男	1943 年
苏寿山	冠县甘官屯乡张官寨村	42	男	1943 年
许继新	冠县甘官屯乡赵郎寨村	76	男	1943 年
许佃林	冠县冠城镇北街	28	男	1943 年
张树森	冠县冠城镇崔八里庄	45	男	1943 年
戴东信	冠县冠城镇戴屯村	23	男	1943 年
宋考仁	冠县冠城镇	29	男	1943 年
任际平	冠县冠城镇东三里庄	19	男	1943 年
董振福	冠县冠城镇东提固村	21	男	1943 年
宫培信	冠县冠城镇杜刘村	23	男	1943 年
平汝凡	冠县冠城镇耿儿庄	18	男	1943 年
平汝珍	冠县冠城镇耿儿庄	23	男	1943 年
王锁成	冠县冠城镇耿儿庄	23	男	1943 年
姚明亮	冠县冠城镇耿儿庄	22	男	1943 年
陈兰魁	冠县冠城镇后唐固村	26	男	1943 年
陈书义	冠县冠城镇后唐固村	29	男	1943 年
崔墨芝	冠县冠城镇后旺庄	27	男	1943 年

姓 名	籍 贯	年 龄	性 别	死难时间
赵奇文	冠县冠城镇吉固村	38	男	1943 年
王汝林	冠县冠城镇刘神伯西村	29	男	1943 年
马成福	冠县冠城镇马宋店村	24	男	1943 年
孟庆杰	冠县冠城镇孟谷子头村	17	男	1943 年
张成聚	冠县冠城镇	40	男	1943 年 6 月 10 日
李庆余	冠县冠城镇南街	22	男	1943 年
沙东臣	冠县冠城镇南街	28	男	1943 年
宋天保	冠县冠城镇南街	22	男	1943 年
陈清胜	冠县冠城镇铺上村	19	男	1943 年
翟连贵	冠县冠城镇前董固村	23	男	1943 年
翟连族	冠县冠城镇前董固村	20	男	1943 年
李现庭	冠县冠城镇前董固村	25	男	1943 年
梁德明	冠县冠城镇前董固村	23	男	1943 年
任丁保	冠县冠城镇前唐固村	22	男	1943 年
王清会	冠县冠城镇前旺庄	20	男	1943 年
鲍明坤	冠县冠城镇沙庄	38	男	1943 年
宋春荣	冠县冠城镇宋三里庄	20	男	1943 年
孔祥坤	冠县冠城镇孙疃村	37	男	1943 年
吉张欠	冠县冠城镇唐寺村	—	男	1943 年
王生安	冠县冠城镇田庄	22	男	1943 年
崔洪泽	冠县冠城镇吴家村	36	男	1943 年
刘付祥	冠县冠城镇吴家村	20	男	1943 年
郭书勋	冠县冠城镇五里韩村	25	男	1943 年
徐春江	冠县冠城镇西范庄	24	男	1943 年
陈光辉	冠县冠城镇西谷子头村	27	男	1943 年
陈海臣	冠县冠城镇西谷子头村	26	男	1943 年
吴树安	冠县冠城镇西谷子头村	23	男	1943 年
张汝奎	冠县冠城镇西谷子头村	21	男	1943 年
沙德生	冠县冠城镇西街	25	男	1943 年
沙启聪	冠县冠城镇西街	23	男	1943 年
董振山	冠县冠城镇西提固村	22	男	1943 年
邢保玉	冠县冠城镇邢八里庄	20	男	1943 年
郭书友	冠县冠城镇寨里村	23	男	1943 年
胡亭贞	冠县冠城镇直隶村	36	男	1943 年

姓 名	籍 贯	年 龄	性 别	死难时间
高芳春	冠县冠城镇直隶村	28	男	1943 年
霍文华	冠县冠城镇朱霍三里庄	40	男	1943 年
郭 华	冠县冠城镇朱霍三里庄	19	男	1943 年
郭思久	冠县冠城镇朱霍三里庄	21	男	1943 年
郭思刚	冠县冠城镇朱霍三里庄	28	男	1943 年
李大有	冠县贾镇迟庞庄	23	男	1943 年
李焕臣	冠县贾镇迟庞庄	27	男	1943 年
葛保贵	冠县贾镇葛辛村	—	男	1943 年
钱振堂	冠县贾镇葛辛村	25	男	1943 年
钱文祥	冠县贾镇贾镇街	19	男	1943 年
李银成	冠县贾镇李辛村	22	男	1943 年
王庆山	冠县贾镇柳洼寨村	25	男	1943 年
杨继福	冠县贾镇柳洼寨村	25	男	1943 年
任保林	冠县贾镇庞田村	25	男	1943 年
王子林	冠县贾镇庞田村	18	男	1943 年
张庆林	冠县贾镇庞田村	50	男	1943 年
徐副林	冠县贾镇庞田村	24	男	1943 年
刘汝林	冠县贾镇任二庄	42	男	1943 年
田广荣	冠县贾镇田茉莉营村	25	男	1943 年
张成路	冠县贾镇洼里村	—	男	1943 年
许乃波	冠县贾镇王谈二寨村	23	男	1943 年
任培超	冠县贾镇张货营村	23	男	1943 年
王刘树	冠县贾镇张货营村	22	男	1943 年
郭焕章	冠县贾镇张货营村	30	男	1943 年
王汝怀	冠县贾镇张货营村	—	男	1943 年
张孟武	冠县贾镇张榆林头村	24	男	1943 年
刘长松	冠县兰沃乡大焦庄	20	男	1943 年
张士元	冠县兰沃乡大柳邵村	23	男	1943 年
段庚发	冠县兰沃乡段连子村	—	男	1943 年
石留金	冠县兰沃乡郭柳邵村	—	—	1943 年
冯吉义	冠县兰沃乡韩路村	30	男	1943 年
冯春庆	冠县兰沃乡韩路村	22	男	1943 年
王明安	冠县兰沃乡韩路村	31	男	1943 年
王天成	冠县兰沃乡韩路村	31	男	1943 年

姓 名	籍 贯	年 龄	性 别	死难时间
黄炳艮	冠县兰沃乡贾曲村	22	男	1943 年
黄炳乾	冠县兰沃乡贾曲村	17	男	1943 年
柳长进	冠县兰沃乡柳柳邵村	32	男	1943 年
柳传生	冠县兰沃乡柳柳邵村	—	男	1943 年
刘义善	冠县兰沃乡王羡村	22	男	1943 年
孙兆成	冠县兰沃乡西张庄	—	女	1943 年
王汉光	冠县兰沃乡西张庄	—	男	1943 年
王遵民之外祖母	冠县兰沃乡西张庄	—	女	1943 年
王保太	冠县兰沃乡西张庄	—	男	1943 年
高俊甫	冠县兰沃乡张保管村	35	男	1943 年
贺明江	冠县兰沃乡张保管村	30	男	1943 年
冯保法	冠县兰沃乡朱庄	14	男	1943 年
安玉林	冠县梁堂乡安庄	23	男	1943 年
曹保玉	冠县梁堂乡曹里村	23	男	1943 年
郭金玉	冠县梁堂乡常莱庄	18	男	1943 年
胡广田	冠县梁堂乡常莱庄	23	男	1943 年
沙占华	冠县梁堂乡高庄	18	男	1943 年
王贵江	冠县梁堂乡姬阎村	23	男	1943 年
刘德胜	冠县梁堂乡刘寺地村	25	男	1943 年
杨延军	冠县梁堂乡刘寺地村	20	男	1943 年
田怀成	冠县梁堂乡田里村	—	男	1943 年
王贵臣	冠县梁堂乡王庄	23	男	1943 年
曹玉生	冠县梁堂乡西里村	21	男	1943 年
赵玉海	冠县梁堂乡西里村	21	男	1943 年
孙二肥	冠县梁堂乡许莱庄	18	男	1943 年
杜炳臣	冠县梁堂乡杨黄城村	19	男	1943 年
程增号	冠县梁堂乡赵梁堂村	—	男	1943 年
赵玉奇	冠县梁堂乡赵梁堂村	23	男	1943 年
吴广文之父	冠县柳林镇大桑树村	—	男	1943 年
杨金殿	冠县柳林镇南街	19	男	1943 年
刘百泉	冠县柳林镇孙杨林村	16	男	1943 年
许 岐	冠县清水镇汤村	21	男	1943 年
汤洪廷	冠县清水镇锡华村	—	男	1943 年
段保兰	冠县桑阿镇白塔集村	28	男	1943 年 6 月 10 日

姓 名	籍 贯	年 龄	性 别	死难时间
杨西瑞	冠县桑阿镇白塔集村	83	男	1943 年 6 月 10 日
郭长山	冠县桑阿镇白塔集村	26	男	1943 年
郭贵康	冠县桑阿镇白塔集村	25	男	1943 年
马梅林	冠县桑阿镇白塔集村	40	男	1943 年
程赵祥	冠县桑阿镇程赵庄	—	男	1943 年
刘相军	冠县桑阿镇东周堡村	30	男	1943 年
王 氏	冠县桑阿镇杜赵庄	23	女	1943 年
杜新更	冠县桑阿镇杜赵庄	72	男	1943 年
李春旺	冠县桑阿镇杜赵庄	21	男	1943 年
四老余之父	冠县桑阿镇段菜庄	42	男	1943 年
范长顿	冠县桑阿镇范家村	—	男	1943 年
马万林	冠县桑阿镇凤庄	27	男	1943 年
郭文西	冠县桑阿镇郭胡疃村	—	男	1943 年
申向文	冠县桑阿镇郭胡疃村	—	男	1943 年
侯爱女	冠县桑阿镇郝胡疃村	30	女	1943 年
李芳栋	冠县桑阿镇后李赵庄	23	男	1943 年
胡佃华	冠县桑阿镇胡胡疃村	18	男	1943 年
杨小荣	冠县桑阿镇胡胡疃村	10	男	1943 年
李增臣	冠县桑阿镇胡胡疃村	33	男	1943 年
宋正才	冠县桑阿镇李菜庄	21	男	1943 年
李佃甲	冠县桑阿镇前李赵庄	76	男	1943 年
李佃中	冠县桑阿镇前李赵庄	—	男	1943 年
李新起	冠县桑阿镇前李赵庄	—	男	1943 年 6 月 10 日
任明合	冠县桑阿镇任菜庄	21	男	1943 年
任兴法	冠县桑阿镇任菜庄	25	男	1943 年
孙延生	冠县桑阿镇任菜庄	32	男	1943 年
孙路生	冠县桑阿镇任菜庄	23	男	1943 年
程佃兴	冠县桑阿镇桑桥村	23	男	1943 年
申跃印	冠县桑阿镇申小屯村	24	男	1943 年
陈西贵	冠县桑阿镇申小屯村	20	男	1943 年
董学平	冠县桑阿镇苏胡疃村	—	男	1943 年
王春生	冠县桑阿镇王六庄	20	男	1943 年
魏书奇	冠县桑阿镇魏辛庄	23	男	1943 年
魏书德	冠县桑阿镇魏辛庄	—	男	1943 年

姓 名	籍 贯	年 龄	性 别	死难时间
吕怀臣	冠县桑阿镇西白塔村	—	男	1943 年
吕怀路	冠县桑阿镇西白塔村	—	男	1943 年
樊孟鱼	冠县桑阿镇西白塔村	—	男	1943 年
李采臣	冠县桑阿镇西白塔村	23	男	1943 年
李克刚	冠县桑阿镇西白塔村	29	男	1943 年
韩 环	冠县桑阿镇西吕庄	—	女	1943 年
刘金法	冠县桑阿镇杨胡疃村	18	男	1943 年
刘士勤	冠县桑阿镇杨胡疃村	38	男	1943 年
刘士珍	冠县桑阿镇杨胡疃村	31	男	1943 年
刘重成	冠县桑阿镇杨胡疃村	29	男	1943 年
马文昌	冠县桑阿镇掖庄	75	男	1943 年
田 丰	冠县桑阿镇玉庄	—	男	1943 年
田庆勋	冠县桑阿镇玉庄	—	男	1943 年
童兴明	冠县万善乡前万善村	16	男	1943 年
李方文	冠县万善乡孝子哭村	30	男	1943 年
陈明岭	冠县万善乡元坊村	29	男	1943 年
宋福启	冠县斜店乡北满菜村	20	男	1943 年
宋培功	冠县斜店乡北满菜村	20	男	1943 年
宋福贵	冠县斜店乡南盘村	24	男	1943 年
宋福兴	冠县斜店乡南盘村	26	男	1943 年
宋洪祥	冠县斜店乡南盘村	23	男	1943 年
宋纪臣	冠县斜店乡南盘村	22	男	1943 年
李宝春	冠县斜店乡南史村	20	男	1943 年
许发生	冠县斜店乡南史村	18	男	1943 年
闫友亮	冠县斜店乡汤庄	40	男	1943 年
杜之敬	冠县斜店乡汤庄	24	男	1943 年
王西武	冠县斜店乡王史村	21	男	1943 年
辛长义	冠县斜店乡辛屯村	21	男	1943 年
齐保山	冠县斜店乡辛庄	19	男	1943 年
赵青海	冠县斜店乡新郭庄	—	男	1943 年
赵玉增	冠县斜店乡新郭庄	22	男	1943 年
闫老合	冠县斜店乡许盘村	—	男	1943 年
李殿俊	冠县斜店乡许盘村	42	男	1943 年
许长斗	冠县斜店乡许盘村	17	男	1943 年

姓 名	籍 贯	年 龄	性 别	死难时间
张大会	冠县斜店乡张盘村	—	男	1943 年
张明启	冠县斜店乡张盘村	23	男	1943 年
王兆成	冠县辛集乡三合庄	45	男	1943 年
梁有臣	冠县烟庄乡东十里营村	20	男	1943 年
苗文臣	冠县烟庄乡后十里铺村	—	男	1943 年
梁春普	冠县烟庄乡后小化村	22	男	1943 年
张甫洪	冠县烟庄乡七里佛堂村	—	男	1943 年
张云泉	冠县烟庄乡七里佛堂村	—	男	1943 年
张云正	冠县烟庄乡七里佛堂村	—	男	1943 年
张留柱	冠县烟庄乡七里佛堂村	25	男	1943 年
高春林	冠县烟庄乡十里铺村	28	男	1943 年
李恩林	冠县烟庄乡十里铺村	18	男	1943 年
赵连臣	冠县烟庄乡西贾庄	—	男	1943 年
白占奎	冠县烟庄乡野庄	—	男	1943 年
陈文礼	冠县烟庄乡赵村	—	男	1943 年
陈开明	冠县烟庄乡赵村	21	男	1943 年
王华堂	冠县冠城镇张八里庄	27	男	1944 年 1 月 11 日
杜少荣	冠县梁堂乡菜庄集村	31	男	1944 年 2 月 21 日
赵丹峰	冠县梁堂乡菜庄集村	—	男	1944 年 2 月 21 日
赵桂廷	冠县梁堂乡菜庄集村	—	男	1944 年 2 月 21 日
王同庆	冠县	—	男	1944 年 2 月 21 日
梁春全	冠县清水镇	22	男	1944 年 2 月
崔炳福	冠县万善乡崔王段村	21	男	1944 年 2 月
武朝江	冠县店子乡姚张固村	30	男	1944 年 3 月 12 日
董建党	冠县店子乡赵固村	28	男	1944 年 3 月
赵学文	冠县甘官屯乡七姓屯村	32	男	1944 年 3 月
冯其福之妻	冠县清水镇冯东村	20	女	1944 年 3 月
卢凤英	冠县清水镇杜行村	25	女	1944 年 3 月
苗方袍	冠县烟庄乡后十里铺村	—	男	1944 年 3 月
成文旭	冠县烟庄乡王村	—	男	1944 年 3 月
邢延林	冠县冠城镇邢八里庄	19	男	1944 年 3 月
侯关生	冠县定远寨乡高家村	23	男	1944 年 3 月
许建瑞	冠县冠城镇西街	27	男	1944 年 4 月
陈之孟	冠县东古城镇杨召村	28	男	1944 年 4 月

姓 名	籍 贯	年 龄	性 别	死难时间
林敬喜	冠县范寨乡林家庄	21	男	1944 年 4 月
武克俊	冠县柳林镇武庄	—	男	1944 年 4 月
李天证	冠县烟庄乡东南庄	—	男	1944 年 4 月
周书梅	冠县烟庄乡东宋村	—	男	1944 年 4 月
王以焯	冠县辛集乡王刘八寨村	22	男	1944 年 5 月 21 日
王以连	冠县辛集乡王刘八寨村	30	男	1944 年 5 月 21 日
陈留成	冠县烟庄乡东南庄	24	男	1944 年 5 月
周德彻	冠县烟庄乡东宋村	21	男	1944 年 5 月
于思仲	冠县冠城镇于村	24	男	1944 年 5 月
司泽仁	冠县贾镇王谈二寨村	17	男	1944 年 5 月
夏碧波	河北省	27	男	1944 年 6 月 7 日
曹春海	冠县范寨乡大纸坊头村	35	男	1944 年 6 月 28 日
刘占元	冠县范寨乡温庄	23	男	1944 年 6 月
耿 兰	冠县甘官屯乡张八寨村	55	女	1944 年 6 月
金由云	冠县甘官屯乡张八寨村	31	男	1944 年 6 月
王玉臣	冠县柳林镇张樊庄	—	男	1944 年 6 月
赵玉成	冠县烟庄乡东范庄	22	男	1944 年 6 月
陈玉成	冠县店子乡赵当铺村	—	男	1944 年 7 月
刘保善	冠县万善乡刘召村	26	男	1944 年 7 月
汤付友之妻	冠县清水镇汤村	34	女	1944 年 9 月 30 日
汤洪恩	冠县清水镇汤村	53	男	1944 年 9 月 30 日
李建专	冠县店子乡石头村	26	男	1944 年 8 月
郭清江	冠县甘官屯乡许村	61	男	1944 年 8 月
宋廷忠	冠县甘官屯乡许村	52	男	1944 年 8 月
王二黑	冠县甘官屯乡许村	38	男	1944 年 8 月
邢仲里	冠县甘官屯乡许村	50	男	1944 年 8 月
张宏发	冠县柳林镇夫仁寨村	20	男	1944 年 8 月
马奎元	冠县柳林镇夫仁寨村	—	男	1944 年 8 月
吴广龙	冠县柳林镇吴海子村	40	男	1944 年 8 月
杨本龙	冠县柳林镇西杨庄	22	男	1944 年 8 月
许西舜	冠县斜店乡东野庄	24	男	1944 年 8 月
张保林	冠县烟庄乡五岔路村	23	男	1944 年 8 月
陈克银	冠县范寨乡祁家务村	31	男	1944 年 9 月
韩广岐之妻	冠县清水镇	19	女	1944 年 9 月

姓 名	籍 贯	年 龄	性 别	死难时间
陈世奎	冠县桑阿镇谢家海村	19	男	1944 年 9 月
王兰芳	冠县万善乡万善屯村	22	男	1944 年 9 月
蔡广智	—	—	男	1944 年 10 月 20 日
李丙贵	—	—	男	1944 年 10 月 20 日
吴连祥	—	—	男	1944 年 10 月 20 日
王荫庭	冠县冠城镇	42	男	1944 年 10 月
刘雷台之妻	冠县清水镇前小庄	22	女	1944 年 10 月
庄维清	冠县清水镇前小庄	32	男	1944 年 10 月
侯振海	冠县贾镇张货营村	36	男	1944 年 10 月
程金岚	冠县东古城镇程家庄	22	男	1944 年 10 月
王志汾	冠县清水镇柳行头村	18	男	1944 年 11 月 10 日
丁云堂	冠县甘官屯乡七姓屯村	35	男	1944 年 11 月
王玉章	冠县清水镇柳行头村	20	男	1944 年 11 月
梁春法	冠县清水镇柳行头村	25	男	1944 年 11 月
王建章	冠县清水镇柳行头村	20	男	1944 年 11 月
王金忠	冠县清水镇柳行头村	21	男	1944 年 11 月
王子芬	冠县清水镇柳行头村	23	男	1944 年 11 月
张官兰	冠县万善乡北田平村	21	男	1944 年 11 月
吴书法	冠县万善乡后田平村	20	男	1944 年 11 月
颜保安	冠县桑阿镇小张庄	—	男	1944 年 12 月
王化顺	冠县柳林镇崔庄	24	男	1944 年 12 月
崔玉柱之父	冠县柳林镇北街	—	男	1944 年
王吉朝	冠县柳林镇北街	—	男	1944 年
宋文会	冠县烟庄乡马玉村	24	男	1944 年
穆庆安	冠县柳林镇	—	男	1944 年
刘喜臣	冠县冠城镇崔八里庄	21	男	1944 年
苏以志	冠县甘官屯乡西王信村	72	男	1944 年
焦克东	—	—	男	1944 年
李华清	—	—	男	1944 年
吕金敬	—	—	男	1944 年
何进朝	冠县北馆陶镇何庄	35	男	1944 年
何志明	冠县北馆陶镇何庄	31	男	1944 年
徐跃德	冠县北馆陶镇后纸房村	32	男	1944 年
张潘林	冠县北馆陶镇窝头村	26	男	1944 年

姓　名	籍　贯	年龄	性别	死难时间
李云章	冠县北馆陶镇西柴庄	23	男	1944 年
庄现文	冠县北馆陶镇庄村	35	男	1944 年
梁桂芬	冠县店子乡东化村	23	男	1944 年
梁占鳌	冠县店子乡董当铺村	24	男	1944 年
张衍兴	冠县店子乡孔村	25	男	1944 年
马焕柱	冠县店子乡石头村	23	男	1944 年
赵培训	冠县店子乡赵当铺村	29	男	1944 年
赵现孟	冠县店子乡赵当铺村	21	男	1944 年
安长更	冠县定远寨乡范王庄	20	男	1944 年
杨新亮	冠县定远寨乡范王庄	18	男	1944 年
侯心山	冠县定远寨乡高家村	20	男	1944 年
王　春	冠县定远寨乡金郭庄	28	男	1944 年
杨之明	冠县定远寨乡秦阎二庄	15	男	1944 年
许树成	冠县定远寨乡许马村	16	男	1944 年
童东明	冠县东古城镇北童庄	17	男	1944 年
焦梅宽	冠县东古城镇东馆陶村	25	男	1944 年
郭　杰	冠县东古城镇郭安堤村	23	男	1944 年
魏长明	冠县东古城镇后邵村	20	男	1944 年
么殿奎	冠县东古城镇后郑疃村	19	男	1944 年
王发亮	冠县东古城镇后郑疃村	24	男	1944 年
么长忠	冠县东古城镇李才村	23	男	1944 年
么友善	冠县东古城镇李才村	54	男	1944 年
李孟波	冠县东古城镇李草村	19	男	1944 年
李西相	冠县东古城镇李圈村	19	男	1944 年
张万祥	冠县东古城镇李圈村	23	男	1944 年
李玉良	冠县东古城镇李圈村	20	男	1944 年
么金玉	冠县东古城镇么安堤村	24	男	1944 年
金洪池	冠县东古城镇乜村	26	男	1944 年
宁好德	冠县东古城镇宁草村	22	男	1944 年
孙春朝	冠县东古城镇平村	18	男	1944 年
孙春和	冠县东古城镇平村	33	男	1944 年
孙春章	冠县东古城镇平村	16	男	1944 年
马炳勤	冠县东古城镇前田庄	32	男	1944 年
王朝云	冠县东古城镇王安堤村	—	男	1944 年

姓 名	籍 贯	年 龄	性 别	死难时间
王宝聚	冠县东古城镇王庄	38	男	1944 年
温清阁	冠县东古城镇温家庄	32	男	1944 年
薛仲山	冠县东古城镇西薛庄	31	男	1944 年
陈书奎	冠县东古城镇尹固村	28	男	1944 年
陈学轩	冠县东古城镇尹固村	19	男	1944 年
陈玉堂	冠县东古城镇尹固村	24	男	1944 年
魏发贤	冠县东古城镇尹固村	18	男	1944 年
孙德余	冠县东古城镇张查村	24	男	1944 年
孙正朝	冠县东古城镇张查村	23	男	1944 年
张怀芝	冠县东古城镇张查村	20	男	1944 年
戴亨停	冠县甘官屯乡东布寨村	24	男	1944 年
戴子元	冠县甘官屯乡东布寨村	20	男	1944 年
刘长录	冠县甘官屯乡东布寨村	24	男	1944 年
杨子亭	冠县甘官屯乡连寨村	22	男	1944 年
杨兆庆	冠县甘官屯乡连寨村	15	男	1944 年
杨子湖	冠县甘官屯乡连寨村	48	男	1944 年
范广田	冠县甘官屯乡连寨村	17	男	1944 年
梁文彩	冠县甘官屯乡连寨村	20	男	1944 年
杨子石	冠县甘官屯乡连寨村	45	男	1944 年
马道路之祖母	冠县甘官屯乡西王信村	59	女	1944 年
王吉春	冠县甘官屯乡西王信村	21	男	1944 年
王泽忠	冠县甘官屯乡许村	22	男	1944 年
王兴让	冠县甘官屯乡许村	22	男	1944 年
徐俊山	冠县甘官屯乡许村	21	男	1944 年
安文柱	冠县冠城镇安村	23	男	1944 年
于保臣	冠县冠城镇安村	23	男	1944 年
李金堂	冠县冠城镇北街	24	男	1944 年
宋冠有	冠县冠城镇北街	24	男	1944 年
陈宪忠	冠县冠城镇陈八里庄	23	男	1944 年
戴德明	冠县冠城镇戴屯村	24	男	1944 年
张金生	冠县冠城镇戴屯村	25	男	1944 年
孙金玉	冠县冠城镇东谷子头村	21	男	1944 年
靖瑞图	冠县冠城镇东街	22	男	1944 年 3 月 28 日
赵德盛	冠县冠城镇范庄	—	男	1944 年

姓 名	籍 贯	年 龄	性 别	死难时间
高宝山	冠县冠城镇高三里庄	23	男	1944 年
王中立	冠县冠城镇耿儿庄	22	男	1944 年
姚关臣	冠县冠城镇耿儿庄	25	男	1944 年
胡玉先	冠县冠城镇胡庄	35	男	1944 年
门洪玉	冠县冠城镇刘神伯东村	19	男	1944 年
任金生	冠县冠城镇刘神伯东村	20	男	1944 年
沈金路	冠县冠城镇刘神伯东村	24	男	1944 年
马汝岭	冠县冠城镇马宋店村	28	男	1944 年
马召林	冠县冠城镇马宋店村	26	男	1944 年
母洪太	冠县冠城镇马寨村	23	男	1944 年
马喜臣	冠县冠城镇南街	23	男	1944 年
梁明阁	冠县冠城镇前董固村	31	男	1944 年
梁西发	冠县冠城镇前董固村	32	男	1944 年
孙学程	冠县冠城镇唐寺村	36	男	1944 年
梁继增	冠县冠城镇王孝村	25	男	1944 年
王文起	冠县冠城镇吴家村	21	男	1944 年
赵希海	冠县冠城镇西范庄	22	男	1944 年
马计田	冠县冠城镇西街	24	男	1944 年
沙启刚	冠县冠城镇西街	19	男	1944 年
殷明兴	冠县冠城镇殷芦村	—	男	1944 年
张汝元	冠县冠城镇殷芦村	19	男	1944 年
高银安	冠县冠城镇直隶村	31	男	1944 年
朱长合	冠县冠城镇朱霍三里庄	21	男	1944 年
崔玉昌	冠县贾镇崔庞庄	25	男	1944 年
常银怀	冠县贾镇高庄铺村	19	男	1944 年
魏金河	冠县贾镇后二十里铺村	—	男	1944 年
张富占	冠县贾镇贾镇街	25	男	1944 年
李春文	冠县贾镇李辛村	23	男	1944 年
周丙志	冠县贾镇李辛村	34	男	1944 年
吕振家	冠县贾镇吕田村	19	男	1944 年
任常林	冠县贾镇庞田村	23	男	1944 年
王景贵	冠县贾镇庞田村	24	男	1944 年
司重阳	冠县贾镇司庞庄	25	男	1944 年
田立堂	冠县贾镇田茉莉营村	22	男	1944 年

姓 名	籍 贯	年 龄	性 别	死难时间
张成河	冠县贾镇洼里村	19	男	1944 年
王绍顺	冠县贾镇王谈二寨村	20	男	1944 年
刘大更	冠县贾镇王辛村	24	男	1944 年
王金遂	冠县贾镇王赵店村	18	男	1944 年
常秀岭	冠县贾镇相里村	24	男	1944 年
齐风吟	冠县贾镇许辛村	27	男	1944 年
全 林	冠县贾镇于榆林头村	24	男	1944 年
王金惠	冠县贾镇于榆林头村	19	男	1944 年
郭以林	冠县贾镇张货营村	23	男	1944 年
王富贵	冠县贾镇张货营村	24	男	1944 年
王守法	冠县贾镇张货营村	—	男	1944 年
齐留林	冠县贾镇张榆林头村	34	男	1944 年
刘保善	冠县兰沃乡大柳邵村	26	男	1944 年
李春来	冠县兰沃乡田寨村	24	男	1944 年
刘凤箱	冠县兰沃乡田寨村	23	男	1944 年
芦洪业	冠县兰沃乡田寨村	23	男	1944 年
刘清太	冠县兰沃乡王羡村	20	男	1944 年
于德太	冠县兰沃乡西张庄	18	男	1944 年
李贵生	冠县兰沃乡张柳邵村	19	男	1944 年
朱月集	冠县兰沃乡朱庄	30	男	1944 年
朱玉成	冠县兰沃乡朱庄	—	男	1944 年
朱玉合	冠县兰沃乡朱庄	25	男	1944 年
朱玉起	冠县兰沃乡朱庄	24	男	1944 年
申怀恩	冠县梁堂乡北黄城村	32	男	1944 年
张增华	冠县梁堂乡菜庄集村	29	男	1944 年
赵之成	冠县梁堂乡常菜庄	26	男	1944 年
彭吉庆	冠县梁堂乡高庄	25	男	1944 年
郭希友	冠县梁堂乡后何仲村	24	男	1944 年
牛保顶	冠县梁堂乡后何仲村	34	男	1944 年
牛贵春	冠县梁堂乡后何仲村	34	男	1944 年
王桂春	冠县梁堂乡姬阎村	19	男	1944 年
王贵让	冠县梁堂乡姬阎村	21	男	1944 年
康林旺	冠县梁堂乡康寺地村	23	男	1944 年
康章元	冠县梁堂乡康寺地村	25	男	1944 年

姓 名	籍 贯	年 龄	性 别	死难时间
杨延祥	冠县梁堂乡刘寺地村	20	男	1944 年
王增言	冠县梁堂乡前何仲村	24	男	1944 年
燕合全	冠县梁堂乡前何仲村	26	男	1944 年
王敬朝	冠县桑阿镇王六庄	25	男	1944 年
杨永盛	冠县梁堂乡杨寺地村	28	男	1944 年
王长法	冠县梁堂乡于林头村	27	男	1944 年
王长付	冠县梁堂乡于林头村	29	男	1944 年
程春朝	冠县梁堂乡赵梁堂村	26	男	1944 年
李德拥	冠县梁堂乡赵梁堂村	23	男	1944 年
吕德奎	冠县梁堂乡赵梁堂村	23	男	1944 年
杨书成	冠县梁堂乡赵梁堂村	22	男	1944 年
王书忠	冠县柳林镇大桑树村	28	男	1944 年
常金据	冠县柳林镇邓庄	24	男	1944 年
常召甲	冠县柳林镇邓庄	17	男	1944 年
李洪林	冠县柳林镇邓庄	18	男	1944 年
林兆贤	冠县柳林镇南街	23	男	1944 年
杨广泽	冠县柳林镇南街	24	男	1944 年
倪会云	冠县柳林镇倪屯村	28	男	1944 年
武成业	冠县柳林镇武庄	18	男	1944 年
武金敬	冠县柳林镇武庄	22	男	1944 年
杨培珍	冠县桑阿镇白塔集村	—	男	1944 年
李盈亭	冠县桑阿镇白塔集村	22	男	1944 年
刘振华	冠县桑阿镇大花园头村	21	男	1944 年
陈 征	冠县桑阿镇东吕庄	40	男	1944 年
马魁依	冠县桑阿镇东吕庄	37	男	1944 年
陈孟玉	冠县桑阿镇东吕庄	22	男	1944 年
梁得庆	冠县桑阿镇杜赵庄	28	男	1944 年
李付元	冠县桑阿镇杜庄	25	男	1944 年
杨法增	冠县桑阿镇朵庄	23	男	1944 年
马云清	冠县桑阿镇凤庄	—	男	1944 年
谷明胜之父	冠县桑阿镇凤庄	—	男	1944 年
霍金波之父	冠县桑阿镇凤庄	—	男	1944 年
马连超	冠县桑阿镇凤庄	—	男	1944 年
马青臣	冠县桑阿镇凤庄	—	男	1944 年

姓 名	籍 贯	年 龄	性 别	死难时间
于文武	冠县桑阿镇胡胡疃村	20	女	1944 年
李金蛾之侄	冠县桑阿镇李菜庄	22	男	1944 年
张书修	冠县桑阿镇南油坊村	23	男	1944 年
管佐学	冠县桑阿镇潘庄	19	男	1944 年
郭代成	冠县桑阿镇潘庄	23	男	1944 年
任凡平	冠县桑阿镇任菜庄	26	男	1944 年
洪玉坤	冠县桑阿镇任菜庄	25	男	1944 年
刘忠钱	冠县桑阿镇	—	男	1944 年
王白小	冠县桑阿镇申小屯村	28	男	1944 年
冯荣先	冠县桑阿镇务头村	—	男	1944 年
冯林生	冠县桑阿镇务头村	—	男	1944 年
冯振合	冠县桑阿镇务头村	—	男	1944 年
李开刚	冠县桑阿镇西白塔村	—	男	1944 年
王增茶	冠县桑阿镇西白塔村	22	男	1944 年
韩丙吉	冠县桑阿镇西吕庄	—	男	1944 年
冯登先	冠县桑阿镇西吕庄	60	男	1943 年 5 月 11 日
刘增林	冠县桑阿镇西吕庄	51	男	1943 年 5 月 11 日
刘占奎	冠县桑阿镇西吕庄	49	男	1943 年 5 月 11 日
王佃增	冠县桑阿镇西吕庄	60	男	1943 年 5 月 11 日
王林辰	冠县桑阿镇西吕庄	46	男	1943 年 5 月 11 日
王若凤	冠县桑阿镇西吕庄	48	男	1943 年 5 月 11 日
王若友	冠县桑阿镇西吕庄	50	男	1943 年 5 月 11 日
许月亭	冠县桑阿镇西吕庄	54	男	1943 年 5 月 11 日
许新得	冠县桑阿镇西吕庄	49	男	1943 年 5 月 11 日
许玉珍	冠县桑阿镇西吕庄	40	男	1943 年 5 月 11 日
宋德合	冠县桑阿镇小花园头村	—	男	1943 年 5 月 11 日
崔书代	冠县桑阿镇野场村	—	男	1944 年
张书从	冠县万善乡北田平村	22	男	1944 年
胡炳臣	冠县万善乡南王段村	28	男	1944 年
胡炳文	冠县万善乡南王段村	29	男	1944 年
王建德	冠县万善乡万善村	26	男	1944 年
王庚臣	冠县万善乡王段村	30	男	1944 年
郭贵江	冠县万善乡西贾村	23	男	1944 年
刘长明	冠县万善乡孝子哭村	33	男	1944 年

姓 名	籍 贯	年 龄	性 别	死难时间
刘付利	冠县万善乡孝子哭村	26	男	1944 年
王玉起	冠县斜店乡北满菜村	29	男	1944 年
宋来义	冠县斜店乡南盘村	27	男	1944 年
宋新学	冠县斜店乡南盘村	20	男	1944 年
许长聚	冠县斜店乡前社庄	23	男	1944 年
许长度	冠县斜店乡史村	—	男	1944 年
苗长瑞	冠县斜店乡孙庄	26	男	1944 年
苗金生	冠县斜店乡汤庄	38	男	1944 年
阎正先	冠县斜店乡汤庄	24	男	1944 年
郭龚壁	冠县斜店乡斜店村	20	男	1944 年
张金明	冠县斜店乡许盘村	24	男	1944 年
张书德	冠县斜店乡许盘村	26	男	1944 年
张书敬	冠县斜店乡许盘村	28	男	1944 年 3 月 28 日
张保精	冠县斜店乡张盘村	18	男	1944 年
孙长义	冠县斜店乡赵屯村	24	男	1944 年
杨玉和	冠县辛集乡贾庄	22	男	1944 年
杨仲印	冠县辛集乡辛集村	23	男	1944 年
于思珍	冠县辛集乡辛集村	21	男	1944 年
韩宗林	冠县辛集乡阎二庄	26	男	1944 年
申玉林	冠县辛集乡阎二庄	25	男	1944 年
赵旺盛	冠县烟庄乡东范庄	—	男	1944 年
刘书祥	冠县烟庄乡东开河头村	25	男	1944 年
张彩风	冠县烟庄乡东开河头村	17	男	1944 年
陈相臣	冠县烟庄乡东南庄	23	男	1944 年
梁法雨	冠县烟庄乡东十里营村	22	男	1944 年
沙墨月	冠县烟庄乡后十里铺村	—	男	1944 年
沙道生	冠县烟庄乡后十里铺村	26	男	1944 年
邢学文	冠县烟庄乡梁辛庄	23	男	1944 年
张付洪	冠县烟庄乡七里佛堂村	24	男	1944 年
乔发雨	冠县烟庄乡前张平村	38	男	1944 年
周振邦	冠县烟庄乡宋村	25	男	1944 年
白凤彩	冠县烟庄乡野庄	—	男	1944 年
张发尧	冠县烟庄乡义村	27	男	1944 年
邱丙銮	冠县烟庄乡张家庄	29	男	1944 年

姓 名	籍 贯	年 龄	性 别	死难时间
陈洪年	冠县烟庄乡赵村	28	男	1944 年
石保高	冠县烟庄乡赵辛庄	24	男	1944 年
许洪海	临清市烟店镇曹张寨村	—	男	1944 年
郭天花	—	—	女	1944 年
陈连贵	冠县万善乡北召村	23	男	1945 年 1 月
刘保安	冠县万善乡刘召村	21	男	1945 年 1 月
姚安泰	冠县清水镇姚行村	60	男	1945 年 2 月
王凤岭	冠县桑阿镇程村	—	男	1945 年 3 月 10 日
王子刚	冠县柳林镇乔庄	—	男	1945 年 5 月 7 日
杨保青	冠县柳林镇大杨庄	62	男	1938 年 11 月 19 日
杨广福	冠县柳林镇	—	男	1945 年 5 月 7 日
杨延福	冠县柳林镇大杨庄	35	男	1945 年 3 月 26 日
张金兰	冠县柳林镇南街	—	女	1945 年 5 月 7 日
侯云槐	冠县定远寨乡高家村	35	男	1945 年 3 月
张展孝	冠县东古城镇乜村	28	男	1945 年 3 月
黄云雷	冠县万善乡南王段村	25	男	1945 年 3 月
潘连增	冠县桑阿镇程村	43	男	1945 年 4 月 23 日
王凤岭	冠县桑阿镇程村	20	男	1945 年 4 月 23 日
王百河	冠县柳林镇大桑树村	—	男	1945 年 4 月 28 日
王贵祥	冠县柳林镇大桑树村	—	—	1945 年 4 月 28 日
王玉梅	冠县柳林镇大桑树村	—	女	1945 年 4 月 28 日
曹贵昌	冠县柳林镇大桑树村	—	男	1945 年 4 月 28 日
王二爷	冠县柳林镇大桑树村	—	男	1945 年 4 月 28 日
王贵林	冠县柳林镇大桑树村	—	男	1945 年 4 月 28 日
王月江	冠县斜店乡东野庄	20	男	1945 年 4 月
李宏图	冠县斜店乡东野庄	24	男	1945 年 4 月
武庆玉	冠县清水镇西焦庄	41	男	1945 年 5 月 29 日
曹保林	冠县万善乡北召村	24	男	1945 年 5 月
温登高	冠县万善乡水赞村	22	男	1945 年 5 月
温泽尚	冠县万善乡水赞村	23	男	1945 年 5 月
张书春	冠县甘官屯乡前王二寨村	46	男	1945 年 6 月
马德明	冠县甘官屯乡许村	40	男	1945 年 6 月
李士贵	冠县贾镇李榆林头村	23	男	1945 年 6 月
李士升	冠县贾镇李榆林头村	22	男	1945 年 6 月

姓 名	籍 贯	年 龄	性 别	死难时间
王升爱	冠县贾镇王田村	26	男	1945 年 6 月
南宗林	冠县兰沃乡东张庄	22	男	1945 年 6 月
李书廷	冠县万善乡北召村	17	男	1945 年 6 月
段明夺	冠县万善乡段辛庄	35	男	1945 年 6 月
顾德利	冠县万善乡前田平村	25	男	1945 年 6 月
耿西华	冠县清水镇西焦庄	25	男	1945 年 7 月 8 日
张景胜	冠县甘官屯乡前王二寨村	22	男	1945 年 7 月 11 日
张景贤	冠县甘官屯乡前王二寨村	21	男	1945 年 7 月 11 日
张书善	冠县甘官屯乡前王二寨村	24	男	1945 年 7 月 11 日
马淑青	冠县甘官屯乡前王二寨村	—	女	1945 年 7 月 11 日
张景河	冠县甘官屯乡前王二寨村	—	男	1945 年 7 月 11 日
张景河之女	冠县甘官屯乡前王二寨村	6 个月	女	1945 年 7 月 11 日
张书录之妻	冠县甘官屯乡前王二寨村	—	女	1945 年 7 月 11 日
张书录之子	冠县甘官屯乡前王二寨村	14	男	1945 年 7 月 11 日
张书录次子	冠县甘官屯乡前王二寨村	6 个月	男	1945 年 7 月 11 日
张九兴之妻	冠县甘官屯乡前王二寨村	—	女	1945 年 7 月 11 日
张九兴之女	冠县甘官屯乡前王二寨村	—	女	1945 年 7 月 11 日
张九兴次女	冠县甘官屯乡前王二寨村	—	女	1945 年 7 月 11 日
张东华	冠县甘官屯乡前王二寨村	—	男	1945 年 7 月 11 日
张九鹏	冠县甘官屯乡前王二寨村	45	男	1945 年 7 月 11 日
张景伦	冠县甘官屯乡前王二寨村	8	男	1945 年 7 月 11 日
李保兴	冠县冠城镇前董固村	28	男	1945 年 7 月
陈兴书	冠县店子乡里固村	29	男	1945 年 7 月
刘祖玉	冠县清水镇刘屯村	33	男	1945 年 7 月
陈玉凤	冠县柳林镇三里屯村	—	男	1945 年 8 月
王更平	冠县桑阿镇杨胡疃村	15	男	1945 年
张炳思	冠县东古城镇后田庄	23	男	1945 年
王松岩	冠县桑阿镇西周堡村	25	男	1945 年
郭林岸	冠县冠城镇朱霍三里庄	23	男	1945 年
冯其会	冠县清水镇冯西村	20	男	1945 年
张书成	冠县烟庄乡东南庄	22	男	1945 年
董大秃子	冠县柳林镇乔庄	50	男	1945 年
高佰福	冠县柳林镇乔庄	—	男	1945 年
张立德之弟	冠县柳林镇乔庄	—	男	1945 年

姓 名	籍 贯	年 龄	性 别	死难时间
杨恒一之父	—	—	男	1945 年
袁金箱	冠县北馆陶镇东沟塞村	25	男	1945 年
袁敬先	冠县北馆陶镇东沟塞村	21	男	1945 年
王殿卿	冠县北馆陶镇东关	20	男	1945 年
侯志华	冠县北馆陶镇东宋庄	25	男	1945 年
樊德俊	冠县北馆陶镇后纸房村	24	男	1945 年
李连杰	冠县北馆陶镇林庄	19	男	1945 年
赵连贯	冠县北馆陶镇南关	20	男	1945 年
郭凤池	冠县北馆陶镇窝头村	18	男	1945 年
张付友	冠县北馆陶镇窝头村	21	男	1945 年
张志民	冠县北馆陶镇窝头村	25	男	1945 年
孔庆斌	冠县北馆陶镇西柴庄	21	男	1945 年
李栋新	冠县北馆陶镇西柴庄	23	男	1945 年
路玉友	冠县北馆陶镇西宋庄	21	男	1945 年
郭振其	冠县北馆陶镇肖城村	28	男	1945 年
刘廷玉	冠县北馆陶镇学门口村	—	男	1945 年
时念志	冠县北馆陶镇庄村	28	男	1945 年
董克明	冠县店子乡董当铺村	23	男	1945 年
郑汝昌	冠县店子乡高庄子	23	男	1945 年
郭安禄	冠县店子乡郭张固村	27	男	1945 年
陆德胜	冠县店子乡靖当铺村	21	男	1945 年
赵河兰	冠县店子乡孔村	23	男	1945 年
赵礼元	冠县店子乡赵当铺村	29	男	1945 年
周法旺	冠县定远寨乡白周家村	29	男	1945 年
李成甲	冠县定远寨乡定远寨村	24	男	1945 年
郭同祥	冠县定远寨乡郭关庙村	23	男	1945 年
王春和	冠县定远寨乡侯家村	27	男	1945 年
王春全	冠县定远寨乡侯家村	18	男	1945 年
李全成	冠县定远寨乡李海子村	31	男	1945 年
傅恩香	冠县定远寨乡栾傅桂村	18	—	1945 年
栾金鉴	冠县定远寨乡栾傅桂村	26	男	1945 年
尚振山	冠县定远寨乡阎营村	21	男	1945 年
李秋云	冠县东古城镇北刘庄	24	男	1945 年
么殿礼	冠县东古城镇后郑疃村	22	男	1945 年

姓　名	籍　贯	年　龄	性　别	死难时间
李墨仲	冠县东古城镇李草村	30	男	1945 年
刘士敬	冠县东古城镇刘庄	23	男	1945 年
张连海	冠县东古城镇吕庄	25	男	1945 年
张增玉	冠县东古城镇吕庄	24	男	1945 年
张殿轩	冠县东古城镇吕庄	29	男	1945 年
张增起	冠县东古城镇吕庄	20	男	1945 年
高殿孝	冠县东古城镇乜村	26	男	1945 年
刘怀林	冠县东古城镇乜村	20	男	1945 年
李克海	冠县东古城镇南李庄	27	男	1945 年
么富鲁	冠县东古城镇南么庄	22	男	1945 年
么子仲	冠县东古城镇南么庄	23	男	1945 年
李长玉	冠县东古城镇南童庄	21	男	1945 年
王潘林	冠县东古城镇年庄	21	男	1945 年
温长荣	冠县东古城镇温家庄	23	男	1945 年
陈立柱	冠县东古城镇尹固村	26	男	1945 年
程保林	冠县东古城镇尹固村	26	男	1945 年
程洪林	冠县东古城镇尹固村	33	男	1945 年
程怀臣	冠县东古城镇尹固村	34	男	1945 年
王美俊	冠县东古城镇尹固村	22	男	1945 年
孙书功	冠县东古城镇张查村	28	男	1945 年
王多禄	冠县东古城镇张查村	20	男	1945 年
马保堂	冠县范寨乡关王庙村	20	男	1945 年
赵汝福	冠县范寨乡胡里庄	20	男	1945 年
孔祥早	冠县范寨乡孔里庄	43	男	1945 年
肖连成	冠县范寨乡马楼村	24	男	1945 年
白志合	冠县范寨乡祁家务村	20	男	1945 年
陈庆利	冠县范寨乡祁家务村	20	男	1945 年
肖同岭	冠县范寨乡温庄	24	男	1945 年
肖同朋	冠县范寨乡温庄	23	男	1945 年
马春成	冠县范寨乡西马庄	25	男	1945 年
路海明	冠县范寨乡小井村	30	男	1945 年
赵永奎	冠县范寨乡赵里庄	24	男	1945 年
王登成	冠县范寨乡赵里庄	25	男	1945 年
杨玉明	冠县范寨乡赵里庄	22	男	1945 年

姓 名	籍 贯	年 龄	性 别	死难时间
杨玉文	冠县范寨乡赵里庄	27	男	1945 年
赵安朝	冠县范寨乡赵里庄	25	男	1945 年
赵之良	冠县范寨乡赵里庄	23	男	1945 年
王庆河	冠县甘官屯乡东王信村	24	男	1945 年
林占明	冠县甘官屯乡东王信村	23	男	1945 年
王清河	冠县甘官屯乡东王信村	25	男	1945 年
李学环	冠县甘官屯乡后庙村	26	男	1945 年
李学勤	冠县甘官屯乡后庙村	24	男	1945 年
耿兰青	冠县甘官屯乡连寨村	22	男	1945 年
王道新	冠县甘官屯乡刘贯庄	35	男	1945 年
陈玉岭	冠县甘官屯乡梅二庄	29	男	1945 年
杨金河	冠县甘官屯乡西布寨村	24	男	1945 年
史恩朴	冠县甘官屯乡西杏庄	22	男	1945 年
金凤岐	冠县甘官屯乡张八寨村	39	男	1945 年
刘凤春	冠县甘官屯乡张八寨村	19	男	1945 年
贾福增	冠县甘官屯乡张官寨村	25	男	1945 年
许继亮	冠县甘官屯乡张官寨村	33	男	1945 年
车太洪	冠县甘官屯乡中布寨村	33	男	1945 年
张进忠	冠县甘官屯乡中布寨村	24	男	1945 年
冯玉臣	冠县冠城镇常芦村	21	男	1945 年
苏长贵	冠县冠城镇常芦村	22	男	1945 年
李风起	冠县冠城镇崔八里庄	30	男	1945 年
刘文学	冠县冠城镇东三里庄	20	男	1945 年
梁登起	冠县冠城镇后董固村	24	男	1945 年
李智德	冠县冠城镇李八里庄	22	男	1945 年
武金科	冠县冠城镇南街	25	男	1945 年
许立臣	冠县冠城镇七里韩村	19	男	1945 年
许志和	冠县冠城镇七里韩村	19	男	1945 年
任佩彦	冠县冠城镇前唐固村	23	男	1945 年
郝俊魁	冠县冠城镇前旺庄	32	男	1945 年
刘顺芳	冠县冠城镇前张义堡村	29	男	1945 年
苏宝书	冠县冠城镇前张义堡村	25	男	1945 年
周进聚	冠县冠城镇三里韩村	22	男	1945 年
孙李城	冠县冠城镇唐寺村	—	男	1945 年

姓 名	籍 贯	年 龄	性 别	死难时间
孙金合	冠县冠城镇唐寺村	20	男	1945 年
马金太	冠县冠城镇唐寺村	23	男	1945 年
徐怀山	冠县冠城镇西范庄	26	男	1945 年
陈书明	冠县冠城镇西谷子头村	28	男	1945 年
徐副帅	冠县冠城镇徐刘村	27	男	1945 年
吴凤森	冠县冠城镇元庄	19	男	1945 年
吴书合	冠县冠城镇元庄	21	男	1945 年
张桂元	冠县冠城镇元庄	20	男	1945 年
张贵臣	冠县冠城镇寨里村	20	男	1945 年
郑方合	冠县冠城镇郑宋店村	20	男	1945 年
郑玉德	冠县冠城镇郑宋店村	30	男	1945 年
高俊广	冠县冠城镇直隶村	35	男	1945 年
王保印	冠县冠城镇朱王芦村	27	男	1945 年
张学增	冠县贾镇	24	男	1945 年
钱学典	冠县贾镇艾寨村	17	男	1945 年
钱学建	冠县贾镇艾寨村	20	男	1945 年
李春年	冠县贾镇迟庞庄	24	男	1945 年
李大海	冠县贾镇迟庞庄	25	男	1945 年
李大章	冠县贾镇迟庞庄	21	男	1945 年
韩保坤	冠县贾镇堤下庄	32	男	1945 年
孙留启	冠县贾镇丁茉莉营村	19	男	1945 年
王彦年	冠县贾镇丁庄	19	男	1945 年
刘连章	冠县贾镇东赵店村	34	男	1945 年
常圣学	冠县贾镇高庄铺村	23	男	1945 年
王献章	冠县贾镇高庄铺村	20	男	1945 年
葛金聚	冠县贾镇葛辛村	18	男	1945 年
张 七	冠县贾镇活佛堂村	23	男	1945 年
刘文玉	冠县贾镇李榆林头村	23	男	1945 年
赵孟岐	冠县贾镇前二十里铺村	24	男	1945 年
石文生	冠县贾镇石家村	30	男	1945 年
张君殿	冠县贾镇史谈二寨村	36	男	1945 年
郭文起	冠县贾镇司庞庄	22	男	1945 年
郭玉起	冠县贾镇司庞庄	29	男	1945 年
田振禹	冠县贾镇田茉莉营村	24	男	1945 年

姓 名	籍 贯	年 龄	性 别	死难时间
王行芳	冠县贾镇王谈二寨村	23	男	1945 年
张风林	冠县贾镇王辛村	23	男	1945 年
王金芳	冠县贾镇西庄	35	男	1945 年
陈清达	冠县贾镇徐家辛村	27	男	1945 年
陈月申	冠县贾镇徐家辛村	22	男	1945 年
王金法	冠县贾镇徐家辛村	30	男	1945 年
殷进才	冠县贾镇徐家辛村	28	男	1945 年
许志凌	冠县贾镇许谈二寨村	20	男	1945 年
许成池	冠县贾镇许辛村	25	男	1945 年
许道成	冠县贾镇许辛村	23	男	1945 年
李金林	冠县贾镇杨马庄	20	男	1945 年
王玉贵	冠县贾镇于榆林头村	25	男	1945 年
郭春光	冠县贾镇张货营村	21	男	1945 年
郭殿生	冠县贾镇张货营村	—	男	1945 年
王族怀	冠县贾镇张货营村	36	男	1945 年
张林堂	冠县贾镇张榆林头村	38	男	1945 年
刘保兰	冠县兰沃乡大焦庄	25	男	1945 年
刘亭聚	冠县兰沃乡大焦庄	28	男	1945 年
鲁德山	冠县兰沃乡大兰沃村	20	男	1945 年
鲁之江	冠县兰沃乡大兰沃村	25	男	1945 年
任振洲	冠县兰沃乡大兰沃村	26	男	1945 年
方玉成	冠县兰沃乡大柳邵村	22	男	1945 年
曲金祥	冠县兰沃乡大柳邵村	26	男	1945 年
柳传书	冠县兰沃乡柳柳邵村	20	男	1945 年
刘建成	冠县兰沃乡石家寨村	28	男	1945 年
孙朝法	冠县兰沃乡王羡村	24	男	1945 年
赵保柱	冠县兰沃乡王羡村	33	男	1945 年
李林台	冠县兰沃乡张柳邵村	29	男	1945 年
张洪友	冠县兰沃乡张柳邵村	21	男	1945 年
张子绪	冠县兰沃乡张柳邵村	22	男	1945 年
郭相岭	冠县梁堂乡北黄城村	31	男	1945 年
申双起	冠县梁堂乡北黄城村	27	男	1945 年
赵春合	冠县梁堂乡菜庄集村	27	男	1945 年
赵春轩	冠县梁堂乡菜庄集村	33	男	1945 年

姓 名	籍 贯	年 龄	性 别	死难时间
赵付成	冠县梁堂乡菜庄集村	23	男	1945 年
王新其	冠县梁堂乡常菜庄	25	男	1945 年
胡同臣	冠县梁堂乡胡阎村	23	男	1945 年
胡云贞	冠县梁堂乡胡阎村	34	男	1945 年
刘保强	冠县梁堂乡胡阎村	23	男	1945 年
吕金库	冠县梁堂乡胡阎村	23	男	1945 年
钱线全	冠县梁堂乡胡阎村	25	男	1945 年
李付友	冠县梁堂乡田里村	25	男	1945 年
吕发友	冠县梁堂乡田里村	22	男	1945 年
田长增	冠县梁堂乡田里村	25	男	1945 年
赵维汉	冠县桑阿镇王六庄	29	男	1945 年
曹西合	冠县梁堂乡西里村	25	男	1945 年
曹西明	冠县梁堂乡西里村	25	男	1945 年
马长更	冠县梁堂乡西里村	25	男	1945 年
杨永达	冠县梁堂乡杨寺地村	23	男	1945 年
杨玉龙	冠县梁堂乡杨寺地村	24	男	1945 年
刘文太	冠县梁堂乡于林头村	23	男	1945 年
吴子法	冠县柳林镇陈杜庄	19	男	1945 年
马道善之妻	冠县柳林镇夫仁寨村	—	女	1945 年
马德路	冠县柳林镇夫仁寨村	23	男	1945 年
范保亚	冠县柳林镇刘杨林村	16	男	1945 年
刘一路	冠县柳林镇刘杨林村	26	男	1945 年
杨维灿之母	冠县柳林镇南街	45	女	1945 年
倪若贤	冠县柳林镇倪屯村	35	男	1945 年
乔长友	冠县柳林镇乔庙村	21	男	1945 年
乔玉彩	冠县柳林镇乔庙村	34	男	1945 年
刘玉歧	冠县柳林镇乔庄	—	男	1945 年
王之刚	冠县柳林镇乔庄	26	男	1945 年
陈玉树	冠县柳林镇三里屯村	—	男	1945 年
王进明	冠县柳林镇王樊庄	28	男	1945 年
范学礼	冠县柳林镇张樊庄	24	男	1945 年
王兆和	冠县清水镇郭家庄	20	男	1945 年
王子英	冠县清水镇郭家庄	17	男	1945 年
刘俭德	冠县清水镇刘屯村	21	男	1945 年

姓　名	籍　贯	年　龄	性　别	死难时间
史玉领	冠县清水镇刘屯村	26	男	1945 年
高保玉	冠县桑阿镇白塔集村	31	男	1945 年
李文奇	冠县桑阿镇白塔集村	29	男	1945 年
许恒义	冠县桑阿镇白塔集村	26	男	1945 年
潘连登	冠县桑阿镇程村	55	男	1945 年
王保栋	冠县桑阿镇程村	21	男	1945 年
王振宏	冠县桑阿镇程村	33	男	1945 年
程保平	冠县桑阿镇程赵庄	25	男	1945 年
程发祥	冠县桑阿镇程赵庄	24	男	1945 年
程怀安	冠县桑阿镇程赵庄	18	男	1945 年
程云河	冠县桑阿镇程赵庄	25	男	1945 年
王怀玉	冠县桑阿镇程赵庄	21	男	1945 年
冯保代	冠县桑阿镇大张庄	—	男	1945 年
冯保忠	冠县桑阿镇大张庄	—	男	1945 年
冯月元	冠县桑阿镇大张庄	—	男	1945 年
张冠一	冠县桑阿镇大张庄	—	男	1945 年
陈孟良	冠县桑阿镇东吕庄	25	男	1945 年
李发旺	冠县桑阿镇杜赵庄	33	男	1945 年
李王氏	冠县桑阿镇杜赵庄	37	女	1945 年
肖书建	冠县桑阿镇朵庄	24	男	1945 年
张书奎	冠县桑阿镇郭家村	—	男	1945 年
郝本兴	冠县桑阿镇郝胡疃村	17	男	1945 年
李金召	冠县桑阿镇李菜庄	34	男	1945 年
王之建	冠县桑阿镇南油坊村	—	男	1945 年
张丙昌	冠县桑阿镇南油坊村	22	男	1945 年
潘凤珍	冠县桑阿镇潘家村	22	男	1945 年
管占美	冠县桑阿镇潘庄	18	男	1945 年
王代成	冠县桑阿镇桑桥村	23	男	1945 年
王东鲁	冠县桑阿镇申小屯村	23	男	1945 年
申耀亮	冠县桑阿镇申小屯村	21	男	1945 年
苏明祥	冠县桑阿镇苏胡疃村	21	男	1945 年
苏焕成	冠县桑阿镇苏胡疃村	23	男	1945 年
苏永浩	冠县桑阿镇苏胡疃村	23	男	1945 年
魏帮才	冠县桑阿镇魏辛庄	—	男	1945 年

姓 名	籍 贯	年 龄	性 别	死难时间
冯留成	冠县桑阿镇务头村	27	男	1945 年
王玉申	冠县桑阿镇西白塔村	—	男	1945 年
刘长义	冠县桑阿镇西白塔村	27	男	1945 年
张跃堂	冠县桑阿镇西白塔村	25	男	1945 年
范明玉	冠县桑阿镇西吕庄	22	男	1945 年
冯立功	冠县桑阿镇西吕庄	24	男	1945 年
刘 七	冠县桑阿镇西吕庄	28	男	1945 年
谷东林	冠县桑阿镇小张庄	39	男	1945 年
李仁士	冠县桑阿镇小张庄	—	男	1945 年
李双柱	冠县桑阿镇小张庄	21	男	1945 年
魏西铭	冠县桑阿镇小张庄	—	男	1945 年
吕书范	冠县桑阿镇野场村	19	男	1945 年
吕书礼	冠县桑阿镇野场村	21	男	1945 年
呼清团	冠县桑阿镇袁菜庄	20	男	1945 年
张殿展	冠县桑阿镇东吕庄	29	男	1945 年
段之万	冠县万善乡段辛庄	26	男	1945 年
徐明群	冠县万善乡后田平村	22	男	1945 年
吕月合	冠县万善乡南王段村	27	男	1945 年
班春征	冠县斜店乡班庄	20	男	1945 年
班怀恩	冠县斜店乡班庄	22	男	1945 年
赵明岩	冠县斜店乡北满菜村	19	男	1945 年
张存德	冠县斜店乡东张史村	21	男	1945 年
张银高	冠县斜店乡南满菜村	—	男	1945 年
许海河	冠县斜店乡南史村	25	男	1945 年
李花启	冠县斜店乡庞屯村	40	男	1945 年
杨思义	冠县斜店乡孙庄	19	男	1945 年
闫同先	冠县斜店乡汤庄	21	男	1945 年
王化增	冠县斜店乡斜店村	33	男	1945 年
郭连生	冠县斜店乡辛庄	26	男	1945 年
杜保法	冠县斜店乡辛庄	23	男	1945 年
杜清范	冠县斜店乡辛庄	22	男	1945 年
李海山	冠县斜店乡辛庄	19	男	1945 年
魏名臣	冠县斜店乡辛庄	28	男	1945 年
许四润	冠县斜店乡许盘村	25	男	1945 年

姓 名	籍 贯	年 龄	性 别	死难时间
许正群	冠县斜店乡许盘村	22	男	1945 年
张保法	冠县斜店乡许盘村	27	男	1945 年
韩金友	冠县斜店乡张盘村	27	男	1945 年
孙长钦	冠县斜店乡赵屯村	25	男	1945 年
赵维法	冠县斜店乡赵屯村	24	男	1945 年
凡以清	冠县辛集乡大夫人寨村	23	男	1945 年
马振登	冠县辛集乡大夫人寨村	25	男	1945 年
王金岭	冠县辛集乡大夫人寨村	20	男	1945 年
赵玉兰	冠县辛集乡东康马寨村	29	男	1945 年
王允智	冠县辛集乡穆庄	21	男	1945 年
王景德	冠县辛集乡石槽村	85	男	1945 年
陈臣学	冠县辛集乡洼陈村	25	男	1945 年
陈金居	冠县辛集乡洼陈村	27	男	1945 年
刘庆奇	冠县辛集乡洼刘村	19	男	1945 年
程玉香	冠县辛集乡西康马寨村	23	男	1945 年
常建德	冠县辛集乡西骆驼山村	27	男	1945 年
常建基	冠县辛集乡西骆驼山村	31	男	1945 年
于海堂	冠县辛集乡辛集村	24	男	1945 年
于墨山	冠县辛集乡于家村	20	男	1945 年
梁公文	冠县辛集乡赵庄	25	男	1945 年
邹保明	冠县辛集乡邹村	19	男	1945 年
张彩范	冠县烟庄乡东开河头村	22	男	1945 年
董一海	冠县烟庄乡东南庄	25	男	1945 年
张瑞忠	冠县烟庄乡东南庄	23	男	1945 年
梁里臣	冠县烟庄乡东十里营村	24	男	1945 年
张思林	冠县烟庄乡东宋村	33	男	1945 年
周德荣	冠县烟庄乡东宋村	26	男	1945 年
邢国荣	冠县烟庄乡梁辛庄	25	男	1945 年
周梦岭	冠县烟庄乡前小化村	25	男	1945 年
史庆云	冠县烟庄乡前张平村	22	男	1945 年
池金柱	冠县烟庄乡王村	25	男	1945 年
韩登林	冠县烟庄乡王村	25	男	1945 年
于东鲁	冠县烟庄乡王村	31	男	1945 年
安全有	冠县烟庄乡五岔路村	22	男	1945 年

姓　名	籍　贯	年　龄	性　别	死难时间
宋恩林	冠县烟庄乡西宋村	—	男	1945 年
赵海春	冠县烟庄乡赵辛庄	25	男	1945 年
赵海芳	冠县烟庄乡赵辛庄	24	男	1945 年
沙占江	冠县梁堂乡高庄	25	男	—
张书海	冠县梁堂乡张里村	20	男	—
梁保印	冠县烟庄乡刘辛庄	—	男	—
陆云梅	冠县烟庄乡东宋村	—	男	—
于洪连	冠县斜店乡施庄铺村	23	男	—
郭怀增	冠县斜店乡施庄铺村	23	男	—
王敬山	冠县桑阿镇王六庄	21	男	—
高金星	冠县梁堂乡高庄	23	男	—
宋洪全	冠县东古城镇宋庄	22	男	—
宋新起	冠县东古城镇宋庄	23	男	—
郭保成	冠县定远寨乡郭关庙村	—	男	1938 年
郭保法	冠县定远寨乡郭关庙村	—	男	1938 年
郭保友	冠县定远寨乡郭关庙村	—	男	1938 年
郭大肚皮	冠县定远寨乡郭关庙村	—	男	1938 年
郭法成	冠县定远寨乡郭关庙村	—	男	1938 年
郭孟成	冠县定远寨乡郭关庙村	—	男	1938 年
郭孟斗	冠县定远寨乡郭关庙村	—	男	1938 年
郭孟山	冠县定远寨乡郭关庙村	—	男	1938 年
郭名书之母	冠县定远寨乡郭关庙村	—	女	1938 年
郭清臣	冠县定远寨乡郭关庙村	—	男	1938 年
郭庆行	冠县定远寨乡郭关庙村	—	男	1938 年
郭庆章	冠县定远寨乡郭关庙村	—	男	1938 年
郭三翠	冠县定远寨乡郭关庙村	—	男	1938 年
郭三拼	冠县定远寨乡郭关庙村	—	男	1938 年
王　三	冠县定远寨乡郭关庙村	—	男	1938 年
冯全成	冠县定远寨乡前杏园村	25	男	—
冯玉祥	冠县定远寨乡前杏园村	40	男	—
王贵臣	冠县定远寨乡前杏园村	28	男	—
王来福	冠县定远寨乡前杏园村	30	男	—
张金敖	冠县东古城镇前辛庄	19	男	—
刘学孟	冠县贾镇西赵店村	48	男	—

姓　名	籍　贯	年　龄	性　别	死难时间
王进奎	冠县贾镇西赵店村	—	男	—
杨之敏	冠县贾镇西赵店村	—	男	—
刘邦庆之妻	冠县贾镇西赵店村	45	女	—
刘桃记之妻	冠县贾镇西赵店村	36	女	—
李天仁	冠县贾镇李辛村	30	男	—
许朝文	冠县贾镇许辛村	32	男	—
许乃勤	冠县贾镇许辛村	26	男	—
许乃运	冠县贾镇许辛村	27	男	—
赵书明	冠县贾镇李辛村	24	男	—
钱少工	冠县贾镇葛辛村	19	男	—
葛任贵	冠县贾镇葛辛村	—	男	—
葛金桥	冠县贾镇葛辛村	—	男	—
葛金太	冠县贾镇葛辛村	—	男	—
李得印	冠县贾镇李辛村	33	男	—
李新元	冠县贾镇李辛村	—	男	—
段进才	冠县贾镇徐家辛村	14	男	—
李佃章	冠县贾镇徐家辛村	16	男	—
田桂臣	冠县梁堂乡	—	男	—
燕国海	冠县梁堂乡前何仲村	20	男	—
燕石滚	冠县梁堂乡前何仲村	—	男	—
杨怀成	冠县梁堂乡刘寺地村	—	男	1943 年 6 月 10 日
曹保庆	冠县梁堂乡刘寺地村	17	男	1943 年 6 月 10 日
董　海	冠县梁堂乡前何仲村	25	男	—
曹西国之妻	冠县梁堂乡曹里村	—	女	—
曹西国之岳母	冠县梁堂乡曹里村	—	女	—
张孟高	冠县梁堂乡张里村	—	男	—
裴长兴	冠县梁堂乡后何仲村	40	男	—
吕春合	冠县梁堂乡赵梁堂村	—	男	—
王连台	冠县柳林镇后和寨村	20	男	—
魏邦文	冠县桑阿镇魏辛庄	50	男	—
崔文广之叔	冠县桑阿镇掖庄	75	男	—
马代胜	冠县桑阿镇掖庄	81	男	—
李金明	冠县桑阿镇掖庄	80	男	—
马纯法	冠县桑阿镇掖庄	—	男	—

姓 名	籍 贯	年 龄	性 别	死难时间
马秋和	冠县桑阿镇掖庄	73	男	—
赵付寿	冠县桑阿镇玉庄	—	男	—
赵子元	冠县桑阿镇玉庄	—	男	—
崔密勤	冠县桑阿镇野场村	—	—	—
吕全贵	冠县桑阿镇野场村	—	—	—
吕树平	冠县桑阿镇野场村	—	—	—
刘可臣	冠县桑阿镇白佛头村	23	男	—
尉兰瑞	冠县桑阿镇杨胡疃村	21	男	—
张王氏	冠县桑阿镇郝胡疃村	26	女	—
吕树沐	冠县桑阿镇野场村	—	—	—
吕树潘	冠县桑阿镇野场村	—	—	—
吴朝秋	冠县斜店乡班庄	21	男	—
许长昆	冠县斜店乡许盘村	—	男	—
周保群	冠县斜店乡许盘村	—	男	—
周保文	冠县斜店乡许盘村	—	男	—
魏老黑	冠县斜店乡班庄	17	男	—
赵德五	冠县斜店乡班庄	24	男	—
郭金锁	冠县斜店乡东野庄	18	男	—
纪永礼	冠县斜店乡东野庄	19	男	—
纪玉岭	冠县斜店乡东野庄	19	男	—
石宗林	冠县斜店乡东野庄	25	男	—
许西多	冠县斜店乡东野庄	30	男	—
杜国安	冠县斜店乡汤庄	40	男	—
杜麦成	冠县斜店乡汤庄	21	男	—
杜耕法	冠县斜店乡汤庄	30	男	—
杜云章	冠县斜店乡汤庄	20	男	—
闫亭选	冠县斜店乡汤庄	50	男	—
张佃青	冠县斜店乡汤庄	30	男	—
郭路申	冠县斜店乡斜店村	27	男	—
黑 小	冠县斜店乡斜店村	25	男	—
于东武	冠县烟庄乡王村	—	男	—
邢国英	冠县烟庄乡梁辛庄	—	男	—
绳长贵	冠县烟庄乡西十里营村	—	男	—
张泗怀	冠县烟庄乡东范庄	—	男	—

姓　名	籍　贯	年　龄	性　别	死难时间
赵　江	冠县烟庄乡东范庄	—	男	—
王乐善	冠县	—	男	—
闫玉山	冠县定远寨乡阎营村	—	男	—
王长绪	冠县冠城镇东提固村	—	男	—
宫发成	冠县冠城镇宫庄	—	男	—
李光亭	冠县冠城镇前董固村	—	男	—
梁云胜	冠县冠城镇前董固村	—	男	—
杨桂芬	冠县冠城镇前董固村	—	男	—
孙金全	冠县冠城镇唐寺村	—	男	—
王书奎	冠县冠城镇朱王芦村	—	男	—
王增起	冠县贾镇张货营村	—	男	—
马代忠	冠县兰沃乡西张庄	—	男	—
夏海山	冠县柳林镇夏庄	—	男	—
李献德	冠县桑阿镇西吕庄	—	男	—
呼清明	冠县桑阿镇袁菜庄	—	男	—
石宋芳	冠县斜店乡东野庄	—	男	—
张沙民	冠县斜店乡南满菜村	—	男	—
班法海	冠县斜店乡汤庄	—	男	—
许哲之	冠县斜店乡斜店村	—	男	—
吕凤洲	冠县烟庄乡后张平村	—	男	—
刘克路	冠县烟庄乡西贾庄	—	男	—
田增春	冠县烟庄乡西贾庄	—	男	—
蒋根成	冠县桑阿镇程村	—	男	—
蒋根成之长女	冠县桑阿镇程村	—	女	—
蒋根成之次女	冠县桑阿镇程村	—	女	—
蒋怀林	冠县桑阿镇程村	—	男	—
刘郭七	冠县梁堂乡王黄城村	—	男	—
马树青	冠县冠城镇南街	—	男	—
常家安	冠县辛集乡鲍庄	25	男	—
二狠胡	冠县辛集乡鲍庄	20	男	—
赵化成	冠县辛集乡元虎寨村	67	男	—
赵来山	冠县辛集乡元虎寨村	61	男	—
崔李氏	冠县北馆陶镇崔庄	30	女	—
丁秋河	冠县定远寨乡丁阁二庄	30	男	—

姓 名	籍 贯	年 龄	性 别	死难时间
李付全	冠县定远寨乡定远寨村	80	男	—
周许女	冠县定远寨乡双庙村	53	女	—
纪振祥之父	冠县柳林镇南菜园村	—	男	1938 年
李福来	冠县柳林镇大杨庄	—	—	1938 年
王春台	冠县柳林镇大杨庄	—	—	1938 年
肖发山	冠县柳林镇大杨庄	—	—	1938 年
杨通祥之父	冠县柳林镇大杨庄	—	男	1938 年
杨通祥	冠县柳林镇大杨庄	—	—	1938 年
杨序龙	冠县柳林镇大杨庄	—	—	1938 年
赵英秀之弟	冠县柳林镇大杨庄	—	男	1938 年
武德志之祖父	冠县柳林镇武庄	—	男	1938 年
武汉林	冠县柳林镇武庄	—	—	1938 年
武金成	冠县柳林镇武庄	—	—	1938 年
刘相发	冠县东古城镇曲庄	16	男	1938 年
靖三顺	冠县店子乡靖当铺村	—	男	1939 年 8 月
靖书安	冠县店子乡靖当铺村	—	男	1939 年 8 月
王际恩	冠县辛集乡王胡同村	—	男	1941 年 12 月
王树才	冠县辛集乡王胡同村	—	男	1941 年 12 月
王树河	冠县辛集乡王胡同村	—	男	1941 年 12 月
王树增	冠县辛集乡王胡同村	—	男	1941 年 12 月
郭贵林	冠县定远寨乡金郭庄	30	男	1941 年
郭秀珍	冠县梁堂乡后何仲村	20	男	1941 年
王玉森	冠县冠城镇崔八里庄	28	男	1941 年
任保成	冠县桑阿镇任菜庄	23	男	1941 年
任明来	冠县桑阿镇任菜庄	26	男	1941 年
刘西太	冠县万善乡孝子哭村	—	男	1941 年
肖敬堂	冠县辛集乡肖集村	28	男	1942 年 10 月
赵士贵	冠县店子乡赵家庄	42	男	1942 年
闫刘桂	冠县定远寨乡大阎二庄	11	男	1942 年
傅占岐	冠县定远寨乡栾傅桂村	20	—	1942 年
刘书勤	冠县东古城镇曲庄	16	男	1942 年
胡延征	冠县冠城镇后旺庄	—	男	1942 年
张登泽	冠县兰沃乡张连子村	—	男	1942 年
赵明臣	冠县斜店乡南史村	25	男	1942 年

姓 名	籍 贯	年 龄	性 别	死难时间
杨道河	冠县斜店乡十里铺村	—	男	1942 年
韩保仁	冠县辛集乡阎二庄	27	—	1942 年
赵文明之父	冠县烟庄乡东范庄	—	男	1942 年
赵桂海	冠县店子乡赵家庄	50	男	1943 年 1 月
赵文彬	冠县店子乡赵家庄	60	男	1943 年 1 月
赵张华	冠县店子乡赵家庄	15	男	1943 年 1 月
闫考合	冠县斜店乡许盘村	—	男	1943 年 2 月
段玉合之父	冠县兰沃乡段连子村	—	男	1943 年 3 月 13 日
宋六趾	冠县辛集乡饮马庄	15	男	1943 年 10 月
宋庆山	冠县辛集乡饮马庄	37	男	1943 年 10 月
宋氏炎	冠县辛集乡饮马庄	13	男	1943 年 10 月
许佃永	冠县辛集乡饮马庄	35	男	1943 年 10 月
许 氏	冠县辛集乡饮马庄	36	女	1943 年 10 月
于关兵	冠县辛集乡于家村	20	男	1943 年 10 月
高玉光	冠县店子乡高庄子村	34	男	1943 年 12 月
徐恩兴	冠县北馆陶镇王屯村	—	男	1943 年
石佃选	冠县定远寨乡石薛村	42	男	1943 年
石金池	冠县定远寨乡石薛村	38	男	1943 年
石金良	冠县定远寨乡石薛村	49	男	1943 年
石金山	冠县定远寨乡石薛村	48	男	1943 年
石兴付	冠县定远寨乡石薛村	40	男	1943 年
石学崇	冠县定远寨乡石薛村	41	男	1943 年
石学明	冠县定远寨乡石薛村	50	男	1943 年
石学咸之母	冠县定远寨乡石薛村	50	女	1943 年
石学修	冠县定远寨乡石薛村	37	男	1943 年
石学修之妻	冠县定远寨乡石薛村	36	女	1943 年
卞子昌	冠县兰沃乡张保管村	—	男	1943 年
曹连叶	冠县范寨乡大纸坊头村	—	男	1943 年
曹庆山	冠县范寨乡大纸坊头村	—	男	1943 年
陈岭川	冠县柳林镇三里屯村	—	—	1943 年
陈玉章	冠县柳林镇三里屯村	—	—	1943 年
杨为周	冠县柳林镇三里屯村	—	—	1943 年
赵金贵	冠县柳林镇三里屯村	—	—	1943 年
陈善德	冠县柳林镇西梨园头村	—	—	1943 年

姓　名	籍　贯	年龄	性别	死难时间
吴昭兰	冠县柳林镇西梨园头村	—	—	1943 年
吴尊业	冠县柳林镇西梨园头村	—	—	1943 年
李东明	冠县柳林镇李庄	—	—	1943 年
李九经	冠县柳林镇李庄	—	—	1943 年
梁春朝之大姐	冠县烟庄乡前小化村	—	女	1943 年
梁春朝之三姐	冠县烟庄乡前小化村	—	女	1943 年
梁春朝之弟	冠县烟庄乡前小化村	—	男	1943 年
马少奎之祖父	冠县定远寨乡呼家村	60	男	1943 年
马少奎之祖母	冠县定远寨乡呼家村	57	女	1943 年
马树山之父	冠县定远寨乡呼家村	58	男	1943 年
王全友之母	冠县北馆陶镇王屯村	—	女	1943 年
司欠修	冠县贾镇司庞庄	33	男	1943 年
王东锋之叔	冠县兰沃乡石家寨村	—	男	1943 年
王东银	冠县兰沃乡石家寨村	—	男	1943 年
王进修	冠县兰沃乡石家寨村	31	男	1943 年
王西风	冠县兰沃乡石家寨村	34	男	1943 年
王银南	冠县兰沃乡石家寨村	—	男	1943 年
王庭合	冠县兰沃乡西张庄	—	男	1943 年
王桂江	冠县梁堂乡姬阁村	21	男	1943 年
焦以曾	冠县贾镇相里村	—	男	1944 年 7 月
马玉龙之父	冠县贾镇相里村	—	男	1944 年 7 月
王化顺	冠县柳林镇崔庄	—	—	1944 年 12 月
李清厚	冠县北馆陶镇东柴庄	—	—	1944 年
马树山之母	冠县定远寨乡呼家村	53	女	1944 年
曹振山	冠县兰沃乡西张庄	—	男	1944 年
谷明用之兄	冠县桑阿镇凤庄	—	男	1944 年
邢汝正	冠县清水镇柳行头村	—	—	1945 年 3 月
杜长江	冠县辛集乡冯杜庄	—	—	1945 年
闫月库	冠县定远寨乡小阎二庄	37	男	—
赵金富	冠县东古城镇南赵庄	—	—	—
代才义	冠县范寨乡戴里庄	—	男	—
代金革	冠县范寨乡戴里庄	—	男	—
代述善	冠县范寨乡戴里庄	—	男	—
燕　士	冠县梁堂乡前何仲村	—	男	—

姓　名	籍　贯	年　龄	性　别	死难时间
娄振江	冠县柳林镇娄庄	—	—	—
王金山	冠县柳林镇娄庄	—	—	—
杨本利	冠县柳林镇西杨庄	—	—	—
杨拉利	冠县柳林镇西杨庄	—	—	—
杨序汤之叔	冠县柳林镇西杨庄	—	男	—
闫全保	冠县斜店乡汤庄	31	男	—
安全胜	冠县烟庄乡五岔路村	—	男	—
合　计	2554			

责任人：王　平　　　　核实人：申先成　郭英集　　　　填表人：郭英集

填报单位（签章）：冠县县委党史研究室　　　　填报时间：2009 年 5 月 6 日

莘县抗日战争时期死难者名录

姓 名	籍 贯	年 龄	性 别	死难时间
胡丕元	莘县魏庄乡葛二庄村	13	男	1937 年 11 月 10 日
肖道来	莘县大张家镇肖屯村	24	男	1937 年 11 月 10 日
肖心安	莘县大张家镇肖屯村	22	男	1937 年 11 月 10 日
刘明顺	莘县张寨乡双庙村	21	男	1937 年 11 月 10 日
周龙发	莘县张寨乡北周庄村	—	男	1937 年 11 月 10 日
陈文成	莘县张寨乡土陈村	16	男	1937 年 11 月 10 日
陈章法	莘县张寨乡土陈村	16	男	1937 年 11 月 10 日
李银贵之父	莘县大王寨乡西丈八村	28	男	1937 年 11 月 10 日
朱记焕	莘县大王寨乡西大场村	40	男	1937 年 11 月 10 日
郑家贺	莘县大王寨乡郑家村	51	男	1937 年 11 月 10 日
李书商	莘县大张家镇肖屯村	43	男	1937 年 11 月 18 日
张文玲	莘县大张家镇肖屯村	39	男	1937 年 11 月 18 日
万自新	莘县观城镇西街村	55	男	1937 年 11 月 18 日
付景连	莘县观城镇西街村	78	男	1937 年 11 月 18 日
付喜章	莘县观城镇西街村	19	男	1937 年 11 月 18 日
付喜仁	莘县观城镇西街村	23	男	1937 年 11 月 18 日
付德心	莘县观城镇西街村	57	男	1937 年 11 月 18 日
陈庆连	莘县张寨乡土陈村	17	男	1937 年 11 月 18 日
陈怀更	莘县张寨乡土陈村	23	男	1937 年 11 月 18 日
陈怀武	莘县张寨乡土陈村	31	男	1937 年 11 月 18 日
陈德生	莘县张寨乡土陈村	78	男	1937 年 11 月 18 日
陈怀画	莘县张寨乡土陈村	17	男	1937 年 11 月 18 日
王亭珍	莘县张寨乡东王楼村	—	男	1937 年 11 月 18 日
王苦祥	莘县张寨乡东王楼村	—	男	1937 年 11 月 18 日
李正祥	莘县王奉镇耿楼村	50	男	1937 年 11 月 18 日
张苦受	莘县王奉镇耿楼村	48	男	1937 年 11 月 18 日
刘景增	莘县观城镇西街村	50	男	1937 年 11 月 20 日
段李宽	莘县观城镇西街村	61	男	1937 年 11 月 20 日
王发家	莘县张寨乡东王楼村	—	男	1937 年 11 月 20 日
王胡须	莘县张寨乡东王楼村	—	男	1937 年 11 月 20 日
王宝成	莘县王奉镇耿楼村	54	男	1937 年 11 月 20 日

姓　名	籍　贯	年　龄	性　别	死难时间
王　氏	莘县王奉镇耿楼村	57	女	1937 年 11 月 20 日
张玉书	—	—	男	1937 年 11 月 30 日
徐广文	—	—	男	1937 年 11 月 30 日
孙金山	莘县观城镇西街村	63	男	1937 年 11 月 30 日
王广店	莘县观城镇西街村	56	男	1937 年 11 月 30 日
王泽新	莘县观城镇西街村	56	男	1937 年 11 月 30 日
孙安邦	莘县观城镇西街村	65	男	1937 年 11 月 30 日
陈东月	莘县观城镇西街村	42	男	1937 年 11 月 30 日
陈姜氏	莘县观城镇西街村	60	女	1937 年 11 月 30 日
丁先立	莘县观城镇西街村	31	男	1937 年 11 月 30 日
刘景玉	莘县观城镇西街村	40	男	1937 年 11 月 30 日
薛玉梅	莘县观城镇西街村	19	女	1937 年 11 月 30 日
王庆玉	莘县观城镇西街村	59	男	1937 年 11 月 30 日
张玉哲	莘县观城镇西街村	48	男	1937 年 11 月 30 日
王典序	莘县观城镇西街村	43	男	1937 年 11 月 30 日
王连昌	莘县观城镇西街村	44	男	1937 年 11 月 30 日
杨心友	莘县观城镇西街村	30	男	1937 年 11 月 30 日
张荣声	莘县观城镇西街村	50	男	1937 年 11 月 30 日
凌克发	莘县观城镇西街村	58	男	1937 年 11 月 30 日
张显功	莘县观城镇南街村	45	男	1937 年 11 月 30 日
张山顾	莘县观城镇南街村	18	男	1937 年 11 月 30 日
张岳民	莘县观城镇南街村	55	男	1937 年 11 月 30 日
张天刚	莘县观城镇南街村	70	男	1937 年 11 月 30 日
张显德	莘县观城镇南街村	40	男	1937 年 11 月 30 日
张培为	莘县观城镇南街村	48	男	1937 年 11 月 30 日
张培德	莘县观城镇南街村	53	男	1937 年 11 月 30 日
张显展	莘县观城镇南街村	20	男	1937 年 11 月 30 日
张　三	莘县观城镇南街村	10	男	1937 年 11 月 30 日
张三瞎子	莘县观城镇南街村	23	男	1937 年 11 月 30 日
李才先	莘县观城镇南街村	56	男	1937 年 11 月 30 日
张显正	莘县观城镇南街村	50	男	1937 年 11 月 30 日
张书贤	莘县观城镇南街村	46	男	1937 年 11 月 30 日
董秀红	莘县观城镇南街村	58	男	1937 年 11 月 30 日
张四喜	莘县观城镇南街村	27	男	1937 年 11 月 30 日

姓 名	籍 贯	年 龄	性 别	死难时间
刘玉田	莘县观城镇南街村	57	男	1937 年 11 月 30 日
姜 模	莘县观城镇南街村	19	男	1937 年 11 月 30 日
罗春来	莘县观城镇南街村	40	男	1937 年 11 月 30 日
王德腾	莘县观城镇南街村	65	男	1937 年 11 月 30 日
王兴八	莘县观城镇南街村	18	男	1937 年 11 月 30 日
吴雪成	莘县观城镇南街村	25	男	1937 年 11 月 30 日
谢贵臣	莘县观城镇南街村	40	男	1937 年 11 月 30 日
王兴臣	莘县观城镇西街村	44	男	1937 年 11 月 30 日
孙义明	莘县观城镇西街村	42	男	1937 年 11 月 30 日
孙安太	莘县观城镇西街村	60	男	1937 年 11 月 30 日
秦李书	莘县观城镇西街村	56	男	1937 年 11 月 30 日
武三秃子	莘县俎店乡刘营村	40	男	1937 年 11 月 30 日
董存义	莘县俎店乡刘营村	37	男	1937 年 11 月 30 日
孙龙池	莘县俎店乡刘营村	30	男	1937 年 11 月 30 日
王景贵	莘县张寨乡东王楼村	—	男	1937 年 11 月 30 日
王景朝	莘县张寨乡东王楼村	—	男	1937 年 11 月 30 日
王景峰	莘县张寨乡东王楼村	—	男	1937 年 11 月 30 日
辛金葵	莘县张寨乡辛庄村	13	男	1937 年 11 月 30 日
陈学德	莘县张寨乡西大寺村	17	男	1937 年 11 月 30 日
张清和	莘县张寨乡桑庄村	—	男	1937 年 11 月 30 日
张文德	莘县张寨乡桑庄村	—	男	1937 年 11 月 30 日
申存保	莘县张寨乡申庄村	—	男	1937 年 11 月 30 日
董广银	莘县张寨乡董西村	21	男	1937 年 11 月 30 日
董恩重	莘县张寨乡董西村	22	男	1937 年 11 月 30 日
张满囤	莘县张寨乡董西村	23	男	1937 年 11 月 30 日
赵桂花	莘县张寨乡马庄村	40	女	1937 年 11 月 30 日
马存风	莘县张寨乡马庄村	50	男	1937 年 11 月 30 日
董广成	莘县张寨乡前董庄村	39	男	1937 年 11 月 30 日
董恩朋	莘县张寨乡前董庄村	41	男	1937 年 11 月 30 日
刘佃章	莘县张寨乡双庙村	—	男	1937 年 11 月 30 日
刘永达	莘县张寨乡双庙村	19	男	1937 年 11 月 30 日
白月其	莘县俎店乡窦村	57	男	1937 年 11 月 30 日
盛记兰	莘县俎店乡许村	28	男	1937 年 11 月 30 日
韩金城	莘县俎店乡韩楼村	—	男	1937 年 11 月 30 日

姓 名	籍 贯	年龄	性别	死难时间
汪道得	莘县俎店乡俎店村	32	男	1937 年 11 月 30 日
张增贵	莘县俎店乡俎店村	49	男	1937 年 11 月 30 日
张歪脖	莘县俎店乡俎店村	46	男	1937 年 11 月 30 日
王夺青	莘县俎店乡俎店村	30	男	1937 年 11 月 30 日
汪金活之妻	莘县俎店乡俎店村	—	女	1937 年 11 月 30 日
李来玉	莘县十八里铺镇前楼店村	28	男	1937 年 11 月 30 日
王保全	莘县张鲁镇南安头村	43	男	1937 年 11 月 30 日
王相臣	莘县张鲁镇南安头村	25	男	1937 年 11 月 30 日
王学臣	莘县张鲁镇南安头村	21	男	1937 年 11 月 30 日
王文成	莘县张鲁镇南安头村	19	男	1937 年 11 月 30 日
李 遍	莘县张鲁镇南安头村	30	男	1937 年 11 月 30 日
王玉保之二妹	莘县张鲁镇南安头村	15	女	1937 年 11 月 30 日
商九岁	莘县张鲁镇营头村	17	男	1937 年 11 月 30 日
安保良之大爷	莘县张鲁镇营头村	23	男	1937 年 11 月 30 日
薛西成	莘县张鲁镇董王庄村	29	男	1937 年 11 月 30 日
薛林增	莘县张鲁镇董王庄村	33	男	1937 年 11 月 30 日
刘新田	莘县柿子园乡西刘墩村	29	男	1937 年 11 月 30 日
吴守荣	莘县柿子园乡吴海村	—	男	1937 年 11 月 30 日
桂协友	莘县王奉镇桂庄村	60	男	1937 年 11 月 30 日
吕丙章	莘县王奉镇王庄村	40	男	1937 年 11 月 30 日
田建哼	莘县大王寨乡余庄村	22	男	1937 年 11 月 30 日
贺银铃	莘县大王寨乡余庄村	22	男	1937 年 11 月 30 日
张 氏	莘县王奉镇耿楼村	41	女	1937 年 11 月 30 日
盛大芙	莘县莘城镇盛屯村	20	男	1937 年 11 月 30 日
魏登山	莘县燕店镇西孙庄村	19	男	1937 年 11 月 30 日
魏铁山	莘县燕店镇西孙庄村	20	男	1937 年 11 月 30 日
李怀珠	莘县燕店镇麻寨村	26	男	1937 年 11 月 30 日
王兆起	莘县魏庄乡魏庄村	18	男	1937 年 11 月 30 日
王富章	莘县王奉镇西宋村	17	男	1937 年 11 月 30 日
路跃先	莘县大王寨乡辛庄村	20	男	1937 年 11 月 30 日
杨代德	莘县大王寨乡河涯村	19	男	1937 年 11 月 30 日
李大清	莘县张鲁镇北街村	20	男	1937 年 11 月 30 日
展八群	莘县张鲁镇北街村	18	男	1937 年 11 月 30 日
孙春山	莘县张鲁镇中街村	21	男	1937 年 11 月 30 日

姓 名	籍 贯	年 龄	性 别	死难时间
刘金玉	莘县张鲁镇马村	21	男	1937 年 11 月 30 日
张春敬	莘县张鲁镇北安头村	20	男	1937 年 11 月 30 日
耿保安	莘县张鲁镇耿楼村	21	男	1937 年 11 月 30 日
索迎春	莘县俎店乡李安州村	22	男	1937 年 11 月 30 日
高来安	莘县俎店乡东延营村	35	男	1937 年 11 月 30 日
延丁印	莘县俎店乡西延营村	20	男	1937 年 11 月 30 日
延启玉	莘县俎店乡西延营村	28	男	1937 年 11 月 30 日
林文魁	莘县俎店乡林楼村	22	男	1937 年 11 月 30 日
王更须	莘县妹冢镇	19	男	1937 年 11 月 30 日
宋章祥	莘县王庄集乡	23	男	1937 年 11 月 30 日
鞠保利	莘县大张家镇杜河村	—	男	1937 年 11 月 30 日
杜庆海	莘县大张家镇杜河村	40	男	1937 年 11 月 30 日
杜喜田	莘县大张家镇杜河村	37	男	1937 年 11 月 30 日
吕先来	莘县大王寨乡郑家村	27	男	1937 年 11 月 30 日
郑家贺	莘县大王寨乡郑家村	25	男	1937 年 11 月 30 日
王忠建	莘县大王寨乡东丈八村	24	男	1937 年 11 月 30 日
赵书强	莘县大王寨乡东丈八村	30	男	1937 年 11 月 30 日
姚光聚	莘县王奉镇耿楼村	—	男	1937 年 11 月 30 日
姚金龙	莘县王奉镇耿楼村	59	男	1937 年 11 月 30 日
武恩全	莘县俎店乡刘营村	35	男	1937 年 12 月 1 日
刘金和	莘县河店镇马桥村	45	男	1937 年 12 月 1 日
张玉成	莘县观城镇西街村	57	男	1937 年 12 月 1 日
于庆营	莘县朝城镇后口村	14	男	1937 年 12 月 1 日
杨马盯	莘县朝城镇后口村	13	男	1937 年 12 月 1 日
田黑二	莘县大王寨乡苗头村	38	男	1937 年 12 月 1 日
田黑小	莘县大王寨乡苗头村	20	男	1937 年 12 月 1 日
岳彩会	莘县观城镇岳坊西村	35	男	1937 年 12 月 1 日
岳宋贤	莘县观城镇岳坊西村	30	男	1937 年 12 月 1 日
吕富亭	莘县观城镇岳坊东村	29	男	1937 年 12 月 1 日
史钦琛	河北省成安县辛义乡亦村	—	男	1937 年 12 月 1 日
徐开先	莘县观城镇岳东村	—	男	1937 年 12 月 1 日
徐洪俊	莘县河店镇销金寺村	—	男	1937 年 12 月 1 日
张桂潘	莘县河店镇销金寺村	25	男	1937 年 12 月 1 日
鞠保立	莘县十八里铺镇鞠屯村	31	男	1937 年 12 月 1 日

姓　名	籍　贯	年　龄	性　别	死难时间
牛学章之姐	莘县朝城镇后口村	23	女	1937 年 12 月 13 日
谢　牛	莘县朝城镇后口村	15	男	1937 年 12 月 13 日
姜银海	—	28	男	1937 年 12 月 13 日
王兴法之母	—	50	女	1937 年 12 月 13 日
王兴法之女	—	—	女	1937 年 12 月 13 日
傻　牛	—	—	男	1937 年 12 月 13 日
杨金池	—	—	男	1937 年 12 月 13 日
张显密	—	—	男	1937 年 12 月 13 日
张书魁	—	30	男	1937 年 12 月 13 日
王二财迷	—	60	男	1937 年 12 月 13 日
张怀起	—	15	男	1937 年 12 月 13 日
张永雨之父	—	—	男	1937 年 12 月 13 日
董老汉	—	60	男	1937 年 12 月 13 日
吕富亭	—	30	男	1937 年 12 月 13 日
顾毅金	—	60	男	1937 年 12 月 13 日
岳喜柱	莘县观城镇岳坊东村	30	男	1937 年 12 月 13 日
白　六	莘县观城镇岳坊东村	28	男	1937 年 12 月 13 日
张虎之母	莘县观城镇古井村	—	女	1937 年 12 月 13 日
张留喜	莘县观城镇古井村	—	男	1937 年 12 月 13 日
张传刚	莘县观城镇古井村	—	男	1937 年 12 月 13 日
张玉兴	莘县观城镇古井村	—	男	1937 年 12 月 13 日
杜关起	莘县观城镇周路村	25	男	1937 年 12 月 13 日
月新来	莘县观城镇周路村	24	男	1937 年 12 月 13 日
岳新才	莘县观城镇北街村	—	男	1937 年 12 月 13 日
赵玉聚	莘县观城镇北街村	—	男	1937 年 12 月 13 日
贾金箱	莘县观城镇北街村	—	男	1937 年 12 月 13 日
李春亭	莘县观城镇北街村	—	男	1937 年 12 月 13 日
李从文	莘县观城镇北街村	—	男	1937 年 12 月 13 日
岳西江	莘县观城镇北街村	—	男	1937 年 12 月 13 日
鞠占一	莘县十八里铺镇鞠屯村	34	男	1937 年 12 月 13 日
王洪义	莘县大王寨乡玉庄村	19	男	1937 年 12 月 13 日
何保加	莘县张寨乡苏村	23	男	1937 年 12 月 13 日
陈章代	莘县柿子园乡刘口村	22	男	1937 年 12 月 13 日
孙××	莘县魏庄乡邹巷村	—	男	1937 年 12 月 13 日

姓 名	籍 贯	年 龄	性 别	死难时间
张 方	莘县魏庄乡邹巷村	—	—	1937 年 12 月 13 日
李得合	莘县魏庄乡邹巷村	—	男	1937 年 12 月 13 日
郭怀春	莘县河店镇东郭家村	50	男	1937 年 12 月 13 日
翟连生	莘县观城镇西街村	—	男	1937 年 12 月 13 日
翟方图	莘县观城镇西街村	—	男	1937 年 12 月 13 日
王新章	—	—	男	1937 年 12 月 13 日
郭连齐	—	—	男	1937 年 12 月 13 日
白 六	—	—	男	1937 年 12 月 13 日
白六之子	—	—	男	1937 年 12 月 13 日
白六之妻	—	—	女	1937 年 12 月 13 日
吕富亭	—	—	男	1937 年 12 月 13 日
吕金明	—	—	男	1937 年 12 月 13 日
吕希冉	—	—	男	1937 年 12 月 13 日
吕希田	—	—	男	1937 年 12 月 13 日
吕金城	—	—	男	1937 年 12 月 13 日
翟成厚	莘县观城镇西街村	54	男	1937 年 12 月 13 日
张书昌	莘县大张家镇车川口村	31	男	1937 年 12 月 13 日
王银襟	莘县观城镇南街村	16	男	1937 年 12 月 13 日
张书培	莘县观城镇南街村	20	男	1937 年 12 月 13 日
张麻黑	莘县观城镇南街村	26	男	1937 年 12 月 13 日
张敦仁	莘县观城镇南街村	50	男	1937 年 12 月 13 日
张文光	莘县观城镇南街村	56	男	1937 年 12 月 13 日
张敦友	莘县观城镇南街村	34	男	1937 年 12 月 13 日
李法兵	莘县观城镇南街村	56	男	1937 年 12 月 13 日
张洪吉	莘县观城镇西街村	47	男	1937 年 12 月 13 日
王庆筑	莘县观城镇西街村	55	男	1937 年 12 月 13 日
翟留成	莘县观城镇西街村	26	男	1937 年 12 月 13 日
薛心秀	莘县观城镇西街村	46	男	1937 年 12 月 13 日
张史摺	莘县观城镇西街村	—	男	1937 年 12 月 13 日
周心传	莘县观城镇西街村	—	男	1937 年 12 月 13 日
王杨氏	莘县观城镇西街村	70	女	1937 年 12 月 13 日
王玉振	莘县观城镇西街村	25	男	1937 年 12 月 13 日
孙义祥	莘县观城镇西街村	45	男	1937 年 12 月 13 日
王兴模	莘县观城镇西街村	40	男	1937 年 12 月 13 日

姓 名	籍 贯	年 龄	性 别	死难时间
王兴雨	莘县观城镇西街村	55	男	1937 年 12 月 13 日
王广誉	莘县观城镇西街村	69	男	1937 年 12 月 13 日
贾连生	莘县俎店乡刘营村	44	男	1937 年 12 月 13 日
李迷路	—	15	男	1937 年 12 月 13 日
原守印	—	70	男	1937 年 12 月 13 日
李锡安	莘县俎店乡李楼村	35	男	1937 年 12 月 13 日
李锡普	莘县俎店乡李楼村	25	男	1937 年 12 月 13 日
李小海	莘县俎店乡李楼村	5	男	1937 年 12 月 13 日
李坤广	莘县俎店乡李楼村	65	男	1937 年 12 月 13 日
张 氏	莘县俎店乡李楼村	69	女	1937 年 12 月 13 日
李大窑	莘县俎店乡李楼村	14	男	1937 年 12 月 13 日
李三窑	莘县俎店乡李楼村	6	男	1937 年 12 月 13 日
李二寅	莘县俎店乡李楼村	4	女	1937 年 12 月 13 日
赵石磙	莘县观城镇北街村	—	男	1937 年 12 月 13 日
赵金曾	莘县观城镇北街村	—	男	1937 年 12 月 13 日
赵立祥	莘县观城镇北街村	—	男	1937 年 12 月 13 日
赵迁祥	莘县观城镇北街村	—	男	1937 年 12 月 13 日
赵迁祥之妻	莘县观城镇北街村	—	女	1937 年 12 月 13 日
赵怀臣	莘县观城镇北街村	—	男	1937 年 12 月 13 日
岳喜然	莘县观城镇北街村	—	男	1937 年 12 月 13 日
赵玉春	莘县观城镇北街村	—	男	1937 年 12 月 13 日
王广喜	莘县观城镇南街村	40	男	1937 年 12 月 13 日
姚新田	莘县观城镇南街村	38	男	1937 年 12 月 13 日
张璋亏	莘县观城镇南街村	31	男	1937 年 12 月 13 日
马大黑	莘县观城镇南街村	35	男	1937 年 12 月 13 日
刘景章	莘县观城镇西街村	—	男	1937 年 12 月 13 日
翟方成	莘县观城镇西街村	—	男	1937 年 12 月 13 日
张建会	莘县观城镇西街村	—	男	1937 年 12 月 13 日
凌 五	莘县观城镇西街村	—	男	1937 年 12 月 13 日
薛心普	莘县观城镇西街村	—	男	1937 年 12 月 13 日
李雪喜	莘县观城镇孟秋寺村	22	男	1937 年 12 月 13 日
李明利	莘县观城镇孟秋寺村	23	男	1937 年 12 月 13 日
李大盆	莘县观城镇孟秋寺村	25	男	1937 年 12 月 13 日
李三明	莘县观城镇孟秋寺村	24	男	1937 年 12 月 13 日

姓 名	籍 贯	年 龄	性 别	死难时间
李云腾	莘县观城镇孟秋寺村	28	男	1937 年 12 月 13 日
李雪健	莘县观城镇孟秋寺村	20	男	1937 年 12 月 13 日
李云健	莘县观城镇孟秋寺村	32	男	1937 年 12 月 13 日
文大福	莘县观城镇文山谷村	22	男	1937 年 12 月 13 日
岳有功	莘县观城镇刘山谷村	22	男	1937 年 12 月 13 日
刘少忠	莘县观城镇刘山谷村	—	男	1937 年 12 月 13 日
姜随林	莘县观城镇刘山谷村	20	男	1937 年 12 月 13 日
刘云申	莘县观城镇刘山谷村	19	男	1937 年 12 月 13 日
孙德江	莘县观城镇后山谷村	23	男	1937 年 12 月 13 日
钱记妮	莘县观城镇后山谷村	23	女	1937 年 12 月 13 日
钱文平	莘县观城镇后黄固屯村	—	男	1937 年 12 月 13 日
孙洪臣	莘县观城镇钱黄固屯村	—	男	1937 年 12 月 13 日
孙福聚	莘县观城镇钱黄固屯村	—	男	1937 年 12 月 13 日
孙福江	莘县观城镇钱黄固屯村	34	男	1937 年 12 月 13〉日
孙其运	莘县观城镇钱黄固屯村	29	男	1937 年 12 月 13 日
孙福龙	莘县观城镇钱黄固屯村	27	男	1937 年 12 月 13 日
王文玉	莘县观城镇五楼屯村	35	男	1937 年 12 月 13 日
马大龙	莘县观城镇五楼屯村	30	男	1937 年 12 月 13 日
马福亮	莘县观城镇五楼屯村	70	男	1937 年 12 月 13 日
王正四	莘县观城镇五楼屯村	28	男	1937 年 12 月 13 日
马学文	莘县观城镇五楼屯村	—	男	1937 年 12 月 13 日
王守生	莘县观城镇五楼屯村	40	男	1937 年 12 月 13 日
马明祥	莘县观城镇五楼屯村	—	男	1937 年 12 月 13 日
马克合	莘县观城镇五楼屯村	30	男	1937 年 12 月 13 日
刘文观	莘县观城镇五楼屯村	31	男	1937 年 12 月 13 日
李坤生	莘县俎店乡李楼村	61	男	1937 年 12 月 31 日
夏永兴	莘县观城镇北街村	75	男	1937 年 12 月 31 日
段长清	莘县观城镇北街村	80	男	1937 年 12 月 31 日
赵金桥	莘县观城镇北街村	—	男	1937 年 12 月 31 日
王方瑞	莘县观城镇北街村	—	男	1937 年 12 月 31 日
王兴常	莘县观城镇北街村	—	男	1937 年 12 月 31 日
王广才	莘县观城镇北街村	—	男	1937 年 12 月 31 日
王献伍	莘县观城镇周路村	25	男	1937 年 12 月 31 日
李新德	莘县观城镇周路村	17	男	1937 年 12 月 31 日

姓 名	籍 贯	年 龄	性 别	死难时间
李传修	莘县观城镇三里庄村	33	男	1937 年 12 月 31 日
李传鹏	莘县观城镇三里庄村	40	男	1937 年 12 月 31 日
李长爱	莘县观城镇三里庄村	35	男	1937 年 12 月 31 日
姜银海	莘县观城镇东关	42	男	1937 年 12 月 31 日
李俊卿	莘县观城镇东关	44	男	1937 年 12 月 31 日
杨士林	莘县董杜庄镇赵海村	23	男	1937 年 12 月 31 日
王忠纲	莘县俎店乡刘营村	38	男	1937 年 12 月 31 日
王道德	莘县俎店乡俎店村	62	男	1937 年 12 月 31 日
张增贡	莘县俎店乡俎店村	50	男	1937 年 12 月 31 日
张德心	莘县俎店乡俎店村	40	男	1937 年 12 月 31 日
王福东	莘县俎店乡俎店村	62	男	1937 年 12 月 31 日
吴凤玲	莘县观城镇吕村	21	男	1938 年 1 月 30 日
魏德玉	莘县魏庄乡前芦滩村	28	男	1938 年 1 月 30 日
魏宝成	莘县魏庄乡前芦滩村	29	男	1938 年 1 月 30 日
魏占楚	莘县魏庄乡前芦滩村	29	男	1938 年 1 月 30 日
魏占丁	莘县魏庄乡前芦滩村	29	男	1938 年 1 月 30 日
魏万林	莘县魏庄乡前芦滩村	28	男	1938 年 1 月 30 日
魏万生	莘县魏庄乡前芦滩村	29	男	1938 年 1 月 30 日
魏金芳	莘县魏庄乡前芦滩村	28	男	1938 年 1 月 30 日
李传在	莘县大张家镇钱庄村	41	男	1938 年 1 月 30 日
吴宜新	莘县张鲁镇吴堤口村	23	男	1938 年 1 月 30 日
杨计米	莘县古城镇西台头村	30	男	1938 年 1 月 30 日
姜 芽	莘县俎店乡姜屯村	17	男	1938 年 1 月 30 日
张书美	莘县观城镇古井村	—	男	1938 年 1 月 30 日
李严峰	莘县观城镇武庙村	18	男	1938 年 1 月 30 日
刘启安	—	—	男	1938 年 1 月 30 日
李永锡	—	—	男	1938 年 1 月 30 日
蔡立元	莘县河店镇田海村	46	男	1938 年 1 月 30 日
李梦吉	—	—	男	1938 年 1 月 30 日
魏大磨	—	—	男	1938 年 1 月 30 日
张志平	莘县古城镇徐楼村	21	男	1938 年 1 月 30 日
刘冠君	—	—	男	1938 年 1 月 30 日
王守兴	莘县大张家镇王庄寨村	30	男	1938 年 1 月 30 日
陈东云	莘县张寨乡吉祥寺村	35	男	1938 年 1 月 30 日

姓 名	籍 贯	年 龄	性 别	死难时间
李墨林	莘县燕店镇燕店村	29	男	1938 年 1 月 30 日
韩学贤之母	河南省清丰县	—	女	1938 年 1 月 30 日
秦华二	莘县大张家镇车川口村	—	男	1938 年 1 月 30 日
刘灯江之大伯	莘县莘亭镇后高庙村	26	男	1938 年 1 月 30 日
宋宪启	莘县古城镇北街村	28	男	1938 年 2 月 27 日
张葛据	莘县观城镇潘庄村	22	男	1938 年 2 月 27 日
王兴实	莘县观城镇西街村	59	男	1938 年 2 月 27 日
贾登飞	莘县大王寨乡于家村	50	男	1938 年 2 月 27 日
陈道元	莘县张寨乡吉祥寺村	38	男	1938 年 2 月 27 日
孙金孟	莘县古云镇东池村	50	男	1938 年 2 月 27 日
刘贵陈	莘县古云镇东池村	47	男	1938 年 2 月 27 日
吴肥牛	莘县魏庄乡邹巷村	45	男	1938 年 2 月 27 日
高尚志	莘县古云镇高堤口村	55	男	1938 年 2 月 27 日
李坤海	莘县古城镇东瓦屋村	43	男	1938 年 2 月 27 日
邹新德	莘县莘亭镇前邹家村	26	男	1938 年 3 月 3 日
黄士修	莘县古城镇北寨村	20	男	1938 年 3 月 11 日
李风先	莘县魏庄乡甘寨村	—	男	1938 年 3 月 14 日
高 生	莘县古云镇高堤口村	54	男	1938 年 3 月 27 日
贾春清	莘县大王寨乡于家村	23	男	1938 年 3 月 30 日
李记焕	莘县古云镇古云西村	23	男	1938 年 5 月 8 日
王根代之母	莘县魏庄乡甘寨村	—	女	1938 年 5 月 8 日
吕东军	莘县大王寨乡吕村	24	男	1938 年 5 月 13 日
张振海	莘县古城镇舍利寺南街村	21	男	1938 年 5 月 13 日
李尤路之祖父	莘县魏庄乡甘寨村	—	男	1938 年 5 月 13 日
王雪明	莘县魏庄乡甘寨村	—	男	1938 年 5 月 13 日
李文成	莘县魏庄乡甘寨村	40	男	1938 年 5 月 13 日
陈甚智	莘县张寨乡刘羡街村	—	男	1938 年 5 月 13 日
王景科	莘县张寨乡沙窝村	14	男	1938 年 5 月 13 日
王永田	莘县张寨乡沙窝村	17	男	1938 年 5 月 13 日
高哑巴	莘县古城镇舍利寺东街村	23	男	1938 年 5 月 21 日
邵忠兴	莘县古城镇舍利寺东街村	22	男	1938 年 5 月 21 日
闫丙河	莘县魏庄乡西江店村	24	男	1938 年 5 月 21 日
冯大帮	莘县魏庄乡西江店村	22	男	1938 年 5 月 21 日
刘立芝	莘县大王寨乡西田庄村	23	男	1938 年 5 月 21 日

姓 名	籍 贯	年 龄	性 别	死难时间
贾美申	莘县大王寨乡东田庄村	43	男	1938 年 5 月 21 日
赵国海	莘县魏庄乡邹巷村	50	男	1938 年 5 月 21 日
李卫山	莘县魏庄乡邹巷村	30	男	1938 年 5 月 21 日
窦宪武	莘县张寨乡窦楼村	—	男	1938 年 5 月 21 日
段德明	莘县张寨乡东段屯村	20	男	1938 年 5 月 21 日
耿文秀	莘县燕店镇后耿家村	48	男	1938 年 5 月 30 日
任斧之父	莘县魏庄乡西江店村	—	男	1938 年 6 月 30 日
任 斧	莘县魏庄乡西江店村	22	男	1938 年 6 月 30 日
徐庆文	—	—	男	1938 年 6 月 30 日
张炳元	—	—	男	1938 年 6 月 30 日
田成义	莘县张寨乡田庄村	37	男	1938 年 6 月 30 日
王福申	莘县古城镇朱楼村	—	男	1938 年 7 月 8 日
王根长	莘县徐庄乡店子村	—	男	1938 年 7 月 8 日
王全功	莘县张寨乡田庄村	50	男	1938 年 7 月 8 日
闫庆月	莘县古云镇同智营村	16	男	1938 年 7 月 30 日
王史氏	莘县徐庄乡店子村	—	女	1938 年 7 月 30 日
王德任	莘县徐庄乡店子村	—	男	1938 年 7 月 30 日
张 氏	莘县古城镇朱楼村	—	女	1938 年 8 月 30 日
葛章代之祖父	莘县燕店镇葛楼村	43	男	1938 年 8 月 30 日
王秀山	莘县观城镇西街村	56	男	1938 年 8 月 30 日
李新启	阳谷县金斗营乡新村	17	—	1938 年 8 月 30 日
郭增山	莘县大王寨乡西田庄村	23	男	1938 年 8 月 30 日
王东洋	莘县徐庄乡店子村	—	男	1938 年 8 月 30 日
王东江	莘县徐庄乡店子村	—	男	1938 年 8 月 30 日
徐洪俊	莘县古云镇徐庄村	35	男	1938 年 8 月 30 日
刘林海	莘县张寨乡前张寨村	31	男	1938 年 8 月 30 日
陈广义	莘县十八里铺镇碱场村	24	男	1938 年 8 月 30 日
江全荣	莘县大王寨乡西田庄村	40	男	1938 年 9 月 30 日
李振生	莘县大王寨乡西田庄村	83	男	1938 年 9 月 30 日
张振刚之妻	阳谷县金斗营乡新村	27	女	1938 年 9 月 30 日
张振祥之妻	阳谷县金斗营乡新村	25	女	1938 年 9 月 30 日
张振清之妻	阳谷县金斗营乡新村	19	女	1938 年 9 月 30 日
张振刚之长子	阳谷县金斗营乡新村	—	男	1938 年 9 月 30 日
张振刚之次子	阳谷县金斗营乡新村	—	男	1938 年 9 月 30 日

姓 名	籍 贯	年 龄	性 别	死难时间
张振刚之女	阳谷县金斗营乡新村	—	女	1938 年 9 月 30 日
张振祥之子	阳谷县金斗营乡新村	—	男	1938 年 9 月 30 日
张振祥之女	阳谷县金斗营乡新村	—	女	1938 年 9 月 30 日
徐开先	莘县古云镇徐庄村	36	男	1938 年 9 月 30 日
陈泽深	莘县古云镇古云东村	18	男	1938 年 9 月 30 日
王培泽	莘县古云镇王拐村	52	男	1938 年 9 月 30 日
罗继哲之父	莘县樱桃园镇马庄村	54	男	1938 年 9 月 30 日
刘树堂之祖母	莘县古云镇西池村	—	女	1938 年 9 月 30 日
刘树芹之女	莘县古云镇西池村	—	女	1938 年 9 月 30 日
刘富星	莘县古云镇西池村	—	男	1938 年 9 月 30 日
张传荣	莘县观城镇古井村	—	男	1938 年 9 月 30 日
岳香菊	莘县观城镇武庙村	18	女	1938 年 9 月 30 日
武清河	莘县观城镇武庙村	30	男	1938 年 9 月 30 日
张振传之女	阳谷县金斗营乡新村	—	女	1938 年 10 月 20 日
吕章臣	莘县大王寨乡吕村	23	男	1938 年 10 月 20 日
杨代德	莘县大王寨乡河崖村	17	男	1938 年 10 月 20 日
张老寿	莘县大王寨乡富余集村	43	男	1938 年 11 月 20 日
张保德	莘县大王寨乡富余集村	21	男	1938 年 11 月 20 日
田河清	莘县观城镇东关	16	男	1938 年 11 月 20 日
孙　氏	莘县观城镇东关	40	女	1938 年 11 月 20 日
李国富	莘县观城镇东关	41	男	1938 年 11 月 20 日
赵双宝	莘县观城镇东关	42	男	1938 年 11 月 20 日
赵　氏	莘县观城镇东关	40	女	1938 年 11 月 20 日
赵然川	莘县大王寨乡东田庄村	68	男	1938 年 11 月 20 日
王月德	莘县燕店镇燕店村	27	男	1938 年 11 月 20 日
武合义	莘县燕店镇杨二庄村	18	男	1938 年 11 月 20 日
李怀玉	莘县燕店镇麻寨村	19	男	1938 年 11 月 20 日
孙二码	莘县王奉镇邵店子村	18	男	1938 年 11 月 20 日
孙振法	莘县王奉镇邵店子村	18	男	1938 年 11 月 20 日
王章锁	莘县王奉镇田六村	40	男	1938 年 11 月 30 日
尚士坤	莘县王奉镇田六村	39	男	1938 年 11 月 30 日
武嵩月	莘县莘亭镇武庄村	27	男	1938 年 11 月 30 日
武保平	莘县莘亭镇武庄村	18	男	1938 年 11 月 30 日
武彦生	莘县莘亭镇武庄村	18	男	1938 年 11 月 30 日

姓　名	籍　贯	年　龄	性　别	死难时间
高伯坤	莘县古云镇高堤口村	32	男	1938 年 11 月 30 日
高家山	莘县古云镇高堤口村	25	男	1938 年 11 月 30 日
高景运	莘县古云镇高堤口村	22	男	1938 年 11 月 30 日
高存更	莘县古云镇高堤口村	23	男	1938 年 11 月 30 日
郝喜桂	莘县燕店镇麻寨村	19	男	1938 年 11 月 30 日
张锁成	莘县王奉镇田六村	19	男	1938 年 11 月 30 日
孟继生	莘县王奉镇孟庄村	21	男	1938 年 11 月 30 日
许士印	莘县王奉镇东寺上村	23	男	1938 年 11 月 30 日
吕东君	莘县大王寨乡吕村	29	男	1938 年 11 月 30 日
江梅青	莘县大王寨乡西田庄村	37	男	1938 年 11 月 30 日
张国祥	莘县大王寨乡余庄村	19	男	1938 年 11 月 30 日
王化从	莘县张鲁镇北小丈村	21	男	1938 年 11 月 30 日
李玉良	莘县张鲁镇南安头村	39	男	1938 年 11 月 30 日
刘道德	莘县古城镇东街村	21	男	1938 年 11 月 30 日
王清云	莘县燕店镇朱庄村	32	男	1938 年 11 月 30 日
任学谦	莘县张鲁镇南无村	19	男	1938 年 11 月 30 日
郝瑞亭	莘县王庄集乡侯庄铺村	22	男	1938 年 11 月 30 日
张文喜	莘县樱桃园镇薛屯村	20	男	1938 年 11 月 30 日
杜树山	莘县莘亭镇小杨家村	32	男	1938 年 11 月 30 日
张林堂	莘县河店镇后柴庄村	19	男	1938 年 11 月 30 日
韩宝山	莘县观城镇韩楼村	50	男	1938 年 12 月 13 日
崔明贵	莘县魏庄乡崔马固村	43	男	1938 年 12 月 13 日
王玉香	莘县魏庄乡崔马固村	30	男	1938 年 12 月 13 日
李广达	莘县张鲁镇东街村	23	男	1938 年 12 月 13 日
郭明兴	莘县张鲁镇东街村	34	男	1938 年 12 月 13 日
徐广天	莘县古云镇徐庄村	34	男	1938 年 12 月 13 日
张银明	莘县樱桃园镇张青营村	30	男	1938 年 12 月 13 日
王广菊	莘县古城镇西街村	19	男	1938 年 12 月 13 日
肖登皋	莘县古城镇苗庄村	21	男	1938 年 12 月 13 日
付德印	莘县观城镇西街村	60	男	1938 年 12 月 13 日
张连路	莘县燕店镇河口村	37	男	1938 年 12 月 13 日
张凤舞	莘县燕店镇河口村	62	男	1938 年 12 月 13 日
赵××	莘县莘城镇肖屯村	—	男	1938 年 12 月 13 日
孙继武	莘县莘城镇肖屯村	—	男	1938 年 12 月 13 日

姓 名	籍 贯	年 龄	性 别	死难时间
孙继文	莘县莘城镇肖屯村	—	男	1938 年 12 月 13 日
孙福祥	莘县莘城镇肖屯村	—	男	1938 年 12 月 13 日
孙丁昌	莘县莘城镇肖屯村	—	男	1938 年 12 月 13 日
肖景谭	莘县柿子园乡赵海村	39	男	1938 年 12 月 13 日
张本兴	莘县俎店乡	33	男	1938 年 12 月 13 日
张本长	莘县俎店乡	53	男	1938 年 12 月 13 日
张兆堂	莘县俎店乡	43	男	1938 年 12 月 13 日
王乐更	莘县俎店乡	57	男	1938 年 12 月 13 日
肖瑞秀	莘县大张家镇肖屯村	60	男	1938 年 12 月 13 日
郭张代	莘县大张家镇肖屯村	31	男	1938 年 12 月 13 日
郭记章	莘县大张家镇肖屯村	22	男	1938 年 12 月 13 日
郭庚茂	莘县大张家镇肖屯村	37	男	1938 年 12 月 13 日
张道平	莘县大张家镇肖屯村	49	男	1938 年 12 月 13 日
肖明臣	莘县大张家镇肖屯村	22	男	1938 年 12 月 13 日
肖生河	莘县大张家镇肖屯村	21	男	1938 年 12 月 13 日
肖道顺	莘县大张家镇肖屯村	26	男	1938 年 12 月 13 日
肖道里	莘县大张家镇肖屯村	45	男	1938 年 12 月 13 日
张玉伍	莘县大张家镇肖屯村	28	男	1938 年 12 月 13 日
于德海	莘县大王寨乡于家村	44	男	1938 年 12 月 13 日
毕振江	莘县魏庄乡东江店村	22	男	1938 年 12 月 13 日
马 四	莘县魏庄乡东江店村	22	男	1938 年 12 月 13 日
聂万成	莘县魏庄乡聂家村	38	男	1938 年 12 月 13 日
王汝行	莘县魏庄乡牛王庄村	—	男	1938 年 12 月 13 日
范景胜	莘县魏庄乡牛王庄村	—	男	1938 年 12 月 13 日
杨文东	莘县魏庄乡牛王庄村	—	男	1938 年 12 月 13 日
范贵秋	莘县魏庄乡牛王庄村	—	男	1938 年 12 月 13 日
贾同福	莘县朝城镇西小寨村	—	男	1938 年 12 月 13 日
李洪荣	莘县朝城镇西小寨村	—	男	1938 年 12 月 13 日
栗怀玉	莘县朝城镇栗庄村	—	男	1938 年 12 月 13 日
栗纪然	莘县朝城镇栗庄村	—	男	1938 年 12 月 13 日
李蚂蚱	莘县朝城镇罗庄村	—	男	1938 年 12 月 13 日
王国代	莘县朝城镇梧桐寺村	19	男	1938 年 12 月 13 日
冯新海	莘县妹冢镇西沙河村	30	男	1938 年 12 月 13 日
王书海	莘县妹冢镇西沙河村	17	男	1938 年 12 月 13 日

姓 名	籍 贯	年 龄	性 别	死难时间
程尚伟	莘县妹冢镇西沙河村	40	男	1938 年 12 月 13 日
冯细佃	莘县妹冢镇西沙河村	40	男	1938 年 12 月 13 日
孙福印之母	莘县王庄集乡前侯庄铺村	45	女	1938 年 12 月 13 日
刘会常	莘县张寨乡马集村	—	男	1938 年 12 月 13 日
刘光仁	莘县张寨乡桑庄村	—	男	1938 年 12 月 13 日
朱先来	莘县王庄集乡西社庄村	18	男	1938 年 12 月 13 日
韩大小	莘县王庄集乡西社庄村	20	男	1938 年 12 月 13 日
冯道财	莘县大张家镇马庄村	28	男	1938 年 12 月 13 日
王主东	莘县大张家镇马庄村	25	男	1938 年 12 月 13 日
张汗中	莘县大张家镇吕楼村	32	男	1938 年 12 月 13 日
张存玄	莘县大张家镇东刘海村	20	男	1938 年 12 月 13 日
曹介荣	莘县莘亭镇前高庙村	45	男	1938 年 12 月 13 日
蒋存仁	莘县莘亭镇蒋庄村	26	男	1938 年 12 月 13 日
徐××	莘县莘亭镇后高庙村	25	男	1938 年 12 月 13 日
王相安	莘县河店镇河店村	40	男	1938 年 12 月 13 日
刘兆凤	莘县河店镇后刘家村	24	男	1938 年 12 月 13 日
刘兆印	莘县河店镇后刘家村	21	男	1938 年 12 月 13 日
刘兆义	莘县河店镇后刘家村	20	男	1938 年 12 月 13 日
蔡立功	莘县河店镇田海村	20	男	1938 年 12 月 13 日
于化成	莘县古城镇东曹营村	24	男	1938 年 12 月 13 日
刘二标	莘县古城镇舍利寺村	18	男	1938 年 12 月 13 日
丁照德	莘县古城镇东街村	—	男	1938 年 12 月 13 日
李大蛤蟆	莘县古城镇东街村	—	男	1938 年 12 月 13 日
李二蛤蟆	莘县古城镇东街村	—	男	1938 年 12 月 13 日
赵德功	莘县古城镇五里后村	35	男	1938 年 12 月 13 日
车道财	莘县古城镇五里后村	30	男	1938 年 12 月 13 日
吴宽仁之父	莘县古城镇荣庄村	21	男	1938 年 12 月 13 日
宁玉杰	莘县樱桃园镇樱东村	—	男	1938 年 12 月 13 日
邵士亲	莘县樱桃园镇樱东村	—	男	1938 年 12 月 13 日
马兰梦	莘县樱桃园镇樱东村	—	男	1938 年 12 月 13 日
宁中贵	莘县樱桃园镇樱东村	—	男	1938 年 12 月 13 日
马兰高	莘县樱桃园镇樱东村	—	男	1938 年 12 月 13 日
谢心忠	莘县樱桃园镇韩滩村	29	男	1938 年 12 月 13 日
邵士凯	莘县樱桃园镇郭海村	—	男	1938 年 12 月 13 日

姓 名	籍 贯	年 龄	性 别	死难时间
郭兴荣	莘县樱桃园镇郭海村	—	男	1938 年 12 月 13 日
郭平安	莘县樱桃园镇郭海村	—	男	1938 年 12 月 13 日
李兴旺	莘县樱桃园镇郭海村	—	男	1938 年 12 月 13 日
郭会芝	莘县樱桃园镇郭海村	—	男	1938 年 12 月 13 日
刘安吉	莘县樱桃园镇前吕楼村	—	男	1938 年 12 月 13 日
刘乐牙	莘县樱桃园镇前吕楼村	—	男	1938 年 12 月 13 日
李二牛	莘县樱桃园镇前吕楼村	—	男	1938 年 12 月 13 日
刘安成	莘县樱桃园镇前吕楼村	—	男	1938 年 12 月 13 日
吕风景	莘县樱桃园镇刘楼村	—	男	1938 年 12 月 13 日
刘学力	莘县樱桃园镇刘楼村	—	男	1938 年 12 月 13 日
吕宗考	莘县樱桃园镇刘楼村	—	男	1938 年 12 月 13 日
刘书银	莘县樱桃园镇刘楼村	—	男	1938 年 12 月 13 日
张恒芝	莘县张寨乡尚庄村	22	男	1938 年 12 月 13 日
荆如芳	莘县张寨乡八大庄村	23	男	1938 年 12 月 13 日
杨建文	莘县张寨乡后巨村	34	男	1938 年 12 月 13 日
赵怀芝	莘县张寨乡后巨村	18	男	1938 年 12 月 13 日
尚忠臣	莘县张寨乡尚庙村	28	男	1938 年 12 月 13 日
王永喜	莘县张寨乡沙窝村	19	男	1938 年 12 月 13 日
王观存	莘县张寨乡沙窝村	21	男	1938 年 12 月 13 日
张清汉	莘县张寨乡肖屯村	25	男	1938 年 12 月 13 日
双山之母	莘县张寨乡肖屯村	40	女	1938 年 12 月 13 日
刘二章	莘县张寨乡双庙村	18	男	1938 年 12 月 13 日
李锡庆	莘县俎店乡李楼村	32	男	1938 年 12 月 13 日
张善雨	莘县观城镇东关	20	男	1938 年 12 月 13 日
张善玉	莘县观城镇东关	18	男	1938 年 12 月 13 日
窦灵五	莘县燕店镇燕店村	29	男	1938 年 12 月 13 日
张士信	莘县王奉镇南庄村	28	男	1938 年 12 月 13 日
吕玉习	莘县大王寨乡吕村	25	男	1938 年 12 月 13 日
李清臣	莘县张鲁镇北街村	22	男	1938 年 12 月 13 日
张士田	莘县樱桃园镇北刘亭村	21	男	1938 年 12 月 13 日
李景清	—	—	男	1938 年 12 月 13 日
白长恩	—	—	男	1938 年 12 月 13 日
陈 常	—	—	男	1938 年 12 月 13 日
于志成	—	—	男	1938 年 12 月 13 日

姓 名	籍 贯	年 龄	性 别	死难时间
孙振雨	—	—	男	1938 年 12 月 13 日
苏文学	莘县张寨乡苏村	47	男	1938 年 12 月 13 日
苏迷路	莘县张寨乡苏村	35	男	1938 年 12 月 13 日
苏景伦	莘县张寨乡苏村	38	男	1938 年 12 月 13 日
苏洪生	莘县张寨乡苏村	60	男	1938 年 12 月 13 日
苏保家	莘县张寨乡苏村	25	男	1938 年 12 月 13 日
苏新四	莘县张寨乡苏村	18	男	1938 年 12 月 13 日
张续流	莘县燕店镇河口村	20	男	1938 年 12 月 13 日
张喜温	莘县燕店镇河口村	35	男	1938 年 12 月 13 日
李长东	莘县柿子园乡	60	男	1938 年 12 月 13 日
张立文	莘县俎店乡俎店村	73	男	1938 年 12 月 13 日
张玉平	莘县俎店乡俎店村	53	男	1938 年 12 月 13 日
张玉兴	莘县俎店乡俎店村	38	男	1938 年 12 月 13 日
张玉龙	莘县俎店乡俎店村	31	男	1938 年 12 月 13 日
郭子臣	莘县大张家镇肖屯村	26	男	1938 年 12 月 13 日
肖保恩	莘县大张家镇肖屯村	43	男	1938 年 12 月 13 日
肖黑店	莘县大张家镇肖屯村	30	男	1938 年 12 月 13 日
张××	莘县魏庄乡东江店村	25	男	1938 年 12 月 13 日
王德方之父	莘县燕店镇燕店村	36	男	1938 年 12 月 13 日
冯道田	莘县大张家镇马庄村	27	男	1938 年 12 月 13 日
武现兴	莘县大张家镇东武庄村	21	男	1938 年 12 月 13 日
夏健民	莘县大张家镇车川口村	—	男	1938 年 12 月 13 日
秦秋德	莘县大张家镇车川口村	—	男	1938 年 12 月 13 日
金先慎	莘县古城镇张化龙村	19	男	1938 年 12 月 13 日
马文汗	莘县古城镇张化龙村	56	男	1938 年 12 月 13 日
藏存成	莘县古城镇张化龙村	23	男	1938 年 12 月 13 日
藏存义	莘县古城镇张化龙村	20	男	1938 年 12 月 13 日
王佃臣	莘县古城镇北王庄村	36	男	1938 年 12 月 13 日
胡秀芳	莘县古城镇西小尧村	56	男	1938 年 12 月 13 日
周明河	莘县张寨乡苏村	36	男	1938 年 12 月 13 日
苏新记	莘县张寨乡苏村	23	男	1938 年 12 月 13 日
窦文香	莘县张寨乡窦楼村	74	男	1938 年 12 月 13 日
孔焕章	莘县张寨乡桑庄村	23	男	1938 年 12 月 13 日
孔三妮	莘县张寨乡桑庄村	20	女	1938 年 12 月 13 日

姓　名	籍　贯	年　龄	性　别	死难时间
孔三娃	莘县张寨乡桑庄村	21	男	1938 年 12 月 13 日
王兆祥	莘县张寨乡西王楼村	35	男	1938 年 12 月 13 日
王洪起	莘县张寨乡西王楼村	22	男	1938 年 12 月 13 日
吴学师	莘县张寨乡西王楼村	12	男	1938 年 12 月 13 日
吴海兰	莘县张寨乡西王楼村	14	男	1938 年 12 月 13 日
王新才	莘县张寨乡西王楼村	15	男	1938 年 12 月 13 日
吴贵西	莘县张鲁镇吴堤口村	23	男	1938 年 12 月 13 日
桥　二	莘县张鲁镇大索庄村	36	男	1938 年 12 月 13 日
李希乐	莘县张鲁镇李官目村	27	男	1938 年 12 月 13 日
李希尧	莘县张鲁镇李官目村	29	男	1938 年 12 月 13 日
李全才	莘县张鲁镇李官目村	30	男	1938 年 12 月 13 日
李官思	莘县张鲁镇李官目村	32	男	1938 年 12 月 13 日
杜振武	莘县柿子园乡堰里铺村	21	男	1938 年 12 月 13 日
王勤德	莘县柿子园乡崔庄村	—	男	1938 年 12 月 13 日
徐车章	莘县柿子园乡崔庄村	—	男	1938 年 12 月 13 日
岳秀德	莘县柿子园乡	—	男	1938 年 12 月 13 日
尹长满	莘县王奉镇尹庄村	38	男	1938 年 12 月 13 日
王爱广	莘县王奉镇王店子村	20	男	1938 年 12 月 13 日
李锡纯	莘县姐店乡李楼村	19	男	1938 年 12 月 13 日
罗占雨	莘县张寨乡邱寺村	30	男	1938 年 12 月 13 日
杨二麻子	—	—	男	1938 年 12 月 13 日
张　二	—	—	男	1938 年 12 月 13 日
刘大姐之公公	—	—	男	1938 年 12 月 13 日
孙俊田	莘县大王寨乡吕村	—	男	1938 年 12 月 13 日
安现恩	莘县莘城镇南街村	24	男	1938 年 12 月 13 日
虞存贵	莘县燕店镇黄楼村	23	男	1938 年 12 月 13 日
宋连阶	莘县燕店镇雅淡里村	18	男	1938 年 12 月 13 日
赵文江	莘县魏庄乡焦庄村	31	男	1938 年 12 月 13 日
崔明亮	莘县魏庄乡崔马固村	24	男	1938 年 12 月 13 日
刘珠根	莘县王奉镇刘店子村	24	男	1938 年 12 月 13 日
吕世隆	泰安市岱岳区粥店办事处李家庄村	—	男	1938 年 12 月 20 日
张朝祥	莘县大王寨乡余庄村	23	男	1938 年 12 月 20 日
史张氏	莘县观城镇东关	42	女	1938 年 12 月 20 日
元双春	莘县大张家镇刘海村	60	男	1938 年 12 月 20 日

姓 名	籍 贯	年 龄	性 别	死难时间
刘美洲	莘县王奉镇耿楼村	70	男	1939 年 6 月 16 日
刘桃成	莘县王奉镇耿楼村	30	男	1939 年 6 月 16 日
徐庆文	—	—	男	1939 年 6 月 29 日
贾美申	莘县大王寨乡西田庄村	43	男	1939 年 6 月 30 日
张炳元	湖北省文安县胜芳镇	—	男	1939 年 7 月 30 日
王杨氏	莘县徐庄乡店子村	—	女	1939 年 7 月 30 日
王孙氏	莘县徐庄乡店子村	—	女	1939 年 7 月 30 日
徐洪俊	莘县古云镇徐庄村	35	男	1939 年 7 月 30 日
陈泽生	莘县古云镇古东村	18	男	1939 年 7 月 30 日
陈泽洽	莘县古云镇古东村	18	男	1939 年 7 月 30 日
于庆太	莘县燕店镇黄楼村	68	男	1939 年 8 月 7 日
韩满成	莘县大王寨乡大王寨村	19	男	1939 年 8 月 30 日
李振江	莘县朝城镇邵庄村	24	男	1939 年 8 月 30 日
李二骡	莘县魏庄乡邹巷村	48	男	1939 年 10 月 4 日
吕三黑	莘县大王寨乡吕村	27	男	1939 年 10 月 8 日
赵然川	莘县大王寨乡西田庄村	68	男	1939 年 11 月 20 日
王建钦	莘县大王寨乡西田庄村	27	男	1939 年 11 月 27 日
杜东江	莘县燕店镇罗村庄村	19	男	1939 年 11 月 30 日
马申田	莘县张鲁镇北安头村	19	男	1939 年 11 月 30 日
张明岐	莘县董杜庄镇	22	男	1939 年 11 月 30 日
李张氏	莘县俎店乡李楼村	58	女	1939 年 11 月 30 日
李林氏	莘县俎店乡李楼村	62	女	1939 年 11 月 30 日
王之宽	莘县魏庄乡信庄村	15	男	1939 年 11 月 30 日
王宗林	莘县魏庄乡信庄村	13	男	1939 年 11 月 30 日
王助绥	莘县魏庄乡信庄村	70	男	1939 年 11 月 30 日
王夺西	莘县魏庄乡信庄村	40	男	1939 年 11 月 30 日
王太祥	莘县张寨乡西王楼村	24	男	1939 年 11 月 30 日
马 六	莘县魏庄乡邹巷村	40	男	1939 年 12 月 23 日
王山岭	莘县魏庄乡田马固村	30	男	1939 年 12 月 27 日
李锡纯	莘县俎店乡李楼村	19	男	1939 年 12 月 27 日
李寇盆	莘县俎店乡李楼村	33	男	1939 年 12 月 27 日
李锡庆	莘县俎店乡李楼村	32	男	1939 年 12 月 27 日
李坤庆	莘县俎店乡李楼村	49	男	1939 年 12 月 27 日
霍元兴	莘县王庄集乡蒋店村	18	男	1940 年 1 月 1 日

姓　名	籍　贯	年　龄	性　别	死难时间
杜庆祥	莘县大张家镇杜河村	22	男	1940 年 1 月 1 日
徐洪俊	莘县古云镇徐庄村	40	男	1940 年 1 月 1 日
徐林东	莘县古云镇徐庄村	38	男	1940 年 1 月 1 日
刘乐交	莘县樱桃园镇前吕楼村	19	男	1940 年 1 月 1 日
王月明	莘县燕店镇燕店村	26	男	1940 年 1 月 1 日
杜留柱	莘县古城镇后杜楼村	24	男	1940 年 1 月 1 日
杜章印	莘县古城镇后杜楼村	30	男	1940 年 1 月 1 日
赵合林	莘县王奉镇邵店子村	17	男	1940 年 1 月 1 日
赵　华	莘县河店镇马桥村	24	男	1940 年 1 月 2 日
薛怀保	莘县王奉镇东宋村	23	男	1940 年 1 月 2 日
王清瑞	莘县燕店镇朱庄村	37	男	1940 年 1 月 2 日
王福会	莘县燕店镇朱庄村	43	男	1940 年 1 月 2 日
朱全柱	莘县燕店镇朱庄村	28	男	1940 年 1 月 2 日
王振泽	莘县燕店镇朱庄村	52	男	1940 年 1 月 2 日
王建钦	—	—	男	1940 年 1 月 6 日
李成勋	莘县魏庄乡李净庄村	24	男	1940 年 1 月 30 日
冯树昌	莘县魏庄乡焦庄村	36	男	1940 年 1 月 30 日
李洪举	莘县俎店乡李安州村	22	男	1940 年 1 月 30 日
赵双成	莘县王庄集乡齐海村	19	男	1940 年 1 月 30 日
郝更新	莘县观城镇李山谷村	18	男	1940 年 1 月 30 日
李庆振	莘县观城镇李山谷村	18	男	1940 年 1 月 30 日
李德一	莘县观城镇孟秋寺村	20	男	1940 年 1 月 30 日
白正贤	莘县古城镇南街村	25	男	1940 年 2 月 25 日
刘西明	—	—	男	1940 年 3 月 26 日
王学钝	莘县河店镇小三门村	25	男	1940 年 4 月 30 日
王云魁	莘县河店镇小三门村	10	男	1940 年 4 月 30 日
王秀珍	莘县河店镇小三门村	15	男	1940 年 4 月 30 日
王美景	莘县河店镇小三门村	12	男	1940 年 4 月 30 日
表明朝	莘县大王寨乡西丈八村	30	男	1940 年 5 月 1 日
纪胜经	莘县大王寨乡西丈八村	28	男	1940 年 5 月 1 日
刘福印之父	莘县大王寨乡西丈八村	25	男	1940 年 5 月 1 日
李春奇之叔	莘县大王寨乡西丈八村	35	男	1940 年 5 月 1 日
李秀梅之父	莘县大王寨乡西丈八村	27	男	1940 年 5 月 1 日
朱杰臣	莘县大王寨乡东田庄村	44	男	1940 年 5 月 8 日

姓名	籍贯	年龄	性别	死难时间
郑家贺	莘县大王寨乡郑家村	51	男	1940 年 5 月 8 日
吕玉堂	莘县大王寨乡郑家村	40	男	1940 年 5 月 8 日
姬广泽	莘县王奉镇耿楼村	55	男	1940 年 5 月 15 日
王杨安	莘县王奉镇耿楼村	30	男	1940 年 5 月 15 日
刘东成	莘县王奉镇耿楼村	47	男	1940 年 5 月 15 日
张冠军	莘县王奉镇耿楼村	30	男	1940 年 5 月 15 日
王 氏	莘县王奉镇耿楼村	57	女	1940 年 5 月 15 日
王石头	莘县王奉镇耿楼村	10	男	1940 年 5 月 15 日
张二保	莘县王奉镇耿楼村	60	男	1940 年 5 月 15 日
张少兴	莘县王奉镇耿楼村	50	男	1940 年 5 月 15 日
李培仁	莘县王奉镇耿楼村	40	男	1940 年 5 月 15 日
张 氏	莘县王奉镇耿楼村	41	女	1940 年 5 月 15 日
张华南	莘县王奉镇耿楼村	42	男	1940 年 5 月 15 日
耿福珍	莘县燕店镇后耿家村	21	男	1940 年 5 月 30 日
张士海	莘县魏庄乡张炉村	24	男	1940 年 5 月 30 日
常现明	莘县王奉镇邵店子村	47	男	1940 年 5 月 30 日
高新亮	莘县王奉镇北王奉村	20	男	1940 年 5 月 30 日
江明桥	莘县大王寨乡西田庄村	20	男	1940 年 5 月 30 日
田建衡	莘县大王寨乡余庄村	19	男	1940 年 5 月 30 日
贺银岭	莘县大王寨乡余庄村	18	男	1940 年 5 月 30 日
杨代德	莘县大王寨乡河涯村	19	男	1940 年 5 月 30 日
李书平	莘县俎店乡李安州村	22	男	1940 年 5 月 30 日
王更须	莘县大张家镇史楼村	19	男	1940 年 5 月 30 日
鞠保利	—	—	男	1940 年 5 月 30 日
郑家贺	莘县大王寨乡郑家村	25	男	1940 年 5 月 30 日
田如吴	莘县大王寨乡东丈八村	27	男	1940 年 5 月 30 日
刘树全之女	莘县古云镇西池村	—	女	1940 年 5 月 30 日
刘雷氏	莘县古云镇西池村	—	女	1940 年 5 月 30 日
史钦琛	—	—	男	1940 年 6 月 25 日
徐开先	—	—	男	1940 年 7 月 30 日
徐洪俊	—	—	男	1940 年 7 月 30 日
张式秀	莘县大张家镇寨外村	34	男	1940 年 7 月 30 日
郭长兴	莘县河店镇西郭家村	28	男	1940 年 8 月 30 日
苏新起	莘县张寨乡苏村	20	男	1940 年 8 月 30 日

姓 名	籍 贯	年 龄	性 别	死难时间
邵继祥	莘县柿子园乡王观村	20	男	1940 年 8 月 30 日
耿书珍	莘县燕店镇后耿家村	24	男	1940 年 8 月 30 日
李书堂	莘县燕店镇孙庄村	32	男	1940 年 8 月 30 日
吕文学	莘县大王寨乡吕村	25	男	1940 年 8 月 30 日
孙××	—	—	男	1940 年 12 月 30 日
李得合	—	—	男	1940 年 12 月 30 日
张合寅	莘县河店镇前柴庄村	20	男	1940 年 12 月 30 日
胡宪举	莘县燕店镇	28	男	1940 年 12 月 30 日
赵金聚	莘县燕店镇赵庄村	20	男	1940 年 12 月 30 日
宋玉德	莘县燕店镇雅谈里村	26	男	1940 年 12 月 30 日
张保忠	莘县魏庄乡明公集村	27	男	1940 年 12 月 30 日
张松起	莘县王奉镇耿楼村	32	男	1940 年 12 月 30 日
高广林	莘县王奉镇化庄村	27	男	1940 年 12 月 30 日
王喜文	莘县王奉镇东宋村	23	男	1940 年 12 月 30 日
杨福增	莘县大王寨乡杨庄	40	男	1940 年 12 月 30 日
孙臣兴	莘县大王寨乡富余集村	22	男	1940 年 12 月 30 日
王双成	莘县大王寨乡大王寨村	21	男	1940 年 12 月 30 日
陈梁智	莘县张寨乡刘羡街村	30	男	1940 年 12 月 30 日
孔祥坡	莘县张寨乡沙河村	30	男	1940 年 12 月 30 日
刘朝新	莘县朝城镇北街村	21	男	1940 年 12 月 30 日
渠秋方	莘县王庄集乡前渠村	32	男	1940 年 12 月 30 日
渠春田	莘县王庄集乡前渠村	34	男	1940 年 12 月 30 日
刘克振	莘县柿子园乡刘口村	20	男	1940 年 12 月 30 日
冯道才	莘县大张家镇北马陵村	20	男	1940 年 12 月 30 日
高存智	莘县古云镇高堤口村	20	男	1940 年 12 月 30 日
李金峰	莘县古云镇大李楼村	48	男	1940 年 12 月 30 日
张成一	莘县古云镇张庄村	30	男	1940 年 12 月 30 日
陈泽云	莘县古云镇古云集村	37	男	1940 年 12 月 30 日
陈泽琛	莘县古云镇古云集村	20	男	1940 年 12 月 30 日
陈泽聂	莘县古云镇古云集村	20	男	1940 年 12 月 30 日
吴明见	莘县古城镇西台头村	19	男	1940 年 12 月 30 日
李相东	莘县十八里铺镇黄楼店村	25	男	1940 年 12 月 30 日
周瑞文	莘县河店镇安头村	26	男	1940 年 12 月 30 日
冯三秋	—	—	男	1940 年 12 月 30 日

姓　名	籍　贯	年　龄	性　别	死难时间
赵振南	—	—	男	1940 年 12 月 30 日
白××	—	—	男	1940 年 12 月 30 日
张永胜	—	—	男	1940 年 12 月 30 日
陈西东	莘县张寨乡吉祥寺村	38	男	1940 年 12 月 30 日
陈东明	莘县古云镇文明寨村	35	男	1940 年 12 月 30 日
于化成	莘县徐庄乡陈庄村	—	男	1940 年 12 月 30 日
张邵氏	莘县徐庄乡张楼村	—	女	1940 年 12 月 30 日
王张氏	莘县徐庄乡张楼村	—	女	1940 年 12 月 30 日
张凤生	莘县燕店镇河口村	36	男	1940 年 12 月 30 日
张区河	莘县河店镇小三门村	—	男	1940 年 12 月 30 日
田怀兴	莘县河店镇小三门村	—	男	1940 年 12 月 30 日
车长照	莘县河店镇小三门村	—	男	1940 年 12 月 30 日
肖克之	莘县河店镇赵海村	48	男	1940 年 12 月 30 日
肖清林	莘县河店镇赵海村	37	男	1940 年 12 月 30 日
肖欢恩	莘县河店镇赵海村	22	男	1940 年 12 月 30 日
肖克祥	莘县河店镇赵海村	49	男	1940 年 12 月 30 日
肖景秀	莘县河店镇赵海村	27	男	1940 年 12 月 30 日
李二金	莘县俎店乡李楼村	6	女	1940 年 12 月 30 日
李西安	莘县俎店乡李楼村	46	男	1940 年 12 月 30 日
李文柱	莘县俎店乡李楼村	32	男	1940 年 12 月 30 日
姜　锁	莘县俎店乡李楼村	21	男	1940 年 12 月 30 日
李坤修	莘县俎店乡李楼村	64	男	1940 年 12 月 30 日
冯　氏	莘县俎店乡李楼村	36	女	1940 年 12 月 30 日
李西彩	莘县俎店乡李楼村	14	男	1940 年 12 月 30 日
李西元	莘县俎店乡李楼村	42	男	1940 年 12 月 30 日
李西荣	莘县俎店乡李楼村	24	男	1940 年 12 月 30 日
许登芝	莘县燕店镇杨二庄村	24	男	1940 年 12 月 30 日
喜　贵	莘县燕店镇燕店村	31	男	1940 年 12 月 30 日
郭成林	莘县古城镇大屯村	28	男	1940 年 12 月 30 日
常迎海	莘县古城镇大中村	32	男	1940 年 12 月 30 日
侯少义	莘县樱桃园镇侯楼村	30	男	1940 年 12 月 30 日
陈庆云	莘县张寨乡刘美街村	—	男	1940 年 12 月 30 日
杨裴生	莘县张寨乡南杨庄村	—	男	1940 年 12 月 30 日
杨亦文	莘县张寨乡南杨庄村	—	男	1940 年 12 月 30 日

姓 名	籍 贯	年龄	性别	死难时间
申广存	莘县张寨乡申庄村	18	男	1940 年 12 月 30 日
杨子坤	莘县张寨乡赵庄村	—	男	1940 年 12 月 30 日
董丙银	莘县张寨乡前董庄村	41	男	1940 年 12 月 30 日
董丙银之妻	莘县张寨乡前董庄村	40	女	1940 年 12 月 30 日
董丙银之母	莘县张寨乡前董庄村	60	女	1940 年 12 月 30 日
王关旭	莘县张鲁镇吴堤口村	28	男	1940 年 12 月 30 日
刘保云	莘县古云镇西池村	—	男	1940 年 12 月 30 日
刘圣居	莘县古云镇西池村	—	男	1940 年 12 月 30 日
张传余	莘县观城镇古井村	—	男	1940 年 12 月 30 日
杨马卫	莘县大王寨乡河崖村	26	男	1941 年 2 月 19 日
杨代德	莘县大王寨乡河崖村	17	男	1941 年 2 月 19 日
刑振风	莘县大王寨乡河崖村	44	男	1941 年 2 月 19 日
杨××	莘县大王寨乡河崖村	50	男	1941 年 2 月 19 日
赵丙旭	莘县大王寨乡河崖村	27	男	1941 年 2 月 19 日
邢衣保	莘县大王寨乡河崖村	—	男	1941 年 2 月 19 日
王清雨	莘县燕店镇朱庄村	45	男	1941 年 2 月 25 日
王清玉	莘县燕店镇朱庄村	28	男	1941 年 2 月 25 日
葛金春	莘县古云镇葛楼村	21	男	1941 年 5 月 30 日
张丙宽	莘县魏庄乡洼流村	32	男	1941 年 5 月 30 日
张丙银	莘县魏庄乡洼流村	58	男	1941 年 5 月 30 日
张许氏	莘县魏庄乡洼流村	51	女	1941 年 5 月 30 日
狄代木	莘县莘城镇杨庄村	23	男	1941 年 5 月 30 日
杨文兴	—	—	男	1941 年 6 月 10 日
王章存	莘县樱桃园镇耿王村	21	男	1941 年 6 月 30 日
元双春	莘县观城镇西刘海村	60	男	1941 年 6 月 30 日
王学文	莘县张寨乡三刘羡村	21	男	1941 年 7 月 30 日
李许发	莘县张寨乡三刘羡村	26	男	1941 年 7 月 30 日
孙书明	莘县河店镇小赵庄村	27	男	1941 年 8 月 30 日
刘文祥	莘县河店镇马桥村	20	男	1941 年 8 月 30 日
韩其资	莘县古城镇坊子铺村	23	男	1941 年 8 月 30 日
韩继程	莘县古城镇坊子铺村	21	男	1941 年 8 月 30 日
吕传庙	莘县古城镇坊子铺村	25	男	1941 年 8 月 30 日
韩其天	莘县古城镇坊子铺村	22	男	1941 年 8 月 30 日
韩之禺	莘县古城镇坊子铺村	26	男	1941 年 8 月 30 日

姓 名	籍 贯	年 龄	性 别	死难时间
张心广	莘县古城镇坊子铺村	21	男	1941 年 8 月 30 日
韩观行	莘县古城镇坊子铺村	25	男	1941 年 8 月 30 日
韩壮形	莘县古城镇坊子铺村	24	男	1941 年 8 月 30 日
刘书贵	莘县古城镇坊子铺村	26	男	1941 年 8 月 30 日
韩 三	莘县古城镇坊子铺村	21	男	1941 年 8 月 30 日
刘庆祥	—	—	男	1941 年 11 月 30 日
刘西波	—	—	男	1941 年 11 月 30 日
李大方	—	—	男	1941 年 11 月 30 日
张文宾	莘县樱桃园镇贾海村	22	男	1942 年 12 月 13 日
贾帮太	莘县樱桃园镇贾海村	24	男	1942 年 12 月 13 日
刘宝平之母	莘县樱桃园镇谷疃南街村	—	女	1942 年 12 月 13 日
尚进学	莘县张寨乡尚庄村	26	男	1942 年 12 月 13 日
荆代祥	莘县张寨乡八大庄村	27	男	1942 年 12 月 13 日
李 氏	莘县张寨乡大吕村	—	女	1942 年 12 月 13 日
孔二环	莘县张寨乡沙河村	22	男	1942 年 12 月 13 日
孔令臣之兄	莘县张寨乡沙河村	23	男	1942 年 12 月 13 日
郭昌河	莘县张寨乡沙河村	28	男	1942 年 12 月 13 日
孔二黑	莘县张寨乡沙河村	27	男	1942 年 12 月 13 日
孔庆川	莘县张寨乡段庄村	50	男	1942 年 12 月 13 日
渠学芹之祖母	莘县张寨乡段庄村	40	女	1942 年 12 月 13 日
渠学芹之二姑	莘县张寨乡段庄村	10	女	1942 年 12 月 13 日
渠学芹之三姑	莘县张寨乡段庄村	8	女	1942 年 12 月 13 日
姬 氏	莘县张寨乡南周村	28	女	1942 年 12 月 13 日
秦 氏	莘县张寨乡南周村	25	女	1942 年 12 月 13 日
李玉代	莘县张寨乡南周村	32	男	1942 年 12 月 13 日
李玉祥	莘县张寨乡南周村	34	男	1942 年 12 月 13 日
杜 氏	莘县张寨乡南周村	33	女	1942 年 12 月 13 日
曹秋景	莘县张寨乡肖屯村	35	男	1942 年 12 月 13 日
张清连	莘县张寨乡肖屯村	38	男	1942 年 12 月 13 日
姚崔氏	莘县张寨乡东节村	22	女	1942 年 12 月 13 日
姚崔氏之子	莘县张寨乡东节村	1	男	1942 年 12 月 13 日
姚连增之兄	莘县张寨乡东节村	89	男	1942 年 12 月 13 日
张红彦	莘县张寨乡寨节村	28	男	1942 年 12 月 13 日
张东景	莘县张寨乡寨节村	23	男	1942 年 12 月 13 日

姓 名	籍 贯	年 龄	性 别	死难时间
张 氏	莘县张寨乡邱寺村	60	女	1942 年 12 月 13 日
赵永福	莘县张寨乡邱寺村	75	男	1942 年 12 月 13 日
赵 氏	莘县张寨乡邱寺村	22	女	1942 年 12 月 13 日
史 氏	莘县张寨乡邱寺村	42	女	1942 年 12 月 13 日
周章兰	莘县张寨乡刘庄村	25	男	1942 年 12 月 13 日
周代昆	莘县张寨乡刘庄村	18	男	1942 年 12 月 13 日
周三朝	莘县张寨乡刘庄村	31	男	1942 年 12 月 13 日
郭西更	莘县张寨乡郭炉村	20	男	1942 年 12 月 13 日
张学芝	莘县张寨乡桑庄村	—	男	1942 年 12 月 13 日
董丙银之叔	莘县张寨乡前董庄村	60	男	1942 年 12 月 13 日
董广新	莘县张寨乡前董庄村	36	男	1942 年 12 月 13 日
董恩臣	莘县张寨乡前董庄村	37	男	1942 年 12 月 13 日
宋方喜	莘县俎店乡大宋庄村	—	男	1942 年 12 月 13 日
李文朝	莘县俎店乡大宋庄村	—	男	1942 年 12 月 13 日
赵三怀	莘县徐庄乡桃元村	34	男	1942 年 12 月 13 日
蔡八之妻	莘县徐庄乡桃元村	30	女	1942 年 12 月 13 日
许广书	莘县徐庄乡徐楼村	40	男	1942 年 12 月 13 日
徐代月	莘县徐庄乡徐楼村	23	男	1942 年 12 月 13 日
徐德林	莘县徐庄乡徐楼村	60	男	1942 年 12 月 13 日
徐书存	莘县徐庄乡徐楼村	23	男	1942 年 12 月 13 日
王大三	莘县徐庄乡后店子村	44	男	1942 年 12 月 13 日
王柱为	莘县徐庄乡后店子村	15	男	1942 年 12 月 13 日
王二眼	莘县徐庄乡后店子村	26	男	1942 年 12 月 13 日
王学臣	莘县徐庄乡后店子村	60	男	1942 年 12 月 13 日
王大片头	莘县徐庄乡后店子村	52	男	1942 年 12 月 13 日
王 氏	莘县徐庄乡后店子村	51	女	1942 年 12 月 13 日
张传承	莘县徐庄乡后店子村	46	男	1942 年 12 月 13 日
王章柱之父	莘县徐庄乡后店子村	39	男	1942 年 12 月 13 日
王马丁	莘县徐庄乡后店子村	28	男	1942 年 12 月 13 日
孔凡需	莘县张鲁镇北庄村	50	男	1942 年 12 月 13 日
黄桂山	莘县张鲁镇化庄村	38	男	1942 年 12 月 13 日
王广顺	莘县张鲁镇化庄村	42	男	1942 年 12 月 13 日
四瞎子	莘县张鲁镇化庄村	46	男	1942 年 12 月 13 日
孙福田	莘县张鲁镇申官目村	8	男	1942 年 12 月 13 日

姓 名	籍 贯	年 龄	性 别	死难时间
许永起	莘县王奉镇东寺上村	20	男	1942 年 12 月 13 日
尹 氏	莘县王奉镇王奉集村	40	女	1942 年 12 月 13 日
玉 柱	莘县大王寨乡玉庄村	50	男	1942 年 12 月 13 日
玉黄珍	莘县大王寨乡玉庄村	38	男	1942 年 12 月 13 日
贾春青	莘县大王寨乡于家村	37	男	1942 年 12 月 13 日
贾登发	莘县大王寨乡于家村	47	男	1942 年 12 月 13 日
贾春荣之妻	莘县大王寨乡于家村	41	女	1942 年 12 月 13 日
于二月	莘县大王寨乡于家村	42	女	1942 年 12 月 13 日
于风堂	莘县大王寨乡于家村	40	男	1942 年 12 月 13 日
郭宝柱	莘县观城镇远庙村	35	男	1942 年 12 月 13 日
贾兴华	莘县河店镇贾庄村	22	男	1942 年 12 月 13 日
姚步奎之子	—	—	男	1942 年 12 月 21 日
孙代泽	莘县莘城镇前孙庄村	—	男	1943 年 1 月 16 日
邹德胜	莘县莘城镇朱庄村	—	男	1943 年 1 月 16 日
杨继山	—	—	男	1943 年 1 月 16 日
田相礼	莘县河店镇赵邴海村	—	男	1943 年 1 月 16 日
张金龙	莘县董杜庄镇张端村	36	男	1943 年 1 月 16 日
曹东来	—		男	1943 年 1 月 16 日
刘四生	—		男	1943 年 1 月 20 日
王金义	—		男	1943 年 1 月 20 日
刘景曾	—		男	1943 年 1 月 20 日
刘银海	—		男	1943 年 1 月 26 日
刘 斌	莘县莘城镇礼院村	44	男	1943 年 1 月 26 日
郝振华	莘县观城镇李山谷村	82	男	1943 年 1 月 30 日
李庆凯	莘县观城镇李山谷村	32	男	1943 年 1 月 30 日
李海京	莘县观城镇李山谷村	80	男	1943 年 1 月 30 日
陈干事	莘县魏庄乡尚二庄村	—	男	1943 年 2 月 9 日
王保存	莘县妹冢镇西常庄村	69	男	1943 年 2 月 10 日
王保存之母	莘县妹冢镇西常庄村	—	女	1943 年 2 月 10 日
于秋喜之母	莘县妹冢镇西常庄村	—	女	1943 年 2 月 10 日
王秋计之母	莘县妹冢镇西常庄村	—	女	1943 年 2 月 10 日
刘胜×	—	—	男	1943 年 2 月 12 日
王化山	—	—	男	1943 年 2 月 12 日
王 群	—	—	男	1943 年 2 月 12 日

姓 名	籍 贯	年 龄	性 别	死难时间
苏二来	—	—	男	1943 年 2 月 12 日
张进方	—	—	男	1943 年 2 月 12 日
冯占鳌	—	—	男	1943 年 2 月 12 日
冯书公	—	—	男	1943 年 2 月 14 日
冯志黑	—	—	男	1943 年 2 月 14 日
白凤礼	—	—	男	1943 年 2 月 14 日
冯考敬	—	—	男	1943 年 2 月 14 日
马凤生	—	—	男	1943 年 2 月 14 日
蔡 八	—	—	男	1943 年 2 月 14 日
孙自剑	—	—	男	1943 年 2 月 18 日
王朝臣	莘县莘亭镇武庄村	17	男	1943 年 2 月 27 日
武代月	莘县莘亭镇武庄村	20	男	1943 年 2 月 27 日
高克广	莘县古云镇高堤口村	19	男	1943 年 2 月 27 日
高长娥	莘县古云镇高堤口村	—	女	1943 年 2 月 27 日
王坤田	—	—	男	1943 年 2 月 27 日
阴如峰	莘县王奉镇东滩村	18	男	1943 年 2 月 27 日
冯孟井	莘县魏庄乡焦庄村	40	男	1943 年 2 月 27 日
冯德臣	莘县魏庄乡焦庄村	36	男	1943 年 2 月 27 日
赵××	莘县魏庄乡焦庄村	30	男	1943 年 2 月 27 日
赵文庚	莘县魏庄乡焦庄村	30	男	1943 年 2 月 27 日
赵文梅	莘县魏庄乡焦庄村	28	男	1943 年 2 月 27 日
霍福天	莘县莘城镇孙庄村	33	男	1943 年 3 月 7 日
吴学顺	莘县莘城镇孙庄村	55	男	1943 年 3 月 7 日
吴学礼	莘县莘城镇孙庄村	48	男	1943 年 3 月 7 日
吴学保	莘县莘城镇孙庄村	45	男	1943 年 3 月 9 日
高尚印之父	莘县徐庄乡高前庄村	33	男	1943 年 3 月 18 日
孙自修	—	—	男	1943 年 3 月 30 日
孙朝仁	—	—	男	1943 年 3 月 30 日
刘凤祥	—	—	男	1943 年 3 月 30 日
孙二江	—	—	男	1943 年 3 月 30 日
孙马氏	—	—	女	1943 年 3 月 30 日
赵怀春	莘县魏庄乡康净庄村	23	男	1943 年 3 月 30 日
康际功	莘县魏庄乡康净庄村	39	男	1943 年 3 月 30 日
赵云亮	莘县魏庄乡康净庄村	19	男	1943 年 3 月 30 日

姓 名	籍 贯	年 龄	性 别	死难时间
邵雅亭	莘县魏庄乡邵净庄村	42	男	1943 年 3 月 30 日
渠清秀	莘县王庄集乡	17	男	1943 年 3 月 30 日
霍学良	莘县莘城镇孙庄村	38	男	1943 年 3 月 30 日
霍玉明	莘县莘城镇孙庄村	44	男	1943 年 3 月 30 日
孙义信	莘县观城镇西街村	42	男	1943 年 4 月 8 日
康官氏	莘县魏庄乡康净庄村	59	女	1943 年 4 月 30 日
康计宽之妻	莘县魏庄乡康净庄村	40	女	1943 年 4 月 30 日
康凤林之妻	莘县魏庄乡康净庄村	69	女	1943 年 4 月 30 日
常玉强	—	—	男	1943 年 4 月 30 日
王银来	—	—	男	1943 年 4 月 30 日
王际成	莘县大张家镇红庙村	40	男	1943 年 4 月 30 日
杨玉香	莘县徐庄乡前刁坊村	44	男	1943 年 5 月 11 日
区月现	莘县徐庄乡前刁坊村	40	男	1943 年 5 月 13 日
段凤伍	莘县董杜庄镇段王庄村	35	男	1943 年 5 月 30 日
张 柱	莘县徐庄乡张行村	37	男	1943 年 5 月 30 日
刘保玲	莘县莘城镇礼院村	—	男	1943 年 5 月 30 日
刘协俊	莘县莘城镇礼院村	—	男	1943 年 5 月 30 日
吕罐子	—	—	男	1943 年 5 月 30 日
蔡立德	莘县河店镇田海村	20	男	1943 年 5 月 30 日
王金义	莘县魏庄乡甘寨村	18	男	1943 年 5 月 30 日
张丙才	莘县魏庄乡信庄村	20	男	1943 年 5 月 30 日
李英普	莘县魏庄乡东王庄村	25	男	1943 年 5 月 30 日
潘书亮	莘县大王寨乡大场村	22	男	1943 年 5 月 30 日
朱凤年	莘县大王寨乡于家村	18	男	1943 年 5 月 30 日
李少增	莘县张鲁镇北街村	23	男	1943 年 5 月 30 日
郭士兴	莘县张鲁镇北街村	25	男	1943 年 5 月 30 日
王观昌	莘县张寨乡前张寨村	32	男	1943 年 5 月 30 日
杨春银	莘县董杜庄镇东函丈村	34	男	1943 年 5 月 30 日
邵贡喜	莘县王奉镇邵店子村	22	男	1943 年 6 月 15 日
张 兴	莘县董杜庄镇张端村	35	男	1943 年 6 月 15 日
徐洪亮	莘县莘城镇南街村	49	男	1943 年 6 月 28 日
顾玉怀	莘县徐庄乡后刁坊村	62	男	1943 年 6 月 30 日
顾成业	莘县徐庄乡后刁坊村	44	男	1943 年 6 月 30 日
顾马水	莘县徐庄乡后刁坊村	40	男	1943 年 6 月 30 日

姓 名	籍 贯	年 龄	性 别	死难时间
吴德芳	莘县魏庄乡崔马固村	19	男	1943 年 6 月 30 日
刘志国	莘县古城镇舍利寺北街村	17	男	1943 年 6 月 30 日
高彬之妻	—	—	女	1943 年 6 月 30 日
杨保贵	莘县莘城镇	22	男	1943 年 6 月 30 日
张玉刚	莘县河店镇赵郁海村	60	男	1943 年 7 月 17 日
任金标	莘县莘城镇南街村	52	男	1943 年 7 月 30 日
葛扎根	莘县燕店镇葛楼村	24	男	1943 年 7 月 30 日
葛洪烈之父	莘县燕店镇葛楼村	38	男	1943 年 7 月 30 日
康新宝	莘县魏庄乡康净庄村	19	男	1943 年 7 月 30 日
杨孟祥	莘县张寨乡常庄村	31	男	1943 年 7 月 30 日
郭 四	莘县张寨乡常庄村	—	男	1943 年 7 月 30 日
沈传新	莘县张鲁镇北安头村	19	男	1943 年 7 月 30 日
郭福荣	莘县大张家镇东刘海村	60	男	1943 年 7 月 30 日
张怀树	莘县董杜庄镇西函丈村	50	男	1943 年 8 月 30 日
楚春和	—	—	男	1943 年 9 月 10 日
毕景祥	莘县魏庄乡葛二庄村	34	男	1943 年 9 月 10 日
张代启	莘县俎店乡蔡营村	22	男	1943 年 9 月 10 日
郝建月	莘县古城镇曹营村	20	男	1943 年 9 月 10 日
赵仲勋	莘县燕店镇雅淡里村	42	男	1943 年 9 月 10 日
赵廷佰	莘县古城镇赵楼村	30	男	1943 年 9 月 10 日
赵发豫	莘县古城镇赵楼村	32	男	1943 年 9 月 11 日
郭玉青	莘县王奉镇东滩村	30	男	1943 年 9 月 30 日
孙乐渠	莘县大王寨乡西王庄村	30	男	1943 年 9 月 30 日
弓传让	莘县古云镇弓庄村	45	男	1943 年 9 月 30 日
李海清	莘县柿子园乡李庄村	45	男	1943 年 9 月 30 日
罗连排	莘县王奉镇罗庄村	25	男	1943 年 9 月 30 日
张方成	—	—	男	1943 年 9 月 30 日
柴同志	—	—	男	1943 年 9 月 30 日
田桂成	—	—	男	1943 年 9 月 30 日
田绍彬	—	—	男	1943 年 9 月 30 日
赵玉香	莘县古城镇赵楼村	29	女	1943 年 10 月 4 日
藏朝贵	莘县古城镇赵楼村	31	男	1943 年 10 月 4 日
李四发	莘县古城镇赵楼村	39	男	1943 年 10 月 15 日
相洪飞	莘县莘亭镇前十里岔村	16	男	1943 年 11 月 12 日

姓　名	籍　贯	年　龄	性　别	死难时间
张书文	莘县河店镇前王家村	18	男	1943 年 11 月 22 日
苑二好	莘县古城镇赵楼村	57	男	1943 年 11 月 30 日
赵振关	莘县古城镇赵楼村	32	男	1943 年 11 月 30 日
王香来	莘县魏庄乡南阳村	27	男	1943 年 11 月 30 日
王歧山	莘县魏庄乡南阳村	39	男	1943 年 11 月 30 日
杨雪来之妻	莘县董杜庄镇东函丈村	52	女	1943 年 11 月 30 日
刘国能	—	—	男	1943 年 11 月 30 日
姚庆保	—	—	男	1943 年 12 月 13 日
姚同印	—	—	男	1943 年 12 月 13 日
刘　民	—	—	女	1943 年 12 月 13 日
张狗思	—	—	男	1943 年 12 月 13 日
张文贞	莘县张寨乡邱寺村	23	男	1943 年 12 月 13 日
夏金榜	—	50	男	1943 年 12 月 13 日
秦书全	—	30	男	1943 年 12 月 13 日
徐××	—	—	男	1943 年 12 月 13 日
吴石头	—	—	男	1943 年 12 月 13 日
李景祥	—	—	男	1943 年 12 月 13 日
马凤声	—	—	男	1943 年 12 月 13 日
蒋景明	莘县莘城镇北街村	24	男	1943 年 12 月 13 日
刘协文	莘县莘城镇礼院村	29	男	1943 年 12 月 13 日
刘玉杰	莘县莘亭镇前姜庄村	19	男	1943 年 12 月 13 日
孔召法	莘县河店镇大三门村	45	男	1943 年 12 月 13 日
王明文	莘县河店镇楚家村	23	男	1943 年 12 月 13 日
黄富起	莘县燕店镇燕店村	20	男	1943 年 12 月 13 日
魏保成	莘县魏庄乡前芦滩村	24	男	1943 年 12 月 13 日
罗松海	莘县王奉镇罗庄村	23	男	1943 年 12 月 13 日
黄明海	莘县王奉镇刘店子村	18	男	1943 年 12 月 13 日
曹明先	莘县王奉镇耿楼村	19	男	1943 年 12 月 13 日
于西珍	莘县王奉镇耿楼村	19	男	1943 年 12 月 13 日
吴春元	莘县王奉镇耿楼村	30	男	1943 年 12 月 13 日
李吉祥	莘县王奉镇耿楼村	23	男	1943 年 12 月 13 日
潘朝合	莘县王奉镇化庄村	26	男	1943 年 12 月 13 日
马东信	莘县王奉镇化庄村	23	男	1943 年 12 月 13 日
周玉学	莘县王奉镇西岩村	19	男	1943 年 12 月 13 日

姓 名	籍 贯	年 龄	性 别	死难时间
艾洪章	莘县王奉镇西宋村	27	男	1943 年 12 月 13 日
张美连	莘县王奉镇西宋村	18	男	1943 年 12 月 13 日
邢振起	莘县王奉镇南庄村	19	男	1943 年 12 月 13 日
张方堂	莘县王奉镇化庄村	25	男	1943 年 12 月 13 日
孟繁友	莘县王奉镇化庄村	24	男	1943 年 12 月 13 日
尹志芹	莘县王奉镇武城集村	24	男	1943 年 12 月 13 日
程玉臣	莘县王奉镇王店子村	22	男	1943 年 12 月 13 日
刘文起	莘县王奉镇王店子村	28	男	1943 年 12 月 13 日
王春林	莘县王奉镇北王奉村	25	男	1943 年 12 月 13 日
张贵义	莘县王奉镇安尚村	23	男	1943 年 12 月 13 日
尹贵珍	莘县王奉镇元庄村	25	男	1943 年 12 月 13 日
刘炳三	莘县大王寨乡西王庄村	28	男	1943 年 12 月 13 日
李书臣	莘县大王寨乡西丈八村	23	男	1943 年 12 月 13 日
李全河	莘县大王寨乡西丈八村	20	男	1943 年 12 月 13 日
王 显	莘县大王寨乡东丈八村	23	男	1943 年 12 月 13 日
徐春岭	莘县大王寨乡东田庄村	21	男	1943 年 12 月 13 日
杨玉亮	莘县张鲁镇东街村	26	男	1943 年 12 月 13 日
李景祥	莘县张鲁镇东街村	23	男	1943 年 12 月 13 日
杨文聚	莘县张鲁镇东街村	22	男	1943 年 12 月 13 日
李宪周	莘县张鲁镇北街村	35	男	1943 年 12 月 13 日
贾登云	莘县张鲁镇中街村	20	男	1943 年 12 月 13 日
赵景孔	莘县张鲁镇宫庄村	27	男	1943 年 12 月 13 日
胡仲法	莘县张鲁镇于楼村	23	男	1943 年 12 月 13 日
田东生	莘县张鲁镇董王庄村	29	男	1943 年 12 月 13 日
耿朝阳	莘县张鲁镇耿楼村	42	男	1943 年 12 月 13 日
孙洪学	莘县董杜庄镇张端村	38	男	1943 年 12 月 13 日
夏俊相	莘县董杜庄镇夏庄村	39	男	1943 年 12 月 13 日
晋希武	莘县妹冢镇碱场村	39	男	1943 年 12 月 13 日
晋希平	莘县妹冢镇碱场村	42	男	1943 年 12 月 13 日
晋东来	莘县妹冢镇碱场村	42	男	1943 年 12 月 13 日
晋银慧	莘县妹冢镇碱场村	25	男	1943 年 12 月 13 日
晋方可	莘县妹冢镇碱场村	23	男	1943 年 12 月 13 日
晋希功	莘县妹冢镇碱场村	19	男	1943 年 12 月 13 日
晋万丰	莘县妹冢镇碱场村	23	男	1943 年 12 月 13 日

姓 名	籍 贯	年 龄	性 别	死难时间
刘振喜	莘县妹冢镇张义屯村	26	男	1943 年 12 月 13 日
郭连生	莘县张寨乡东节村	19	男	1943 年 12 月 13 日
张相朝	莘县张寨乡寨节村	29	男	1943 年 12 月 13 日
张法亮	莘县张寨乡董西村	23	男	1943 年 12 月 13 日
邱华臣	莘县张寨乡主卜营村	18	男	1943 年 12 月 13 日
史云岭	莘县徐庄乡史河口村	18	男	1943 年 12 月 13 日
赵焕景	莘县王庄集乡西大张村	21	男	1943 年 12 月 13 日
刘心贞	莘县柿子园乡刘口村	25	男	1943 年 12 月 13 日
侯其俭	莘县柿子园乡侯行村	28	男	1943 年 12 月 13 日
翟成行	莘县柿子园乡侯行村	23	男	1943 年 12 月 13 日
侯步兰	莘县柿子园乡侯行村	22	男	1943 年 12 月 13 日
侯步申	莘县柿子园乡侯行村	28	男	1943 年 12 月 13 日
侯其胜	莘县柿子园乡侯行村	25	男	1943 年 12 月 13 日
翟守录	莘县柿子园乡侯行村	29	男	1943 年 12 月 13 日
史光钦	莘县观城镇东街村	21	男	1943 年 12 月 13 日
邓九峰	莘县观城镇后黄堌屯村	19	男	1943 年 12 月 13 日
岳彩冠	莘县观城镇岳坊西村	21	男	1943 年 12 月 13 日
马福明	莘县观城镇西马沟村	41	男	1943 年 12 月 13 日
王玉贵	莘县观城镇马沟村	30	男	1943 年 12 月 13 日
张国群	莘县观城镇桥下村	22	男	1943 年 12 月 13 日
张振科	莘县观城镇大吕海村	17	男	1943 年 12 月 13 日
王宗焦	莘县古云镇孙堤口村	29	男	1943 年 12 月 13 日
刘孟其	莘县古云镇东池村	27	男	1943 年 12 月 13 日
陶文祥	莘县樱桃园镇陶村	25	男	1943 年 12 月 13 日
张广增	莘县樱桃园镇张青营村	21	男	1943 年 12 月 13 日
张明修	莘县古城镇南街村	20	男	1943 年 12 月 13 日
张连生	莘县古城镇南街村	20	男	1943 年 12 月 13 日
郝建胜	莘县古城镇曹营村	24	男	1943 年 12 月 13 日
安岩村	莘县张寨乡苏村	—	男	1943 年 12 月 13 日
周怀明之妻	莘县张寨乡苏村	51	女	1943 年 12 月 13 日
周怀明之母	莘县张寨乡苏村	65	女	1943 年 12 月 13 日
周云正	莘县张寨乡苏村	60	男	1943 年 12 月 13 日
周怀礼	莘县张寨乡苏村	35	男	1943 年 12 月 13 日
苏衣剩之父	莘县张寨乡苏村	60	男	1943 年 12 月 13 日

姓　名	籍　贯	年　龄	性　别	死难时间
苏衣剩之母	莘县张寨乡苏村	60	女	1943 年 12 月 13 日
苏洪传	莘县张寨乡苏村	35	男	1943 年 12 月 13 日
徐文朝	莘县朝城镇西徐村	—	男	1943 年 12 月 13 日
张徐氏	莘县朝城镇西徐村	—	女	1943 年 12 月 13 日
刘现振	莘县朝城镇西徐村	—	男	1943 年 12 月 13 日
曾明三	莘县朝城镇	—	男	1943 年 12 月 13 日
曾敬堂	莘县朝城镇	—	男	1943 年 12 月 13 日
贺常文	莘县朝城镇大郝庄	—	男	1943 年 12 月 13 日
贺常义	莘县朝城镇大郝庄	—	男	1943 年 12 月 13 日
王景吾	莘县朝城镇南关	—	男	1943 年 12 月 13 日
刘彦盛	莘县燕店镇河口村	36	男	1943 年 12 月 13 日
张陆东	莘县燕店镇河口村	27	男	1943 年 12 月 13 日
张秋山	莘县莘城镇肖屯村	—	男	1943 年 12 月 13 日
张玉德	莘县魏庄乡张炉村	47	男	1943 年 12 月 13 日
张四恩	莘县魏庄乡张炉村	55	男	1943 年 12 月 13 日
侯　三	莘县魏庄乡张炉村	35	男	1943 年 12 月 13 日
张喜成	莘县魏庄乡张炉村	43	男	1943 年 12 月 13 日
王玉瑞	莘县魏庄乡张炉村	27	男	1943 年 12 月 13 日
张东香	莘县魏庄乡张炉村	35	男	1943 年 12 月 13 日
张秀案	莘县魏庄乡张炉村	30	男	1943 年 12 月 13 日
霍路成	莘县莘城镇孙庄村	23	男	1943 年 12 月 13 日
霍相生	莘县莘城镇孙庄村	62	男	1943 年 12 月 13 日
李贵成	莘县魏庄乡东王庄村	25	男	1943 年 12 月 13 日
张根印	莘县朝城镇梧桐寺村	84	男	1943 年 12 月 13 日
尤勤元	莘县妹冢镇大常庄村	26	男	1943 年 12 月 13 日
连新成	莘县妹冢镇大常庄村	31	男	1943 年 12 月 13 日
连西卫	莘县妹冢镇大常庄村	15	男	1943 年 12 月 13 日
连子立	莘县妹冢镇大常庄村	40	男	1943 年 12 月 13 日
连子柱	莘县妹冢镇大常庄村	40	男	1943 年 12 月 13 日
王郭星	莘县妹冢镇大常庄村	45	男	1943 年 12 月 13 日
杜东岗	莘县燕店镇罗村庄村	26	男	1943 年 12 月 13 日
梁保成	莘县王庄集乡前渠家村	17	男	1943 年 12 月 13 日
虞秃头	莘县莘亭镇蒋庄村	24	男	1943 年 12 月 13 日
刘灯发	莘县莘亭镇后高庙村	16	男	1943 年 12 月 13 日

姓　名	籍　贯	年龄	性别	死难时间
刘灯科之妻	莘县莘亭镇后高庙村	28	女	1943 年 12 月 13 日
刘灯科之子	莘县莘亭镇后高庙村	—	男	1943 年 12 月 13 日
郭满囤	莘县河店镇东郭家村	49	男	1943 年 12 月 13 日
郭维忠	莘县河店镇东郭家村	26	男	1943 年 12 月 13 日
王小炷	莘县古城镇北王庄	40	男	1943 年 12 月 13 日
魏春田	莘县古城镇位庄村	28	男	1943 年 12 月 13 日
张银行之伯父	莘县樱桃园镇贾海村	28	男	1943 年 12 月 13 日
张保敬之父	莘县樱桃园镇贾海村	27	男	1943 年 12 月 13 日
窦怀臣	莘县张寨乡窦楼村	—	男	1943 年 12 月 13 日
郭西娟	莘县张寨乡郭炉村	41	男	1943 年 12 月 13 日
郭如亮	莘县张寨乡郭炉村	22	男	1943 年 12 月 13 日
张西林	莘县张寨乡桑庄村	—	男	1943 年 12 月 13 日
程　氏	莘县张寨乡蔡杨庄村	—	女	1943 年 12 月 13 日
宝　争	莘县张寨乡蔡杨庄村	—	男	1943 年 12 月 13 日
张学魁	莘县张寨乡寨西村	27	男	1943 年 12 月 13 日
王新月	莘县董杜庄镇段王庄村	50	男	1943 年 12 月 13 日
李保路	莘县十八里铺镇前黄楼店村	40	男	1943 年 12 月 13 日
万锡安	莘县徐庄乡八里庄村	45	男	1943 年 12 月 13 日
富　运	莘县徐庄乡八里庄村	37	男	1943 年 12 月 13 日
黄朝良	莘县张鲁镇化庄村	35	男	1943 年 12 月 13 日
黄保全之祖父	莘县张鲁镇化庄村	48	男	1943 年 12 月 13 日
尹进学	莘县张鲁镇营头村	22	男	1943 年 12 月 13 日
李二扁	莘县张鲁镇北街村	20	男	1943 年 12 月 13 日
李大青	莘县张鲁镇北街村	24	男	1943 年 12 月 13 日
郭二胖	莘县张鲁镇北街村	26	男	1943 年 12 月 13 日
李现周	莘县张鲁镇北街村	25	男	1943 年 12 月 13 日
李忠雨	莘县张鲁镇北街村	42	男	1943 年 12 月 13 日
樊为平	莘县张鲁镇周元町村	87	男	1943 年 12 月 13 日
张宗方	莘县张鲁镇北安头西街村	76	男	1943 年 12 月 13 日
刘秋亮	莘县张鲁镇北安头西街村	48	男	1943 年 12 月 13 日
马丙振	莘县张鲁镇北安头西街村	27	男	1943 年 12 月 13 日
张丁臣	莘县张鲁镇北安头西街村	21	男	1943 年 12 月 13 日
张银柱	莘县张鲁镇北安头西街村	31	男	1943 年 12 月 13 日
沈丙余	莘县张鲁镇北安头西街村	30	男	1943 年 12 月 13 日

姓 名	籍 贯	年 龄	性 别	死难时间
韩景思	莘县张鲁镇北安头西街村	78	男	1943 年 12 月 13 日
谢法程	莘县柿子园乡富豪庄村	26	男	1943 年 12 月 13 日
闫金斗	莘县王奉镇闫庄庄村	—	男	1943 年 12 月 13 日
李更臣	莘县观城镇李山谷村	31	男	1943 年 12 月 13 日
王文藏	莘县樱桃园镇东五口寺庄村	24	男	1943 年 12 月 13 日
吴忠恩	莘县徐庄乡钟鼓楼村	56	男	1943 年 12 月 13 日
高付成	莘县古云镇崔庄村	35	男	1943 年 12 月 13 日
侯法起	莘县王奉镇元庄村	44	男	1944 年 1 月 1 日
郭言德	莘县朝城镇砖庄村	25	男	1944 年 1 月 1 日
王保同	莘县朝城镇砖庄村	53	男	1944 年 1 月 1 日
张广修	莘县柿子园乡郑庄村	22	男	1944 年 1 月 30 日
郑其昌	莘县柿子园乡郑庄村	24	男	1944 年 1 月 30 日
武振江	莘县大王寨乡玉庄村	59	男	1944 年 1 月 30 日
玉仁伍	莘县大王寨乡玉庄村	12	男	1944 年 1 月 30 日
李春云	莘县观城镇李山谷村	—	男	1944 年 1 月 30 日
魏泽法	莘县王奉镇耿楼村	22	男	1944 年 1 月 30 日
崔住臣	—	—	男	1944 年 2 月 15 日
李景芝	莘县魏庄乡李净庄村	24	男	1944 年 2 月 15 日
梁庆文	莘县妹冢镇东妹冢村	25	男	1944 年 2 月 15 日
刘安相	莘县樱桃园镇前吕楼村	20	男	1944 年 2 月 27 日
卢兰田	高唐县鱼丘湖街道中街村	43	男	1944 年 2 月 27 日
刘明月	莘县朝城镇北关	—	男	1944 年 2 月 27 日
陈俊岭	莘县魏庄乡井王庄村	27	男	1944 年 2 月 27 日
徐金榜	—	—	男	1944 年 3 月 4 日
岳希贤	莘县河店镇务庄村	33	男	1944 年 3 月 4 日
武士昌	莘县俎店乡西路满村	26	男	1944 年 3 月 7 日
梁跃修	莘县妹冢镇东妹冢村	19	男	1944 年 3 月 30 日
田凤恋	莘县妹冢镇东妹冢村	26	男	1944 年 3 月 30 日
梁耀修	—	—	男	1944 年 3 月 30 日
孙安南	—	—	男	1944 年 3 月 30 日
刘现祥	—	—	男	1944 年 3 月 30 日
张凤屋	—	—	男	1944 年 3 月 30 日
罗尚法	莘县朝城镇罗庄村	32	男	1944 年 4 月 30 日
凌现林	莘县古城镇东街村	29	男	1944 年 4 月 30 日

姓名	籍贯	年龄	性别	死难时间
唐王氏	—	—	女	1944 年 4 月 30 日
于银海	—	—	男	1944 年 4 月 30 日
张立花	莘县王奉镇西滩村	30	男	1944 年 4 月 30 日
李西振	莘县大王寨乡西丈八村	30	男	1944 年 4 月 30 日
张盛院	莘县十八里铺镇杜庄村	24	男	1944 年 4 月 30 日
袁文涛	莘县大王寨乡西王庄村	25	男	1944 年 5 月 1 日
刘 堂	莘县大王寨乡西王庄村	22	男	1944 年 5 月 1 日
刘全兴	莘县大王寨乡西王庄村	28	男	1944 年 5 月 1 日
刘保福	莘县大王寨乡西王庄村	27	男	1944 年 5 月 1 日
刘丙三	莘县大王寨乡西王庄村	27	男	1944 年 5 月 1 日
孙书文	—	23	男	1944 年 5 月 1 日
李恩普	—	23	男	1944 年 5 月 1 日
郝金荣	—	32	男	1944 年 5 月 1 日
郝葛具	—	60	男	1944 年 5 月 1 日
李更森	—	70	男	1944 年 5 月 1 日
李保义	—	38	男	1944 年 5 月 1 日
王林平	莘县大王寨乡东丈八村	—	男	1944 年 5 月 1 日
王长更	莘县大王寨乡东丈八村	—	男	1944 年 5 月 1 日
张新飞	莘县大王寨乡东丈八村	—	男	1944 年 5 月 1 日
于凤堂	莘县大王寨乡于家村	30	男	1944 年 5 月 1 日
贾登法	莘县大王寨乡于家村	42	男	1944 年 5 月 1 日
王 氏	莘县魏庄乡后芦滩村	50	女	1944 年 5 月 1 日
杨 氏	莘县魏庄乡后芦滩村	40	女	1944 年 5 月 1 日
吴小年	莘县魏庄乡后芦滩村	8	男	1944 年 5 月 1 日
栾德平	莘县魏庄乡东王庄村	30	男	1944 年 5 月 1 日
张 西	莘县魏庄乡张炉村	50	男	1944 年 5 月 8 日
张米堂	莘县魏庄乡张炉村	44	男	1944 年 5 月 13 日
霍王氏	莘县魏庄乡前卓庄村	25	女	1944 年 5 月 13 日
霍妹芝	莘县魏庄乡前卓庄村	17	女	1944 年 5 月 13 日
岳玉合之母	莘县王奉镇南庄村	60	女	1944 年 5 月 13 日
雷树银	莘县古城镇东台头村	23	男	1944 年 5 月 13 日
王海全	莘县古城镇东台头村	45	男	1944 年 5 月 13 日
王全忠	莘县古城镇东台头村	50	男	1944 年 5 月 13 日
王全兴	莘县古城镇东台头村	17	男	1944 年 5 月 13 日

姓　名	籍　贯	年　龄	性　别	死难时间
雷树生之母	莘县古城镇东台头村	40	女	1944 年 5 月 13 日
孟继升	莘县古城镇东台头村	35	男	1944 年 5 月 21 日
雷电星	莘县古城镇东台头村	42	男	1944 年 5 月 21 日
徐金榜	莘县十八里铺镇杜庄村	24	男	1944 年 5 月 30 日
张凤辰	莘县十八里铺镇杜庄村	32	男	1944 年 5 月 30 日
张方元	莘县十八里铺镇杜庄村	22	男	1944 年 5 月 30 日
徐保德	莘县十八里铺镇杜庄村	24	男	1944 年 5 月 30 日
张书俭	莘县观城镇古井村	—	男	1944 年 5 月 30 日
单月香	莘县莘亭镇单庙村	30	男	1944 年 5 月 30 日
王云官	莘县河店镇小三门村	40	男	1944 年 5 月 30 日
李维生	莘县魏庄乡邹巷村	23	男	1944 年 5 月 30 日
马增林	莘县魏庄乡西江店村	31	男	1944 年 5 月 30 日
吴克莲	莘县魏庄乡后炉疃村	21	男	1944 年 5 月 30 日
张珠堂	莘县魏庄乡张炉村	26	男	1944 年 5 月 30 日
郝金荣	莘县魏庄乡东王庄村	23	男	1944 年 5 月 30 日
郝兴德	莘县古城镇曹营村	24	男	1944 年 5 月 30 日
梁万增	莘县徐庄乡东梁庄村	49	男	1944 年 5 月 30 日
刘新法	莘县大王寨乡西王庄村	30	男	1944 年 5 月 30 日
刘保代	莘县大王寨乡西王庄村	23	男	1944 年 5 月 30 日
王培作	莘县张寨乡后王庄村	28	男	1944 年 6 月 10 日
武兴法	莘县朝城镇北关	26	男	1944 年 6 月 10 日
李进臣	莘县朝城镇李大人村	23	男	1944 年 6 月 15 日
王法山	莘县朝城镇白庙村	21	男	1944 年 6 月 15 日
刘贵忠	莘县大王寨乡西王庄村	25	男	1944 年 6 月 15 日
霍文全	莘县大王寨乡杨庄村	22	男	1944 年 6 月 22 日
王坤和	莘县古云镇文明寨村	—	男	1944 年 6 月 22 日
王智和	莘县古云镇文明寨村	—	男	1944 年 6 月 22 日
王景家	莘县古云镇文明寨村	—	男	1944 年 6 月 22 日
岳　宝	莘县大王寨乡武家河村	26	男	1944 年 6 月 22 日
岳万法	莘县大王寨乡武家河村	40	男	1944 年 6 月 22 日
杨作福	莘县古城镇东台头村	25	男	1944 年 6 月 30 日
杨德召	莘县古城镇东台头村	36	男	1944 年 6 月 30 日
海妍之姨	莘县古城镇东台头村	26	女	1944 年 6 月 30 日
七聋子	莘县魏庄乡魏庄村	30	男	1944 年 6 月 30 日

姓 名	籍 贯	年 龄	性 别	死难时间
王 五	莘县魏庄乡魏庄村	24	男	1944 年 6 月 30 日
王新田	—	—	男	1944 年 7 月 7 日
傅新成	莘县燕店镇燕店村	26	男	1944 年 7 月 7 日
刘兴法	莘县大王寨乡西王庄村	22	男	1944 年 7 月 7 日
张书成	莘县燕店镇河口村	23	男	1944 年 7 月 7 日
沙明祥	莘县王奉镇东滩村	20	男	1944 年 7 月 7 日
二瞎子	—	—	男	1944 年 7 月 7 日
顾少见	—	—	男	1944 年 7 月 7 日
区成义	莘县徐庄乡前刁坊村	—	男	1944 年 7 月 7 日
赵长春	莘县徐庄乡八里庄村	—	男	1944 年 7 月 7 日
赵福臣	莘县徐庄乡八里庄村	—	男	1944 年 7 月 7 日
杨士元	莘县徐庄乡前刁坊村	44	男	1944 年 7 月 7 日
许双成	莘县徐庄乡徐楼村	—	男	1944 年 7 月 8 日
滑义四	莘县大王寨乡武家河村	38	男	1944 年 7 月 30 日
武枣梅	莘县大王寨乡武家河村	50	男	1944 年 7 月 30 日
滑义山	莘县大王寨乡武家河村	30	男	1944 年 7 月 30 日
刘怀申	莘县大王寨乡武家河村	42	男	1944 年 7 月 30 日
武相存	莘县大王寨乡武家河村	53	男	1944 年 7 月 30 日
孔繁需	—	—	男	1944 年 7 月 30 日
秦安臣	—	60	男	1944 年 7 月 30 日
杨清修之父	—	—	男	1944 年 7 月 30 日
阎门楼	—	—	男	1944 年 7 月 30 日
黄双印	—	—	男	1944 年 7 月 30 日
马林瑞	—	—	男	1944 年 7 月 30 日
张鼎臣	—	—	男	1944 年 7 月 30 日
白汝琪	—	—	男	1944 年 7 月 30 日
张银贵	—	—	男	1944 年 7 月 30 日
张银贵之妻	—	—	女	1944 年 7 月 30 日
赵德恩	—	—	男	1944 年 7 月 30 日
赵德恩之妻	—	—	女	1944 年 7 月 30 日
王徐氏	—	—	女	1944 年 7 月 30 日
刘进忠	—	—	男	1944 年 7 月 30 日
岳保法	—	—	男	1944 年 7 月 30 日
蔡守本	—	—	男	1944 年 7 月 30 日

姓 名	籍 贯	年 龄	性 别	死难时间
许德林	莘县徐庄乡徐楼村	—	男	1944 年 8 月 30 日
许福臣	莘县徐庄乡徐楼村	—	男	1944 年 8 月 30 日
李洪恩	—	—	男	1944 年 8 月 30 日
顾成仁	—	—	男	1944 年 8 月 30 日
卢兰田	莘县燕店镇黄楼村	—	男	1944 年 8 月 30 日
张金斗	莘县魏庄乡张炉村	23	男	1944 年 8 月 30 日
桂金海	莘县王奉镇桂庄村	23	男	1944 年 8 月 30 日
王怀存	莘县妹冢镇草佛寺村	19	男	1944 年 8 月 30 日
宋学春	莘县樱桃园镇谷疃东街村	20	男	1944 年 8 月 30 日
张学义	莘县王奉镇南庄村	27	男	1944 年 9 月 6 日
高××	—	—	—	1944 年 9 月 7 日
邓贵增	莘县大张家镇邓西村	—	男	1944 年 9 月 7 日
梁老麦	莘县大张家镇邓西村	—	男	1944 年 9 月 7 日
梁户珍	莘县大张家镇邓西村	—	男	1944 年 9 月 7 日
卢贵林	莘县燕店镇黄楼村	23	男	1944 年 9 月 7 日
崔玉法	—	—	男	1944 年 9 月 7 日
李家才	莘县大张家镇钱庄村	28	男	1944 年 9 月 30 日
郭全社	莘县古城镇艾集村	42	男	1944 年 9 月 30 日
李 氏	莘县古城镇艾集村	40	女	1944 年 9 月 30 日
于青代	莘县徐庄乡陈庄村	37	男	1944 年 9 月 30 日
崔玉法之妻	—	—	女	1944 年 10 月 30 日
万守仁	—	—	男	1944 年 10 月 30 日
韩进忠	—	—	男	1944 年 10 月 30 日
韩建德	—	—	男	1944 年 10 月 30 日
吴善荣	—	—	男	1944 年 11 月 30 日
姬传力	—	—	男	1944 年 12 月 13 日
王时曾	—	—	男	1944 年 12 月 13 日
马双成	莘县董杜庄镇乡马庄村	25	男	1944 年 12 月 13 日
韩殿德	莘县观城镇韩楼村	37	男	1944 年 12 月 13 日
韩其臣	莘县观城镇韩楼村	24	男	1944 年 12 月 13 日
徐 龙	—	—	男	1944 年 12 月 13 日
孙二圈	—	—	男	1944 年 12 月 13 日
孙 氏	—	—	女	1944 年 12 月 13 日
李瘸子之妻	—	—	女	1944 年 12 月 13 日

姓　名	籍　贯	年　龄	性　别	死难时间
李瘸子之女	—	—	女	1944 年 12 月 13 日
任法才	—	—	男	1944 年 12 月 13 日
康记平	—	—	—	1944 年 12 月 13 日
黑春来	—	—	男	1944 年 12 月 13 日
陈二保	—	—	男	1944 年 12 月 13 日
王　克	莘县莘城镇前杨庄村	23	男	1944 年 12 月 13 日
张玉书	莘县河店镇赵炳海村	31	男	1944 年 12 月 13 日
楚金科	莘县河店镇楚家村	31	男	1944 年 12 月 13 日
王吉信	莘县燕店镇于林庄村	25	男	1944 年 12 月 13 日
李连会	莘县燕店镇前辛庄村	22	男	1944 年 12 月 13 日
马纪海	莘县燕店镇罗庄村	20	男	1944 年 12 月 13 日
赵金忠	莘县燕店镇赵堂村	24	男	1944 年 12 月 13 日
贾　新	莘县燕店镇付庄村	24	男	1944 年 12 月 13 日
李更申	莘县燕店镇雅淡里村	25	男	1944 年 12 月 13 日
吴学成	莘县魏庄乡明公集村	39	男	1944 年 12 月 13 日
常玉吉	莘县魏庄乡邹巷村	37	男	1944 年 12 月 13 日
周国成	莘县魏庄乡焦庄村	22	男	1944 年 12 月 13 日
冯占鳌	莘县魏庄乡焦庄村	37	男	1944 年 12 月 13 日
李凤武	莘县魏庄乡西八角庙	22	男	1944 年 12 月 13 日
种道宽	莘县王奉镇罗庄村	29	男	1944 年 12 月 13 日
郭秀法	莘县王奉镇刘店子村	28	男	1944 年 12 月 13 日
张东生	莘县王奉镇耿楼村	18	男	1944 年 12 月 13 日
刘现增	莘县王奉镇东滩村	28	男	1944 年 12 月 13 日
马清海	莘县王奉镇化庄村	30	男	1944 年 12 月 13 日
马清元	莘县王奉镇化庄村	30	男	1944 年 12 月 13 日
周明德	莘县王奉镇西岩村	18	男	1944 年 12 月 13 日
周春明	莘县王奉镇西岩村	18	男	1944 年 12 月 13 日
岳增印	莘县王奉镇北十户村	26	男	1944 年 12 月 13 日
郭石磴	莘县王奉镇化庄村	27	男	1944 年 12 月 13 日
桂芳社	莘县王奉镇桂庄村	23	男	1944 年 12 月 13 日
刘德贵	莘县王奉镇东宋村	22	男	1944 年 12 月 13 日
艾德良	莘县王奉镇东宋村	24	男	1944 年 12 月 13 日
吴常平	莘县王奉镇武城集村	20	男	1944 年 12 月 13 日
程玉平	莘县王奉镇王店子村	23	男	1944 年 12 月 13 日

姓 名	籍 贯	年 龄	性 别	死难时间
王洪合	莘县王奉镇北王奉村	34	男	1944 年 12 月 13 日
常保玉	莘县王奉镇安尚村	21	男	1944 年 12 月 13 日
江德广	莘县王奉镇安尚村	22	男	1944 年 12 月 13 日
江玉林	莘县王奉镇安尚村	24	男	1944 年 12 月 13 日
张丙堂	莘县王奉镇东时固村	30	男	1944 年 12 月 13 日
张孟兴	莘县王奉镇西时固村	30	男	1944 年 12 月 13 日
吕东建	莘县大王寨乡吕村	18	男	1944 年 12 月 13 日
孙合成	莘县张鲁镇于楼村	20	男	1944 年 12 月 13 日
吴贵栖	莘县张鲁镇吴堤口村	25	男	1944 年 12 月 13 日
夏锡如	莘县张鲁镇大索庄村	26	男	1944 年 12 月 13 日
白汝琦	莘县张鲁镇大索庄村	35	男	1944 年 12 月 13 日
孙考高	莘县董杜庄镇高庄村	19	男	1944 年 12 月 13 日
谢振雷	莘县董杜庄镇毕屯村	25	男	1944 年 12 月 13 日
马春起	莘县董杜庄镇毕屯村	21	男	1944 年 12 月 13 日
王中柱	莘县俎店乡周辛庄村	23	男	1944 年 12 月 13 日
程保光	莘县妹冢镇谢楼村	27	男	1944 年 12 月 13 日
程得柱	莘县妹冢镇谢楼村	16	男	1944 年 12 月 13 日
程得水	莘县妹冢镇谢楼村	20	男	1944 年 12 月 13 日
谢进安	莘县妹冢镇谢楼村	37	男	1944 年 12 月 13 日
颜世功	莘县妹冢镇颜庄村	23	男	1944 年 12 月 13 日
李宋秋	莘县妹冢镇许海村	31	男	1944 年 12 月 13 日
黄重勋	莘县张寨乡尚庙村	26	男	1944 年 12 月 13 日
王存山	莘县朝城镇三里营村	29	男	1944 年 12 月 13 日
周文重	莘县徐庄乡周海村	19	男	1944 年 12 月 13 日
王甲旭	莘县十八里铺鞠屯村	20	男	1944 年 12 月 13 日
王春生	莘县十八里铺镇郝楼村	20	男	1944 年 12 月 13 日
王玉贵	莘县王庄集乡	37	男	1944 年 12 月 13 日
马二牛	莘县王庄集乡东沙村	25	男	1944 年 12 月 13 日
孙洪臣	莘县观城镇前黄堌屯村	22	男	1944 年 12 月 13 日
刘怀义	莘县观城后朱庙村	26	男	1944 年 12 月 13 日
赵一春	莘县观城镇赵海村	21	男	1944 年 12 月 13 日
赵一本	莘县观城镇赵海村	23	男	1944 年 12 月 13 日
张叶旺	莘县古云镇张庄村	24	男	1944 年 12 月 13 日
张松江	莘县古云镇张庄村	18	男	1944 年 12 月 13 日

姓 名	籍 贯	年 龄	性 别	死难时间
张崇胜	莘县古云镇张庄村	30	男	1944 年 12 月 13 日
高心月	莘县古云镇温庄村	30	男	1944 年 12 月 13 日
曹新贞	莘县古云镇温庄村	24	男	1944 年 12 月 13 日
王培哲	莘县古云镇王拐村	24	男	1944 年 12 月 13 日
董洪信	莘县古云镇董店村	22	男	1944 年 12 月 13 日
文丙乾	莘县古云镇董店村	22	男	1944 年 12 月 13 日
董洪学	莘县古云镇董店村	23	男	1944 年 12 月 13 日
董学家	莘县古云镇董店村	18	男	1944 年 12 月 13 日
王金江	莘县古云镇古云西村	22	男	1944 年 12 月 13 日
王金生	莘县古云镇古云西村	33	男	1944 年 12 月 13 日
王广兴	莘县樱桃园镇五口寺村	22	男	1944 年 12 月 13 日
史丕修	莘县樱桃园镇	20	男	1944 年 12 月 13 日
魏继更	莘县古城镇西街村	35	男	1944 年 12 月 13 日
崔进东	莘县古城镇东街村	22	男	1944 年 12 月 13 日
苗福成	莘县古城镇东街村	19	男	1944 年 12 月 13 日
王德贵	莘县古城镇瓦屋村	22	男	1944 年 12 月 13 日
陈其亮	莘县古城镇苗庄村	37	男	1944 年 12 月 13 日
陈丙之	莘县古城镇苗庄村	18	男	1944 年 12 月 13 日
杜丕俭	莘县古城镇朱楼村	19	男	1944 年 12 月 13 日
杜传印	莘县古城镇朱楼村	25	男	1944 年 12 月 13 日
杜丕固	莘县古城镇朱楼村	25	男	1944 年 12 月 13 日
阎更银	莘县古城镇南阎庄村	24	男	1944 年 12 月 13 日
王常保	莘县朝城镇东关	—	男	1944 年 12 月 13 日
王章成	莘县朝城镇西关	—	男	1944 年 12 月 13 日
李成伍	莘县朝城镇西关	—	男	1944 年 12 月 13 日
王刘氏	莘县朝城镇西关	—	女	1944 年 12 月 13 日
张床新	莘县燕店镇河口村	31	男	1944 年 12 月 13 日
张进恩	莘县燕店镇河口村	52	男	1944 年 12 月 13 日
王万福	莘县燕店镇河口村	60	男	1944 年 12 月 13 日
张进生	莘县燕店镇河口村	40	男	1944 年 12 月 13 日
贾未燕	莘县大王寨乡东田庄村	47	男	1944 年 12 月 13 日
皮二棒子	莘县魏庄乡西江店村	14	男	1944 年 12 月 13 日
冯增林	莘县魏庄乡西江店村	35	男	1944 年 12 月 13 日
阎丙会	莘县魏庄乡西江店村	25	男	1944 年 12 月 13 日

姓　名	籍　贯	年　龄	性　别	死难时间
冯大邦	莘县魏庄乡西江店村	25	男	1944 年 12 月 13 日
张丙任之四叔	莘县魏庄乡西八角庙村	26	男	1944 年 12 月 13 日
索贵珍之大伯	莘县魏庄乡西八角庙村	25	男	1944 年 12 月 13 日
王巧莲	莘县朝城镇西小寨村	—	女	1944 年 12 月 13 日
巩记申	莘县妹冢镇刘屯村	18	男	1944 年 12 月 13 日
张吉祥	莘县燕店镇霍庄村	36	男	1944 年 12 月 13 日
梁福增	莘县王庄集乡前渠家村	30	男	1944 年 12 月 13 日
梁秋芳	莘县王庄集乡前渠家村	36	男	1944 年 12 月 13 日
邓启明	莘县大张家镇邓西村	—	男	1944 年 12 月 13 日
邓启仓	莘县大张家镇邓西村	—	男	1944 年 12 月 13 日
邓划鬼	莘县大张家镇邓西村	—	男	1944 年 12 月 13 日
于学成	莘县古城镇小屯村	74	男	1944 年 12 月 13 日
于庆军	莘县古城镇小屯村	70	男	1944 年 12 月 13 日
郭二心	莘县古城镇郭庄村	42	男	1944 年 12 月 13 日
邹洪才	莘县古城镇郭庄村	34	男	1944 年 12 月 13 日
郭奉绪	莘县古城镇北王庄村	24	男	1944 年 12 月 13 日
张继美	莘县樱桃园镇后尚武寨村	36	男	1944 年 12 月 13 日
陈秋芒	莘县张寨乡三刘羡村	25	男	1944 年 12 月 13 日
陈现军	莘县张寨乡吉祥寺村	22	男	1944 年 12 月 13 日
陈明经	莘县张寨乡吉祥寺村	32	男	1944 年 12 月 13 日
郭伟成	莘县张寨乡郭炉村	22	男	1944 年 12 月 13 日
郭百申	莘县张寨乡郭炉村	61	男	1944 年 12 月 13 日
郭西荣	莘县张寨乡郭炉村	—	男	1944 年 12 月 13 日
潘红增	莘县张寨乡潘庄村	—	男	1944 年 12 月 13 日
潘保天	莘县张寨乡潘庄村	—	男	1944 年 12 月 13 日
潘二代	莘县张寨乡潘庄村	—	男	1944 年 12 月 13 日
潘满存	莘县张寨乡潘庄村	—	男	1944 年 12 月 13 日
张　克	莘县十八里铺镇	29	男	1944 年 12 月 13 日
王罗头	莘县徐庄乡前店子村	—	男	1944 年 12 月 13 日
李功月	莘县徐庄乡前店子村	—	男	1944 年 12 月 13 日
马如明	莘县徐庄乡前店子村	—	男	1944 年 12 月 13 日
蔡守本	莘县张鲁镇中牟疃村	43	男	1944 年 12 月 13 日
蔡守芳	莘县张鲁镇中牟疃村	38	男	1944 年 12 月 13 日
蔡满囤	莘县张鲁镇中牟疃村	35	男	1944 年 12 月 13 日

姓 名	籍 贯	年龄	性别	死难时间
蔡丙晨	莘县张鲁镇中牟疃村	40	男	1944 年 12 月 13 日
月增之父	莘县张鲁镇中牟疃村	23	男	1944 年 12 月 13 日
郭明星	莘县张鲁镇北街村	26	男	1944 年 12 月 13 日
范风海	莘县柿子园乡范行村	26	男	1944 年 12 月 13 日
刘殿朝	莘县柿子园乡范行村	28	男	1944 年 12 月 13 日
王广成	莘县柿子园乡范行村	26	男	1944 年 12 月 13 日
王金田	莘县柿子园乡富豪庄村	24	男	1944 年 12 月 13 日
王勇曾	莘县柿子园乡富豪庄村	20	男	1944 年 12 月 13 日
邵忠魁	莘县柿子园乡富豪庄村	40	男	1944 年 12 月 13 日
王明祥	莘县柿子园乡郑庄村	23	男	1944 年 12 月 13 日
四点棍	莘县魏庄乡信庄村	—	男	1944 年 12 月 22 日
王万才	莘县魏庄乡信庄村	—	男	1944 年 12 月 22 日
赵德举	莘县张鲁镇北安头北街村	53	男	1945 年 1 月 2 日
豆玉珍	莘县张鲁镇薛庄村	41	男	1945 年 1 月 30 日
刘春法	莘县张鲁镇北刘庄村	28	男	1945 年 1 月 30 日
蒋景贤	莘县莘城镇北街村	24	男	1945 年 2 月 21 日
赵李氏	莘县张鲁镇北安头北街村	55	女	1945 年 2 月 27 日
郭景玉之弟	莘县柿子园乡郭炉村	19	男	1945 年 2 月 27 日
焦得水	莘县妹冢镇西妹冢村	22	男	1945 年 2 月 27 日
马大明	莘县观城镇五楼屯村	27	男	1945 年 2 月 27 日
段玉德	莘县柿子园乡王观村	23	男	1945 年 2 月 27 日
李大隋	莘县莘亭镇碱厂李村	16	女	1945 年 3 月 21 日
朝石之母	莘县张鲁镇耿楼村	60	女	1945 年 3 月 21 日
耿朝法	莘县张鲁镇耿楼村	50	男	1945 年 3 月 21 日
怀印之三叔	莘县张鲁镇耿楼村	19	男	1945 年 3 月 21 日
耿连生	莘县张鲁镇耿楼村	22	男	1945 年 3 月 21 日
耿新福	莘县张鲁镇耿楼村	18	男	1945 年 3 月 21 日
路以人	莘县魏庄乡信庄村	—	男	1945 年 3 月 21 日
王万超	莘县魏庄乡信庄村	—	男	1945 年 3 月 21 日
王德胜	莘县莘城镇王升公庄村	28	男	1945 年 3 月 21 日
杨东生	莘县莘城镇王升公庄村	—	男	1945 年 3 月 21 日
张丙文	—	—	男	1945 年 3 月 21 日
单有立	—	—	男	1945 年 3 月 21 日
孙冯氏	—	—	女	1945 年 3 月 21 日

姓　名	籍　贯	年　龄	性　别	死难时间
孙郝氏	—	—	女	1945 年 3 月 21 日
孙正亭	—	—	男	1945 年 3 月 21 日
杨金祥	—	—	男	1945 年 3 月 21 日
徐　良	—	—	男	1945 年 3 月 21 日
徐庆月	—	—	男	1945 年 3 月 21 日
任发方	—	—	男	1945 年 3 月 21 日
李朱氏	—	—	女	1945 年 3 月 21 日
李大遂	—	—	男	1945 年 3 月 21 日
徐学文	莘县莘城镇南街村	—	男	1945 年 3 月 21 日
李丁女	莘县莘城镇南街村	—	女	1945 年 3 月 21 日
康　宁	莘县莘城镇南街村	—	男	1945 年 3 月 21 日
谢纪要	—	—	男	1945 年 3 月 21 日
程消光	—	—	男	1945 年 3 月 21 日
程深柱	—	—	男	1945 年 3 月 21 日
程得水	—	—	男	1945 年 3 月 21 日
谢同信	—	—	男	1945 年 3 月 21 日
刘××	—	—	男	1945 年 3 月 21 日
史八吉	—	—	男	1945 年 3 月 21 日
焦得水	—	—	男	1945 年 3 月 21 日
康有坤	莘县莘城镇南街村	18	男	1945 年 3 月 21 日
范保成	莘县莘城镇东毛坊村	19	男	1945 年 3 月 21 日
孙林双	莘县莘城镇土楼村	20	男	1945 年 3 月 21 日
刘忠元	莘县莘城镇盛屯村	25	男	1945 年 3 月 21 日
盛甲臣	莘县莘城镇盛屯村	27	男	1945 年 3 月 21 日
赵如伟	莘县莘城镇尧舜村	23	男	1945 年 3 月 21 日
刘协钧	莘县莘城镇礼院村	31	男	1945 年 3 月 21 日
刘新成	莘县莘城镇刘花园村	21	男	1945 年 3 月 21 日
王朝奎	莘县莘亭镇武庄村	18	男	1945 年 3 月 21 日
孙申禄	莘县莘亭镇单庙村	19	男	1945 年 3 月 21 日
张增明	莘县莘亭镇大姜庄村	20	男	1945 年 3 月 21 日
宋庆义	莘县莘亭镇曹楼村	19	男	1945 年 3 月 21 日
庞学顺	莘县莘亭镇	20	男	1945 年 3 月 21 日
曹永海	莘县莘亭镇曹屯村	29	男	1945 年 3 月 21 日
毛万生	莘县河店镇东郭家村	18	男	1945 年 3 月 21 日

姓 名	籍 贯	年 龄	性 别	死难时间
安春明	莘县河店镇河店村	23	男	1945 年 3 月 21 日
臧金生	莘县燕店镇臧庄村	25	男	1945 年 3 月 21 日
赵荣文	莘县燕店镇赵庄村	25	男	1945 年 3 月 21 日
马保民	莘县燕店镇孟家村	23	男	1945 年 3 月 21 日
周恩庆	莘县魏庄乡南阳村	25	男	1945 年 3 月 21 日
李郭代	莘县魏庄乡西八角庙村	23	男	1945 年 3 月 21 日
周衍星	莘县魏庄乡东八角庙村	24	男	1945 年 3 月 21 日
马保兰	莘县王奉镇化庄村	24	男	1945 年 3 月 21 日
李保明	莘县王奉镇	25	男	1945 年 3 月 21 日
马万修	莘县王奉镇南庄村	20	男	1945 年 3 月 21 日
李万良	莘县王奉镇北十户村	21	男	1945 年 3 月 21 日
辛保全	莘县王奉镇北十户村	25	男	1945 年 3 月 21 日
苏金荣	莘县王奉镇前岩村	20	男	1945 年 3 月 21 日
苏玉保	莘县王奉镇前岩村	19	男	1945 年 3 月 21 日
史战俭	莘县王奉镇道庄村	24	男	1945 年 3 月 21 日
高新玉	莘县王奉镇北王奉村	32	男	1945 年 3 月 21 日
孟继玉	莘县王奉镇安尚村	20	男	1945 年 3 月 21 日
孟继书	莘县王奉镇安尚村	22	男	1945 年 3 月 21 日
陈洪海	莘县王奉镇邢瞳村	20	男	1945 年 3 月 21 日
尹更田	莘县王奉镇元庄村	25	男	1945 年 3 月 21 日
侯保珍	莘县王奉镇元庄村	25	男	1945 年 3 月 21 日
曹发祥	莘县大王寨乡辛庄村	19	男	1945 年 3 月 21 日
曹德水	莘县大王寨乡辛庄村	19	男	1945 年 3 月 21 日
赵书臣	莘县大王寨乡东丈八村	21	男	1945 年 3 月 21 日
夏文法	莘县大王寨乡夏庄村	22	男	1945 年 3 月 21 日
马冬至	莘县张鲁镇东街村	26	男	1945 年 3 月 21 日
杨春堂	莘县张鲁镇东街村	24	男	1945 年 3 月 21 日
贾恩友	莘县张鲁镇中街村	23	男	1945 年 3 月 21 日
常根喜	莘县张鲁镇西街村	27	男	1945 年 3 月 21 日
马提贞	莘县张鲁镇西街村	30	男	1945 年 3 月 21 日
王怀祥	莘县张鲁镇王楼村	19	男	1945 年 3 月 21 日
吴凤岭	莘县张鲁镇吴堤口村	25	男	1945 年 3 月 21 日
满书臣	莘县俎店乡东延营村	19	男	1945 年 3 月 21 日
鲁玉平	莘县燕店镇康庄村	36	男	1945 年 3 月 21 日

姓 名	籍 贯	年 龄	性 别	死难时间
邵孟龙	莘县董杜庄镇邵庄村	27	男	1945 年 3 月 21 日
陈会民	莘县俎店乡陈集村	24	男	1945 年 3 月 21 日
肖九成	莘县董杜庄镇肖郭庄村	24	男	1945 年 3 月 21 日
寻锁起	莘县妹冢镇安庄村	23	男	1945 年 3 月 21 日
刘 喜	莘县张寨乡沙河村	20	男	1945 年 3 月 21 日
陈林波	莘县张寨乡土陈村	21	男	1945 年 3 月 21 日
郭锡更	莘县张寨乡郭炉村	20	男	1945 年 3 月 21 日
邵中秋	莘县徐庄乡武庄村	26	男	1945 年 3 月 21 日
王来增	莘县十八里铺镇高林庄村	23	男	1945 年 3 月 21 日
李传伦	莘县十八里铺镇	19	男	1945 年 3 月 21 日
王凤英	莘县十八里铺镇刘炉村	45	女	1945 年 3 月 21 日
冯章锁	莘县王庄集乡蒋店村	26	男	1945 年 3 月 21 日
韩福朝	莘县王庄集乡西社庄村	22	男	1945 年 3 月 21 日
马更田	莘县王庄集乡马集村	27	男	1945 年 3 月 21 日
靳明兴	莘县王庄集乡中沙村	20	男	1945 年 3 月 21 日
杨理瑞	莘县柿子园乡杨行村	21	男	1945 年 3 月 21 日
王传道	莘县观城镇邵张屯村	25	男	1945 年 3 月 21 日
吕吉昌	莘县观城镇吕庙村	24	男	1945 年 3 月 21 日
岳彩法	莘县观城镇岳坊东村	37	男	1945 年 3 月 21 日
岳宪功	莘县观城镇王山谷村	25	男	1945 年 3 月 21 日
张传秀	莘县观城镇古井村	19	男	1945 年 3 月 21 日
孟青忙	莘县观城镇西马沟村	25	男	1945 年 3 月 21 日
王际成	莘县大张家镇东刘海村	40	男	1945 年 3 月 21 日
乜银双	莘县大张家镇车川口村	22	男	1945 年 3 月 21 日
秦怀义	莘县大张家镇车川口村	25	男	1945 年 3 月 21 日
武承义	莘县大张家镇西武庄村	20	男	1945 年 3 月 21 日
肖永安	莘县古云镇肖楼村	26	男	1945 年 3 月 21 日
张功为	莘县古云镇张庄村	21	男	1945 年 3 月 21 日
徐玉峰	莘县古云镇徐庄村	38	男	1945 年 3 月 21 日
徐光学	莘县古云镇徐庄村	37	男	1945 年 3 月 21 日
刘玉岭	莘县古云镇刘庄村	22	男	1945 年 3 月 21 日
申朝永	莘县古云镇古云西村	29	男	1945 年 3 月 21 日
刘书传	莘县古云镇西池村	57	男	1945 年 3 月 21 日
邢玉朝	莘县古云镇西池村	30	男	1945 年 3 月 21 日

姓 名	籍 贯	年 龄	性 别	死难时间
皮德相	莘县古云镇西池村	27	男	1945 年 3 月 21 日
姚百岭	莘县樱桃园镇马庄村	19	男	1945 年 3 月 21 日
赵孟臣	莘县樱桃园镇赵亭村	29	男	1945 年 3 月 21 日
张东升	莘县樱桃园镇岳亭村	30	男	1945 年 3 月 21 日
侯平均	莘县樱桃园镇侯楼村	39	男	1945 年 3 月 21 日
吕宗玉	莘县樱桃园镇刘楼村	18	男	1945 年 3 月 21 日
李永乾	莘县樱桃园镇张青营村	25	男	1945 年 3 月 21 日
白继成	莘县樱桃园镇白滩村	25	男	1945 年 3 月 21 日
白传保	莘县古城镇南街村	20	男	1945 年 3 月 21 日
张金堂	莘县古城镇西关	25	男	1945 年 3 月 21 日
王守坤	莘县古城镇西关	21	男	1945 年 3 月 21 日
范成贵	莘县古城镇东街村	26	男	1945 年 3 月 21 日
李思仁	莘县古城镇西红庙村	23	男	1945 年 3 月 21 日
崔莆田	莘县魏庄乡崔马固村	58	男	1945 年 3 月 21 日
崔佃纲	莘县魏庄乡崔马固村	12	男	1945 年 3 月 21 日
崔克广	莘县魏庄乡崔马固村	56	男	1945 年 3 月 21 日
崔沙岐	莘县魏庄乡崔马固村	30	男	1945 年 3 月 21 日
吴朝峰	莘县魏庄乡崔马固村	50	男	1945 年 3 月 21 日
吴朝显	莘县魏庄乡崔马固村	55	男	1945 年 3 月 21 日
崔景献	莘县魏庄乡崔马固村	42	男	1945 年 3 月 21 日
肖多恩	莘县大张家镇肖屯村	28	男	1945 年 3 月 21 日
付 成	莘县燕店镇燕店村	31	男	1945 年 3 月 21 日
豆丁银	莘县燕店镇燕店村	32	男	1945 年 3 月 21 日
王立功	莘县大张家镇王庄寨村	19	男	1945 年 3 月 21 日
武承气	莘县大张家镇武庄村	16	男	1945 年 3 月 21 日
蒋学信	莘县莘亭镇蒋庄村	27	男	1945 年 3 月 21 日
张心朝	莘县樱桃园镇后尚武寨村	18	男	1945 年 3 月 21 日
张心明	莘县樱桃园镇将军寨村	22	男	1945 年 3 月 21 日
赵武坤	莘县樱桃园镇将军寨村	26	男	1945 年 3 月 21 日
陈雪亮之兄	莘县张寨乡吉祥寺村	31	男	1945 年 3 月 21 日
郭梦月	莘县张寨乡郭炉村	21	女	1945 年 3 月 21 日
郝学善	莘县燕店镇麻寨村	22	男	1945 年 3 月 30 日
孙兰田	莘县徐庄乡东孙庄村	42	男	1945 年 3 月 30 日
孙建功	莘县徐庄乡孙庄村	44	男	1945 年 3 月 30 日

姓 名	籍 贯	年 龄	性 别	死难时间
谢洪吉	莘县徐庄乡	18	男	1945 年 3 月 30 日
徐保德	莘县徐庄乡	—	男	1945 年 3 月 30 日
刘清龙	莘县莘亭镇曹屯村	24	男	1945 年 3 月 30 日
王振旭	莘县魏庄乡邹巷村	22	男	1945 年 3 月 30 日
刘同仁	莘县张鲁镇刘庄村	29	男	1945 年 3 月 30 日
康 宁	莘县莘亭镇碱场李村	21	男	1945 年 3 月 30 日
李代江之母	莘县莘亭镇碱场李村	40	女	1945 年 3 月 30 日
王孟立	莘县古城镇艾集村	32	男	1945 年 4 月 30 日
于 氏	莘县古城镇艾集村	28	女	1945 年 4 月 30 日
张洪代	莘县大王寨乡前观上村	20	男	1945 年 4 月 30 日
王庆林	莘县古云镇王拐村	19	男	1945 年 4 月 30 日
张方元	—	22	男	1945 年 4 月 30 日
李雨雷	莘县大王寨乡西丈八村	28	男	1945 年 4 月 30 日
马万仓	莘县董杜庄镇马庄村	23	男	1945 年 5 月 30 日
马德禄	莘县董杜庄镇马庄村	27	男	1945 年 5 月 30 日
刘殿尊	莘县董杜庄镇黑刘家村	31	男	1945 年 5 月 30 日
李银海	莘县观城镇孟秋寺村	25	男	1945 年 5 月 30 日
王文俊	莘县古云镇王拐村	26	男	1945 年 5 月 30 日
王春芳	莘县魏庄乡南阳村	20	男	1945 年 5 月 30 日
胡长申	莘县王奉镇化庄村	28	男	1945 年 5 月 30 日
高玉振	莘县王奉镇化庄村	26	男	1945 年 5 月 30 日
张洪臣	莘县王奉镇化庄村	17	男	1945 年 5 月 30 日
白玉成	莘县王奉镇白庄村	19	男	1945 年 5 月 30 日
阎书慧	莘县王奉镇阎庄村	30	男	1945 年 5 月 30 日
岳金法	莘县王奉镇北十户村	21	男	1945 年 5 月 30 日
岳秀伍	莘县王奉镇北十户村	21	男	1945 年 5 月 30 日
李金坤	莘县王奉镇北十户村	22	男	1945 年 5 月 30 日
岳增富	莘县王奉镇北十户村	24	男	1945 年 5 月 30 日
郭林东	莘县王奉镇化庄村	30	男	1945 年 5 月 30 日
孙德安	莘县王奉镇后岩村	27	男	1945 年 5 月 30 日
王五合	莘县王奉镇北王奉村	29	男	1945 年 5 月 30 日
王景合	莘县王奉镇北王奉村	20	男	1945 年 5 月 30 日
辛德聚	莘县王奉镇邢疃村	23	男	1945 年 6 月 30 日
许永志	莘县王奉镇东寺上村	25	男	1945 年 6 月 30 日

姓 名	籍 贯	年 龄	性 别	死难时间
任二五	莘县张鲁镇南无村	23	男	1945 年 6 月 30 日
刘善存	莘县妹冢镇西妹冢村	20	男	1945 年 6 月 30 日
王亚民	莘县十八里铺镇尹营村	25	男	1945 年 6 月 30 日
左金龙	莘县莘城镇谢庄村	19	男	1945 年 6 月 30 日
孟繁生	莘县燕店镇孟家村	23	男	1945 年 6 月 30 日
张存良	莘县董杜庄镇西函丈村	21	男	1945 年 6 月 30 日
张留保	莘县董杜庄镇西函丈村	20	男	1945 年 6 月 30 日
王新启	莘县俎店乡姜屯	19	男	1945 年 7 月 30 日
郭东江	莘县徐庄乡西梁庄	24	男	1945 年 7 月 30 日
高华明	莘县十八里铺镇前高庄村	28	男	1945 年 7 月 30 日
岳宋波	莘县观城镇岳坊西村	19	男	1945 年 7 月 30 日
刘景恩	莘县大张家镇陈庄村	26	男	1945 年 7 月 30 日
庞德山	莘县莘亭镇大姜庄村	18	男	1945 年 7 月 30 日
窦贞山	莘县燕店镇燕店村	33	男	1945 年 7 月 30 日
孙明臣	莘县大王寨乡郑家村	19	男	1945 年 7 月 30 日
夏任臣	莘县大王寨乡夏庄村	22	男	1945 年 7 月 30 日
王春来	莘县张寨乡沙窝村	37	男	1945 年 7 月 30 日
邱逐昌	莘县张寨乡主卜营村	25	男	1945 年 7 月 30 日
齐殿林	莘县徐庄乡	29	男	1945 年 7 月 30 日
武金臣	莘县徐庄乡	33	男	1945 年 7 月 30 日
鲁从雨	莘县柿子园乡寇庄村	22	男	1945 年 7 月 30 日
岳耀存	莘县观城镇岳坊东村	17	男	1945 年 7 月 30 日
张心朋	莘县樱桃园镇将军寨村	32	男	1945 年 7 月 30 日
黄忠学	莘县古城镇北关	25	男	1945 年 7 月 30 日
岳成修	莘县古城镇北关	45	男	1945 年 7 月 30 日
荣庆龙	莘县古城镇北关	42	男	1945 年 7 月 30 日
孙更旭	莘县古城镇孙庄村	22	男	1945 年 7 月 30 日
魏平海	莘县古城镇位庄村	24	男	1945 年 7 月 30 日
杜良才	莘县古城镇殿北赵庄村	27	男	1945 年 7 月 30 日
赵怀明	莘县古城镇殿北赵庄村	28	男	1945 年 7 月 30 日
赵心岭	莘县古城镇殿南赵庄村	18	男	1945 年 8 月 30 日
周殿军	莘县古城镇大屯村	21	男	1945 年 8 月 30 日
张心文	莘县古城镇坊子铺村	22	男	1945 年 8 月 30 日
李德祥	莘县古城镇瓦屋村	19	男	1945 年 8 月 30 日

姓 名	籍 贯	年 龄	性 别	死难时间
吕传照	莘县古城镇吕堤村	26	男	1945 年 8 月 30 日
刘友仁	莘县十八里铺镇三义村	24	男	1945 年 8 月 30 日
刘洪贵	莘县莘亭镇曹屯村	21	男	1945 年 8 月 30 日
马明兴	莘县王奉镇东滩村	19	男	1945 年 8 月 30 日
张景全	莘县张鲁镇东街村	29	男	1945 年 8 月 30 日
赵来玉	莘县张鲁镇赵官目村	19	男	1945 年 8 月 30 日
赵新印	莘县张鲁镇赵官目村	19	男	1945 年 8 月 30 日
杨余臣	莘县张鲁镇马村南村	25	男	1945 年 8 月 30 日
丁希田	莘县妹冢镇碾营村	19	男	1945 年 8 月 30 日
李洪钦	莘县妹冢镇碾营村	24	男	1945 年 8 月 30 日
郭江柱	莘县张寨乡东节村	22	男	1945 年 8 月 30 日
郭锡恒	莘县张寨乡郭炉村	44	男	1945 年 8 月 30 日
辛连臣	莘县十八里铺镇尹营村	18	男	1945 年 8 月 30 日
吴庆文	莘县樱桃园镇庄和村	23	男	1945 年 8 月 30 日
李振先	莘县古城镇西红庙村	20	男	1945 年 8 月 30 日
张锁柱之祖母	莘县徐庄乡张楼村	68	女	1945 年 8 月 30 日
胡玉闪	莘县柿子园乡王顺廷村	—	男	1939 年 10 月 30 日
王宝印	莘县柿子园乡王顺廷村	—	男	1939 年 10 月 30 日
孙子顺	莘县大张家镇陈庄村	—	男	1942 年 12 月 30 日
孙子顺之妻	莘县大张家镇陈庄村	—	女	1942 年 12 月 30 日
蔡朝巨之祖父	莘县河店镇田海村	—	男	1942 年 12 月 30 日
合 计	1786			

责任人：王爱民 马士祥 核实人：王继斌 王明龙 武敬达 邵保柱 填表人：王明龙
填报单位（签章）：莘县县委党史研究室　　　　　填报时间：2009 年 5 月 7 日

阳谷县抗日战争时期死难者名录

姓 名	籍 贯	年 龄	性 别	死难时间
李继先	阳谷县七级镇东辛村	—	男	1937 年
胡福成	阳谷县博济桥街道司营村	—	男	1937 年
司登进	阳谷县博济桥街道司营村	—	男	1937 年
查连信	阳谷县阿城镇岳庄村	—	男	1937 年
司长三	阳谷县阿城镇岳庄村	—	男	1937 年
郝二猴	阳谷县大布乡郝楼村	—	男	1937 年
席守兴	阳谷县高庙王乡后仓村	24	男	1937 年
郭 眘	阳谷县阿城镇郭魏陈村	—	女	1937 年
王玉增	阳谷县阿城镇李炉村	—	男	1937 年
杨长久	阳谷县阿城镇李炉村	28	男	1937 年
陈 保	阳谷县阿城镇郭魏陈村	—	男	1937 年
魏长印	阳谷县阿城镇郭魏陈村	—	男	1937 年
郭长榜	阳谷县阿城镇郭魏陈村	—	男	1937 年
王升银之妻	阳谷县李台镇临河一村	31	女	1938 年 3 月
王 忠	阳谷县阎楼镇双庙苏村	—	男	1938 年 3 月
郭庆昌	阳谷县安乐镇西李楼村	—	男	1938 年 4 月
李梅田	阳谷县安乐镇西李楼村	—	男	1938 年 4 月
李西芳	阳谷县安乐镇西李楼村	—	男	1938 年 4 月
赵秀菊	阳谷县安乐镇西李楼村	17	女	1938 年 4 月
臧佃凤	阳谷县金斗营乡子路堤村	26	男	1938 年 4 月 4 日
臧法希	阳谷县金斗营乡子路堤村	25	男	1938 年 4 月 4 日
臧法硕	阳谷县金斗营乡子路堤村	30	男	1938 年 4 月 4 日
臧法信	阳谷县金斗营乡子路堤村	31	男	1938 年 4 月 4 日
臧佃士	阳谷县金斗营乡子路堤村	29	男	1938 年 4 月 4 日
臧佃保	阳谷县金斗营乡子路堤村	29	男	1938 年 4 月 4 日
臧建海	阳谷县金斗营乡子路堤村	32	男	1938 年 4 月 4 日
臧佃起	阳谷县金斗营乡子路堤村	31	男	1938 年 4 月 4 日
臧景武	阳谷县金斗营乡子路堤村	33	男	1938 年 4 月 4 日
臧佃建	阳谷县金斗营乡子路堤村	27	男	1938 年 4 月 4 日
臧佃环	阳谷县金斗营乡子路堤村	33	男	1938 年 4 月 4 日
臧佃振	阳谷县金斗营乡子路堤村	28	男	1938 年 4 月 4 日

姓 名	籍 贯	年 龄	性 别	死难时间
臧法胜	阳谷县金斗营乡子路堤村	26	男	1938 年 4 月 4 日
臧佃倍	阳谷县金斗营乡子路堤村	31	男	1938 年 4 月 4 日
臧景文	阳谷县金斗营乡子路堤村	32	男	1938 年 4 月 4 日
臧朝江	阳谷县金斗营乡子路堤村	29	男	1938 年 4 月 4 日
臧学清	阳谷县金斗营乡子路堤村	28	男	1938 年 4 月 4 日
臧景明	阳谷县金斗营乡子路堤村	31	男	1938 年 4 月 4 日
臧佃贵	阳谷县金斗营乡子路堤村	32	男	1938 年 4 月 4 日
臧佃春	阳谷县金斗营乡子路堤村	30	男	1938 年 4 月 4 日
臧法秀	阳谷县金斗营乡子路堤村	26	男	1938 年 4 月 4 日
臧法福	阳谷县金斗营乡子路堤村	27	男	1938 年 4 月 4 日
杨电争之祖父	阳谷县安乐镇薛寨村	—	男	1938 年 4 月 26 日
薛守成之祖父	阳谷县安乐镇薛寨村	—	男	1938 年 4 月 26 日
薛兆太之叔叔	阳谷县安乐镇薛寨村	—	男	1938 年 4 月 26 日
崔洪印之叔叔	阳谷县安乐镇薛寨村	—	男	1938 年 4 月 26 日
薛庆东	阳谷县安乐镇薛寨村	—	男	1938 年 4 月 26 日
薛会香	阳谷县安乐镇薛寨村	—	男	1938 年 4 月 26 日
薛庆存	阳谷县安乐镇薛寨村	—	男	1938 年 4 月 26 日
薛兆夺之大伯	阳谷县安乐镇薛寨村	—	男	1938 年 4 月 26 日
薛庆月之祖父	阳谷县安乐镇薛寨村	—	男	1938 年 4 月 26 日
李士成之祖母	阳谷县安乐镇薛寨村	—	女	1938 年 4 月 26 日
赵光荣	阳谷县张秋镇北街村	56	男	1938 年 5 月
刘怀存	阳谷县李台镇前李村	17	男	1938 年 9 月
孙世荣	阳谷县阿城镇刘什庄村	35	男	1938 年 9 月
孟宪彬	阳谷县狮子楼街道南街	30	男	1938 年
王朝聚	阳谷县定水镇王泓村	47	男	1938 年
张洪之	阳谷县十五里园镇皇姑冢	20	男	1938 年
王才早	阳谷县侨润街道谷山社区	—	男	1938 年
武守业	阳谷县安乐镇左洼村	80	男	1938 年
霍兆本	阳谷县阿城镇温碾村	19	男	1938 年
张保才	阳谷县阿城镇刘什庄村	33	男	1938 年
林之梦之妻	阳谷县阿城镇刘什庄村	24	女	1938 年
孙玉民之弟	阳谷县阿城镇刘什庄村	2	男	1938 年
杨学朱	阳谷县七级镇前杨村	—	男	1938 年
任长明	阳谷县阿城镇李炉村	24	男	1938 年

姓　名	籍　贯	年　龄	性　别	死难时间
周广友	阳谷县侨润街道顺达社区	—	男	1938 年
郭振年	阳谷县侨润街道顺达社区	—	男	1938 年
许贵昌之儿媳	阳谷县寿张镇许堤村	—	女	1939 年 3 月 22 日
李春风	阳谷县寿张镇许堤村	—	女	1939 年 3 月 22 日
许庆仙	阳谷县寿张镇许堤村	—	女	1939 年 3 月 22 日
岳修林	阳谷县寿张镇北台村	67	男	1939 年 3 月 22 日
陈二黄病	阳谷县寿张镇东关	—	男	1939 年 3 月 22 日
孟昭之	阳谷县寿张镇	—	男	1939 年 3 月 22 日
吴景福	阳谷县寿张镇吴家街	—	男	1939 年 3 月 22 日
岳存新	阳谷县寿张镇东关路村	—	男	1939 年 3 月 22 日
韩安营	阳谷县阿城镇韩海村	—	男	1939 年 3 月 22 日
刘佃明	阳谷县阿城镇阿西村	21	男	1939 年 3 月 22 日
刘佃忠	阳谷县阿城镇阿西村	25	男	1939 年 3 月 22 日
刘金文	阳谷县阿城镇阿西村	24	男	1939 年 3 月 22 日
杜广平	阳谷县阿城镇阿西村	48	男	1939 年 3 月 22 日
杜清溪	阳谷县阿城镇阿西村	25	男	1939 年 3 月 22 日
陈廷元	阳谷县阿城镇阿西村	30	男	1939 年 3 月 22 日
陈廷举	阳谷县阿城镇阿西村	30	男	1939 年 3 月 22 日
曹登明	阳谷县阿城镇阿西村	26	男	1939 年 3 月 22 日
王老尿	阳谷县阿城镇阿西村	40	男	1939 年 3 月 22 日
郎风祥	阳谷县阿城镇阿西村	30	男	1939 年 3 月 22 日
朱学礼	阳谷县阿城镇阿西村	32	男	1939 年 3 月 22 日
朱金海	阳谷县阿城镇阿西村	30	男	1939 年 3 月 22 日
朱长法	阳谷县阿城镇阿西村	40	男	1939 年 3 月 22 日
肖风明	阳谷县阿城镇阿西村	60	男	1939 年 3 月 22 日
勾佃举	阳谷县阿城镇阿西村	62	男	1939 年 3 月 22 日
李法山	阳谷县阿城镇阿西村	34	男	1939 年 3 月 22 日
李法海	阳谷县阿城镇阿西村	41	男	1939 年 3 月 22 日
王振吉	阳谷县阿城镇阿西村	36	男	1939 年 3 月 22 日
卢振祥	阳谷县阿城镇阿西村	30	男	1939 年 3 月 22 日
卢金元	阳谷县阿城镇阿西村	25	男	1939 年 3 月 22 日
杨守法	阳谷县阿城镇阿西村	26	男	1939 年 3 月 22 日
杨学伍	阳谷县阿城镇阿西村	26	男	1939 年 3 月 22 日
杨庆文	阳谷县阿城镇阿西村	24	男	1939 年 3 月 22 日

姓　名	籍　贯	年　龄	性　别	死难时间
杨慎行	阳谷县阿城镇阿西村	25	男	1939 年 3 月 22 日
付兆才	阳谷县阿城镇阿西村	28	男	1939 年 3 月 22 日
付希同	阳谷县阿城镇阿西村	26	男	1939 年 3 月 22 日
李瑞祥	阳谷县阿城镇阿西村	24	男	1939 年 3 月 22 日
邢怀青	阳谷县阿城镇阿西村	21	男	1939 年 3 月 22 日
杨守礼	阳谷县阿城镇阿西村	30	男	1939 年 3 月 22 日
林丙冉	阳谷县阿城镇阿西村	25	男	1939 年 3 月 22 日
赵永福	阳谷县阿城镇阿西村	26	男	1939 年 3 月 22 日
林留代	阳谷县阿城镇阿西村	30	男	1939 年 3 月 22 日
林士奇	阳谷县阿城镇阿西村	24	男	1939 年 3 月 22 日
曹登云	阳谷县阿城镇阿西村	30	男	1939 年 3 月 22 日
郭景一	阳谷县阿城镇阿西村	30	男	1939 年 3 月 22 日
张学珠	阳谷县阿城镇阿西村	20	男	1939 年 3 月 22 日
程守奎	阳谷县阿城镇阿西村	25	男	1939 年 3 月 22 日
薛　氏	阳谷县阿城镇阿西村	30	女	1939 年 3 月 22 日
李福五	阳谷县阿城镇阿西村	30	男	1939 年 3 月 22 日
许　氏	阳谷县阿城镇阿西村	40	女	1939 年 3 月 22 日
薛洪钢	阳谷县阿城镇阿西村	26	男	1939 年 3 月 22 日
程奎廷	阳谷县阿城镇阿西村	32	男	1939 年 3 月 22 日
程广兴	阳谷县阿城镇阿西村	30	男	1939 年 3 月 22 日
亓云路	阳谷县阿城镇阿西村	70	男	1939 年 3 月 22 日
亓学银	阳谷县阿城镇阿西村	27	男	1939 年 3 月 22 日
亓学明	阳谷县阿城镇阿西村	21	男	1939 年 3 月 22 日
勾佃玉	阳谷县阿城镇阿西村	30	男	1939 年 3 月 22 日
杜广善	阳谷县阿城镇阿西村	40	男	1939 年 3 月 22 日
贺　蛋	阳谷县阿城镇阿西村	41	男	1939 年 3 月 22 日
徐振海	阳谷县阿城镇阿西村	30	男	1939 年 3 月 22 日
崔言祥	阳谷县阿城镇阿西村	40	男	1939 年 3 月 22 日
杜清元	阳谷县阿城镇阿西村	23	男	1939 年 3 月 22 日
张金成	阳谷县阿城镇阿西村	30	男	1939 年 3 月 22 日
李佃英	阳谷县阿城镇阿西村	28	男	1939 年 3 月 22 日
陈保民	阳谷县阿城镇阿西村	20	男	1939 年 3 月 22 日
刘成家	阳谷县阿城镇阿西村	30	男	1939 年 3 月 22 日
陈景昌	阳谷县阿城镇海会寺村	40	男	1939 年 3 月 22 日

姓 名	籍 贯	年 龄	性 别	死难时间
魏祥才	阳谷县阿城镇阿西村	30	男	1939 年 3 月 22 日
郭景堂	阳谷县阿城镇东双庙村	—	男	1939 年 3 月 22 日
张学朱	阳谷县阿城镇东双庙村	—	男	1939 年 3 月 22 日
邢怀清	阳谷县阿城镇东双庙村	—	男	1939 年 3 月 22 日
徐长清	阳谷县阿城镇东双庙村	—	男	1939 年 3 月 22 日
王学礼	阳谷县阿城镇阿东村	38	男	1939 年 3 月 22 日
李广昌	阳谷县阿城镇阿东村	37	男	1939 年 3 月 22 日
张怀成	阳谷县阿城镇阿东村	50	男	1939 年 3 月 22 日
解少田	阳谷县阿城镇阿东村	30	男	1939 年 3 月 22 日
解克勤	阳谷县阿城镇阿东村	60	男	1939 年 3 月 22 日
刘纪红	阳谷县阿城镇阿东村	30	男	1939 年 3 月 22 日
刘华斌	阳谷县阿城镇阿东村	32	男	1939 年 3 月 22 日
徐汉文	阳谷县阿城镇阿东村	35	男	1939 年 3 月 22 日
付道才	阳谷县阿城镇刘楼村	—	男	1939 年 3 月 22 日
刘杨氏	阳谷县阿城镇刘楼村	—	女	1939 年 3 月 22 日
李文才	阳谷县阿城镇皋门村	21	男	1939 年 3 月 22 日
魏义成	阳谷县阿城镇皋门村	25	男	1939 年 3 月 22 日
张三香	阳谷县阿城镇皋门村	15	女	1939 年 3 月 22 日
栾振海	阳谷县阿城镇皋门村	30	男	1939 年 3 月 22 日
赵坷浪	阳谷县阿城镇皋门村	28	男	1939 年 3 月 22 日
林之东	阳谷县阿城镇刘什庄村	54	男	1939 年 3 月 22 日
林丙玉	阳谷县阿城镇刘什庄村	32	男	1939 年 3 月 22 日
林丙春	阳谷县阿城镇刘什庄村	19	男	1939 年 3 月 22 日
宋朝俊	阳谷县阎楼镇双庙苏村	29	男	1939 年 3 月
宋朝良	阳谷县阎楼镇双庙苏村	29	男	1939 年 3 月
宋朝贵	阳谷县阎楼镇双庙苏村	28	男	1939 年 3 月
宋义旺之祖父	阳谷县阎楼镇双庙苏村	28	男	1939 年 3 月
史书成	阳谷县郭屯乡邵楼村	22	男	1939 年 5 月
张新亭	阳谷县高庙王乡前仓村	24	男	1939 年 5 月
岳崇禄	阳谷县博济桥街道岳海村	23	男	1939 年 5 月
小任武	阳谷县博济桥街道费楼村	17	男	1939 年 6 月 20 日
唐树才	阳谷县博济桥街道官路唐村	19	男	1939 年 6 月 20 日
梁登月	阳谷县博济桥街道华佗庙村	60	男	1939 年 6 月
梁福世	阳谷县博济桥街道华佗庙村	19	男	1939 年 6 月

姓　名	籍　贯	年　龄	性　别	死难时间
刘殿觉	阳谷县博济桥街道华佗庙村	59	男	1939 年 6 月
钟本成	阳谷县博济桥街道华佗庙村	40	男	1939 年 6 月
郭存哲	阳谷县博济桥街道华佗庙村	30	男	1939 年 6 月
孙梦臣	阳谷县博济桥街道华佗庙村	42	男	1939 年 6 月
王金新	阳谷县郭屯乡杨皋村	28	男	1939 年 10 月
吕继云	阳谷县阿城镇曹庄村	17	男	1939 年 10 月
杜文柱	阳谷县侨润街道杜庄村	—	男	1939 年
霍兆安	阳谷县阿城镇温碾村	34	男	1939 年
霍兆磊	阳谷县阿城镇温碾村	20	男	1939 年
李贵生	阳谷县博济桥街道前李村	—	男	1939 年
李保庆	阳谷县博济桥街道前李村	—	男	1939 年
席永平	—	33	男	1939 年
魏学达	阳谷县阿城镇尤楼村	—	男	1939 年
马景禹	阳谷县阿城镇尤楼村	—	男	1939 年
王海文	阳谷县狮子楼街道八里桥村	35	男	1939 年
周武氏	阳谷县阎楼镇周庄村	70	女	1939 年
夏庆臣	阳谷县阿城镇夏堂村	—	男	1939 年
宗德贞	阳谷县七级镇孙庄村	26	男	1939 年
李玉贵	阳谷县安乐镇李楼村	21	男	1940 年 2 月
王长瑞	阳谷县郭屯乡梨园村	20	男	1940 年 2 月
孙士贵	阳谷县阿城镇刘什庄村	18	男	1940 年 3 月
杨学文	阳谷县阿城镇杨窑村	17	男	1940 年 3 月
王庆禄	阳谷县阿城镇殷坑村	20	男	1940 年 3 月
刘汉山	阳谷县阿城镇夏庄村	20	男	1940 年 4 月
高见明	阳谷县阿城镇殷坑村	22	男	1940 年 5 月
王德功	阳谷县阿城镇殷坑村	20	男	1940 年 5 月
孙道南	阳谷县张秋镇小阎楼村	23	男	1940 年 5 月
李忠文	阳谷县张秋镇五里营村	27	男	1940 年 5 月
王立善	阳谷县张秋镇五里营村	22	男	1940 年 6 月
方全喜之妻	阳谷县李台镇李台村	31	女	1940 年 6 月
赵连兴	阳谷县高庙王乡高庙王村	26	男	1940 年 7 月
张卫生	阳谷县定水镇坡里村	17	男	1940 年 7 月
张明珠	阳谷县定水镇坡里村	25	男	1940 年 7 月
刘纪合	阳谷县七级镇西刘村	19	男	1940 年 8 月

姓 名	籍 贯	年 龄	性 别	死难时间
杨守芝	阳谷县七级镇青法寺村	39	男	1940 年 8 月
王同乐	阳谷县郭屯乡梨园村	27	男	1940 年 8 月
翟瑞国	阳谷县郭屯乡梨园村	26	男	1940 年 8 月
翟瑞民	阳谷县七级镇大翟村	33	男	1940 年 8 月
柳新贞	阳谷县郭屯乡邵楼村	22	男	1940 年 9 月
辛文成	阳谷县阿城镇武台村	30	男	1940 年 9 月
时念祥	阳谷县阿城镇王庄村	32	男	1940 年 9 月
辛 三	阳谷县阿城镇武台村	26	男	1940 年 9 月
庄文玉	阳谷县七级镇七一村	30	男	1940 年 10 月
王学武	阳谷县定水镇大坑王村	23	男	1940 年 11 月
王永魁	阳谷县定水镇大坑王村	24	男	1940 年 11 月
王士选	阳谷县定水镇大坑王村	21	男	1940 年 11 月
李丕明	阳谷县七级镇东刘村	19	男	1940 年
王臣修	阳谷县安乐镇范庄村	17	男	1940 年
洪玉春	阳谷县郭屯乡洪刘村	27	男	1940 年
刘书林	阳谷县侨润街道	29	男	1940 年
王才伦	阳谷县侨润街道谷山社区	—	男	1940 年
邵广泌	阳谷县侨润街道门庄村	—	男	1940 年
邵广胜	阳谷县侨润街道门庄村	—	男	1940 年
张培力	阳谷县阎楼镇张楼村	25	男	1940 年
秦连芳	阳谷县大布乡穆庄	—	男	1940 年
王代民	阳谷县狮子楼街道八里桥村	35	女	1940 年
焦让之	阳谷县七级镇南焦村	20	男	1940 年
李洪甲	阳谷县阿城镇北李村	24	男	1940 年
王学涛	阳谷县狮子楼街道八里桥村	6	男	1940 年
宗德祥	阳谷县七级镇孙庄村	24	男	1940 年
王秀珍	阳谷县狮子楼街道八里桥村	9	男	1940 年
洪 强	阳谷县郭屯乡洪刘村	89	男	1940 年
孙保明	阳谷县七级镇孙庄村	19	男	1940 年
邢友才	阳谷县安乐镇左洼村	79	男	1940 年
杜乐芝	阳谷县安乐镇左洼村	77	男	1940 年
武迎仁	阳谷县定水镇武堤口村	60	男	1940 年
张道山	阳谷县阿城镇汤洼村	21	男	1941 年 1 月
魏清昌	阳谷县石佛镇魏庄村	21	男	1941 年 2 月

姓　名	籍　贯	年　龄	性　别	死难时间
刘玉贵	阳谷县阿城镇李炉村	26	男	1941 年 2 月
李保玉	阳谷县七级前郎湾村	16	男	1941 年 3 月
高贵良	阳谷县张秋镇西街村	35	男	1941 年 3 月
杨诚斋	阳谷县阿城镇李庄村	17	男	1941 年 3 月
涂士其	阳谷县阿城镇阿西村	30	男	1941 年 3 月
谷凤格	阳谷县阎楼镇谷岩寨村	28	男	1941 年 3 月
宋来安	阳谷县阿城镇宋庄村	21	男	1941 年 3 月
徐兴忠	阳谷县寿张镇寇那里村	36	男	1941 年 5 月
寇洪勋	阳谷县郭屯乡王营村	23	男	1941 年 5 月
李保之	阳谷县石佛镇青杨李村	22	男	1941 年 6 月
郭凤城	阳谷县定水镇郭堤口村	17	男	1941 年 7 月
周茂甲	阳谷县阿城镇刘什庄村	19	男	1941 年 7 月
朱尚文	阳谷县阿城镇刘什庄村	33	男	1941 年 7 月
刘庆祥	阳谷县阎楼镇柴楼村	46	男	1941 年 7 月
赵兴杰	阳谷县大布乡赵堂村	19	男	1941 年 8 月
赵忠一	阳谷县郭屯乡赵园村	21	男	1941 年 8 月
赵得山	阳谷县定水镇五杨村	48	男	1941 年 8 月
郑玉隆	阳谷县定水镇草寺村	23	男	1941 年 8 月
郑怀孟	阳谷县定水镇草寺村	21	男	1941 年 8 月
郑玉连	阳谷县定水镇草寺村	29	男	1941 年 8 月
郑怀印	阳谷县定水镇草寺村	27	男	1941 年 8 月
郑怀之	阳谷县定水镇草寺村	24	男	1941 年 8 月
刘　立	阳谷县石佛镇	21	男	1941 年 10 月
侯宪章	阳谷县李台镇关门口村	42	男	1941 年 10 月
关登义	阳谷县李台镇关门口村	23	男	1941 年 10 月
李传明	阳谷县阿城镇大洼里村	25	男	1941 年 10 月
李世杰	阳谷县阿城镇大洼里村	41	男	1941 年 10 月
高桂明	阳谷县阿城镇大洼里村	17	男	1941 年 10 月
井福代	阳谷县七级镇苇铺村	21	男	1941 年 10 月
孟宪任	阳谷县李台镇魏老楼村	21	男	1941 年 10 月
王凤祥	阳谷县石佛镇	29	男	1941 年 11 月
郑清河	阳谷县定水镇草寺村	35	男	1941 年
杜思懋	阳谷县石佛镇王皋如村	25	男	1941 年
洪千开	阳谷县石佛镇后洪村	19	男	1941 年

姓　名	籍　贯	年　龄	性　别	死难时间
崔衍和	阳谷县七级镇崔庄村	18	男	1941 年
魏翊信	阳谷县阿城镇陶城铺村	23	男	1941 年
许传增	阳谷县博济桥街道许庄村	20	男	1941 年
刘在清	阳谷县侨润街道赵堂村	—	男	1941 年
许自新	阳谷县博济桥街道许庄村	35	男	1941 年
张计贵	阳谷县阿城镇尹坑村	25	男	1941 年
张庆人	阳谷县阿城镇尹坑村	31	男	1941 年
王广增	阳谷县阿城镇尹坑村	24	男	1941 年
张百修	阳谷县阿城镇尹坑村	30	男	1941 年
王天霸	阳谷县阿城镇尹坑村	21	男	1941 年
张文成	阳谷县阎楼镇辛庄村	18	男	1941 年
翟瑞良	阳谷县七级镇大翟村	20	男	1941 年
孙风娥	阳谷县阿城镇杨尧村	—	男	1941 年
焦言明	阳谷县阿城镇韩海村	—	男	1941 年
张言魁	阳谷县阿城镇韩海村	—	男	1941 年
申玉哲	阳谷县阿城镇韩海村	—	男	1941 年
温道永	阳谷县阿城镇温碾村	18	男	1941 年
谭福美	阳谷县阿城镇汤洼村	19	男	1941 年
谭福长	阳谷县阿城镇汤洼村	18	男	1941 年
孙建登	阳谷县阿城镇杨尧村	—	男	1941 年
孙建春	阳谷县阿城镇杨尧村	—	男	1941 年
孙风柱	阳谷县阿城镇杨尧村	—	男	1941 年
张贵成	阳谷县阎楼镇辛庄村	—	男	1941 年
肖东汉	阳谷县阿城镇夏庄村	—	男	1941 年
高廷柱	阳谷县阿城镇夏庄村	—	男	1941 年
杨振清	阳谷县阿城镇杨尧村	—	男	1941 年
杨廷连	阳谷县阿城镇杨尧村	—	男	1941 年
李计勇	阳谷县阿城镇杨尧村	—	男	1941 年
李贯一	阳谷县郭屯乡后李村	24	男	1942 年 1 月
周登宝	阳谷县郭屯乡梨园村	19	男	1942 年 1 月
井文平	阳谷县张秋镇王营村	22	男	1942 年 2 月
王贵家	阳谷县张秋镇王营村	51	男	1942 年 2 月
王衍瑞	阳谷县十五里园镇东汪村	19	男	1942 年 3 月
汪之贵	阳谷县张秋镇北街	19	男	1942 年 3 月

姓 名	籍 贯	年 龄	性 别	死难时间
纪明全	阳谷县七级镇于庄村	37	男	1942 年 3 月
武子生	阳谷县安乐镇于营村	38	男	1942 年 3 月
国兆坤	阳谷县博济桥街道国庄村	17	男	1942 年 3 月
王景堂	阳谷县安乐镇王铁匠村	27	男	1942 年 3 月
张忠奎	阳谷县阿城镇韩海村	19	男	1942 年 3 月
徐殿广	阳谷县七级镇四合村	23	男	1942 年 4 月
葛芳芝	阳谷县郭屯乡葛集村	31	男	1942 年 5 月
袁孟存	阳谷县阿城镇季井村	22	男	1942 年 5 月
王安之	阳谷县郭屯乡韩庄村	20	男	1942 年 5 月
宋贵江	阳谷县博济桥街道后金海村	17	男	1942 年 6 月
刘广善	阳谷县阿城镇王庄村	22	男	1942 年 6 月
房全寿	阳谷县定水镇郭房村	30	男	1942 年 7 月 12 日
宋学堂	阳谷县郭屯乡后宋村	20	男	1942 年 7 月
苏兴河	阳谷县博济桥街道苏楼村	—	男	1942 年 8 月
苏井太	阳谷县博济桥街道苏楼村	—	男	1942 年 8 月
朱龙成	阳谷县阿城镇寇庄村	22	男	1942 年 8 月
翟玉兰	阳谷县阿城镇季井村	37	男	1942 年 8 月
魏学奎	阳谷县阿城镇孙楼村	—	男	1942 年 8 月
刘广成	阳谷县阿城镇季井村	18	男	1942 年 8 月
赵玉银	阳谷县郭屯乡赵园村	25	男	1942 年 8 月
赵玉荣	阳谷县郭屯乡赵园村	24	男	1942 年 8 月
刘传尚	阳谷县石佛镇刘庄村	17	男	1942 年 8 月
翟纪达	阳谷县李台镇谭庄	24	男	1942 年 8 月
谭怀敬	阳谷县张秋镇田堤口村	20	男	1942 年 8 月
田九成	阳谷县七级镇大翟村	26	男	1942 年 9 月
刘兰言	阳谷县七级镇三合村	20	男	1942 年 9 月
李春海	阳谷县七级镇前郎湾村	23	男	1942 年 9 月
徐春生	阳谷县七级镇三合村	16	男	1942 年 9 月
胥清云	阳谷县博济桥街道华佗庙村	17	男	1942 年 9 月
温金成	阳谷县阿城镇阿东村	37	男	1942 年 9 月
高希胜	阳谷县七级镇高楼村	21	男	1942 年 9 月
郭来福	阳谷县阿城镇孙楼村	22	男	1942 年 9 月
王魁三	阳谷县阿城镇李炉村	31	男	1942 年 9 月
武永生	阳谷县李台镇武堤口村	37	男	1942 年 9 月

续表

姓 名	籍 贯	年龄	性别	死难时间
郑继春	阳谷县安乐镇刘子英村	18	男	1942年9月
王景彦	阳谷县郭屯乡韩庄村	18	男	1942年9月
于作仁	阳谷县郭屯乡于庄村	19	男	1942年9月
林之学	阳谷县阿城镇刘什庄村	37	男	1942年10月
孙善生	阳谷县西湖乡东孙村	23	男	1942年10月
张衍具	阳谷县金斗营乡吴台村	37	男	1942年10月
朱言中	阳谷县大布乡灵王庙村	—	男	1942年10月
丁述善	阳谷县大布乡灵王庙村	—	男	1942年10月
谢学礼	阳谷县定水镇店东张村	21	男	1942年秋
谢兴禄	阳谷县定水镇店东张村	22	男	1942年秋
焦广仁	阳谷县七级镇南焦村	19	男	1942年
张怀申	阳谷县七级张皮袄村	22	男	1942年
张进海	阳谷县七级镇七三村	23	男	1942年
田长太	阳谷县七级镇东金村	20	男	1942年
张希来	阳谷县七级镇陈庄村	25	男	1942年
杨明亮	阳谷县七级镇前杨村	19	男	1942年
赵兴杰	阳谷县张秋镇北街村	26	男	1942年
刘栋才	阳谷县张秋镇东街村	20	男	1942年
徐金城	阳谷县张秋镇北海子村	18	男	1942年
李长祥	阳谷县张秋镇北海子村	24	男	1942年
李营书	阳谷县安乐镇于营村	27	男	1942年
姜德印	阳谷县郭屯乡姜邢村	31	男	1942年
邢保忠	阳谷县郭屯乡邢庄村	24	男	1942年
魏保印	阳谷县郭屯乡赵庄村	29	男	1942年
祝学贞	阳谷县郭屯乡朱庄村	27	男	1942年
姜朝彦	阳谷县郭屯乡姜屯村	17	男	1942年
卢明英	阳谷县狮子楼街道	22	男	1942年
张××	阳谷县七级镇东辛村	7	女	1942年
李仁友	阳谷县七级镇东辛村	32	男	1942年
石继芹	阳谷县七级镇于庄村	38	男	1942年
于成印	阳谷县七级镇于庄村	16	男	1942年
张学柱	阳谷县博济桥街道会盟社区邵楼村	20	男	1942年
刘广旺	阳谷县阿城镇叠路头村	11	男	1942年
张广杰	阳谷县博济桥街道会盟社区邵楼村	20	男	1942年

姓 名	籍 贯	年 龄	性 别	死难时间
董存更	阳谷县博济桥街道会盟社区张楼村	23	男	1942 年
梁怀月	阳谷县狮子楼街道陈集村	20	男	1942 年
陈××	阳谷县狮子楼街道陈集村	20	男	1942 年
陈　雨	阳谷县狮子楼街道陈集村	21	男	1942 年
杨学正	阳谷县七级镇前杨村	—	男	1942 年
杨学敏	阳谷县七级镇前杨村	—	男	1942 年
杨廷化	阳谷县七级镇前杨村	—	男	1942 年
魏发启	阳谷县狮子楼街道魏庄村	18	男	1942 年
李怀德	阳谷县大布乡土山寺村	—	男	1942 年
朱佃军	阳谷县阿城镇寇庄村	36	男	1942 年
李广寒	阳谷县阿城镇北李庄村	24	男	1943 年 2 月
李继勇	阳谷县寿张镇南台村	36	男	1943 年 2 月
王秀奇	阳谷县十五里园镇田庄村	20	男	1943 年 3 月
田子才	阳谷县阿城镇杨窑村	18	男	1943 年 3 月
王清泉	阳谷县石佛镇石佛村	25	男	1943 年 3 月
刘存祥	阳谷县阿城镇西王庄村	26	男	1943 年 4 月
朱保生	阳谷县阿城镇董庄村	41	男	1943 年 4 月
张怀德	阳谷县七级镇任庄村	20	男	1943 年 4 月
王思九	阳谷县阎楼镇崔庄村	19	男	1943 年 4 月
袁永贵	阳谷县阿城镇大洼里村	17	男	1943 年 5 月
宋士保	阳谷县李台镇前李村	21	男	1943 年 5 月
刘心和	阳谷县金斗营乡子路堤村	25	男	1943 年 5 月
臧殿保	阳谷县金斗营乡子路堤村	26	男	1943 年 5 月
胥景妹	阳谷县西湖乡胥庄村	17	男	1943 年 5 月
高广运	阳谷县安乐镇七里河村	29	男	1943 年 5 月
武文涛	阳谷县安乐镇左洼村	18	男	1943 年 6 月
宋五随	阳谷县金斗营乡子路堤村	19	男	1943 年 6 月
王衍年	阳谷县张秋镇王营村	16	男	1943 年 6 月
宋景增	阳谷县博济桥街道后金海村	23	男	1943 年 6 月
郭景香	阳谷县张秋镇五里营村	17	男	1943 年 6 月
高凤谦	阳谷县七级镇高楼村	19	男	1943 年 7 月
赵广达	阳谷县安乐镇于营村	32	男	1943 年 7 月
钟玉生	阳谷县高庙王乡高庙王村	22	男	1943 年 7 月
谢海金	阳谷县定水镇东张村	21	男	1943 年夏

姓　名	籍　贯	年　龄	性　别	死难时间
李学海	阳谷县张秋镇赵盘炉村	23	男	1943 年 8 月 23 日
李学八	阳谷县张秋镇赵盘炉村	27	男	1943 年 8 月 23 日
李继祥	阳谷县张秋镇赵盘炉村	8	男	1943 年 8 月 23 日
吴　氏	阳谷县张秋镇吴庙村	30	女	1943 年 8 月 23 日
王　元	阳谷县张秋镇东街村	28	男	1943 年 8 月 23 日
王　志	阳谷县张秋镇东街村	30	男	1943 年 8 月 23 日
高文忠	阳谷县张秋镇董营村	35	男	1943 年 8 月 23 日
王玉广	阳谷县张秋镇董营村	32	男	1943 年 8 月 23 日
王玉华	阳谷县张秋镇董营村	37	男	1943 年 8 月 23 日
宋作林	阳谷县张秋镇董营村	25	男	1943 年 8 月 23 日
张宗安	阳谷县张秋镇董营村	26	男	1943 年 8 月 23 日
段海星	阳谷县张秋镇桑营村	35	男	1943 年 8 月 23 日
孙士河	阳谷县张秋镇西街村	27	男	1943 年 8 月 23 日
李方春	阳谷县张秋镇空石村	25	男	1943 年 8 月 23 日
李清河	阳谷县张秋镇空石村	30	男	1943 年 8 月 23 日
陈保和	阳谷县张秋镇翁庄村	23	男	1943 年 8 月 23 日
李金海	阳谷县张秋镇翁庄村	29	男	1943 年 8 月 23 日
闫兆学	阳谷县张秋镇小阁楼村	28	男	1943 年 8 月 23 日
高新忠	阳谷县张秋镇碧桃园村	21	男	1943 年 8 月 23 日
刘　氏	阳谷县张秋镇北街	30	女	1943 年 8 月 23 日
任老五	阳谷县张秋镇北街	36	男	1943 年 8 月 23 日
杨　氏	阳谷县张秋镇北街	37	女	1943 年 8 月 23 日
张振海	阳谷县张秋镇北街	40	男	1943 年 8 月 23 日
赵士健	阳谷县张秋镇北街	34	男	1943 年 8 月 23 日
赵士营	阳谷县张秋镇北街	38	男	1943 年 8 月 23 日
李学山	阳谷县张秋镇北街	31	男	1943 年 8 月 23 日
王清臣	阳谷县张秋镇曹堤口村	42	男	1943 年 8 月 23 日
丁贵良	阳谷县张秋镇曹堤口村	40	男	1943 年 8 月 23 日
臧凤阶	阳谷县张秋镇曹堤口村	38	男	1943 年 8 月 23 日
李怀福	阳谷县张秋镇李街	26	男	1943 年 8 月 23 日
李成宪	阳谷县张秋镇李街	40	男	1943 年 8 月 23 日
党继朴	阳谷县张秋镇党街	31	男	1943 年 8 月 23 日
党王氏	阳谷县张秋镇党街	28	女	1943 年 8 月 23 日
党孙氏	阳谷县张秋镇党街	32	女	1943 年 8 月 23 日

姓 名	籍 贯	年 龄	性 别	死难时间
党刘氏	阳谷县张秋镇党街	35	女	1943 年 8 月 23 日
杨俊谱	阳谷县张秋镇钱楼村	30	男	1943 年 8 月 23 日
李怀阳	阳谷县张秋镇钱楼村	32	男	1943 年 8 月 23 日
李桂生	阳谷县张秋镇钱楼村	19	男	1943 年 8 月 23 日
杨邦杰	阳谷县张秋镇钱楼村	28	男	1943 年 8 月 23 日
杨殿会	阳谷县张秋镇钱楼村	42	男	1943 年 8 月 23 日
杨俊同	阳谷县张秋镇钱楼村	43	男	1943 年 8 月 23 日
杨俊会	阳谷县张秋镇钱楼村	62	男	1943 年 8 月 23 日
杨俊才	阳谷县张秋镇钱楼村	73	男	1943 年 8 月 23 日
李效迎	阳谷县张秋镇空石村	30	男	1943 年 8 月 23 日
郭井西	阳谷县张秋镇后沙村	31	男	1943 年 8 月 23 日
李玉吉之父	阳谷县张秋镇南街	27	男	1943 年 8 月 23 日
杨全武	阳谷县张秋镇桑营村	28	男	1943 年 8 月 23 日
周庆余	阳谷县张秋镇梨园村	30	男	1943 年 8 月 23 日
张传修	阳谷县张秋镇梨园村	28	男	1943 年 8 月 23 日
周庆堂	阳谷县张秋镇梨园村	32	男	1943 年 8 月 23 日
周伯林	阳谷县张秋镇西孟村	30	男	1943 年 8 月 23 日
杨玉昆	阳谷县张秋镇景阳冈村	31	男	1943 年 8 月 23 日
孙玉铭	阳谷县张秋镇景阳冈村	30	男	1943 年 8 月 23 日
张敬河	阳谷县张秋镇北海子村	30	男	1943 年 8 月 23 日
刘玉佩	阳谷县张秋镇北海子村	31	男	1943 年 8 月 23 日
王衍玉	阳谷县张秋镇王营村	32	男	1943 年 8 月 23 日
高新正	阳谷县张秋镇三里庄村	30	男	1943 年 8 月 23 日
陈 氏	阳谷县张秋镇三里庄村	31	女	1943 年 8 月 23 日
高凤瑞	阳谷县张秋镇西街村	28	男	1943 年 8 月 23 日
吕洪金	阳谷县阿城镇任庄村	41	男	1943 年 8 月
孙兆玉	阳谷县阿城镇任庄村	—	男	1943 年 8 月
孙建连	阳谷县阿城镇杨窑村	21	男	1943 年 8 月
宋井贞	阳谷县博济桥街道后金海村	17	男	1943 年 8 月
刘纪安	阳谷县七级镇后刘湾村	25	男	1943 年 8 月
魏谢氏	阳谷县阿城镇西铺村	40	女	1943 年 8 月
刘兴武	阳谷县博济桥街道后金海村	21	男	1943 年 8 月
白福春	阳谷县七级镇任庄村	20	男	1943 年 8 月
张怀生	阳谷县七级镇张庄村	20	男	1943 年 8 月

姓 名	籍 贯	年 龄	性 别	死难时间
张存喜	阳谷县七级镇崔庄村	20	男	1943 年 8 月
崔玉平	阳谷县安乐镇肖坑村	20	男	1943 年 8 月
李振东	阳谷县安乐镇	23	男	1943 年 8 月
郑继春	阳谷县七级镇任庄村	—	男	1943 年 8 月
朱明章	阳谷县郭屯乡王屯村	39	男	1943 年 9 月
王献廷	阳谷县郭屯乡段庄村	25	男	1943 年 9 月
殷玉勤	阳谷县郭屯乡赵庄村	32	男	1943 年 9 月
邓保勤	阳谷县郭屯乡白庄村	18	男	1943 年 9 月
白万珍	阳谷县石佛镇陈集村	21	男	1943 年 9 月
薛河南	阳谷县石佛镇陈集村	21	男	1943 年 9 月
廉庆合	阳谷县石佛镇廉庄村	19	男	1943 年 9 月
刘丙葛	阳谷县石佛镇刘尧村	20	男	1943 年 9 月
尤海波	阳谷县阿城镇尤楼村	19	男	1943 年 9 月
张冠军	阳谷县阿城镇阿西村	25	男	1943 年 9 月
李清宾	阳谷县阿城镇李庄村	20	男	1943 年 9 月
杜文柱	阳谷县大布乡杜庄村	33	男	1943 年 9 月
孙凤峨	阳谷县阿城镇杨窑村	20	男	1943 年 9 月
赵凤鱼	阳谷县安乐镇周英村	—	男	1943 年 9 月
钟怀春	阳谷县高庙王乡高庙王村	19	男	1943 年 9 月
王振营	阳谷县张秋镇南街	27	男	1943 年 9 月
李登峰	阳谷县张秋镇三里庄村	16	男	1943 年 9 月
高新正	阳谷县张秋镇五里营村	16	男	1943 年 10 月
杨登祥	阳谷县阿城镇马湾村	20	男	1943 年 10 月
范广春	阳谷县阎楼镇范庄村	24	男	1943 年 10 月
王福申	阳谷县安乐镇刘庄村	34	男	1943 年 10 月
孟召全	阳谷县大布乡訾海村	27	男	1943 年 10 月
谢留言	阳谷县定水镇东张村	24	男	1943 年秋
张庚岭	阳谷县定水镇东张村	22	男	1943 年秋
张明月	阳谷县阿城镇吕场村	—	男	1943 年 11 月
张继礼	阳谷县定水镇张大庙村	18	男	1943 年 11 月
杨耕心	阳谷县郭屯乡九都杨村	43	男	1943 年 11 月
袁万兴	阳谷县阿城镇袁楼村	18	男	1943 年 11 月
刘安臣	阳谷县郭屯乡老刘村	20	男	1943 年 12 月
任凤德	阳谷县七级镇任庄村	23	男	1943 年

姓 名	籍 贯	年 龄	性 别	死难时间
焦广生	阳谷县七级镇南焦村	22	男	1943 年
傅长忠	阳谷县七级镇七一村	32	男	1943 年
金朝端	阳谷县七级镇西金村	32	男	1943 年
李锡本	阳谷县安乐镇肖坑村	21	男	1943 年
李锡银	阳谷县安乐镇肖坑村	21	男	1943 年
范安民	阳谷县安乐镇范庄村	34	男	1943 年
姜廷连	阳谷县郭屯乡张堂村	23	男	1943 年
杨金秀	阳谷县郭屯乡梨园村	20	男	1943 年
林施成	阳谷县阿城镇阿南村	16	男	1943 年
张法安	阳谷县阿城镇古河村	16	男	1943 年
魏 锋	阳谷县阿城陶城铺村	27	男	1943 年
唐玉贵	阳谷县阿城镇马湾村	28	男	1943 年
杨乐山	阳谷县定水镇杨王寺村	21	男	1943 年
范贵成	阳谷县石佛镇范庄村	19	男	1943 年
高鸿法	阳谷县石佛镇高庄村	19	男	1943 年
刘学敏	阳谷县石佛镇刘尧村	21	男	1943 年
魏玉秀	阳谷县石佛镇魏庄村	17	男	1943 年
赵学东	阳谷县高庙王乡苗庄	22	男	1943 年
孟继连	阳谷县侨润街道城角孟村	22	男	1943 年
王忠学	阳谷县博济桥街道王楼村	29	男	1943 年
齐保恩	阳谷县阎楼镇齐庄村	28	男	1943 年
崔存见	阳谷县阎楼镇崔庄村	16	男	1943 年
刘传海	阳谷县高庙王乡郎集村	48	男	1943 年
赵凤岚	阳谷县侨润街道赵堂村	—	男	1943 年
周振良	阳谷县侨润街道老唐村	—	男	1943 年
郭秀云	阳谷县阿城镇郭魏陈村	—	男	1943 年
郭秀堂	阳谷县阿城镇郭魏陈村	—	男	1943 年
赵登莲	阳谷县侨润街道赵堂村	—	男	1943 年
赵瑞江	阳谷县侨润街道赵堂村	—	男	1943 年
吕长春	阳谷县狮子楼街道会丰社区后吕村	—	男	1943 年
刘××	阳谷县狮子楼街道会丰社区后吕村	—	男	1943 年
刘长清	阳谷县七级镇前刘村	37	男	1943 年
张希坡	阳谷县七级镇陈庄村	23	男	1943 年
刘兰义	阳谷县七级镇前刘村	21	男	1944 年 2 月

姓 名	籍 贯	年 龄	性 别	死难时间
雷树德	阳谷县七级镇四合村	27	男	1943 年
徐佃武	阳谷县七级镇四合村	31	男	1943 年
刘胜言	阳谷县七级镇西辛村	49	男	1943 年
张文真	阳谷县阿城镇雷庄村	18	男	1943 年
杨甲文	阳谷县阿城镇雷庄村	16	男	1943 年
杨学文	阳谷县阿城镇杨尧村	—	男	1943 年
王登贵	阳谷县阿城镇毛坊村	26	男	1943 年
王怀如	阳谷县阿城镇毛坊村	28	男	1943 年
王文田	阳谷县阿城镇毛坊村	50	男	1943 年
梁建文	阳谷县狮子楼街道俞楼村	20	男	1943 年
孙风珠	阳谷县阿城镇杨尧村	—	男	1943 年
吕××	阳谷县狮子楼街道会丰社区后吕村	—	男	1943 年
董绍礼	阳谷县狮子楼街道东老董庄村	28	男	1943 年
王福芹	阳谷县阿城镇富安镇村	20	男	1943 年
董绍文	阳谷县狮子楼街道东老董庄村	24	男	1943 年
秦金山	阳谷县狮子楼街道秦庄村	28	男	1943 年
李永青	阳谷县寿张镇沙河崖村	43	男	1944 年 1 月
李永福	阳谷县寿张镇沙河崖村	29	男	1944 年 1 月
李永芝	阳谷县寿张镇沙河崖村	20	男	1944 年 1 月
李林瑞	阳谷县寿张镇沙河崖村	28	男	1944 年 1 月
李梦银	阳谷县寿张镇沙河崖村	23	男	1944 年 1 月
李梦春	阳谷县寿张镇沙河崖村	24	男	1944 年 1 月
吕桂亮	阳谷县寿张镇沙河崖村	22	男	1944 年 1 月
雷风琛	阳谷县寿张镇三支王村	17	男	1944 年 1 月
李恒胜	阳谷县七级镇东康村	17	男	1944 年 1 月
徐福山	阳谷县寿张镇四棚后街村	70	男	1944 年 1 月
雷兆亮	阳谷县寿张镇大雷村	30	男	1944 年 1 月
孙庆祝	阳谷县十五里园镇孙关村	26	男	1944 年 1 月
高德修	阳谷县十五里园镇	50	男	1944 年 1 月
张文祥	阳谷县张秋镇南街村	19	男	1944 年 1 月
崔衍飞	阳谷县郭屯乡侯海村	34	男	1944 年 2 月
李培贤	阳谷县张秋镇后李海村	22	男	1944 年 2 月
王培明	阳谷县张秋镇董营村	19	男	1944 年 2 月
傅登朋	阳谷县张秋镇窦营村	20	男	1944 年 2 月

姓 名	籍 贯	年 龄	性 别	死难时间
崔衍英	阳谷县郭屯乡侯海村	34	男	1944 年 2 月
陈凤立	阳谷县张秋镇五里营村	29	男	1944 年 2 月
傅××	阳谷县张秋镇董营村	19	男	1944 年 2 月
范怀保	阳谷县张秋镇窦营村	20	男	1944 年 2 月
杜金山	阳谷县阎楼镇范庄村	16	男	1944 年 2 月
崔玉林	阳谷县阎楼镇徐楼村	36	男	1944 年 2 月
李保庆	阳谷县阎楼镇徐楼村	35	男	1944 年 2 月
王凤岭	阳谷县郭屯乡王屯村	37	男	1944 年 3 月
赵凤禹	阳谷县安乐镇周子英村	21	男	1944 年 3 月
田书甜	阳谷县安乐镇孟洼村	17	男	1944 年 3 月
李宋亭	阳谷县博济桥街道前李村	17	男	1944 年 3 月
乔广资	阳谷县博济桥街道前李村	18	男	1944 年 3 月
曹连法	阳谷县高庙王乡乔庄	19	男	1944 年 3 月
王福堂	阳谷县金斗营乡斗虎店村	28	男	1944 年 3 月
宋士清	阳谷县郭屯乡后宋村	20	男	1944 年 4 月
于荣之	阳谷县张秋镇五里营村	19	男	1944 年 4 月
吕梦月	阳谷县十五里园镇贾庄村	49	男	1944 年 4 月
李广芝	阳谷县郭屯乡李庄村	20	男	1944 年 4 月
武模香	阳谷县阳城镇常楼村	20	男	1944 年 4 月
张××	阳谷县阿城镇常楼村	20	男	1944 年 4 月
孟广增	阳谷县侨润街道城角孟村	20	男	1944 年 4 月
岳修洪	阳谷县博济桥街道岳海村	—	男	1944 年 5 月 20 日
岳修森	阳谷县博济桥街道岳海村	—	男	1944 年 5 月 20 日
岳荣禄	阳谷县博济桥街道岳海村	—	男	1944 年 5 月 20 日
钟立平	阳谷县高庙王乡后马尔村	22	男	1944 年 5 月
孙万河	阳谷县郭屯乡梨园村	21	男	1944 年 5 月
杨广石	阳谷县郭屯乡九都杨村	20	男	1944 年 5 月
钟希存	阳谷县高庙王乡后马尔村	22	男	1944 年 5 月
钟希亮	阳谷县高庙王乡后马尔村	22	男	1944 年 5 月
张明达	阳谷县高庙王乡前马尔村	20	男	1944 年 5 月
张黑三	阳谷县高庙王乡前马尔村	22	男	1944 年 5 月
唐中祥	阳谷县石佛镇白庄村	22	男	1944 年 5 月
武新山	阳谷县定水镇郑庄村	17	男	1944 年 6 月
李广洪	阳谷县郭屯乡李庄村	24	男	1944 年 6 月

姓 名	籍 贯	年 龄	性 别	死难时间
侯传珍	阳谷县阎楼镇侯岩寨村	26	男	1944 年 6 月
徐子伦	阳谷县侨润办事处北徐村	23	男	1944 年 7 月
孟昭田	阳谷县李台镇东孟楼村	25	男	1944 年 7 月
申德路	阳谷县李台镇前李村	21	男	1944 年 7 月
刘柱林	阳谷县七级镇簸箕柳村	23	男	1944 年 7 月
刘玉琢	阳谷县七级镇簸箕柳村	23	男	1944 年 7 月
刘恩代	阳谷县七级镇簸箕柳村	13	男	1944 年 7 月
刘子明	阳谷县七级镇簸箕柳村	21	男	1944 年 7 月
王心友	阳谷县李台镇前李村	21	男	1944 年 7 月
王心高	阳谷县李台镇前李村	18	男	1944 年 7 月
刘怀良	阳谷县侨润街道老唐村	25	男	1944 年 7 月
汤之明	阳谷县安乐镇蒋庄村	19	男	1944 年 7 月
汤福礼	阳谷县安乐镇蒋庄村	31	男	1944 年 8 月
杨玉成	阳谷县金斗营乡莲花池村	19	男	1944 年 8 月
高振怀	阳谷县七级镇梁庄村	17	男	1944 年 8 月
高振贵	阳谷县七级镇梁庄村	18	男	1944 年 8 月
张中灵	阳谷县阎楼镇姜庙村	22	男	1944 年 9 月
罗学笃	阳谷县阎楼镇后罗海村	17	男	1944 年 9 月
胡朋矗	阳谷县安乐镇胡楼村	34	男	1944 年 9 月
李含臣	阳谷县阎楼镇李庄村	17	男	1944 年 9 月
高纪刚	阳谷县阎楼镇高庄村	17	男	1944 年 9 月
郭怀礼	阳谷县张秋镇前沙沃村	22	男	1944 年 9 月
闫代亮	阳谷县寿张镇豆腐赵村	16	男	1944 年 9 月
曹华亭	阳谷县寿张镇北门村	27	男	1944 年 9 月
赵德兴	阳谷县十五里园镇赵庄村	19	男	1944 年 10 月
栾学胜	阳谷县张秋镇	22	男	1944 年 10 月
谭书长	阳谷县阿城镇汤洼村	24	男	1944 年 10 月
杨德文	阳谷县定水镇杨皋村	22	男	1944 年 10 月
徐文焕	阳谷县石佛镇陈集村	21	男	1944 年 10 月
王万善	阳谷县七级镇穆庄村	23	男	1944 年 10 月
李庆祥	阳谷县七级镇青法寺村	23	男	1944 年 10 月
王广林	阳谷县石佛镇陈集村	19	男	1944 年 10 月
马根才	阳谷县金斗营乡吴台村	24	男	1944 年 10 月
袁广勤	阳谷县安乐镇袁楼村	19	男	1944 年 10 月

姓 名	籍 贯	年 龄	性 别	死难时间
刘福元	阳谷县郭屯乡洪刘村	18	男	1944 年 10 月
廉克同	阳谷县石佛镇廉庄村	20	男	1944 年
郑纪春	阳谷县安乐镇刘庄村	21	男	1944 年
刘玉明	阳谷县郭屯乡张堂村	23	男	1944 年
杨广宪	阳谷县郭屯乡九都杨村	24	男	1944 年
王高生	阳谷县郭屯乡梨园村	24	男	1944 年
宋绍岭	阳谷县张秋镇花园村	24	男	1944 年
陈世兴	阳谷县寿张镇陈冯村	24	男	1944 年
张宪忠	阳谷县十五里园镇皇姑冢	17	男	1944 年
魏庆昌	阳谷县石佛镇魏庄村	20	男	1944 年
苏庆银	阳谷县阎楼镇土囤村	17	男	1944 年
王炳德	阳谷县博济桥街道王保玉村	20	男	1944 年
杨玉代	阳谷县博济桥街道柴庄村	20	男	1944 年
徐文汉	阳谷县阿城镇陶城铺村	—	男	1944 年
刘纪生	阳谷县阿城镇前刘湾村	—	男	1944 年
楚云汉	阳谷县侨润街道李庄村	—	男	1944 年
李宝山	阳谷县高庙王乡徐集村	21	男	1944 年
薛凤白	阳谷县高庙王乡徐集村	16	男	1944 年
王明朝	阳谷县高庙王乡藏庄村	85	男	1944 年
刘纪生	阳谷县七级镇前刘湾村	21	男	1944 年
藏玉柱	阳谷县高庙王乡藏庄村	83	男	1944 年
王金荣	阳谷县城关镇西关	—	男	1944 年
崔加成	阳谷县狮子楼街道崔王村	30	男	1944 年
王学厚	阳谷县狮子楼街道崔王村	38	男	1944 年
孙东忠	阳谷县狮子楼街道崔王村	33	男	1944 年
董大凡	阳谷县狮子楼街道东老董庄村	27	男	1944 年
雷长玉	阳谷县阿城镇富安镇村	20	男	1944 年
陈金青	阳谷县狮子楼街道陈段俞村	23	男	1944 年
苏连生	阳谷县狮子楼街道苏庄村	18	男	1944 年
杜秋林	阳谷县七级镇七一村	21	男	1944 年
翟清起	阳谷县七级镇七一村	21	男	1944 年
翟 彬	阳谷县七级镇七二村	24	男	1944 年
李春景	阳谷县狮子楼街道刘灿明村	82	男	1944 年
高祥林	阳谷县张秋镇史塘村	23	男	1945 年 1 月

姓 名	籍 贯	年 龄	性 别	死难时间
蒋少仁	阳谷县寿张镇沙河崖村	43	男	1945 年 2 月
蒋广汉	阳谷县寿张镇沙河崖村	29	男	1945 年 2 月
蒋广友	阳谷县寿张镇沙河崖村	40	男	1945 年 2 月
蒋广化	阳谷县寿张镇沙河崖村	32	男	1945 年 2 月
蒋景省	阳谷县寿张镇沙河崖村	15	男	1945 年 2 月
蒋心正	阳谷县寿张镇沙河崖村	25	男	1945 年 2 月
蒋广山	阳谷县寿张镇沙河崖村	29	男	1945 年 2 月
蒋井略	阳谷县寿张镇沙河崖村	31	男	1945 年 2 月
蒋广正	阳谷县寿张镇沙河崖村	35	男	1945 年 2 月
张继贵	阳谷县阿城镇殷坑村	30	男	1945 年 2 月
朱永成	阳谷县阿城镇叩庄村	25	男	1945 年 2 月
孙清山	阳谷县阿城镇孙楼村	22	男	1945 年 2 月
杨子良	阳谷县七级镇前杨村	25	男	1945 年 2 月
杨学本	阳谷县七级镇前杨村	18	男	1945 年 3 月
孙成文	阳谷县张秋镇王营村	19	男	1945 年 3 月
王贵金	阳谷县七级镇孙庄村	45	男	1945 年 3 月
王逢琴	阳谷县侨润街道东八里营村	39	男	1945 年 3 月
高学仁	阳谷县阿城镇于庄村	23	男	1945 年 3 月
汤传刚	阳谷县安乐镇刘子英村	80	男	1945 年 3 月
董金海	阳谷县七级镇三里村	19	男	1945 年 4 月
汤芝铭	阳谷县安乐镇薛庄村	16	男	1945 年 4 月
赵继成	阳谷县阿城镇常楼村	21	男	1945 年 4 月
吴联章	阳谷县金斗营乡金斗营村	35	男	1945 年 4 月
李传学	阳谷县金斗营乡金斗营村	35	男	1945 年 4 月
武良清	阳谷县李台镇武堤口村	31	男	1945 年 4 月
刘玉芳	阳谷县寿张镇西门村	18	男	1945 年 4 月
侯昭法	阳谷县李台镇关门口村	23	男	1945 年 5 月
黄西安	阳谷县寿张镇李成谷村	20	男	1945 年 5 月
王保全	阳谷县十五里园镇皇姑冢村	18	男	1945 年 5 月
李传学	阳谷县定水镇五杨村	23	男	1945 年 5 月
魏丕志	阳谷县石佛镇魏海村	27	男	1945 年 5 月
孟昭金	阳谷县大布乡訾海村	30	男	1945 年 5 月
张广哲	阳谷县大布乡张海村	21	男	1945 年 5 月
王广亮	阳谷县金斗营乡斗虎店村	39	男	1945 年 5 月

姓　名	籍　贯	年　龄	性　别	死难时间
高锅拉	阳谷县金斗营乡吴台村	23	男	1945 年 5 月
张日申	阳谷县阎楼镇张岩寨村	27	男	1945 年 5 月
齐振田	阳谷县阿城镇齐店村	26	男	1945 年 5 月
蒋孔光	阳谷县阿城镇尤楼村	21	男	1945 年 5 月
王殿杰	阳谷县金斗营乡斗虎店村	29	男	1945 年 6 月
侯继荣	阳谷县西湖乡侯庄	29	男	1945 年 6 月
武文生	阳谷县阿城镇常楼村	23	男	1945 年 6 月
武永车	阳谷县李台镇甄台村	38	男	1945 年 6 月
段　氏	阳谷县博济桥街道	—	女	1945 年 6 月
桂　云	阳谷县博济桥街道	—	女	1945 年 6 月
桂　菊	阳谷县博济桥街道	—	女	1945 年 6 月
桂　改	阳谷县博济桥街道	—	女	1945 年 6 月
桂　平	阳谷县博济桥街道	—	女	1945 年 6 月
桂　凤	阳谷县博济桥街道	—	女	1945 年 6 月
雷九亭	阳谷县阿城镇富安镇村	21	男	1945 年 6 月
寇洪章	阳谷县寿张镇寇那里村	43	男	1945 年 7 月
李金玉	阳谷县寿张镇南徐村	19	男	1945 年 7 月
李春明	阳谷县寿张镇曹庄村	18	男	1945 年 7 月
刘占明	阳谷县张秋镇东街村	23	男	1945 年 7 月
蒋传银	阳谷县张秋镇南街村	19	男	1945 年 7 月
陈金栋	阳谷县高庙王乡高庙王村	25	男	1945 年 7 月
赵忠明	阳谷县阿城镇杨庄村	—	男	1945 年 7 月
郭成之	阳谷县侨润街道郭围子村	22	男	1945 年 7 月
李文林	阳谷县博济桥街道后李村	—	男	1945 年 7 月
李芳伦	阳谷县博济桥街道后李村	—	男	1945 年 7 月
高尚文	阳谷县七级镇七一村	26	男	1945 年 7 月
雷士焦	阳谷县七级镇七三村	16	男	1945 年 7 月
李洪玉	阳谷县郭屯乡前李村	20	男	1945 年 7 月
杨洁友	阳谷县郭屯乡苑店村	29	男	1945 年 7 月
刘庆增	阳谷县阿城镇岳庄村	29	男	1945 年 8 月
张保山	阳谷县七级镇张庄村	56	男	1945 年 8 月
姜盘明	阳谷县郭屯乡张堂村	24	男	1945 年 8 月
穆清芝	阳谷县郭屯乡白庄村	19	男	1945 年 8 月
刘德长	阳谷县张秋镇段营村	35	男	1945 年

姓 名	籍 贯	年 龄	性 别	死难时间
张烈吾	阳谷县寿张镇北台村	26	男	1945 年
岳喜堂	阳谷县十五里园镇杨武龙村	30	男	1945 年
张玉明	阳谷县阿城镇古河村	23	男	1945 年
陈养义	阳谷县阿城镇齐店村	19	男	1945 年
杜登林	阳谷县狮子楼街道刘灿明村	84	男	1945 年
徐广义	阳谷县侨润街道北徐村	22	男	1945 年
张立范	阳谷县安乐镇范庄村	22	男	1945 年
李杰三	阳谷县郭屯乡邓楼村	22	男	1945 年
张广月	阳谷县高庙王乡藏庄村	83	男	1945 年
高风孬	阳谷县七级镇高楼村	26	男	1945 年
井书代	阳谷县七级镇韦铺村	28	男	1945 年
杨之良	阳谷县七级镇前杨村	28	男	1945 年
袁善义	阳谷县安乐镇刘子英村	20	男	1945 年
魏之春	阳谷县博济桥街道魏海村	40	男	1945 年
魏之尚	阳谷县博济桥街道魏海村	25	男	1945 年
王东学	阳谷县博济桥街道王保玉村	—	男	1945 年
王绍堂	阳谷县狮子楼街道	22	男	1945 年
秦××	阳谷县狮子楼街道秦庄村	—	男	1945 年
李梦山	阳谷县侨润街道大迷村	—	男	1945 年
楚保昌	阳谷县侨润街道李庄村	—	男	1945 年
楚春亮	阳谷县侨润街道李庄村	—	男	1945 年
袁善会	阳谷县安乐镇刘子英村	22	男	—
白金山	阳谷县石佛镇周白村	—	男	—
白金河	阳谷县石佛镇周白村	—	男	—
周文平	阳谷县石佛镇周白村	—	男	—
唐玉发	阳谷县石佛镇周白村	—	男	—
魏金占	阳谷县石佛镇魏海村	—	男	—
魏清昌	阳谷县石佛镇朱庄村	—	男	—
魏庆昌	阳谷县石佛镇朱庄村	—	男	—
魏玉岑	阳谷县石佛镇朱庄村	—	男	—
郗浩功	阳谷县石佛镇葛海村	—	男	—
葛全桓	阳谷县石佛镇葛海村	—	男	—
魏庆生	阳谷县石佛镇葛海村	—	男	—
葛记	阳谷县石佛镇葛海村	—	男	—

姓　名	籍　贯	年　龄	性　别	死难时间
梁玉重	阳谷县石佛镇前睡虎村	—	男	—
金朝峰	阳谷县七级镇西金村	20	男	—
王登起	阳谷县阎楼镇马庄村	17	男	—
杨月英	阳谷县七级镇前杨村	—	男	—
曹学梦	阳谷县定水镇曹楼村	27	男	1938 年 6 月
辛书连	阳谷县阿城镇朱楼村	—	男	1938 年
李文才	阳谷县阿城镇朱楼村	—	男	1938 年
唐玉发	阳谷县侨润街道官路唐村	22	男	1939 年
唐灿怀	阳谷县侨润街道官路唐村	21	男	1939 年
李满昌	阳谷县侨润街道李庄村	—	男	1940 年
李小军	阳谷县侨润街道李庄村	—	男	1940 年
李玉亮	阳谷县侨润街道李庄村	—	男	1940 年
谢海昌	阳谷县定水镇店东张村	20	男	1942 年
马明军	阳谷县阎楼镇苏楼村	25	男	1942 年
苏朝阳	阳谷县阎楼镇苏楼村	26	男	1942 年
谷学杭	阳谷县侨润街道秦海村	—	男	1942 年
张清玉	阳谷县侨润街道秦海村	—	男	1942 年
张长方	阳谷县侨润街道秦海村	—	男	1942 年
孙成元	阳谷县侨润街道孙庄村	—	男	1942 年
孙蒋氏	阳谷县安乐镇孙孟刘村	—	女	—
李长印	阳谷县安乐镇西街村	—	男	—
合　计	800			

责任人：肖　斌　　　　核实人：肖　斌　　　　填表人：刘洪雁

填报单位（签章）：阳谷县委党史研究室　　　　填报时间：2009 年 3 月 29 日

东阿县抗日战争时期死难者名录

姓 名	籍 贯	年 龄	性 别	死难时间
孙文德	东阿县高集镇	40	男	1938 年 2 月
王长贵之父	东阿县刘集镇苫山村	59	男	1938 年 3 月 3 日
郎保成	东阿县刘集镇葫芦头村	40	男	1938 年 4 月
王之英	东阿县刘集镇王龙岗村	33	男	1938 年 4 月
王西法	东阿县刘集镇王龙岗村	30	男	1938 年 4 月
李齐氏	东阿县高集镇旦北村	58	女	1938 年 7 月 15 日
张来平	东阿县高集镇旦西村	49	男	1938 年 7 月 15 日
张秋长	东阿县高集镇旦西村	13	男	1938 年 7 月 15 日
司有会	东阿县高集镇旦西村	70	男	1938 年 7 月 15 日
司红子	东阿县高集镇旦西村	23	男	1938 年 7 月 15 日
齐苟祚	东阿县高集镇旦西村	25	男	1938 年 7 月 15 日
司家福	东阿县高集镇旦西村	46	男	1938 年 7 月 15 日
张来申	东阿县高集镇旦西村	28	男	1938 年 7 月 15 日
南志敏	东阿县高集镇旦西村	51	男	1938 年 7 月 15 日
司云章	东阿县高集镇旦南村	24	男	1938 年 7 月 15 日
马春凡	东阿县高集镇旦南村	40	男	1938 年 7 月 15 日
司云忠	东阿县高集镇旦南村	36	男	1938 年 7 月 15 日
魏义差	东阿县姜楼镇魏庄村	30	男	1938 年 8 月 3 日
郭继余	东阿县姜楼镇魏庄村	32	男	1938 年 8 月 3 日
于希圣	东阿县陈集乡于集村	——	男	1938 年 9 月
刘志坡	东阿县陈集乡于集村	62	男	1938 年 9 月
于志仙	东阿县陈集乡于集村	30	男	1938 年 9 月
徐衍训	东阿县牛角店镇	40	男	1938 年 10 月 1 日
尹英祚	东阿县牛角店镇	30	男	1938 年 10 月 1 日
徐安展	东阿县牛角店镇	30	男	1938 年 10 月 1 日
唐茂凤	东阿县牛角店镇	40	男	1938 年 10 月 1 日
唐烈学	东阿县牛角店镇	35	男	1938 年 10 月 1 日
唐茂泗	东阿县牛角店镇	36	男	1938 年 10 月 1 日
唐茂稳	东阿县牛角店镇	32	男	1938 年 10 月 1 日
尹美祚	东阿县牛角店镇	36	男	1938 年 10 月 1 日
尹承坦	东阿县牛角店镇	41	男	1938 年 10 月 1 日

姓 名	籍 贯	年 龄	性 别	死难时间
尹彦山	东阿县牛角店镇	33	男	1938 年 10 月 1 日
尹承苓	东阿县牛角店镇	40	男	1938 年 10 月 1 日
尹柱祚	东阿县牛角店镇	35	男	1938 年 10 月 1 日
刘克明	东阿县牛角店镇	32	男	1938 年 10 月 1 日
李 氏	东阿县牛角店镇	50	女	1938 年 10 月 1 日
徐延银	东阿县牛角店镇	40	男	1938 年 10 月 1 日
徐贵庆	东阿县牛角店镇	50	男	1938 年 10 月 1 日
徐延利	东阿县牛角店镇	40	男	1938 年 10 月 1 日
徐禄庆	东阿县牛角店镇	50	男	1938 年 10 月 1 日
刘洪奎	东阿县牛角店镇	42	男	1938 年 10 月 1 日
尹东祚	东阿县牛角店镇	56	男	1938 年 10 月 1 日
尹承居	东阿县牛角店镇	42	男	1938 年 10 月 1 日
芦栗德	东阿县牛角店镇	42	男	1938 年 10 月 1 日
尹承秀	东阿县牛角店镇	35	男	1938 年 10 月 1 日
徐英衍	东阿县牛角店镇	45	男	1938 年 10 月 1 日
徐臣庆	东阿县牛角店镇	44	男	1938 年 10 月 1 日
史现延	东阿县牛角店镇	43	男	1938 年 10 月 1 日
张永秋	东阿县牛角店镇	42	男	1938 年 10 月 1 日
韩 氏	东阿县牛角店镇	42	女	1938 年 10 月 1 日
徐衍兴	东阿县牛角店镇	36	男	1938 年 10 月 1 日
彭庆松	东阿县牛角店镇	20	男	1938 年 10 月 1 日
彭立福	东阿县牛角店镇	40	男	1938 年 10 月 1 日
彭立正	东阿县牛角店镇	36	男	1938 年 10 月 1 日
彭立祥	东阿县牛角店镇	34	男	1938 年 10 月 1 日
彭尹氏	东阿县牛角店镇	60	女	1938 年 10 月 1 日
彭 氏	东阿县牛角店镇	19	女	1938 年 10 月 1 日
彭桂清	东阿县牛角店镇	20	男	1938 年 10 月 1 日
彭长歌	东阿县牛角店镇	5	女	1938 年 10 月 1 日
彭士禄	东阿县牛角店镇	19	男	1938 年 10 月 1 日
郑传泰	东阿县牛角店镇	49	男	1938 年 10 月 1 日
张庆禄	东阿县牛角店镇	30	男	1938 年 10 月 1 日
韩效坤	东阿县牛角店镇	15	男	1938 年 10 月 1 日
彭孙氏	东阿县牛角店镇	40	女	1938 年 10 月 1 日
韩兴云	东阿县牛角店镇	64	男	1938 年 10 月 1 日

姓 名	籍 贯	年 龄	性 别	死难时间
孟玉忠	东阿县顾官屯镇东董村	81	男	1938 年秋
孟广路	东阿县顾官屯镇东董村	30	男	1938 年秋
董廷厚	东阿县顾官屯镇东董村	21	男	1938 年秋
张庆温	东阿县牛角店镇	—	男	1938 年 11 月 1 日
刘衍正	东阿县刘集镇刘集村	—	男	1938 年 11 月 16 日
刘道方之妻	东阿县刘集镇刘集村	39	女	1938 年 11 月 16 日
刘衍静之妻	东阿县刘集镇刘集村	45	女	1938 年 11 月 16 日
刘德先	东阿县刘集镇刘集村	50	男	1938 年 11 月 16 日
王成元	东阿县刘集镇刘集村	56	男	1938 年 11 月 16 日
张振怀	东阿县顾官屯镇张洪津村	37	男	1938 年 11 月
姜朝臣	东阿县顾官屯镇董囤村	20	男	1938 年 11 月
胥传忠	东阿县顾官屯镇高囤村	19	男	1938 年 11 月
韩泽训	东阿县顾官屯镇果子王村	—	男	1938 年 12 月 6 日
韩泽训之妻	东阿县顾官屯镇果子王村	—	女	1938 年 12 月 6 日
王延才	东阿县顾官屯镇果子王村	—	男	1938 年 12 月 6 日
王怀俭	东阿县顾官屯镇果子王村	—	男	1938 年 12 月 6 日
王延亭之妻	东阿县顾官屯镇果子王村	—	女	1938 年 12 月 6 日
王书广之祖母	东阿县顾官屯镇果子王村	—	女	1938 年 12 月 6 日
姚尚海	东阿县鱼山乡张庄村	70	男	1938 年 12 月
姚广峰	东阿县鱼山乡张庄村	62	男	1938 年 12 月
岳德明	东阿县鱼山乡张庄村	73	男	1938 年 12 月
任绪宜之子	东阿县高集镇张集村	5	男	1938 年 12 月
汪玉庆	东阿县牛角店镇牛中村	35	男	1938 年冬
尹承恩	东阿县牛角店镇牛中村	40	男	1938 年冬
汪玉坤	东阿县牛角店镇牛中村	37	男	1938 年冬
韩绪德	东阿县牛角店镇国侯村	36	男	1938 年
侯 氏	东阿县牛角店镇国侯村	38	女	1938 年
刘光其	东阿县牛角店镇国侯村	26	男	1938 年
孟显宗	东阿县牛角店镇孟庄村	67	男	1938 年
冯二蛮	东阿县顾官屯镇枣寨村	69	男	1938 年
桑歧同	东阿县大桥镇湖西渡村	36	男	1938 年
赵泽生	东阿县大桥镇湖西渡村	31	男	1938 年
姜宗言	东阿县大桥镇湖西渡村	22	男	1938 年
周庆贵	东阿县姚寨镇周庄村	47	男	1938 年

姓 名	籍 贯	年 龄	性 别	死难时间
刘昭炳	东阿县刘集镇苫山村	—	男	1938 年
李玉祥	东阿县牛角店镇牛南村	30	男	1938 年
张化廷	东阿县牛角店镇牛南村	35	男	1938 年
刘允来	东阿县大桥镇大义屯村	46	男	1938 年
尹克芦	东阿县牛角店镇张海村	35	男	1938 年
孙连泉	东阿县高集镇	60	男	1939 年 1 月
陈文义	东阿县刘集镇徐屯村	—	男	1939 年 1 月
王姜氏	东阿县刘集镇徐屯村	—	女	1939 年 2 月 2 日
朱明山	东阿县高集镇户庄村	19	男	1939 年 2 月
杨文芝	东阿县刘集镇油坊村	64	男	1939 年 3 月 25 日
张学信	东阿县刘集镇油坊村	37	男	1939 年春
李董氏之父	东阿县顾官屯镇界牌村	—	男	1939 年春
张新亭	东阿县牛角店镇西张村	29	男	1939 年 5 月
李方春	东阿县刘集镇苫山村	—	男	1939 年 8 月
李保生	东阿县刘集镇苫山村	—	男	1939 年 8 月
胡三成	—	—	男	1939 年 9 月
张广基	东阿县铜城街道耿集村	19	男	1939 年 10 月
谭广利	东阿县刘集镇谭庄村	21	男	1939 年秋
牛王氏	东阿县刘集镇牛屯村	41	女	1939 年秋
王韩氏	东阿县刘集镇牛屯村	46	女	1939 年秋
蒋子英	东阿县高集镇西蒋村	56	男	1939 年秋
刘东常	东阿县高集镇西蒋村	55	男	1939 年秋
刘光兴	东阿县高集镇西蒋村	40	男	1939 年秋
张朝会	东阿县高集镇西蒋村	36	男	1939 年秋
魏义绍	东阿县姜楼镇魏庄村	38	男	1939 年秋
于凤乐	东阿县顾官屯镇于才村	27	男	1939 年 12 月 7 日
于小六	东阿县顾官屯镇于才村	30	男	1939 年 12 月 7 日
崔天德	东阿县顾官屯镇于才村	28	男	1939 年 12 月 7 日
张凤銮	东阿县铜城街道前张村	19	男	1939 年 12 月
王乐功	东阿县铜城街道南关村	22	男	1939 年 12 月
张凤礼	东阿县铜城街道前张村	27	男	1939 年冬
谭丙厚	东阿县刘集镇谭庄村	26	男	1939 年冬
唐焕学之父	东阿县牛角店镇西唐村	60	男	1939 年
唐焕学之母	东阿县牛角店镇西唐村	60	女	1939 年

姓 名	籍 贯	年 龄	性 别	死难时间
唐立全	东阿县牛角店镇西唐村	30	男	1939 年
唐茂福	东阿县牛角店镇西唐村	40	男	1939 年
唐茂芹	东阿县牛角店镇西唐村	30	男	1939 年
陈家良	东阿县高集镇户庄村	20	男	1939 年
苏广珠	东阿县顾官屯镇西程铺村	23	男	1939 年
苏本华	东阿县铜城街道香山村	29	男	1939 年
姜绪俭	东阿县铜城街道张庄村	21	男	1939 年
尹梅祚	东阿县牛角店镇牛西村	40	男	1939 年
徐洪德	东阿县牛角店镇牛西村	35	男	1939 年
郑传圣	东阿县牛角店镇牛北村	48	男	1939 年
牛绪增	东阿县刘集镇牛屯村	39	男	1939 年
翟春明	东阿县大桥镇孙溜村	15	男	1939 年
崔文榜	东阿县刘集镇西崔村	30	男	1939 年
王之海之妹	东阿县刘集镇狮子宋村	18	女	1939 年
田炳耀	东阿县刘集镇前韩村	18	男	1940 年 1 月
王先峰	东阿县刘集镇葫芦头村	25	男	1940 年 1 月
许 清	—	28	男	1940 年 2 月 28 日
秦广信	东阿县铜城街道南关村	22	男	1940 年 3 月
赵庆安	东阿县刘集镇程葛村	35	男	1940 年 3 月
王现金	东阿县刘集镇北王村	—	男	1940 年 4 月
牛兴红	东阿县刘集镇牛屯村	—	男	1940 年春
刘延贵	东阿县高集镇孙安村	76	男	1940 年 5 月
刘兴华	东阿县高集镇苑庄村	24	男	1940 年 5 月
张华泽	东阿县姜楼镇红庙村	23	男	1940 年 5 月
耿兆明	东阿县陈集乡胡楼村	18	男	1940 年 5 月
胡永平	东阿县陈集乡胡楼村	23	男	1940 年 5 月
魏义宾	东阿县姜楼镇魏庄村	31	男	1940 年夏
郝连成	东阿县新城街道贺庄村	51	男	1940 年 7 月 24 日
邵清亮	东阿县牛角店镇东邵村	23	男	1940 年 7 月
姜清安	东阿县姜楼镇归德铺村	17	男	1940 年 8 月
马树肃	东阿县姜楼镇马安村	20	男	1940 年 8 月
贾兴柱	东阿县工业园区贾庄村	41	男	1940 年 8 月
谭丙军	东阿县刘集镇谭庄村	28	男	1940 年 10 月
韩兴同	东阿县牛角店镇后曹村	44	男	1940 年秋

姓 名	籍 贯	年 龄	性 别	死难时间
韩邦才	东阿县牛角店镇后曹村	18	男	1940 年秋
王华斌	东阿县刘集镇夏口村	—	男	1940 年秋
王有琪	东阿县刘集镇葫芦头村	24	男	1940 年 11 月
王于氏	东阿县刘集镇王董村	—	女	1940 年 12 月 24 日
张广乐	东阿县顾官屯镇前秦村	33	男	1940 年冬
夏恒举	东阿县姜楼镇夏庄村	22	男	1940 年
张学振	东阿县姜楼镇红庙村	22	男	1940 年
韩 马	东阿县铜城街道宋庄村	20	男	1940 年
孙怀清	东阿县铜城街道大店子村	22	男	1940 年
刘道全	东阿县铜城街道解庄村	17	男	1940 年
李兆方	东阿县姜楼镇马安村	28	男	1940 年
陈密朋	东阿县牛角店镇陈庄村	40	男	1940 年
唐茂文	东阿县牛角店镇刘千士村	23	男	1940 年
唐茂如	东阿县牛角店镇刘千士村	22	男	1940 年
韩玉伦	东阿县牛角店镇吕楼村	20	男	1940 年
时正庆	东阿县牛角店镇范营村	25	男	1940 年
陈玉环	东阿县牛角店镇烈庄村	25	男	1940 年
付朝栋	东阿县顾官屯镇顾官屯村	30	男	1940 年
李连海	东阿县顾官屯镇兴隆村	49	男	1940 年
李怀清	东阿县顾官屯镇兴隆村	23	男	1940 年
刘文吉之妻	东阿县牛角店镇朱圈村	25	女	1940 年
周庆常	东阿县牛角店镇朱圈村	31	男	1940 年
周梅玉	东阿县牛角店镇朱圈村	32	男	1940 年
郭绍祥	东阿县刘集镇郭庄村	22	男	1940 年
陈风林	东阿县刘集镇郭庄村	23	男	1940 年
贾长印	东阿县刘集镇郭庄村	—	男	1940 年
麻 庆	东阿县大桥镇麻庄村	—	男	1940 年
史瑞宣	东阿县牛角店镇烈庄村	—	男	1940 年
史现路	东阿县牛角店镇烈庄村	—	男	1940 年
王顺水	东阿县牛角店镇烈庄村	35	男	1940 年
王传金	东阿县牛角店镇烈庄村	30	男	1940 年
唐茂乾	东阿县牛角店镇西唐村	31	男	1940 年
李茂采	东阿县牛角店镇董圈村	19	男	1940 年
李茂才	东阿县牛角店镇牛西村	24	男	1940 年

姓 名	籍 贯	年 龄	性 别	死难时间
俄尚合	东阿县大桥镇后韩村	45	男	1940 年
郭守亮	东阿县大桥镇后韩村	33	男	1940 年
史现木	东阿县大桥镇湖西渡村	37	男	1940 年
阎存生	东阿县大桥镇湖西渡村	40	男	1940 年
姜连香	东阿县大桥镇大义屯村	40	男	1940 年
娄安祥	东阿县高集镇东娄村	25	男	1940 年
孟广成	东阿县高集镇张小村	20	男	1940 年
宫传新	东阿县高集镇辛庄村	22	男	1940 年
王庆长	东阿县刘集镇夏口村	19	男	1940 年
邵西海	东阿县牛角店镇西邵村	—	男	1941 年 1 月 5 日
崔秃子	东阿县牛角店镇西邵村	—	男	1941 年 1 月 5 日
丘志明	—	25	男	1941 年 1 月 5 日
张化方	东阿县牛角店镇旗干刘村	—	男	1941 年 1 月 5 日
师召兰	东阿县高集镇高集村	36	男	1941 年 1 月 15 日
宋怀良	东阿县铜城街道宋楼村	29	男	1941 年 1 月
王禄山	东阿县高集镇大侯村	—	男	1941 年 1 月
王吉德	东阿县大桥镇魏瓮村	28	男	1941 年 1 月
高仁远	东阿县牛角店镇周门前村	25	男	1941 年 2 月
李金生	东阿县牛角店镇大黄村	60	男	1941 年 2 月
纪立德	—	—	男	1941 年 2 月
张尚桐	东阿县铜城街道南张村	25	男	1941 年 2 月
邵合元	东阿县姜楼镇归德铺村	28	男	1941 年春
秦本增	东阿县铜城街道中街村	28	男	1941 年 4 月
赵永臣	东阿县刘集镇小冯村	35	男	1941 年 5 月
马丙公	东阿县刘集镇小冯村	25	男	1941 年 5 月
赵念善	东阿县陈集乡赵楼村	18	男	1941 年 6 月
刘昌胜	东阿县姚寨镇刘集村	40	男	1941 年 6 月
孟吉平	东阿县高集镇潘赵村	62	男	1941 年 6 月
郭召利	东阿县大桥镇郭口村	33	男	1941 年 7 月
郭景印	东阿县大桥镇郭口村	20	男	1941 年 7 月
史法水	东阿县铜城街道	19	男	1941 年 7 月
尹燕贵	东阿县刘集镇辛庄村	22	男	1941 年 7 月
刘允德	东阿县大桥镇大义屯村	23	男	1941 年 8 月
秦金广	东阿县铜城街道大秦村	21	男	1941 年 8 月

姓 名	籍 贯	年 龄	性 别	死难时间
赵长兴	东阿县刘集镇陈庄村	38	男	1941 年 8 月
李明顺	东阿县刘集镇孙郭村	42	男	1941 年 8 月
阎振溪	东阿县姜楼镇马安村	21	男	1941 年 9 月 3 日
郝廷东	东阿县新城街道贺庄村	19	男	1941 年 9 月 22 日
郝廷喜	东阿县新城街道贺庄村	19	男	1941 年 9 月 22 日
孟光亭	东阿县新城街道贺庄村	19	男	1941 年 9 月 22 日
孟二憨	东阿县新城街道贺庄村	19	男	1941 年 9 月 22 日
焦学笃	东阿县刘集镇刘集村	—	男	1941 年 10 月 15 日
李之清	东阿县刘集镇刘集村	36	男	1941 年 10 月 15 日
刘延奎	东阿县刘集镇刘集村	37	男	1941 年 10 月 15 日
刘义正	东阿县刘集镇刘集村	—	男	1941 年 10 月 15 日
李金专	东阿县顾官屯镇于桃村	—	男	1941 年 10 月 15 日
于金元	东阿县顾官屯镇于桃村	—	男	1941 年 10 月 15 日
解汝东	东阿县刘集镇位山村	35	男	1941 年 10 月
董怀呈	东阿县姜楼镇卢集村	42	男	1941 年秋
田元福	东阿县铜城街道刘庄村	31	男	1941 年秋
杨茂中	东阿县铜城街道艾山村	21	男	1941 年秋
刘洪军	东阿县顾官屯镇西程铺村	—	男	1941 年秋
宋建荣	东阿县顾官屯镇西程铺村	—	男	1941 年秋
朱明跃	东阿县高集镇户庄村	53	男	1941 年 12 月 5 日
王来财之妻	东阿县姜楼镇王小楼村	—	女	1941 年 12 月
秦式祥	东阿县铜城街道大秦村	49	男	1941 年 12 月
秦继月	东阿县铜城街道大秦村	68	男	1941 年 12 月
耿洛连	东阿县铜城街道耿庄村	25	男	1941 年冬
张殿刚	东阿县顾官屯镇前秦村	—	男	1941 年冬
张殿英	东阿县顾官屯镇前秦村	—	男	1941 年冬
张广元	东阿县顾官屯镇前秦村	—	男	1941 年冬
王文召	东阿县高集镇娄集村	36	男	1941 年冬
王文召之子	东阿县高集镇娄集村	16	男	1941 年冬
李恒全	东阿县牛角店镇付岸村	—	男	1941 年
冯作元	东阿县牛角店镇付岸村	—	男	1941 年
张士本	东阿县牛角店镇付岸村	—	男	1941 年
李茂根	东阿县牛角店镇下码头村	32	男	1941 年
周梅夏	东阿县牛角店镇朱圈村	—	男	1941 年

姓 名	籍 贯	年 龄	性 别	死难时间
徐延逊	东阿县牛角店镇牛西村	50	男	1941 年
杨继昌	东阿县姜楼镇南杨村	38	男	1941 年
王延来	东阿县陈集乡西辛村	17	男	1941 年
刘子祥之祖母	东阿县顾官屯镇姚庄村	70	女	1941 年
李明成	东阿县刘集镇程葛村	30	男	1941 年
林正刚	东阿县牛角店镇董袁村	—	男	1941 年
林生元	东阿县牛角店镇董袁村	—	男	1941 年
尹式汉	东阿县牛角店镇张海村	35	男	1941 年
阎绪德	东阿县大桥镇湖西渡村	34	男	1941 年
阎绪水	东阿县大桥镇湖西渡村	41	男	1941 年
刘尚生	东阿县顾官屯镇胥寺村	20	男	1941 年
王南光	东阿县姚寨镇寨东村	25	男	1941 年
宫连生	东阿县顾官屯镇宫庄村	—	男	1941 年
杜广恩	东阿县顾官屯镇杜庄村	—	男	1941 年
杜万江	东阿县顾官屯镇杜庄村	—	男	1941 年
秦方畦	东阿县铜城街道大秦村	18	男	1941 年
秦之清	东阿县铜城街道大秦村	28	男	1941 年
刁显和	东阿县铜城街道耿庄村	23	男	1941 年
夏子洲	东阿县铜城街道马庄村	23	男	1941 年
夏振河	东阿县铜城街道马庄村	22	男	1941 年
耿明臣	东阿县铜城街道杜庄村	20	男	1941 年
高占山	东阿县铜城街道王庙子村	21	男	1941 年
孙建德	东阿县铜城街道孙道口村	20	男	1941 年
李广来	东阿县鱼山乡前曲村	20	男	1941 年
刘庆生	东阿县刘集镇苫山村	29	男	1941 年
刘怀庆	东阿县刘集镇苫山村	22	男	1941 年
郎宝甲	东阿县刘集镇葫芦头村	25	男	1941 年
杨之兴	东阿县姜楼镇柳林屯村	28	男	1941 年
张振海	东阿县顾官屯镇前秦村	33	男	1941 年
陈茂江	东阿县陈集乡陈集村	19	男	1941 年
王兴道	东阿县陈集乡后王楼村	30	男	1941 年
刘尚凤	东阿县姚寨镇前屯村	22	男	1941 年
李庆喜	东阿县新城街道贺庄村	28	男	1942 年 2 月
郝老二	东阿县新城街道贺庄村	54	男	1942 年 2 月

姓 名	籍 贯	年 龄	性 别	死难时间
董兴顺	东阿县牛角店镇董圈村	23	男	1942 年 2 月
姜玉顺	东阿县姚寨镇解屯村	21	男	1942 年 3 月
张建俊	东阿县刘集镇四合屯村	22	男	1942 年 3 月
张云璞	东阿县刘集镇四合屯村	19	男	1942 年 3 月
周庆柱	东阿县刘集镇崔付石村	19	男	1942 年 3 月
黄元臣	东阿县姜楼镇邓庙村	29	男	1942 年 3 月
王华轩	东阿县陈集乡河西王村	28	男	1942 年 3 月
陈长君	东阿县陈集乡六里村	25	男	1942 年 3 月
赵玉廷	东阿县刘集镇前韩村	21	男	1942 年 4 月
赵兰清	东阿县刘集镇梁庄村	20	男	1942 年 4 月
邵经海	东阿县刘集镇辛庄村	23	男	1942 年 4 月
赵学健	东阿县高集镇老赵村	38	男	1942 年 4 月
秦本堂	东阿县铜城街道大秦村	38	男	1942 年 4 月
訾彦清	东阿县刘集镇官庄村	31	男	1942 年 5 月
周庆银	东阿县铜城街道南关村	—	男	1942 年 6 月
迟云厚	东阿县铜城街道耿集村	—	男	1942 年 6 月
魏尚安	—	—	男	1942 年 6 月
娄秀朋	东阿县高集镇西娄村	40	男	1942 年 6 月
刘孝先	东阿县刘集镇位山村	26	男	1942 年 7 月
赵绪合	东阿县陈集乡张楼村	28	男	1942 年 7 月
韩振发	东阿县大桥镇前韩村	19	男	1942 年 7 月
张清太	东阿县刘集镇官庄村	23	男	1942 年 8 月
张庆浩	东阿县姚寨镇三官庙村	26	男	1942 年 8 月
李树元	东阿县铜城街道王宗汤村	—	男	1942 年 9 月 2 日
李兆迎	东阿县铜城街道王宗汤村	—	男	1942 年 9 月 2 日
张正举	东阿县铜城街道张集村	30	男	1942 年 9 月 2 日
刘广为	东阿县刘集镇尚文寨村	30	男	1942 年 9 月 21 日
李怀平	东阿县刘集镇尚文寨村	19	男	1942 年 9 月 21 日
赵继学	东阿县刘集镇小赵村	21	男	1942 年 9 月 21 日
赵西德	东阿县刘集镇小赵村	33	男	1942 年 9 月 21 日
刘四包	东阿县刘集镇小赵村	20	男	1942 年 9 月 21 日
王庆祥	东阿县高集潘庄村	50	男	1942 年 9 月
王炳谟	东阿县铜城街道中街村	51	男	1942 年 9 月
毕洪德	东阿县大桥镇尹庄村	19	男	1942 年 10 月

姓 名	籍 贯	年 龄	性 别	死难时间
赵庆余	东阿县铜城街道	60	男	1942 年 10 月
赵维芝	东阿县铜城街道	31	男	1942 年 10 月
薄庆厚	东阿县新城街道赵徐村	60	男	1942 年 10 月
张承根	东阿县姚寨镇三官庙村	20	男	1942 年 10 月
孙河山	东阿县顾官屯镇苏庄村	27	男	1942 年秋
孙根成	东阿县顾官屯镇苏庄村	24	男	1942 年秋
陈明宇之妻	东阿县刘集镇姬庄村	50	女	1942 年秋
赵翟氏	东阿县刘集镇赵寺村	20	女	1942 年秋
赵周氏	东阿县刘集镇赵寺村	20	女	1942 年秋
赵 氏	东阿县刘集镇赵寺村	5	女	1942 年秋
董清路	—	—	男	1942 年秋
王炳木	东阿县铜城街道中街村	28	男	1942 年秋
赵传邦	东阿县铜城街道华庄村	30	男	1942 年秋
张振安	东阿县铜城街道西堂村	26	男	1942 年秋
杨思忠	东阿县刘集镇娄营村	—	男	1942 年 11 月
贺广平	东阿县新城街道贺庄村	19	男	1942 年 12 月上旬
李春荣	东阿县新城街道贺庄村	20	男	1942 年 12 月上旬
赵永珂	东阿县刘集镇赵寺村	50	男	1942 年 12 月 24 日
张连福	东阿县新城街道卜庄村	—	男	1942 年 12 月
宋培青	东阿县铜城街道宋楼村	27	男	1942 年 12 月
宋建芝之母	东阿县铜城街道宋楼村	60	女	1942 年 12 月
罗继海	东阿县刘集镇罗辛村	32	男	1942 年
王庆海	东阿县刘集镇狮子宋村	—	男	1942 年
田绪德	东阿县刘集镇北耿村	60	男	1942 年
耿炳正	东阿县刘集镇北耿村	20	男	1942 年
田保印	东阿县刘集镇北耿村	30	男	1942 年
田立成	东阿县刘集镇北耿村	20	男	1942 年
赵学亮	东阿县大桥镇大义屯村	46	男	1942 年
毕怀柱	东阿县大桥镇大义屯村	47	男	1942 年
毕德孔	东阿县大桥镇大义屯村	47	男	1942 年
张安荣	东阿县顾官屯镇官路村	23	男	1942 年
张 氏	东阿县顾官屯镇官路村	26	女	1942 年
李 平	东阿县牛角店镇下码头村	16	女	1942 年
尹成旗	东阿县牛角店镇朱圈村	—	男	1942 年

姓　名	籍　贯	年　龄	性　别	死难时间
张其林	—	—	男	1942 年
崔建厚	—	—	男	1942 年
杜胜寅	东阿县牛角店镇前曹村	55	男	1942 年
谭炳水	东阿县刘集镇谭庄村	30	男	1942 年
臧占成	东阿县刘集镇芦庄村	23	男	1942 年
刘恒福	东阿县姚寨镇刘集村	17	男	1942 年
李寅柱	东阿县牛角店镇刘千士村	21	男	1942 年
邵庆江	东阿县牛角店镇东邵村	—	男	1942 年
吴福增	—	—	男	1942 年
赵德成	—	—	男	1942 年
房广福	东阿县鱼山乡鱼中村	18	男	1942 年
娄金祥	—	—	男	1942 年
王瑞林	东阿县大桥镇凌山村	20	男	1942 年
孙孟温	东阿县大桥镇孙溜村	43	男	1942 年
郭均南	东阿县大桥镇郭口村	39	男	1942 年
付同武	东阿县牛角店镇付一村	17	男	1942 年
付同栓	东阿县牛角店镇付一村	26	男	1942 年
付二逄	东阿县牛角店镇付一村	22	男	1942 年
张廷江	东阿县顾官屯镇大张村	35	男	1942 年
杨凤章	东阿县铜城街道艾山村	17	男	1942 年
刘高庆	东阿县刘集镇贾集村	24	男	1942 年
贾云法	东阿县刘集镇贾集村	22	男	1942 年
于献英	东阿县姜楼镇姜楼村	30	男	1942 年
马殿功	东阿县姜楼镇马安村	30	男	1942 年
姜广会	东阿县姜楼镇姜庄村	22	男	1942 年
王怀元	东阿县姜楼镇徐楼村	27	男	1942 年
于广信	东阿县姜楼镇阎庄村	22	男	1942 年
于兆岳	东阿县姜楼镇阎庄村	27	男	1942 年
梁甫成	东阿县顾官屯镇兴隆村	35	男	1942 年
姜德富	东阿县顾官屯镇邢庄村	27	男	1942 年
张继木	东阿县陈集乡张楼村	42	男	1942 年
王兴业	东阿县陈集乡后王集村	32	男	1942 年
赵荣庆	东阿县陈集乡姜庄村	29	男	1942 年
赵玉良	东阿县陈集乡任集村	21	男	1942 年

姓　名	籍　贯	年　龄	性　别	死难时间
崔昌海	东阿县高集镇张集村	22	男	1942 年
贝文水	东阿县高集镇小贝村	24	男	1942 年
陈善兰	东阿县高集镇北陈集村	17	男	1942 年
付言功	东阿县牛角店镇李营村	24	男	1942 年
江光兴	东阿县牛角店镇朱圈村	21	男	1942 年
崔同伦	东阿县鱼山乡车店村	22	男	1942 年
赵明仁	东阿县刘集镇官庄村	30	男	1943 年 1 月 8 日
赵连兴之妻	东阿县刘集镇官庄村	38	女	1943 年 1 月 8 日
朱成申	东阿县高集镇朱海村	—	男	1943 年 2 月 18 日
刘洪信	东阿县刘集镇官庄村	22	男	1943 年 2 月
赵清江	东阿县刘集镇后张村	60	男	1943 年 2 月
赵清祥	东阿县刘集镇后张村	50	男	1943 年 2 月
赵尚连	东阿县刘集镇后张村	25	男	1943 年 2 月
张玉瑞	东阿县刘集镇后张村	40	男	1943 年 2 月
张学德	东阿县刘集镇后张村	65	男	1943 年 2 月
张学德之妻	东阿县刘集镇后张村	67	女	1943 年 2 月
赵衍伦	东阿县刘集镇后张村	25	男	1943 年 2 月
赵庆明	东阿县陈集乡赵庄村	20	男	1943 年 3 月
李明英	东阿县高集镇张集村	15	男	1943 年 4 月
贾士木	东阿县高集镇张集村	30	男	1943 年 4 月
王成安	东阿县铜城街道兴隆屯村	25	男	1943 年 4 月
马相合	东阿县刘集镇田马村	18	男	1943 年 4 月
李荣会	东阿县高集镇张武举村	18	男	1943 年 4 月
李安仁	东阿县顾官屯镇华集村	—	男	1943 年 4 月
李昌雨	东阿县高集镇张武举村	17	男	1943 年 4 月
杨永乐	东阿县高集镇庙杨村	30	男	1943 年春
杨存吉	东阿县高集镇庙杨村	35	男	1943 年春
杨存刚	东阿县高集镇庙杨村	31	男	1943 年春
贾云法	—	—	男	1943 年春
马富友	东阿县铜城街道耿集村	27	男	1943 年春
谭　林	东阿县刘集镇谭庄村	32	男	1943 年 5 月
李桐训	东阿县牛角店镇黄起元村	22	男	1943 年 5 月
张守智	东阿县刘集镇张集村	27	男	1943 年 5 月
娄传洼	东阿县高集镇娄集村	32	男	1943 年 6 月

姓 名	籍 贯	年 龄	性 别	死难时间
崔清印	东阿县刘集镇大林崔村	21	男	1943 年 7 月
耿炳禹	东阿县刘集镇北耿村	22	男	1943 年 8 月
巨坤廷	东阿县刘集镇后韩村	25	男	1943 年 8 月
崔心成	东阿县刘集镇小冯村	34	男	1943 年 9 月 1 日
崔心广	东阿县刘集镇小冯村	29	男	1943 年 9 月 1 日
刘继仁	东阿县刘集镇吕营村	28	男	1943 年 9 月 4 日
刘义田	东阿县刘集镇吕营村	35	男	1943 年 9 月 4 日
杜洪来	—	—	男	1943 年 10 月
王继忠	—	—	男	1943 年 10 月
刘廷保	—	—	男	1943 年 10 月
赵德光	—	—	男	1943 年 10 月
姜黑生	东阿县大桥镇姜庄村	—	男	1943 年 10 月
陶承会	东阿县刘集镇陶庄村	24	男	1943 年 10 月
柳延锋	东阿县姚寨镇柳庄村	28	男	1943 年 10 月
柳汝全	东阿县姚寨镇柳庄村	26	男	1943 年 10 月
柳汝秋	东阿县姚寨镇柳庄村	29	男	1943 年 10 月
路茂堂	东阿县顾官屯镇顾官屯村	33	男	1943 年秋
张中法	东阿县铜城街道华庄村	24	男	1943 年秋
宋建训	东阿县铜城街道宋楼村	37	男	1943 年秋
秦吉亮	东阿县高集镇秦庄村	33	男	1943 年秋
朱士成之祖母	东阿县高集镇朱海村	—	女	1943 年 11 月 10 日
朱士木之祖母	东阿县高集镇朱海村	—	女	1943 年 11 月 13 日
邵洪运	东阿县牛角店镇双庙村	20	男	1943 年 11 月
秦玉诚	东阿县铜城街道南关村	40	男	1943 年 11 月
杨中怀	东阿县铜城街道中街村	24	男	1943 年 12 月 22 日
杨金贵	东阿县刘集镇大杨村	28	男	1943 年 12 月 28 日
杨金河	东阿县刘集镇大杨村	30	男	1943 年 12 月 28 日
秦广智	东阿县陈集乡朱南村	26	男	1943 年 12 月
田德清	东阿县高集镇旦北村	45	男	1943 年冬
张合德	东阿县顾官屯镇辛庄村	37	男	1943 年冬
张十五	东阿县顾官屯镇辛庄村	34	男	1943 年冬
殷付银	东阿县铜城街道解庄村	30	男	1943 年冬
殷际忠	东阿县铜城街道解庄村	27	男	1943 年冬
李全清	东阿县姚寨镇杨庄村	46	男	1943 年冬

姓 名	籍 贯	年 龄	性 别	死难时间
陈玉兴	东阿县牛角店镇陈庄村	28	男	1943 年
王登乔	东阿县刘集镇杨庄村	46	男	1943 年
徐连中	东阿县刘集镇罗辛村	30	男	1943 年
罗廷福	东阿县刘集镇罗辛村	42	男	1943 年
赵连江	东阿县刘集镇官庄村	—	男	1943 年
赵 氏	东阿县刘集镇官庄村	—	女	1943 年
赵连生	东阿县刘集镇官庄村	28	男	1943 年
冯立义	东阿县刘集镇官庄村	58	男	1943 年
赵学存	东阿县顾官屯镇赵庄村	—	男	1943 年
赵兰方	东阿县工业园区杨庄村	22	男	1943 年
赵庆林	东阿县铜城街道南关村	32	男	1943 年
朱葵名之妻	东阿县高集镇朱海村	30	女	1943 年
朱方成之子	东阿县高集镇朱海村	12	男	1943 年
朱季水	东阿县高集镇朱海村	28	男	1943 年
马凤义	东阿县刘集镇贾庄村	28	男	1943 年
邢怀柱	东阿县刘集镇狮子宋村	20	男	1943 年
俄宗青	东阿县大桥镇后韩村	22	男	1943 年
王长青	东阿县大桥镇尹庄村	44	男	1943 年
郭均增	东阿县大桥镇郭口村	27	男	1943 年
孙立洪	东阿县大桥镇孙溜村	40	男	1943 年
王开芹	东阿县大桥镇后韩村	21	男	1943 年
赵庆友	东阿县牛角店镇付六村	22	男	1943 年
付朝贞	东阿县牛角店镇付六村	25	男	1943 年
王孟成	东阿县大桥镇凌山村	24	男	1943 年
荣金态	东阿县大桥镇后韩村	29	男	1943 年
张 华	—	32	男	1943 年
华士路	东阿县顾官屯镇华集村	—	男	1943 年
侯 明	东阿县顾官屯镇刘海村	—	男	1943 年
贾富顺	东阿县顾官屯镇贾庄村	50	男	1943 年
冯炳明	东阿县顾官屯镇枣寨村	30	男	1943 年
蒋金生	东阿县顾官屯镇马海村	25	男	1943 年
丛本河	东阿县大桥镇大义屯村	44	男	1943 年
孙传禄	东阿县姜楼镇孙庄村	30	男	1943 年
周长安	东阿县姜楼镇姜楼村	—	男	1943 年

姓　名	籍　贯	年　龄	性　别	死难时间
何道贞	东阿县姜楼镇姜楼村	—	男	1943 年
赵小臣	东阿县姜楼镇司岗村	16	男	1943 年
王明清	东阿县铜城街道办事处大秦村	29	男	1943 年
李乐林	东阿县顾官屯镇索集村	20	男	1943 年
周传喜	东阿县顾官屯镇索集村	23	男	1943 年
张玉桢	东阿县陈集乡张楼村	21	男	1943 年
秦广述	东阿县陈集乡朱旺山村	21	男	1943 年
杨春舜	东阿县姜楼镇西杨村	22	男	1943 年
周庆吉	东阿县刘集镇双庙村	25	男	1943 年
刘九川	东阿县刘集镇郎营村	20	男	1943 年
张绍溪	东阿县姜楼镇红庙村	33	男	1943 年
李祈才	东阿县牛角店镇下码头村	28	男	1943 年
刘子山	东阿县铜城街道办事处刘庄村	23	男	1943 年
杨凤雪	东阿县铜城街道办事处艾山村	19	男	1943 年
杨凤文	东阿县铜城街道办事处艾山村	19	男	1943 年
刘延宝	东阿县鱼山乡刘塘坊村	20	男	1943 年
姜维中	—	—	男	1943 年
杜保中	—	—	男	1943 年
王兴邦	—	—	男	1943 年
王炳秋	东阿县大桥镇凌山村	—	男	1943 年
王炳鄞	东阿县大桥镇凌山村	20	男	1943 年
王炳文	东阿县大桥镇凌山村	46	男	1943 年
王真林	东阿县大桥镇凌山村	55	男	1943 年
徐守印	东阿县新城街道办事处赵徐村	26	男	1943 年
王现金	东阿县刘集镇王庄村	23	男	1943 年
崔昌福	东阿县高集镇张集村	20	男	1943 年
张修文	东阿县鱼山乡张坊村	23	男	1943 年
戴严东	东阿县铜城街道办事处迟庄村	40	男	1944 年 1 月 23 日
迟云达	东阿县铜城街道办事处迟庄村	50	男	1944 年 1 月 23 日
迟会路之妻	东阿县铜城街道办事处迟庄村	40	女	1944 年 1 月 23 日
迟会全之妻	东阿县铜城街道办事处迟庄村	22	女	1944 年 1 月 23 日
迟延英	东阿县铜城街道办事处迟庄村	40	男	1944 年 1 月 23 日
迟 玉	东阿县铜城街道办事处迟庄村	50	男	1944 年 1 月 23 日
迟 囤	东阿县铜城街道办事处迟庄村	18	男	1944 年 1 月 23 日

姓　名	籍　贯	年　龄	性　别	死难时间
迟存良	东阿县铜城街道迟庄村	18	男	1944 年 1 月 23 日
迟　四	东阿县铜城街道迟庄村	40	男	1944 年 1 月 23 日
迟　氏	东阿县铜城街道迟庄村	50	女	1944 年 1 月 23 日
迟庆合之母	东阿县铜城街道迟庄村	60	女	1944 年 1 月 23 日
傅修苓	东阿县铜城街道傅庄村	60	男	1944 年 1 月 28 日
刘乐庆	东阿县刘集镇苫山村	18	男	1944 年 2 月
朱成春	东阿县陈集乡朱旺山村	25	男	1944 年 2 月
刘善恩	东阿县大桥镇大义屯村	25	男	1944 年 2 月
高占生	东阿县铜城街道王庙子村	17	男	1944 年 3 月
崔衍木	东阿县刘集镇大林崔村	26	男	1944 年 3 月
张　立	东阿县刘集镇杨庄村	24	男	1944 年 3 月
王殿先	东阿县工业园区后王集村	36	男	1944 年春
朱世忠	东阿县高集镇朱海村	24	男	1944 年 4 月
谭广福	东阿县刘集镇谭庄村	30	男	1944 年 4 月
李富成	东阿县刘集镇梁庄村	30	男	1944 年 4 月
赵兰申	东阿县刘集镇梁庄村	31	男	1944 年 4 月
尹兰祚	东阿县牛角店镇张海村	52	男	1944 年 5 月 27 日
王克寇	—	—	男	1944 年 5 月
吴金庆	东阿县刘集镇辛庄村	26	男	1944 年 5 月
张来荣	东阿县刘集镇四合屯村	21	男	1944 年 5 月
刘公礼	东阿县刘集镇四合屯村	21	男	1944 年 5 月
周脉义	东阿县刘集镇周庄村	18	男	1944 年 5 月
于庆河	东阿县陈集乡小于庄村	26	男	1944 年 5 月
史乐恒	东阿县大桥镇大太平村	26	男	1944 年 5 月
刘树青	东阿县顾官屯镇西刘村	59	男	1944 年 6 月上旬
姜德厚	东阿县顾官屯镇邢庄村	17	男	1944 年 6 月 27 日
王文举	东阿县顾官屯镇邢庄村	42	男	1944 年 6 月 27 日
李正新之妻	东阿县顾官屯镇邢庄村	—	女	1944 年 6 月 27 日
雷玉刚	东阿县铜城街道西关村	34	男	1944 年 6 月
袁平顺	东阿县铜城街道西关村	33	男	1944 年 6 月
秦本孝	东阿县铜城街道西关村	29	男	1944 年 6 月
郑邦才	东阿县铜城街道郑于村	30	男	1944 年 6 月
李义芝	东阿县刘集镇刘集村	22	男	1944 年 6 月
王之山	东阿县刘集镇狮子宋村	23	男	1944 年 6 月

姓 名	籍 贯	年 龄	性 别	死难时间
杨兆成	东阿县姜楼镇西杨村	28	男	1944 年 6 月
张兴林	东阿县顾官屯镇大柳张村	24	男	1944 年 6 月
张金山	东阿县高集镇户庄村	26	男	1944 年 6 月
王庆海	东阿县高集镇户庄村	24	男	1944 年 6 月
朱明祥	东阿县高集镇户庄村	24	男	1944 年 6 月
郭希英	东阿县大桥镇郭口村	34	男	1944 年 6 月
孙书其	东阿县刘集镇孙郭村	24	男	1944 年 7 月
张金喜	东阿县刘集镇贾集村	21	男	1944 年 7 月
方士同	东阿县姜楼镇姜楼村	25	男	1944 年 7 月
王延孝	东阿县陈集乡西王集村	33	男	1944 年 7 月
孙兴荣	东阿县大桥镇孙溜村	18	男	1944 年 7 月
张殿兴	东阿县陈集乡前堂子村	30	男	1944 年 8 月
许保兰	东阿县陈集乡许楼村	23	男	1944 年 8 月
董茂善	东阿县刘集镇孟庄村	20	男	1944 年 8 月
王继江	东阿县刘集镇大赵村	27	男	1944 年 9 月 21 日
王怀生	东阿县刘集镇王龙岗村	21	男	1944 年 10 月
杨保生	东阿县姜楼镇孙庄村	23	男	1944 年 10 月
申绪河	东阿县牛角店镇黄圈村	28	男	1944 年 10 月
高尚广	东阿县铜城街道耿集村	37	男	1944 年秋
秦广信	东阿县铜城街道耿集村	40	男	1944 年秋
耿文祥之妻	东阿县铜城街道耿集村	31	女	1944 年秋
朱魁正之妻	东阿县高集镇朱海村	—	女	1944 年 11 月 5 日
朱京成之侄子	东阿县高集镇朱海村	1	男	1944 年 11 月 5 日
朱全成之父	东阿县高集镇朱海村	—	男	1944 年 11 月 15 日
朱全成之祖母	东阿县高集镇朱海村	—	女	1944 年 11 月 15 日
朱明刚	东阿县高集镇朱海村	—	男	1944 年 11 月
司绪文	东阿县高集镇旦南村	61	男	1944 年 11 月
杨忠怀	东阿县铜城街道南关村	—	男	1944 年 12 月 22 日
李春隆	东阿县新城街道贺庄村	20	男	1944 年 12 月 22 日
郝热闹	东阿县新城街道贺庄村	21	男	1944 年 12 月 22 日
郝连峰	东阿县新城街道贺庄村	51	男	1944 年 12 月 22 日
王京坤	东阿县姜楼镇西寺村	32	男	1944 年 12 月 22 日
王凤观	东阿县姜楼镇西寺村	34	男	1944 年 12 月 22 日
刘传利	东阿县姜楼镇西寺村	29	男	1944 年 12 月 22 日

姓 名	籍 贯	年 龄	性 别	死难时间
刘占银	东阿县姜楼镇柳林屯村	29	男	1944 年 12 月 23 日
卢代荣	东阿县姜楼镇柳林屯村	38	男	1944 年 12 月 23 日
孙书德	东阿县姜楼镇柳林屯村	32	男	1944 年 12 月 23 日
秦玉柱	东阿县陈集乡朱南村	—	男	1944 年 12 月 23 日
秦仰梅	东阿县陈集乡朱南村	—	女	1944 年 12 月 23 日
郭瑞亭	东阿县陈集乡王风轩村	—	男	1944 年 12 月 23 日
王元福	东阿县顾官屯镇王庄村	—	男	1944 年 12 月 26 日
王长廷	东阿县顾官屯镇王庄村	—	男	1944 年 12 月 26 日
王光兰	东阿县顾官屯镇王庄村	—	男	1944 年 12 月 26 日
张保衍	东阿县刘集镇孙清村	17	男	1944 年 12 月
王华荣	东阿县陈集乡河西王村	44	男	1944 年 12 月
张化凤	东阿县牛角店镇牛南村	37	男	1944 年 12 月
司尚青	东阿县姜楼镇司岗村	40	男	1944 年冬
司绪银	东阿县高集镇旦南村	75	男	1944 年冬
司成芝	东阿县高集镇旦南村	65	男	1944 年冬
刘 庚	东阿县高集镇户庄村	23	男	1944 年冬
侯仲连	东阿县高集镇大侯村	28	男	1944 年冬
冯明富	东阿县姜楼镇芦集村	36	男	1944 年冬
唐加学	东阿县牛角店镇西唐村	66	男	1944 年
唐加学之妻	东阿县牛角店镇西唐村	—	女	1944 年
唐大元	东阿县牛角店镇西唐村	—	男	1944 年
邵洪路之妻	东阿县牛角店镇双庙村	—	女	1944 年
朱明彦	东阿县高集镇朱海村	—	男	1944 年
王振生	东阿县高集镇朱海村	—	男	1944 年
娄相普	东阿县高集镇朱海村	—	男	1944 年
刘兴华	东阿县高集镇朱海村	—	女	1944 年
丛养温	东阿县大桥镇大义屯村	45	男	1944 年
阎绪文	东阿县大桥镇湖西渡村	35	男	1944 年
马吉孝	东阿县大桥镇前韩村	37	男	1944 年
卢张氏	东阿县大桥镇湖西渡村	40	女	1944 年
王培厚	东阿县铜城街道马庄村	21	男	1944 年
秦玉斌	东阿县铜城街道大秦村	24	男	1944 年
张庆庚	东阿县铜城街道大秦村	29	男	1944 年
董保忠	东阿县铜城街道兴隆屯村	27	男	1944 年

姓 名	籍 贯	年 龄	性 别	死难时间
苏本举	东阿县铜城街道郭庄村	18	男	1944 年
芦合怀	东阿县铜城街道香山村	20	男	1944 年
殷培厚	东阿县新城街道解庄村	22	男	1944 年
贺安平	东阿县新城街道贺庄村	19	男	1944 年
张延新	东阿县鱼山乡司庄村	23	男	1944 年
张延生	东阿县鱼山乡司庄村	22	男	1944 年
翟运清	东阿县鱼山乡小店子村	25	男	1944 年
田孝恩	东阿县鱼山乡田庄村	39	男	1944 年
孙方胜	东阿县刘集镇郎营村	30	男	1944 年
高 毅	东阿县刘集镇程葛村	30	男	1944 年
高传新	东阿县刘集镇程葛村	30	男	1944 年
荣金巨	东阿县刘集镇后韩村	26	男	1944 年
周庆科	东阿县刘集镇双庙村	35	男	1944 年
杨德玉	东阿县姜楼镇大杨村	26	男	1944 年
杨广恩	东阿县姜楼镇大杨村	24	男	1944 年
赵德广	东阿县姜楼镇陶赵村	26	男	1944 年
赵克兴	东阿县姜楼镇前王营村	25	男	1944 年
翟清田	东阿县姜楼镇陈店村	22	男	1944 年
徐立英	东阿县姜楼镇辛庄村	18	男	1944 年
梁兆才	东阿县姜楼镇司岗村	18	男	1944 年
张洪生	东阿县姜楼镇徐楼村	20	男	1944 年
赵传淮	东阿县姜楼镇广粮门村	28	男	1944 年
刘永庆	东阿县姜楼镇柳林屯村	29	男	1944 年
徐凤海	东阿县顾官屯镇徐庄村	25	男	1944 年
李长更	东阿县顾官屯镇徐庄村	24	男	1944 年
冯墨林	东阿县顾官屯镇枣寨村	26	男	1944 年
高炳仁	东阿县顾官屯镇高庄村	24	男	1944 年
亢家玉	东阿县顾官屯镇常庙村	29	男	1944 年
亢家利	东阿县顾官屯镇常庙村	34	男	1944 年
高殿铭	东阿县顾官屯镇刘庄村	24	男	1944 年
王怀盈	东阿县顾官屯镇果子王村	41	男	1944 年
张庆安	东阿县姚寨镇杨柳村	34	男	1944 年
孙庆元	东阿县姚寨镇六路口村	29	男	1944 年
杜连仁	东阿县姚寨镇大窑村	28	男	1944 年

姓 名	籍 贯	年 龄	性 别	死难时间
杨荣保	东阿县高集镇庙杨村	26	男	1944 年
张化英	东阿县高集镇张小村	31	男	1944 年
孙茂海	东阿县高集镇玉皇庙村	20	男	1944 年
赵中秋	东阿县高集镇玉皇庙村	21	男	1944 年
高存淮	东阿县牛角店镇夏沟村	25	男	1944 年
陈绪照	东阿县牛角店镇夏沟村	20	男	1944 年
朱明仁	东阿县牛角店镇题韩村	34	男	1944 年
王敬福	东阿县姚寨镇后八里村	25	男	1944 年
田继常	东阿县大桥镇西刘村	18	男	1944 年
毕子轩	东阿县大桥镇毕庄村	25	男	1944 年
张允浦	东阿县大桥镇东侯村	20	男	1944 年
苏明水	东阿县姜楼镇芦集村	33	男	1944 年
张同乐	东阿县姚寨镇三官庙村	21	男	1944 年
马德富	东阿县姜楼镇马安村	23	男	1944 年
毕子华	东阿县大桥镇毕庄村	39	男	1944 年
毕德化	东阿县大桥镇毕庄村	48	男	1944 年
郭均恒	东阿县大桥镇郭口村	24	男	1944 年
郭均北	东阿县大桥镇郭口村	39	男	1944 年
黄金明	东阿县顾官屯镇张洪津村	20	男	1944 年
李继海	东阿县牛角店镇陶嘴村	32	男	1944 年
王在忠	东阿县牛角店镇李营村	—	男	1944 年
陈月祥	东阿县牛角店镇下码头村	42	男	1944 年
张召余之母	东阿县牛角店镇牛南村	70	女	1944 年
侯衍贵	东阿县高集镇娄集村	—	男	1944 年
陈玉正	东阿县牛角店镇付四村	35	男	1945 年 1 月 5 日
孙吉东	东阿县牛角店镇牛东村	48	男	1945 年 1 月 7 日
杜洪太	东阿县姚寨镇西大窑村	27	男	1945 年 1 月 8 日
侯家祯	东阿县姚寨镇西大窑村	21	男	1945 年 1 月 8 日
李子生	东阿县姚寨镇西大窑村	19	男	1945 年 1 月 8 日
王明柱	东阿县姚寨镇西大窑村	27	男	1945 年 1 月 8 日
王秀武	东阿县姚寨镇西大窑村	28	男	1945 年 1 月 8 日
杜洪珂	东阿县姚寨镇西大窑村	30	男	1945 年 1 月 8 日
王恒秋	东阿县姚寨镇西大窑村	24	男	1945 年 1 月 8 日
杜吉信	东阿县姚寨镇西大窑村	24	男	1945 年 1 月 8 日

姓　名	籍　贯	年　龄	性　别	死难时间
张兆连	东阿县刘集镇小冯村	24	男	1945 年 1 月
李长祥	东阿县姚寨镇枣科杨村	30	男	1945 年 2 月 20 日
杨玉苓	东阿县姚寨镇枣科杨村	60	男	1945 年 2 月 20 日
刘为刚	东阿县姚寨镇枣科杨村	40	男	1945 年 2 月 20 日
杨玉寅	东阿县姚寨镇枣科杨村	42	男	1945 年 2 月 20 日
杨玉路	东阿县姚寨镇枣科杨村	37	男	1945 年 2 月 20 日
杨玉魁	东阿县姚寨镇枣科杨村	41	男	1945 年 2 月 20 日
杨玉朱	东阿县姚寨镇枣科杨村	51	男	1945 年 2 月 20 日
杨玉芝	东阿县姚寨镇枣科杨村	52	男	1945 年 2 月 20 日
杨立路	东阿县姚寨镇枣科杨村	60	男	1945 年 2 月 20 日
杨希贞	东阿县姚寨镇枣科杨村	30	男	1945 年 2 月 20 日
刘敬之	东阿县姚寨镇枣科杨村	50	男	1945 年 2 月 20 日
杨玉春	东阿县姚寨镇枣科杨村	40	男	1945 年 2 月 20 日
杨玉林	东阿县姚寨镇枣科杨村	40	男	1945 年 2 月 20 日
杨玉果	东阿县姚寨镇枣科杨村	22	男	1945 年 2 月 20 日
杨玉敏	东阿县姚寨镇枣科杨村	41	男	1945 年 2 月 20 日
刘为荣	东阿县姚寨镇枣科杨村	50	男	1945 年 2 月 20 日
杨玉华	东阿县姚寨镇枣科杨村	47	男	1945 年 2 月 20 日
杨玉元	东阿县姚寨镇枣科杨村	30	男	1945 年 2 月 20 日
杨立兴	东阿县姚寨镇枣科杨村	30	男	1945 年 2 月 20 日
杨玉英	东阿县姚寨镇枣科杨村	41	男	1945 年 2 月 20 日
杨张氏	东阿县姚寨镇枣科杨村	40	女	1945 年 2 月 20 日
杨立秀	东阿县姚寨镇枣科杨村	50	男	1945 年 2 月 20 日
杨玉四	东阿县姚寨镇枣科杨村	32	男	1945 年 2 月 20 日
杨瑞瑶	东阿县姚寨镇枣科杨村	60	男	1945 年 2 月 20 日
杨立石	东阿县姚寨镇枣科杨村	59	男	1945 年 2 月 20 日
杨立信	东阿县姚寨镇枣科杨村	60	女	1945 年 2 月 20 日
尉万信	东阿县姚寨镇枣科杨村	30	男	1945 年 2 月 20 日
马宜明	东阿县姚寨镇枣科杨村	30	男	1945 年 2 月 20 日
张立方	东阿县姚寨镇枣科杨村	60	男	1945 年 2 月 20 日
王殿苓	东阿县姚寨镇枣科杨村	60	男	1945 年 2 月 20 日
杨西九之妹夫	东阿县姚寨镇枣科杨村	26	男	1945 年 2 月 20 日
王乐普	东阿县陈集乡西王集村	28	男	1945 年 2 月
周传苓	东阿县牛角店镇周门前村	29	男	1945 年 2 月

姓 名	籍 贯	年龄	性别	死难时间
段兴平	东阿县牛角店镇前曹村	25	男	1945 年 3 月
姜志申	东阿县牛角店镇前曹村	23	男	1945 年 3 月
卜德惠	东阿县鱼山乡黄胡同村	19	男	1945 年 4 月
孟继成	东阿县刘集镇沙堤子村	20	男	1945 年 4 月
刘衍庆	东阿县刘集镇苫山村	34	男	1945 年 5 月
谭广树	东阿县刘集镇谭庄村	20	男	1945 年 5 月
马思让	东阿县刘集镇大赵村	26	男	1945 年 5 月
张树来	东阿县大桥镇小张村	23	男	1945 年 5 月
臧秋如	东阿县刘集镇芦庄村	25	男	1945 年 6 月
赵家申	东阿县牛角店镇赵庄村	24	男	1945 年 6 月
孙其友	东阿县大桥镇孙溜村	22	男	1945 年 6 月
孙其恒	东阿县大桥镇孙溜村	20	男	1945 年 6 月
孙其河	东阿县大桥镇孙溜村	20	男	1945 年 6 月
孙孟生	东阿县大桥镇孙溜村	30	男	1945 年 6 月
芦玉和	东阿县大桥镇湖西渡村	27	男	1945 年 6 月
朱利成	东阿县高集镇户庄村	20	男	1945 年 7 月 8 日
张金山	—	—	男	1945 年 7 月 8 日
朱名元	东阿县高集镇朱海村	—	男	1945 年 7 月 8 日
姜征泽	东阿县鱼山乡大姜村	34	男	1945 年 7 月
李广盈	东阿县刘集镇苫山村	22	男	1945 年 7 月
牛兴安	东阿县刘集镇牛屯村	19	男	1945 年 7 月
华石荣	东阿县顾官屯镇华集村	35	男	1945 年 7 月
黄兆选	东阿县顾官屯镇黄集村	22	男	1945 年 7 月
王绪德	东阿县牛角店镇黄起元村	27	男	1945 年 7 月
尹贻山	东阿县牛角店镇付五村	19	男	1945 年 7 月
黄玉庆	东阿县刘集镇关山村	24	男	1945 年 8 月
杨广福	东阿县刘集镇苫山村	18	男	1945 年 8 月
巨尚德	东阿县刘集镇后韩村	22	男	1945 年 8 月
姜志峰	东阿县姜楼镇归德铺村	22	男	1945 年 8 月
姚 海	东阿县姜楼镇陈店村	21	男	1945 年 8 月
张庆路	东阿县高集镇玉皇庙村	25	男	1945 年 8 月
陈道木	东阿县高集镇徐庄村	32	男	1945 年 8 月
邵祥林	东阿县牛角店镇双庙村	25	男	1945 年 8 月
姜志臣	东阿县牛角店镇前曹村	25	男	1945 年 8 月

姓　名	籍　贯	年　龄	性　别	死难时间
李承虎	东阿县牛角店镇下码头村	20	男	1945 年 8 月
王庆喜	东阿县姚寨镇前八里村	25	男	1945 年 8 月
郭宪道	东阿县姚寨镇东侯村	21	男	1945 年 8 月
生式珠	东阿县大桥镇大生村	21	男	1945 年 8 月
段立浩	东阿县牛角店镇前曹村	—	男	1945 年 8 月
陈路亭	东阿县陈集乡六里村	26	男	1945 年 8 月
张秀刚	东阿县姚寨镇孙庄村	30	男	1945 年 8 月
杨子善	东阿县工业园区杨庄村	23	男	1945 年
赵明才	东阿县刘集镇夏口村	20	男	1945 年
秦毓水	东阿县铜城街道南关村	24	男	1945 年
宋培玉	东阿县铜城街道宋楼村	18	男	1945 年
耿文贤	东阿县铜城街道耿庄村	24	男	1945 年
迟庆平	东阿县铜城街道迟庄村	20	男	1945 年
黄尚运	东阿县铜城街道曲集村	27	男	1945 年
丁继江	东阿县铜城街道孙道口村	24	男	1945 年
杨凤鸣	东阿县铜城街道艾山村	22	男	1945 年
王廷起	东阿县鱼山乡沙窝村	24	男	1945 年
房垂生	东阿县鱼山乡鱼山村	21	男	1945 年
刘凡英	东阿县鱼山乡范坡村	25	男	1945 年
殷复善	东阿县鱼山乡魏庄村	25	男	1945 年
周龙普	东阿县鱼山乡魏庄村	25	男	1945 年
杨顺浩	东阿县鱼山乡猪毛屯村	19	男	1945 年
王月忠	东阿县鱼山乡小店子村	24	男	1945 年
田兆珠	东阿县鱼山乡田庄村	26	男	1945 年
王常祯	东阿县刘集镇油坊村	21	男	1945 年
张其言	东阿县刘集镇娄营村	18	男	1945 年
刘贵昌	东阿县刘集镇郎营村	23	男	1945 年
孙书庆	东阿县刘集镇孙郭村	27	男	1945 年
魏义昌	东阿县刘集镇魏村	34	男	1945 年
董光廷	东阿县刘集镇孟村	23	男	1945 年
翟继春	东阿县刘集镇小冯村	28	男	1945 年
何书瑾	东阿县姜楼镇姜楼村	22	男	1945 年
司树同	东阿县姜楼镇姜楼村	24	男	1945 年
张广岳	东阿县姜楼镇王小楼村	24	男	1945 年

姓 名	籍 贯	年 龄	性 别	死难时间
陈玉林	东阿县姜楼镇王小楼村	21	男	1945 年
姜广科	东阿县姜楼镇姜庄村	34	男	1945 年
冯明贵	东阿县姜楼镇芦集村	24	男	1945 年
赵马霜	东阿县姜楼镇广粮门村	31	男	1945 年
杨克强	东阿县姜楼镇柳林屯村	25	男	1945 年
张延彬	东阿县顾官屯镇大柳张村	21	男	1945 年
陈长水	东阿县顾官屯镇陈庄村	19	男	1945 年
梁甫皋	东阿县顾官屯镇兴隆村	25	男	1945 年
孟吉范	东阿县顾官屯镇孟庄村	17	男	1945 年
赵广秋	东阿县顾官屯镇赵庄村	28	男	1945 年
孙承山	东阿县顾官屯镇苏庄村	20	男	1945 年
周传祥	东阿县陈集乡陈店村	25	男	1945 年
丰绍运	东阿县陈集乡朱旺山村	24	男	1945 年
丰绍久	东阿县陈集乡朱旺山村	22	男	1945 年
王兴才	东阿县陈集乡东王集村	33	男	1945 年
赵士荣	东阿县陈集乡赵楼村	29	男	1945 年
许延仓	东阿县陈集乡六里村	23	男	1945 年
雷庆春	东阿县陈集乡郭铁匠村	30	男	1945 年
孙秉治	东阿县姚寨镇东孙村	34	男	1945 年
董长玉	东阿县姚寨镇前屯村	25	男	1945 年
王家训	东阿县姚寨镇前屯村	24	男	1945 年
娄玉梅	东阿县高集镇西楼村	20	男	1945 年
王庆印	东阿县高集镇旦镇村	25	男	1945 年
娄相厚	东阿县高集镇娄集村	27	男	1945 年
郑衍忠	东阿县高集镇西蒋庄村	22	男	1945 年
梁正明	东阿县高集镇西辛庄村	25	男	1945 年
朱士俊	东阿县高集镇西朱海村	20	男	1945 年
张兴泽	东阿县高集镇邱杭子村	20	男	1945 年
殷燕功	东阿县牛角店镇付岸村	24	男	1945 年
杨太安	东阿县牛角店镇姜庄村	23	男	1945 年
邵清义	东阿县牛角店镇西邵村	21	男	1945 年
王世居	东阿县牛角店镇李营村	26	男	1945 年
尚永水	东阿县牛角店镇牛西村	18	男	1945 年
尹承一	东阿县牛角店镇张海村	21	男	1945 年

姓 名	籍 贯	年 龄	性 别	死难时间
尹山序	东阿县牛角店镇张海村	21	男	1945 年
乔炳才	东阿县牛角店镇付二村	21	男	1945 年
陈玉贵	东阿县牛角店镇付二村	30	男	1945 年
陈文海	东阿县牛角店镇付二村	19	男	1945 年
楚学胜	东阿县牛角店镇大楚村	20	男	1945 年
张永宜	东阿县牛角店镇西张村	30	男	1945 年
张学成	东阿县姚寨镇郎坊村	26	男	1945 年
宋玉生	东阿县姚寨镇宋楼村	32	男	1945 年
王敬法	东阿县姚寨镇王庄村	20	男	1945 年
路长安	东阿县姚寨镇王庄村	22	男	1945 年
郭宗成	东阿县姚寨镇王井村	20	男	1945 年
孙绪祥	东阿县姚寨镇王庄村	26	男	1945 年
王乐安	东阿县姚寨镇东侯村	21	男	1945 年
张长绪	东阿县大桥镇张山村	25	男	1945 年
毕德禄	东阿县大桥镇尹庄村	30	男	1945 年
麻兆贤	东阿县大桥镇麻庄村	29	男	1945 年
宋兆兰	东阿县大桥镇康韩村	17	男	1945 年
付庆玉	东阿县牛角店镇李营村	26	男	1945 年
郭玉龙	东阿县姚寨镇石东村	24	男	1945 年
师承文	东阿县姚寨镇杨北村	30	男	1945 年
陈希杰	东阿县刘集镇万庄村	21	男	1945 年
张长业	东阿县大桥镇张山村	—	男	1945 年
孔兆安	东阿县大桥镇张山村	—	男	1945 年
张守正	东阿县大桥镇张山村	—	男	1945 年
秦存良	东阿县铜城街道中街村	28	男	1945 年
孟宪柱	东阿县大桥镇曹庄村	34	男	1945 年
孟宪玉	东阿县大桥镇曹庄村	31	男	1945 年
朱名伦	东阿县大桥镇曹庄村	30	男	1945 年
王安泽	东阿县大桥镇尹庄村	44	男	1945 年
王子荣	东阿县大桥镇尹庄村	36	男	1945 年
麻庆兰	东阿县大桥镇麻庄村	38	男	1945 年
王延常	东阿县姚寨镇岭子村	24	男	1945 年
陈明界	东阿县刘集镇双庙村	18	男	1945 年
麻长迎	东阿县大桥镇麻庄村	27	男	1945 年

姓 名	籍 贯	年 龄	性 别	死难时间
于遵石	东阿县大桥镇大生村	30	男	1945 年
孙兴元	东阿县大桥镇孙溜村	22	男	1945 年
张长庆	东阿县大桥镇张山村	—	男	1945 年
徐其胜	东阿县姜楼镇徐楼村	19	男	1945 年
高大水	东阿县顾官屯镇刘海村	25	男	1945 年
邢西印	东阿县鱼山乡张半仙村	25	男	1945 年
刘庆安	东阿县鱼山乡梨园村	20	男	1945 年
张庆友	东阿县铜城街道艾山村	23	男	1945 年
井绪寅	东阿县铜城街道艾山村	20	男	1945 年
史献平	东阿县牛角店镇史圈村	19	男	1945 年
李克富	东阿县牛角店镇史圈村	20	男	1945 年
李殿行	东阿县顾官屯镇祁庄村	18	男	—
卢玉德	东阿县大桥镇湖西村	36	男	—
郭志清	东阿县陈集乡王凤轩村	—	男	—
高清路	东阿县顾官屯镇高庄村	—	男	—
高云忠	东阿县顾官屯镇高庄村	23	男	—
高 银	东阿县顾官屯镇高庄村	—	女	—
傅长生	—	—	男	—
朱成立	东阿县高集镇朱海村	52	男	—
朱学翠	东阿县高集镇朱海村	50	男	—
王路鹏	东阿县鱼山乡王古屯村	36	男	1939 年 4 月
赵吉河	东阿县牛角店镇刘营村	17	男	1939 年 6 月
张 杰	东阿县牛角店镇夏海村	20	男	1939 年 6 月
廉学振	东阿县牛角店镇夏海村	18	男	1939 年 6 月
王温氏	东阿县顾官屯镇常庙村	40	女	1939 年冬
亢王氏	东阿县顾官屯镇常庙村	44	女	1939 年冬
亢冬氏	东阿县顾官屯镇常庙村	27	女	1939 年冬
高长平	东阿县铜城街道王庙子村	33	男	1940 年 9 月
谭炳军	东阿县刘集镇谭庄村	28	男	1940 年 10 月
秦笃舜	东阿县铜城街道西关村	39	男	1940 年秋
张传顺	东阿县牛角店镇陶嘴村	17	男	1940 年 11 月
张振元	东阿县铜城街道西堂村	30	男	1940 年 12 月
刘奎田	东阿县牛角店镇韩庄村	30	男	1940 年
李兆芳	东阿县姜楼镇马安村	28	男	1940 年

姓 名	籍 贯	年 龄	性 别	死难时间
徐天才	东阿县姜楼镇辛庄村	26	男	1940 年
张广乐	东阿县顾官屯镇前秦村	33	男	1940 年
王兆河	东阿县姚寨镇前屯村	20	男	1940 年
张连坡	东阿县牛角店镇黄起元村	—	男	1941 年 1 月 5 日
张传海	东阿县牛角店镇黄起元村	—	男	1941 年 1 月 5 日
王承祥	东阿县牛角店镇黄起元村	—	男	1941 年 1 月 5 日
王成道	东阿县牛角店镇黄起元村	—	男	1941 年 1 月 5 日
王绪富	东阿县牛角店镇黄起元村	—	男	1941 年 1 月 5 日
王绪义	东阿县牛角店镇黄起元村	—	男	1941 年 1 月 5 日
王召瑞	东阿县牛角店镇黄起元村	—	男	1941 年 1 月 5 日
尹廷序	东阿县高集镇大侯村	—	男	1941 年 1 月
孙新三	东阿县高集镇大侯村	—	男	1941 年 1 月
孟广廷	东阿县新城街道贺庄村	21	男	1941 年 9 月
孟召坤	东阿县新城街道贺庄村	21	男	1941 年 9 月
贺廷来	东阿县新城街道贺庄村	21	男	1941 年 9 月
于召信	东阿县顾官屯镇于庄村	—	男	1941 年
陶长仁	东阿县刘集镇陶庄村	26	男	1941 年
陈振清	东阿县大桥镇王洼村	28	男	1941 年
孙 秀	—	—	女	1942 年 5 月
李兆迎	东阿县铜城街道李唐村	37	男	1942 年 9 月 2 日
邵庆亮	—	—	男	1942 年 9 月
朱喜成	东阿县牛角店镇下码头村	22	男	1942 年 9 月
王金苓	东阿县铜城街道中街村	25	男	1942 年 12 月
代立恒	东阿县大桥镇后韩村	34	男	1942 年
韩纪河	东阿县大桥镇后韩村	30	男	1942 年
郭绪贞	东阿县大桥镇后韩村	21	男	1942 年
张志苓	东阿县牛角店镇西张村	42	男	1942 年
张永方	东阿县牛角店镇西张村	40	男	1942 年
张方荣	东阿县牛角店镇吕楼村	33	男	1942 年
贾立本	东阿县工业园贾庄村	44	男	1942 年
赵传明	东阿县刘集镇程葛村	29	男	1942 年
毕德良	东阿县大桥镇毕庄村	15	男	1942 年
付学征	东阿县刘集镇崔付石村	—	男	1942 年
麻庆喜	东阿县大桥镇后韩村	20	男	1942 年

姓 名	籍 贯	年 龄	性 别	死难时间
郭胜兴	东阿县高集镇张小村	38	男	1943 年春
张元增	东阿县高集镇张小村	35	男	1943 年春
郭学鲁	东阿县高集镇张小村	33	男	1943 年春
张庆朋	东阿县高集镇张小村	33	男	1943 年春
张彦旺	东阿县铜城街道前张村	27	男	1943 年冬
井怀允	东阿县大桥镇井圈村	53	男	1943 年
井兴仁	东阿县大桥镇井圈村	52	男	1943 年
张方敬	东阿县大桥镇王洼村	40	男	1943 年
张常举	东阿县大桥镇于窝村	—	男	1943 年
位尚达	东阿县鱼山乡徐屯村	40	男	1943 年
付德新	东阿县牛角店镇付一村	35	男	1943 年
杨玉春	东阿县姚寨镇大窑村	26	男	1943 年
尹廷绪	东阿县牛角店镇张海村	40	男	1944 年 5 月 27 日
尹士亮	东阿县牛角店镇张海村	40	男	1944 年 5 月 27 日
郭希荣	东阿县大桥镇郭口村	34	男	1944 年 6 月
孙廷杰	东阿县鱼山乡林马村	—	男	1944 年 7 月
杨东启	东阿县铜城街道刘庄村	20	男	1944 年 12 月
张化西	东阿县牛角店镇牛南村	30	男	1944 年
张宪顺	东阿县牛角店镇牛南村	20	男	1944 年
辛成贵	东阿县大桥镇王洼村	23	男	1944 年
房秀峰	东阿县鱼山乡鱼中村	37	男	1944 年
马富德	东阿县姜楼镇马安村	23	男	1944 年
张　锐	东阿县顾官屯镇张洪津村	25	男	1944 年
邵苑邦	东阿县牛角店镇双庙村	25	男	1944 年
李子光	东阿县铜城街道王庄村	—	男	1945 年 4 月 28 日
陈路亭	东阿县陈集乡六里村	26	男	1945 年 8 月
苏长成	东阿县顾官屯镇西程铺村	34	男	1945 年
邵言新	东阿县牛角店镇西邵村	—	男	—
合　计	977			

责任人：刘其林　姚绍峰　　　　核实人：秦笃强　　　　　填表人：赵功庆

填报单位（签章）：东阿县委党史研究室　　　　　　　　填报时间：2009 年 4 月 27 日

茌平县抗日战争时期死难者名录

姓 名	籍 贯	年 龄	性 别	死难时间
大洋狗	—	—	男	1937 年 11 月
丁宗义	茌平县	—	男	1937 年 12 月 26 日
孙道之	茌平县信发街道孙庄村	—	男	1937 年 12 月 26 日
孙宝岱	茌平县信发街道孙庄村	—	男	1937 年 12 月 26 日
杜荣富	茌平县信发街道雷庄村	23	男	1937 年 12 月 26 日
陈寿昌	茌平县振兴街道陈庄村	29	男	1937 年 12 月 26 日
张洪建	茌平县冯官屯镇朱庄村	42	男	1937 年 12 月 26 日
朱正申	茌平县冯官屯镇朱庄村	43	男	1937 年 12 月 26 日
邢运师	茌平县胡屯乡邢寺村	50	男	1937 年 12 月 26 日
王观礼	茌平县胡屯乡徐河口村	62	男	1937 年 12 月 28 日
王观明	茌平县胡屯乡徐河口村	56	男	1937 年 12 月 28 日
王观士	茌平县胡屯乡徐河口村	70	男	1937 年 12 月 28 日
王观信	茌平县胡屯乡徐河口村	60	男	1937 年 12 月 28 日
王景兴	茌平县胡屯乡徐河口村	69	男	1937 年 12 月 28 日
徐保法	茌平县胡屯乡徐河口村	16	男	1937 年 12 月 28 日
徐家训	茌平县胡屯乡徐河口村	21	男	1937 年 12 月 28 日
徐立业	茌平县胡屯乡徐河口村	60	男	1937 年 12 月 28 日
徐小会	茌平县胡屯乡徐河口村	17	男	1937 年 12 月 28 日
崔伍事	茌平县乐平铺镇崔楼村	17	男	1937 年 12 月 29 日
张更昌	茌平县胡屯乡北张村	20	男	1937 年 12 月
周子东	茌平县胡屯乡周小村	—	男	1937 年 12 月
周子强	茌平县胡屯乡周小村	—	男	1937 年 12 月
周怀温	茌平县胡屯乡周小村	20	男	1937 年 12 月
周庆如	茌平县胡屯乡周小村	30	男	1937 年 12 月
李德林	茌平县乐平铺镇温坊村	—	男	1937 年 12 月
赵希玉	茌平县胡屯乡赵豪村	30	男	1937 年 12 月
周云鹏	茌平县胡屯乡周老村	50	男	1937 年 12 月
周怀柱	茌平县胡屯乡周小村	50	男	1937 年 12 月
周洪智	茌平县胡屯乡周小村	—	男	1937 年 12 月
周怀庆	茌平县胡屯乡周小村	60	男	1937 年 12 月
周怀秋	茌平县胡屯乡周小村	—	男	1937 年 12 月

姓　名	籍　贯	年　龄	性　别	死难时间
周庆秋	茌平县胡屯乡周小村	36	男	1937 年 12 月
周召行	茌平县胡屯乡周小村	—	男	1937 年 12 月
张胜昌	茌平县胡屯乡北张村	55	男	1937 年 12 月
张信昌	茌平县胡屯乡北张村	60	男	1937 年 12 月
张文生	茌平县胡屯乡北张村	60	男	1937 年 12 月
赵希昌	茌平县胡屯乡赵豪村	30	男	1937 年 12 月
张书芹	茌平县杜郎口镇翟庄村	40	男	1937 年
刘吉路	茌平县洪官屯乡郭庄村	52	男	1937 年
苏敬之	茌平县洪官屯乡郭庄村	60	男	1937 年
苏学儒之妻	茌平县洪官屯乡郭庄村	23	女	1937 年
袁德路	茌平县洪官屯乡郭庄村	51	男	1937 年
张得生	茌平县洪官屯乡郭庄村	29	男	1937 年
于　宣	茌平县杨官屯乡豆于村	43	男	1937 年
谢本池	茌平县博平镇北街村	53	男	1937 年
谢本杰	茌平县博平镇北街村	55	男	1937 年
郭庆顺	茌平县博平镇谭东村	25	男	1937 年
张盛昌	茌平县博平镇张庄村	60	男	1937 年
郝承一	茌平县杜郎口镇西李村	34	男	1937 年
杜文进	茌平县冯官屯镇王子占村	17	男	1937 年
宋本玉	茌平县冯官屯镇王子占村	30	男	1937 年
王西九	茌平县冯官屯镇王子占村	28	男	1937 年
梁凤岑	茌平县广平乡梁庄村	18	男	1937 年
王立奎	茌平县广平乡张家楼村	23	男	1937 年
刘吉兴	茌平县韩集乡莫庄村	28	男	1937 年
李圣雨	茌平县韩屯镇李灿然村	17	男	1937 年
王曰点	茌平县韩屯镇王桥村	24	男	1937 年
王曰梅	茌平县韩屯镇王桥村	23	男	1937 年
刘明伦	茌平县胡屯乡大刘东村	30	男	1937 年
王春元	茌平县贾寨乡堤头袁村	18	男	1937 年
徐活玉	茌平县乐平铺镇大徐村	50	男	1937 年
李德苓	茌平县乐平铺镇扛子王村	38	男	1937 年
路吉海	茌平县乐平铺镇扛子王村	37	男	1937 年
朱长代	茌平县肖庄乡朱楼村	25	男	1937 年
朱明田	茌平县肖庄乡朱楼村	54	男	1937 年

姓 名	籍 贯	年 龄	性 别	死难时间
刘长安	茌平县信发街道大张村	33	男	1937 年
张林芝	茌平县信发街道刘寨村	—	男	1937 年
杨仲岱	茌平县杨官屯乡	42	男	1937 年
张延胜	茌平县振兴街道谢庄村	—	男	1937 年
徐立泗	—	17	男	1937 年
赵庆祥	茌平县振兴街道杜陈村	56	男	1938 年 1 月 3 日
周庆发	茌平县菜屯镇周桥村	—	男	1938 年 1 月 5 日
肖金山	茌平县博平镇齐庄村	20	男	1938 年 1 月
刘天祥	茌平县信发街道刘壕村	23	男	1938 年 1 月
杨存方	茌平县韩屯镇潘堂村	58	男	1938 年 3 月
李保金	茌平县贾寨乡官张村	34	男	1938 年 3 月
刘其银	茌平县乐平铺镇吕庄村	26	男	1938 年 3 月
李金庆	茌平县胡屯乡吴杨村	40	男	1938 年 4 月 20 日
吴田氏	茌平县胡屯乡吴杨村	60	女	1938 年 4 月 20 日
孙玉山	—	28	男	1938 年 4 月 20 日
王东亮之妻	茌平县胡屯乡吴杨村	—	女	1938 年 4 月 20 日
周长春	茌平县韩屯镇北孟村	51	男	1938 年 4 月
周光玉	茌平县韩屯镇北孟村	43	男	1938 年 4 月
八大碗	茌平县肖庄乡王菜瓜村	—	男	1938 年 4 月
高吉种	茌平县肖庄乡王菜瓜村	—	男	1938 年 4 月
曹尚桂之大爷	茌平县杜郎口镇纸坊头村	—	男	1938 年 5 月
曹连生	茌平县杜郎口镇纸纺头村	60	男	1938 年 5 月
胡言孝	茌平县冯官屯镇胡口村	17	男	1938 年 5 月
葛富昌	茌平县菜屯镇阚庄村	23	男	1938 年 7 月 5 日
阚金岭	茌平县菜屯镇阚庄村	26	男	1938 年 7 月 5 日
阚金延	茌平县菜屯镇阚庄村	23	男	1938 年 7 月 5 日
李之伐	茌平县菜屯镇阚庄村	21	男	1938 年 7 月 5 日
刘长河	茌平县菜屯镇阚庄村	26	男	1938 年 7 月 5 日
卢保长	茌平县菜屯镇阚庄村	21	男	1938 年 7 月 5 日
卢保全	茌平县菜屯镇阚庄村	22	男	1938 年 7 月 5 日
卢保申	茌平县菜屯镇阚庄村	—	男	1938 年 7 月 5 日
卢保义	茌平县菜屯镇阚庄村	25	男	1938 年 7 月 5 日
卢尚木	茌平县菜屯镇阚庄村	22	男	1938 年 7 月 5 日
卢学梦	茌平县菜屯镇阚庄村	26	男	1938 年 7 月 5 日

姓 名	籍 贯	年 龄	性 别	死难时间
田老园	茌平县菜屯镇阚庄村	26	男	1938 年 7 月 5 日
王金柱	茌平县菜屯镇阚庄村	21	男	1938 年 7 月 5 日
张洪秀	茌平县韩集乡后姜村	20	男	1938 年 7 月 20 日
杨常柱	茌平县韩屯镇何庄村	57	男	1938 年 8 月
张西珍	茌平县博平镇周庄村	27	男	1938 年 8 月
王金林	茌平县冯官屯镇逯店村	50	男	1938 年 10 月
小 会	茌平县肖庄乡算子李村	童	男	1938 年 10 月
韩传祥	茌平县韩集乡西集村	20	男	1938 年 11 月
杨中成	茌平县振兴街道	30	男	1938 年 11 月
耿家玉	茌平县贾寨乡耿二庄村	30	男	1938 年 11 月
张长岭	茌平县冯官屯镇红庙村	47	男	1938 年 12 月 28 日
谢家玉	茌平县博平镇北关村	17	男	1938 年 12 月
潘富二	茌平县韩屯镇潘堂村	24	男	1938 年 12 月
宁鸿喜	茌平县振兴街道北关村	15	男	1938 年 12 月
殷兆翠	茌平县冯官屯镇红庙村	33	男	1938 年
张风坤	茌平县冯官屯镇红庙村	25	男	1938 年
耿路加之妻	茌平县贾寨乡耿三庄村	17	女	1938 年
班高氏	茌平县肖庄乡班庄村	22	女	1938 年
张殿旭	茌平县肖庄乡郝庄村	17	男	1938 年
胡郭氏	茌平县冯官屯镇胡口村	30	女	1938 年
孙长德	茌平县洪官屯乡大辛村	22	男	1938 年
刘殿安	茌平县博平镇邓桥村	25	男	1938 年
刘吉宪	茌平县博平镇邓桥村	24	男	1938 年
贾钦若	茌平县博平镇东贾村	24	男	1938 年
赫吉浩	茌平县博平镇赫庄村	23	男	1938 年
杨瑞斌	茌平县博平镇杨庄村	25	男	1938 年
崔承燕	茌平县菜屯镇崔营村	18	男	1938 年
孙金奎	茌平县菜屯镇孙庄村	27	男	1938 年
马配元	茌平县冯官屯镇刘马村	50	男	1938 年
孟现坤	茌平县冯官屯镇孟庄村	22	男	1938 年
孟现友	茌平县冯官屯镇孟庄村	23	男	1938 年
石延功	茌平县信发街道碱陈村	—	男	1938 年
王绍泉	茌平县冯官屯镇小王楼村	22	男	1938 年
王克松	茌平县冯官屯镇小王楼村	18	男	1938 年

姓 名	籍 贯	年 龄	性 别	死难时间
王林庚	茌平县冯官屯镇小王楼村	19	男	1938 年
王兴忠	茌平县冯官屯镇小王楼村	23	男	1938 年
魏玉福	茌平县广平乡魏王村	28	男	1938 年
莫广平	茌平县韩集乡莫庄村	30	男	1938 年
王保元	茌平县韩屯镇大碾李村	32	男	1938 年
李士争	茌平县韩屯镇李灿然村	18	男	1938 年
刘庆付	茌平县韩屯镇棉布刘村	33	男	1938 年
姜东坡	茌平县洪官屯乡姜于村	27	男	1938 年
范洪雨之祖父	茌平县洪官屯乡老范村	—	男	1938 年
范居之	茌平县洪官屯乡老范村	50	男	1938 年
范兆来之祖父	茌平县洪官屯乡老范村	60	男	1938 年
刘荣成	茌平县胡屯乡大刘东村	30	男	1938 年
薛来荣	茌平县胡屯乡李双西村	25	男	1938 年
侯白贵	茌平县贾寨乡侯楼村	—	男	1938 年
吕大全	茌平县贾寨乡侯楼村	—	男	1938 年
石传水	茌平县乐平铺镇石李庄村	—	男	1938 年
石功水	茌平县乐平铺镇石李庄村	—	男	1938 年
庞 牛	茌平县乐平铺镇王营村	18	男	1938 年
张洪恩	茌平县温陈乡吴胡同村	28	男	1938 年
王士林	茌平县温陈乡杨牦牛村	32	男	1938 年
李桂荣	茌平县信发街道大张村	18	男	1938 年
齐为银	茌平县信发街道齐刘村	19	男	1938 年
徐风魁之长女	茌平县振兴街道南十里	11	女	1938 年
徐风亭	茌平县振兴街道南十里	21	男	1938 年
杨 军	茌平县振兴街道五里村	38	男	1938 年
杨荣超	茌平县振兴街道五里村	19	男	1938 年
宁加儿	茌平县振兴街道西关村	29	男	1938 年
张士杰	茌平县振兴街道谢庄村	—	男	1938 年
姜怀明	茌平县韩集乡前姜村	60	男	1939 年 1 月 12 日
姜怀雪	茌平县韩集乡前姜村	11	男	1939 年 1 月 12 日
姜怀英	茌平县韩集乡前姜村	32	男	1939 年 1 月 12 日
姜怀章	茌平县韩集乡前姜村	35	男	1939 年 1 月 12 日
姜学安	茌平县韩集乡前姜村	35	男	1939 年 1 月 12 日
姜兆宽	茌平县韩集乡前姜村	60	男	1939 年 1 月 12 日

姓 名	籍 贯	年 龄	性 别	死难时间
根泽之父	荏平县冯官屯镇大吕村	—	男	1939 年 1 月 15 日
李炳成之父	荏平县冯官屯镇大吕村	—	男	1939 年 1 月 15 日
李炳丑	荏平县冯官屯镇大吕村	30	男	1939 年 1 月 15 日
李炳启	荏平县冯官屯镇大吕村	25	男	1939 年 1 月 15 日
李炳文	荏平县冯官屯镇大吕村	45	男	1939 年 1 月 15 日
李炳义	荏平县冯官屯镇大吕村	42	男	1939 年 1 月 15 日
李根德	荏平县冯官屯镇大吕村	50	男	1939 年 1 月 15 日
李吉正	荏平县冯官屯镇大吕村	20	男	1939 年 1 月 15 日
庞大方	荏平县冯官屯镇大吕村	47	男	1939 年 1 月 15 日
庞希德	荏平县冯官屯镇大吕村	20	男	1939 年 1 月 15 日
赵长林	荏平县冯官屯镇大吕村	—	男	1939 年 1 月 15 日
赵东河之婶	荏平县冯官屯镇大吕村	50	女	1939 年 1 月 15 日
赵东河之母	荏平县冯官屯镇大吕村	50	女	1939 年 1 月 15 日
赵东鲁	荏平县冯官屯镇大吕村	20	男	1939 年 1 月 15 日
赵东祥	荏平县冯官屯镇大吕村	19	男	1939 年 1 月 15 日
赵东星	荏平县冯官屯镇大吕村	34	男	1939 年 1 月 15 日
赵发林之弟	荏平县冯官屯镇大吕村	—	男	1939 年 1 月 15 日
赵福海	荏平县冯官屯镇大吕村	45	男	1939 年 1 月 15 日
杨瑞荣之弟	荏平县博平镇杨庄村	—	男	1939 年 1 月
阎士琦	—	50	男	1939 年 2 月 16 日
杜善丛	荏平县冯官屯镇杜庄村	—	男	1939 年 3 月
单振华	荏平县冯官屯镇逯店村	50	男	1939 年 3 月
邹兆刚	荏平县冯官屯镇前寨村	47	男	1939 年 3 月
史东亭	荏平县冯官屯镇史河村	—	男	1939 年 3 月
史东星	荏平县冯官屯镇史河村	—	男	1939 年 3 月
史文丙	荏平县冯官屯镇史河村	—	男	1939 年 3 月
史文亭	荏平县冯官屯镇史河村	—	男	1939 年 3 月
杨瑞荣	荏平县博平镇杨庄村	21	男	1939 年 4 月
杨瑞彬	荏平县博平镇杨庄村	—	男	1939 年 4 月
杨瑞荣之母	荏平县博平镇杨庄村	—	女	1939 年 4 月
耿长海	荏平县贾寨乡耿大庄	12	男	1939 年 4 月
耿长山	荏平县贾寨乡耿大庄	15	男	1939 年 4 月
薛希恩	荏平县荏平镇路庄村	—	男	1939 年 4 月
薛希恩之妻	荏平县荏平镇路庄村	—	女	1939 年 4 月

姓　名	籍　贯	年　龄	性　别	死难时间
薛希恩之女	茌平县茌平镇路庄村	—	女	1939 年 4 月
侯传太	茌平县冯官屯镇庞庄村	—	男	1939 年 5 月
朱文正	茌平县韩集乡石海子村	37	男	1939 年 5 月
路兆牛	茌平县乐平铺镇西路村	24	男	1939 年 5 月
卢保柱	茌平县韩屯镇司卢村	63	男	1939 年 6 月 1 日
司建恒	茌平县韩屯镇司卢村	51	男	1939 年 6 月 1 日
司士臣	茌平县韩屯镇司卢村	60	男	1939 年 6 月 1 日
司义恒	茌平县韩屯镇司卢村	57	男	1939 年 6 月 1 日
司王氏	茌平县韩屯镇司卢村	62	女	1939 年 6 月 1 日
司义泽	茌平县韩屯镇司卢村	15	男	1939 年 6 月 1 日
田吉周	茌平县韩屯镇司卢村	26	男	1939 年 6 月 1 日
梁金堂	茌平县冯官屯镇梁庄村	25	男	1939 年 6 月
杨荣成	茌平县冯官屯镇周杨村	—	男	1939 年 6 月
周长龙	茌平县冯官屯镇周杨村	—	男	1939 年 6 月
周长山	茌平县冯官屯镇周杨村	—	男	1939 年 6 月
刘金堂	茌平县洪官屯乡泊口村	24	男	1939 年 6 月
任乐俭	茌平县洪官屯乡泊口村	26	男	1939 年 6 月
任汝功	茌平县洪官屯乡泊口村	21	男	1939 年 6 月
任汝功之妻	茌平县洪官屯乡泊口村	20	女	1939 年 6 月
任屠氏	茌平县洪官屯乡泊口村	20	女	1939 年 6 月
刘其亮	茌平县杜郎口镇曹庄村	26	男	1939 年 7 月
赵华贞之叔	茌平县冯官屯镇三楼村	31	男	1939 年 7 月
赵吉顺	茌平县冯官屯镇三楼村	34	男	1939 年 7 月
赵吉温之姐	茌平县冯官屯镇三楼村	28	女	1939 年 7 月
赵吉尧	茌平县冯官屯镇三楼村	43	男	1939 年 7 月
赵吉尧之女	茌平县冯官屯镇三楼村	19	女	1939 年 7 月
赵吉尧之妻	茌平县冯官屯镇三楼村	36	女	1939 年 7 月
赵吉涿	茌平县冯官屯镇三楼村	37	男	1939 年 7 月
韩守廷	茌平县胡屯乡韩庄村	18	男	1939 年 8 月
李德胜	茌平县杨官屯乡李显明村	—	男	1939 年 8 月
菜　秃	茌平县冯官屯镇望鲁店前村	29	男	1939 年 9 月
李平林	茌平县冯官屯镇望鲁店前村	29	男	1939 年 9 月
路白眉	茌平县冯官屯镇望鲁店前村	27	男	1939 年 9 月
路吉山	茌平县冯官屯镇望鲁店前村	31	男	1939 年 9 月

姓　名	籍　贯	年 龄	性 别	死难时间
路建伦	茌平县冯官屯镇望鲁店前村	30	男	1939 年 9 月
路君伦	茌平县冯官屯镇望鲁店前村	28	男	1939 年 9 月
赵居时	茌平县冯官屯镇望鲁店前村	27	男	1939 年 9 月
赵　三	茌平县冯官屯镇望鲁店前村	28	男	1939 年 9 月
赵以昌	茌平县冯官屯镇望鲁店前村	27	男	1939 年 9 月
李永城	茌平县冯官屯镇小杨屯村	45	男	1939 年 9 月
张邦彦	茌平县冯官屯镇小杨屯村	60	男	1939 年 9 月
刘以祥	茌平县冯官屯镇许坊村	46	男	1939 年 9 月
李华录	茌平县	28	男	1939 年 9 月
程玉斗	茌平县博平镇程庄村	19	男	1939 年 10 月
程云池	茌平县博平镇程庄村	22	男	1939 年 10 月
刘吉富	茌平县杜郎口镇刘神村	20	男	1939 年 10 月
邹兆春	茌平县冯官屯镇后寨村	30	男	1939 年 10 月
高振荣	茌平县冯官屯镇逯店村	40	男	1939 年 10 月
杜春阳	茌平县温陈乡杜庄村	—	男	1939 年 10 月
刘文启	茌平县温陈乡店子街	—	男	1939 年 10 月
李　玉	茌平县振兴街道北关村	25	男	1939 年 10 月
单光申	茌平县冯官屯镇逯店村	50	男	1939 年 11 月
庞延秋	茌平县冯官屯镇庞庄村	20	男	1939 年 11 月
高桂祥	茌平县韩屯镇高庙子村	38	男	1939 年 11 月
刘天娇	茌平县韩屯镇小刘村	18	男	1939 年 11 月
刘太禄	茌平县信发街道刘壕村	20	男	1939 年 11 月
朱振活之妻	茌平县冯官屯镇朱庄村	46	女	1939 年 12 月 22 日
朱振明之妻	茌平县冯官屯镇朱庄村	45	女	1939 年 12 月 22 日
李西冉	茌平县温陈乡贾仓村	32	男	1939 年
林瑞龙	—	—	男	1939 年
张吉荣	茌平县博平镇东街村	19	男	1939 年
李正石	茌平县杜郎口镇南李村	38	男	1939 年
李正柱	茌平县杜郎口镇南李村	38	男	1939 年
孙良录	茌平县韩屯镇西孙村	—	男	1939 年
孙良侦	茌平县韩屯镇西孙村	—	男	1939 年
王风举之母	茌平县韩屯镇西孙村	—	女	1939 年
王风举之妻	茌平县韩屯镇西孙村	—	女	1939 年
刘韩氏	茌平县洪官屯乡朱湾村	46	女	1939 年

姓 名	籍 贯	年 龄	性 别	死难时间
冯怀绪	茌平县贾寨乡冯庄村	20	男	1939 年
赵青思	茌平县杜郎口镇丁刘村	25	男	1939 年
刘桂荣	茌平县杜郎口镇吉王村	20	男	1939 年
孙风昌	茌平县博平镇邓桥村	23	男	1939 年
刘文成	茌平县博平镇何庄村	27	男	1939 年
刘吉策	茌平县博平镇小刘村	17	男	1939 年
刘荣春	茌平县博平镇袁楼村	24	男	1939 年
马成吉	茌平县博平镇袁楼村	23	男	1939 年
刘永春	茌平县博平镇袁楼村	—	男	1939 年
三夜猫	茌平县博平镇袁楼村	25	男	1939 年
付秉坤	茌平县博平镇中铺村	19	男	1939 年
王秉臣	茌平县博平镇中铺村	19	男	1939 年
张忠德	茌平县博平镇中铺村	24	男	1939 年
时金成	茌平县菜屯镇堤口冯村	37	男	1939 年
时金堂	茌平县菜屯镇堤口冯村	28	男	1939 年
时连珍	茌平县菜屯镇堤口冯村	30	男	1939 年
郭洪生	茌平县菜屯镇韩庄村	24	男	1939 年
冯云会	茌平县杜郎口镇二十里铺	23	男	1939 年
桑以平	茌平县杜郎口镇前孙村	25	男	1939 年
于俊秋之兄	茌平县杜郎口镇周集村	24	男	1939 年
于俊廷	茌平县杜郎口镇周集村	36	男	1939 年
张成维	茌平县冯官屯镇大王楼村	21	男	1939 年
梁振兰	茌平县冯官屯镇梁庄村	35	男	1939 年
王保见	茌平县冯官屯镇王相村	22	男	1939 年
阎丙顺	茌平县冯官屯镇业官屯	26	男	1939 年
赵东柱	茌平县冯官屯镇大吕村	22	男	1939 年
胡长安	茌平县冯官屯镇胡口村	20	男	1939 年
胡永镇	茌平县冯官屯镇胡口村	50	男	1939 年
董光红之大伯	茌平县冯官屯镇马庄村	33	男	1939 年
刘长代	茌平县冯官屯镇小杨屯村	27	男	1939 年
张佩森	茌平县冯官屯镇小杨屯村	35	男	1939 年
周传弱	茌平县冯官屯镇小杨屯村	27	男	1939 年
李福朴	茌平县广平乡大曲村	—	男	1939 年
张先正	茌平县广平乡张家楼村	24	男	1939 年

姓 名	籍 贯	年 龄	性 别	死难时间
董法孔	茌平县韩屯镇前西村	—	男	1939 年
李传厚	茌平县韩屯镇清凉寺村	—	男	1939 年
李伟堂	茌平县韩屯镇清凉寺村	—	男	1939 年
岳成一	茌平县胡屯乡岳庄村	—	男	1939 年
孙志起	茌平县胡屯乡北田村	21	男	1939 年
赵长平	茌平县胡屯乡北田村	24	男	1939 年
张立成	茌平县胡屯乡胡屯村	19	男	1939 年
周安成	茌平县胡屯乡周老村	38	男	1939 年
袁立昆	茌平县贾寨乡堤头袁村	20	男	1939 年
张忠旺	茌平县乐平铺镇丁庄村	27	男	1939 年
张守道	茌平县乐平铺镇东张村	20	男	1939 年
何洪汝	茌平县乐平铺镇何庄村	19	男	1939 年
周善学	茌平县乐平铺镇周韩村	29	男	1939 年
徐守家	茌平县乐平铺镇大徐村	32	男	1939 年
张庆于	茌平县乐平铺镇佛堂村	17	男	1939 年
崔玉家	茌平县乐平铺镇石李庄	—	男	1939 年
樊圣成	茌平县乐平铺镇石李庄	—	男	1939 年
石功山	茌平县乐平铺镇石李庄	—	男	1939 年
付景贤	茌平县温陈乡北五里村	—	男	1939 年
耿东臣	茌平县温陈乡大刁村	—	男	1939 年
谢吉德	茌平县温陈乡金李村	20	男	1939 年
常玉庆	茌平县温陈乡齐西村	29	男	1939 年
董立文	茌平县温陈乡前董村	—	男	1939 年
滕吉臣	茌平县温陈乡沈官屯	18	男	1939 年
滕万户	茌平县温陈乡沈官屯	17	男	1939 年
谢可传	茌平县温陈乡沈官屯	15	男	1939 年
孔祥林	茌平县温陈乡温庄村	21	男	1939 年
潘增路	茌平县温陈乡吴家胡同	22	男	1939 年
杜希成	茌平县温陈乡西张村	27	男	1939 年
周庆玉	茌平县信发街道大周村	25	男	1939 年
刘运祥	茌平县信发街道付庄村	56	男	1939 年
朱运庆	茌平县信发街道雷庄村	32	男	1939 年
栾董氏	茌平县信发街道路庄村	77	女	1939 年
栾杜氏	茌平县信发街道路庄村	32	女	1939 年

姓　名	籍　贯	年　龄	性　别	死难时间
栾兴州	茌平县信发街道路庄村	11	男	1939 年
栾秀合	茌平县信发街道路庄村	28	男	1939 年
张林营	茌平县信发街道张楼村	35	男	1939 年
赫庆义	茌平县杨官屯乡赫庄村	23	男	1939 年
姜希河	茌平县振兴街道北关	21	男	1939 年
逯好俭	茌平县振兴街道何潘村	26	男	1939 年
马吉元	茌平县振兴街道马坊村	43	男	1939 年
杨　荣	茌平县振兴街道五里村	20	男	1939 年
张延功	茌平县振兴街道谢庄	—	男	1939 年
刘和三	茌平县振兴街道周楼村	34	男	1939 年
张连秋	茌平县胡屯乡	25	男	1939 年
范学信	茌平县韩集乡蒋庄村	—	男	1939 年
范长峰	茌平县	—	男	1939 年
范见成	茌平县	—	男	1939 年
常尾巴	茌平县小杜庄	—	男	1939 年
刘兆劢	茌平县振兴街道阁三里村	—	男	1939 年
陈忠山	—	—	男	1939 年
侯德太	—	—	男	1939 年
孙宝珍	—	—	男	1939 年
王长水	—	—	男	1939 年
张大庚	—	—	男	1939 年
张兰轩	—	—	男	1939 年
张兰轩之子	—	—	男	1939 年
庄克常	—	—	男	1939 年
庄克常之妻	—	—	女	1939 年
李建明	—	—	男	1939 年
谢家彬	茌平县博平镇三里村	30	男	1940 年 2 月
徐兰溪	茌平县杜郎口镇鲍庄村	32	男	1940 年 3 月
刘端俊	茌平县杜郎口镇西大刘村	42	男	1940 年 3 月
王九中	茌平县韩集乡陈栾村	35	男	1940 年 3 月
王宣生	茌平县韩集乡陈栾村	18	男	1940 年 3 月
李长兴	茌平县韩集乡大杨村	18	男	1940 年 3 月
王庆林	茌平县韩集乡高垣墙村	31	男	1940 年 3 月
李茂修	茌平县韩集乡门庄村	28	男	1940 年 3 月

姓　名	籍　贯	年　龄	性　别	死难时间
刘广秋	荏平县韩集乡莫庄村	25	男	1940 年 3 月
莫广祥	荏平县韩集乡莫庄村	25	男	1940 年 3 月
韩传海	荏平县韩集乡西集村	24	男	1940 年 3 月
崔庆兰	荏平县乐平铺镇崔韩村	30	男	1940 年 3 月
杨荣坦之儿媳	荏平县乐平铺镇郝集村	—	女	1940 年 3 月
杨荣坦之侄	荏平县乐平铺镇郝集村	—	男	1940 年 3 月
王　普	荏平县乐平铺镇土城村	18	男	1940 年 3 月
庞希武	荏平县冯官屯镇庞庄村	20	男	1940 年 4 月
石建生	—	—	男	1940 年 4 月
李保贵之叔	荏平县冯官屯镇望鲁店东村	51	男	1940 年 5 月 10 日
李泽信	荏平县冯官屯镇望鲁店东村	21	男	1940 年 5 月 10 日
路金巡	荏平县冯官屯镇望鲁店东村	70	男	1940 年 5 月 10 日
路英伦	荏平县冯官屯镇望鲁店东村	55	男	1940 年 5 月 10 日
马青太	荏平县冯官屯镇望鲁店东村	80	男	1940 年 5 月 10 日
栓　珠	荏平县冯官屯镇望鲁店东村	24	男	1940 年 5 月 10 日
栓珠之姐	荏平县冯官屯镇望鲁店东村	27	女	1940 年 5 月 10 日
王　二	荏平县冯官屯镇望鲁店东村	—	男	1940 年 5 月 10 日
王二之姐	荏平县冯官屯镇望鲁店东村	—	女	1940 年 5 月 10 日
王府春之兄	荏平县冯官屯镇望鲁店东村	19	男	1940 年 5 月 10 日
王洪成	荏平县冯官屯镇望鲁店东村	24	男	1940 年 5 月 10 日
王洪运	荏平县冯官屯镇望鲁店东村	71	男	1940 年 5 月 10 日
王列春之兄	荏平县冯官屯镇望鲁店东村	21	男	1940 年 5 月 10 日
王庆春	荏平县冯官屯镇望鲁店东村	50	男	1940 年 5 月 10 日
王振会	荏平县冯官屯镇望鲁店东村	52	男	1940 年 5 月 10 日
赵　俊	荏平县冯官屯镇望鲁店东村	35	男	1940 年 5 月 10 日
周兰英之兄	荏平县冯官屯镇望鲁店东村	—	男	1940 年 5 月 10 日
曹传虎	荏平县冯官屯镇望鲁店后村	18	男	1940 年 5 月 10 日
曹瑞太	荏平县冯官屯镇望鲁店后村	30	男	1940 年 5 月 10 日
李玉苓	荏平县冯官屯镇望鲁店后村	45	男	1940 年 5 月 10 日
麻长贵	荏平县冯官屯镇望鲁店后村	18	男	1940 年 5 月 10 日
麻文秀	荏平县冯官屯镇望鲁店后村	—	男	1940 年 5 月 10 日
王凤传	荏平县冯官屯镇望鲁店后村	26	男	1940 年 5 月 10 日
王凤岗	荏平县冯官屯镇望鲁店后村	32	男	1940 年 5 月 10 日
王兰顺	荏平县冯官屯镇望鲁店后村	45	男	1940 年 5 月 10 日

姓　名	籍　贯	年　龄	性　别	死难时间
王学思	茌平县冯官屯镇望鲁店后村	40	男	1940 年 5 月 10 日
王月生	茌平县冯官屯镇望鲁店后村	60	男	1940 年 5 月 10 日
杨春福	茌平县冯官屯镇望鲁店后村	40	男	1940 年 5 月 10 日
张洪庆	茌平县冯官屯镇望鲁店后村	45	男	1940 年 5 月 10 日
张金火	茌平县冯官屯镇望鲁店后村	22	男	1940 年 5 月 10 日
张玉阁	茌平县冯官屯镇望鲁店后村	60	男	1940 年 5 月 10 日
张玉界	茌平县冯官屯镇望鲁店后村	25	男	1940 年 5 月 10 日
姜光三	茌平县冯官屯镇北辛村	45	男	1940 年 5 月
刘　顺	茌平县冯官屯镇北辛村	28	男	1940 年 5 月
刘　元	茌平县冯官屯镇北辛村	30	男	1940 年 5 月
张士元	茌平县冯官屯镇北辛村	30	男	1940 年 5 月
刘培桐	—	—	男	1940 年 6 月 14 日
董景平	—	—	男	1940 年 6 月 14 日
贾天骥	—	—	男	1940 年 6 月 14 日
张恒胜	茌平县乐平铺镇张小庄	—	男	1940 年 6 月 14 日
张廷兴	茌平县乐平铺镇张小庄	—	男	1940 年 6 月 14 日
张合修之妻	茌平县乐平铺镇张小庄	—	女	1940 年 6 月 14 日
纪怀木	茌平县广平乡纪高村	38	男	1940 年 6 月 27 日
张秉正	茌平县博平镇张岳村	27	男	1940 年 6 月
杨振斗	茌平县韩屯镇潘堂村	37	男	1940 年 7 月
尹序英	茌平县博平镇尹栾村	23	男	1940 年 8 月
姜云峨	茌平县韩集乡吴庄村	18	男	1940 年 8 月
管立泗	茌平县杜郎口镇党管村	18	男	1940 年 8 月
王金普	茌平县乐平铺镇土城村	20	男	1940 年 8 月
袁本玉	茌平县乐平铺镇袁楼村	20	男	1940 年 8 月
曹光玉	茌平县杨官屯乡后曹村	18	男	1940 年 8 月
王蕴慧	—	32	女	1940 年 8 月
王本义	茌平县广平乡东街	20	男	1940 年 9 月
刘之顺	茌平县杨官屯乡小范村	39	男	1940 年 9 月
窦曰彬	茌平县博平镇窦堂村	22	男	1940 年 10 月
王本良	茌平县冯官屯镇小杨屯村	24	男	1940 年 10 月
李瑞正	茌平县韩集乡怪李村	—	男	1940 年 10 月
赵福海	茌平县冯官屯镇大吕村	45	男	1940 年 11 月 14 日
侯长贵	茌平县冯官屯镇大吕村	30	男	1940 年 11 月 14 日

姓名	籍贯	年龄	性别	死难时间
李炳贵	茌平县冯官屯镇大昌村	40	男	1940年11月14日
李根良	茌平县冯官屯镇大昌村	20	男	1940年11月14日
李炳福	茌平县冯官屯镇大昌村	43	男	1940年11月14日
李炳兴	茌平县冯官屯镇大昌村	32	男	1940年11月14日
武树身	茌平县冯官屯镇大昌村	21	男	1940年11月14日
李根江	茌平县冯官屯镇大昌村	42	男	1940年11月14日
崔连芳	茌平县冯官屯镇崔家楼村	28	男	1940年11月14日
崔希坚	茌平县冯官屯镇崔家楼村	25	男	1940年11月14日
李炳尚	茌平县冯官屯镇大昌村	40	男	1940年11月14日
李清昌	茌平县冯官屯镇大昌村	45	男	1940年11月14日
李清辰	茌平县冯官屯镇大昌村	53	男	1940年11月14日
李钦若	茌平县冯官屯镇大昌村	34	男	1940年11月14日
赵法森	茌平县冯官屯镇大昌村	30	男	1940年11月14日
李炳秀	茌平县冯官屯镇大昌村	20	男	1940年11月14日
李根福	茌平县冯官屯镇大昌村	48	男	1940年11月14日
李根贵	茌平县冯官屯镇大昌村	55	男	1940年11月14日
李根顺	茌平县冯官屯镇大昌村	52	男	1940年11月14日
李根显	茌平县冯官屯镇大昌村	45	男	1940年11月14日
李根贞	茌平县冯官屯镇大昌村	62	男	1940年11月14日
李花香	茌平县冯官屯镇大昌村	22	女	1940年11月14日
李留柱	茌平县冯官屯镇大昌村	18	男	1940年11月14日
李清臣	茌平县冯官屯镇大昌村	53	男	1940年11月14日
李清方	茌平县冯官屯镇大昌村	48	男	1940年11月14日
李清泉	茌平县冯官屯镇大昌村	60	男	1940年11月14日
李清习	茌平县冯官屯镇大昌村	50	男	1940年11月14日
李尉氏	茌平县冯官屯镇大昌村	53	女	1940年11月14日
李钦忠	茌平县冯官屯镇大昌村	52	男	1940年11月14日
吕长江	茌平县冯官屯镇大昌村	58	男	1940年11月14日
赵法泗	茌平县冯官屯镇大昌村	31	男	1940年11月14日
赵法祥	茌平县冯官屯镇大昌村	34	男	1940年11月14日
赵法忠	茌平县冯官屯镇大昌村	38	男	1940年11月14日
赵李氏	茌平县冯官屯镇大昌村	38	女	1940年11月14日
侯传柱	茌平县冯官屯镇大昌村	—	男	1940年11月14日
李清兰	茌平县冯官屯镇大昌村	—	—	1940年11月14日

姓 名	籍 贯	年 龄	性 别	死难时间
李炳月	荏平县冯官屯镇大昌村	童	—	1940 年 11 月 14 日
梁金居	荏平县冯官屯镇梁庄村	48	男	1940 年 11 月
李善增	荏平县冯官屯镇唐洼村	40	男	1940 年 11 月
白兆彬	荏平县韩集乡大白庄	32	男	1940 年 11 月
王玉珠	荏平县韩集乡陈栾村	28	男	1940 年 12 月
朱殿银	荏平县胡屯乡朱庄村	60	男	1940 年 12 月
朱风喜	荏平县胡屯乡朱庄村	59	男	1940 年 12 月
朱吉昌之妻	荏平县胡屯乡朱庄村	35	女	1940 年 12 月
朱希昌	荏平县胡屯乡朱庄村	40	男	1940 年 12 月
朱希银	荏平县胡屯乡朱庄村	37	男	1940 年 12 月
李永义	荏平县洪官屯乡范辛村	23	男	1940 年
李袁氏	荏平县洪官屯乡范辛村	40	女	1940 年
徐希梦	荏平县胡屯乡徐庄村	—	男	1940 年
仇子春	荏平县乐平铺镇教西村	18	男	1940 年
李 三	荏平县乐平铺镇土城村	19	男	1940 年
刘端文	荏平县杜郎口镇东大刘村	70	男	1940 年
刘立成	荏平县杜郎口镇东大刘村	28	男	1940 年
刘其祥	荏平县杜郎口镇东大刘村	—	男	1940 年
刘其增	荏平县杜郎口镇东大刘村	42	男	1940 年
刘绪仓	荏平县杜郎口镇东大刘村	—	男	1940 年
刘玉让	荏平县杜郎口镇东大刘村	37	男	1940 年
刘玉兴	荏平县杜郎口镇东大刘村	66	男	1940 年
张奎吉	荏平县杜郎口镇东大刘村	43	男	1940 年
张奎吉之母	荏平县杜郎口镇东大刘村	65	女	1940 年
郭怀顺	荏平县广平乡小郭庄村	43	男	1940 年
魏尚安	荏平县温陈乡崔庄村	—	男	1940 年
高伯恩	荏平县韩屯镇高双池村	25	男	1940 年
高伯恩之妻	荏平县韩屯镇高双池村	24	女	1940 年
冯全顺	荏平县贾寨乡冯庄村	32	男	1940 年
席有仓之祖父	荏平县肖庄乡席店村	—	男	1940 年
李永年	荏平县洪官屯乡范辛村	60	男	1940 年
谢吉音	荏平县博平镇北关	26	男	1940 年
谢天常	荏平县博平镇北关	—	男	1940 年
贾荣殿	荏平县博平镇初庄村	21	男	1940 年

姓 名	籍 贯	年 龄	性 别	死难时间
孟宪章	茌平县博平镇杜庄村	31	男	1940 年
秦希友	茌平县博平镇杜庄村	27	男	1940 年
苏立江	茌平县博平镇秦庄村	40	男	1940 年
贾少黎	茌平县博平镇谭东村	23	男	1940 年
李桂代	茌平县博平镇谭西村	24	男	1940 年
王桂阳	茌平县博平镇西贾村	25	男	1940 年
刘开武	茌平县博平镇尹刘谢村	30	男	1940 年
谢吉铎	茌平县博平镇尹刘谢村	17	男	1940 年
袁柱之	茌平县博平镇袁楼村	32	男	1940 年
王吉明	茌平县菜屯镇阚庄村	25	男	1940 年
路开江	茌平县菜屯镇路庄村	20	男	1940 年
路开忠	茌平县菜屯镇路庄村	18	男	1940 年
孙任氏	茌平县菜屯镇前韩村	35	女	1940 年
孙振岐	茌平县杨官屯乡潘西村	—	男	1940 年
商开良	茌平县菜屯镇商石村	27	男	1940 年
董付明	茌平县杜郎口镇北董村	36	男	1940 年
张三元	茌平县杜郎口镇南曹村	35	男	1940 年
李本喜	茌平县杜郎口镇南陈村	30	男	1940 年
辛振燕	茌平县杜郎口镇辛代张村	21	男	1940 年
杨立顺	茌平县杜郎口镇腰庄村	32	男	1940 年
包来德	茌平县冯官屯镇包朱村	20	男	1940 年
张万虎	茌平县冯官屯镇梁庄村	21	男	1940 年
包德纯	茌平县冯官屯镇包朱村	23	男	1940 年
姜××	茌平县冯官屯镇黄排村	40	男	1940 年
董光成	茌平县冯官屯镇前董村	19	男	1940 年
徐金海之父	茌平县冯官屯镇徐排村	39	男	1940 年
麻兴成	茌平县广平乡麻庄村	28	男	1940 年
韩丙友	茌平县广平乡四韩村	26	男	1940 年
韩长青	茌平县广平乡四韩村	26	男	1940 年
杨兴河	茌平县韩集乡大杨村	39	男	1940 年
孙九妮	茌平县韩屯镇东孙村	45	男	1940 年
李文德	茌平县韩屯镇罗屯西村	20	男	1940 年
李以会	茌平县韩屯镇马李村	19	男	1940 年
董法全	茌平县韩屯镇前西村	57	男	1940 年

姓　名	籍　贯	年　龄	性　别	死难时间
田乐臣	茌平县韩屯镇田庄村	20	男	1940 年
芦桂举	茌平县韩屯镇魏庄村	25	男	1940 年
李金告之妻	茌平县洪官屯乡成庄村	64	女	1940 年
耿立成	茌平县洪官屯乡耿茂林村	75	男	1940 年
耿山庆	茌平县洪官屯乡耿茂林村	17	男	1940 年
耿探庆	茌平县洪官屯乡耿茂林村	20	男	1940 年
任　八	茌平县洪官屯乡耿茂林村	26	男	1940 年
任发虎	茌平县洪官屯乡耿茂林村	19	男	1940 年
任发山	茌平县洪官屯乡耿茂林村	26	男	1940 年
任光宗	茌平县洪官屯乡耿茂林村	26	男	1940 年
洪长有	茌平县洪官屯乡洪屯村	18	男	1940 年
张洪佑	茌平县洪官屯乡张陈村	52	男	1940 年
李清申	茌平县胡屯乡李石村	20	男	1940 年
于官正	茌平县胡屯乡南于村	34	男	1940 年
于洪彬	茌平县胡屯乡南于村	30	男	1940 年
于景山	茌平县胡屯乡南于村	30	男	1940 年
于景瑶	茌平县胡屯乡南于村	40	男	1940 年
于希贵	茌平县胡屯乡南于村	35	男	1940 年
于相活	茌平县胡屯乡南于村	15	男	1940 年
邱　×	茌平县胡屯乡王贡村	30	男	1940 年
徐宝三	茌平县胡屯乡徐河口村	33	男	1940 年
贾保生	茌平县贾寨乡贾寨村	19	男	1940 年
耿殿发	茌平县贾寨乡贾寨后村	30	男	1940 年
贾占安	茌平县贾寨乡贾寨后村	30	男	1940 年
徐守玉	茌平县乐平铺镇大徐村	18	男	1940 年
张福喜	茌平县乐平铺镇东张村	30	男	1940 年
刘德洪	茌平县乐平铺镇二十里铺	18	男	1940 年
刘贵荣	茌平县乐平铺镇吉王刘村	32	男	1940 年
刘兴银	茌平县乐平铺镇土刘村	40	男	1940 年
焦文道	茌平县乐平铺镇腰庄村	29	男	1940 年
路庆元	茌平县乐平铺镇东路村	—	男	1940 年
路庆云	茌平县乐平铺镇东路村	—	男	1940 年
路　五	茌平县乐平铺镇东路村	—	男	1940 年
路兆玉	茌平县乐平铺镇东路村	—	男	1940 年

姓　名	籍　贯	年　龄	性　别	死难时间
郭廷长	茌平县乐平铺镇郭赵村	42	男	1940 年
刘　玲	茌平县乐平铺镇刘望山村	—	女	1940 年
刘栓柱	茌平县乐平铺镇刘望山村	—	男	1940 年
吴奉岭	茌平县乐平铺镇南大吴村	22	男	1940 年
刘廷伦	茌平县乐平铺镇彭庄村	20	男	1940 年
付瑞全	茌平县温陈乡北五里村	—	男	1940 年
常凤仙	茌平县温陈乡常庄村	21	男	1940 年
刘思让	茌平县温陈乡贾白村	22	男	1940 年
解瑞云	茌平县温陈乡解庄村	20	男	1940 年
常士路	茌平县温陈乡齐西村	20	男	1940 年
刘义贞	茌平县温陈乡齐西村	20	男	1940 年
齐瑞岐	茌平县温陈乡齐庄村	19	男	1940 年
齐瑞忠	茌平县温陈乡齐庄村	19	男	1940 年
滕万友	茌平县温陈乡沈东村	24	男	1940 年
王东全	茌平县温陈乡王贾村	21	男	1940 年
薛来英	茌平县温陈乡温庄村	25	男	1940 年
乌以志	茌平县温陈乡乌堂村	18	男	1940 年
谢保银	茌平县温陈乡谢天贡村	33	男	1940 年
许兆乾	茌平县温陈乡许刘村	24	男	1940 年
杨登岗	茌平县温陈乡杨牦牛村	25	男	1940 年
成文丙	茌平县温陈乡杨庄村	20	男	1940 年
张守义	茌平县温陈乡杨庄村	30	男	1940 年
高振兴	茌平县肖庄乡小高村	21	男	1940 年
胡桑代	茌平县肖庄乡朱启虎村	—	男	1940 年
李克俊	茌平县信发街道刁宋村	39	男	1940 年
李克俊之婶	茌平县信发街道刁宋村	—	女	1940 年
李仕德之妻	茌平县信发街道刁宋村	—	女	1940 年
付尚礼	茌平县信发街道高户村	—	男	1940 年
齐瑞星	茌平县信发街道雷庄村	35	男	1940 年
何丙荣	茌平县信发街道张良村	55	男	1940 年
何丙柱	茌平县信发街道张良村	60	男	1940 年
张保生	茌平县信发街道张庙村	29	男	1940 年
张玉千	茌平县信发街道张庙村	33	男	1940 年
吴文庆	茌平县振兴街道北关	30	男	1940 年

姓　名	籍　贯	年　龄	性　别	死难时间
焦　木	茌平县振兴街道焦庄村	20	男	1940 年
张　奎	茌平县振兴街道焦庄村	20	男	1940 年
张老虎	茌平县振兴街道焦庄村	20	男	1940 年
林瑞龙之妻	茌平县振兴街道林庄村	—	女	1940 年
林瑞龙之弟	茌平县振兴街道林庄村	—	男	1940 年
牛丕怀	茌平县振兴街道牛庄村	20	男	1940 年
李成吉	茌平县振兴街道尹庄村	30	男	1940 年
王吉公	茌平县韩屯镇王桥村	—	男	1940 年
张金池	茌平县洪官屯乡公李村	—	男	1940 年
孙××	阳谷县	—	男	1940 年
戴逢春	—	—	男	1940 年
耿忠臣	茌平县温陈乡刁庄村	—	男	1940 年
贵洪才	—	—	男	1940 年
贵洪才之妻	—	—	女	1940 年
林瑞龙家长工	—	—	男	1940 年
马吉汉	—	—	男	1940 年
王吉玉	—	—	男	1940 年
王润辉	—	—	男	1940 年
谢加申	茌平县信发街道葛庄村	—	男	1940 年
姚玉安	—	—	男	1940 年
吴怀贞	茌平县广平乡吴七庄	—	男	1941 年 1 月 12 日
张清连	茌平县广平乡殷马村	29	男	1941 年 1 月 17 日
董月义	茌平县温陈乡前董村	20	男	1941 年 1 月
乌怀林	茌平县温陈乡乌堂村	21	男	1941 年 1 月
王克明	茌平县冯官屯镇唐洼村	26	男	1941 年 3 月
田汉俊	茌平县韩屯镇前东村	21	男	1941 年 3 月
田友三	茌平县韩屯镇前东村	16	男	1941 年 3 月
徐名亭	茌平县韩屯镇前东村	27	男	1941 年 3 月
崔希环	茌平县乐平铺镇崔徐村	20	男	1941 年 3 月
徐先成	茌平县乐平铺镇大徐村	29	男	1941 年 3 月
栾兴帮	茌平县乐平铺镇何庄村	40	男	1941 年 3 月
刘长海	茌平县乐平铺镇刘庆洪村	28	男	1941 年 3 月
杜学友	茌平县乐平铺镇南街	20	男	1941 年 3 月
杜云风	茌平县乐平铺镇南街	22	男	1941 年 3 月

姓　名	籍　贯	年　龄	性　别	死难时间
杜云荣	茌平县乐平铺镇南街	29	男	1941 年 3 月
杜云席	茌平县乐平铺镇南街	25	男	1941 年 3 月
沈武刚	茌平县乐平铺镇南街	26	男	1941 年 3 月
孙登彩	茌平县乐平铺镇南街	18	男	1941 年 3 月
孙登营	茌平县乐平铺镇南街	21	男	1941 年 3 月
于长魁	茌平县乐平铺镇南街	40	男	1941 年 3 月
杨运岩	茌平县乐平铺镇吕庄	24	男	1941 年 3 月
于文祥	茌平县肖庄乡席店村	—	男	1941 年 3 月
汪连吉	齐河县小明庄	—	男	1941 年 3 月
刘端法	茌平县杜郎口镇大刘庄村	—	男	1941 年 4 月 5 日
刘绪俭	茌平县杜郎口镇大刘庄村	50	男	1941 年 4 月 5 日
刘端吉	茌平县杜郎口镇大刘庄村	—	男	1941 年 4 月 5 日
刘基增	茌平县杜郎口镇大刘庄村	42	男	1941 年 4 月 5 日
许伍世	茌平县杜郎口镇大刘庄村	31	男	1941 年 4 月 5 日
刘吉征	茌平县杜郎口镇大刘庄村	—	男	1941 年 4 月 5 日
刘义哲	茌平县杜郎口镇大刘庄村	—	男	1941 年 4 月 5 日
刘绪征	茌平县杜郎口镇西大刘村	—	男	1941 年 4 月 5 日
刘义运	茌平县杜郎口镇西大刘村	—	男	1941 年 4 月 5 日
刘端发	茌平县杜郎口镇西大刘村	—	男	1941 年 4 月 5 日
刘端基	茌平县杜郎口镇西大刘村	—	男	1941 年 4 月 5 日
刘端勤	茌平县杜郎口镇西大刘村	—	男	1941 年 4 月 5 日
刘端文	茌平县杜郎口镇西大刘村	—	男	1941 年 4 月 5 日
刘其方	茌平县杜郎口镇西大刘村	34	男	1941 年 4 月 5 日
刘启祥	茌平县杜郎口镇西大刘村	60	男	1941 年 4 月 5 日
刘绪春	茌平县杜郎口镇西大刘村	—	男	1941 年 4 月 5 日
刘绪俭	茌平县杜郎口镇西大刘村	33	男	1941 年 4 月 5 日
刘绪林	茌平县杜郎口镇西大刘村	29	男	1941 年 4 月 5 日
刘绪乾	茌平县杜郎口镇西大刘村	36	男	1941 年 4 月 5 日
刘宜付	茌平县杜郎口镇西大刘村	—	男	1941 年 4 月 5 日
刘宜哲	茌平县杜郎口镇西大刘村	—	男	1941 年 4 月 5 日
孙茂生	茌平县杜郎口镇西大刘村	—	男	1941 年 4 月 5 日
孙茂于	茌平县杜郎口镇西大刘村	—	男	1941 年 4 月 5 日
许尚平之妻	茌平县杜郎口镇西大刘村	37	女	1941 年 4 月 5 日
杨宪伍	茌平县杜郎口镇西大刘村	—	男	1941 年 4 月 5 日

姓　名	籍　贯	年龄	性别	死难时间
刘绪仓	茌平县杜郎口镇西大刘村	42	男	1941 年 4 月 5 日
岳松清	茌平县博平镇岳庄村	23	男	1941 年 4 月
刘多贵	茌平县冯官屯镇邢庄村	—	男	1941 年 4 月
王邢氏	茌平县韩集乡高垣墙村	24	女	1941 年 4 月
刘少叶之父	茌平县杜郎口镇大刘庄	—	男	1941 年 4 月
杜士仁	茌平县广平乡双庙魏村	37	男	1941 年 5 月 1 日
张金建	茌平县温陈乡南北张村	35	男	1941 年 5 月
潘广茂	茌平县杨官屯乡潘庄村	49	男	1941 年 5 月
杜金庆	茌平县冯官屯镇金杜村	—	男	1941 年 6 月
金希庆	茌平县冯官屯镇金杜村	—	男	1941 年 6 月
刘本颜	茌平县冯官屯镇刘集村	30	男	1941 年 6 月
胡长玉	茌平县信发街道张东全村	29	男	1941 年 6 月
张荣川	茌平县温陈乡三图李庄	—	男	1941 年 6 月
黄庆华	茌平县菜屯镇大黄村	—	男	1941 年 6 月
刘兆安	—	—	男	1941 年 6 月
刘正新	茌平县韩集乡刘望海村	25	男	1941 年 7 月
范永贵	茌平县冯官屯镇范庄村	—	男	1941 年 7 月
陈学敏	茌平县韩屯镇郗屯村	—	男	1941 年 7 月
解占柏	—	—	男	1941 年 8 月 16 日
刘　年	—	—	男	1941 年 8 月 16 日
荆福友	茌平县博平镇荆冯村	20	男	1941 年 8 月
谢遵杰	茌平县博平镇三里村	23	男	1941 年 8 月
付风俊	茌平县冯官屯镇朱庙村	20	男	1941 年 8 月
侯贵成	茌平县胡屯乡罗庄村	23	男	1941 年 8 月
李富金	茌平县胡屯乡薛庄村	27	男	1941 年 8 月
薛虎庆	茌平县胡屯乡薛庄村	27	男	1941 年 8 月
宋　氏	济南市长清区米集村	—	女	1941 年 9 月
张增义	茌平县广平乡南张楼村	60	男	1941 年 9 月
焦善武	茌平县广平乡焦集村	26	男	1941 年 10 月
薛兴金	茌平县胡屯乡薛庄村	27	男	1941 年 10 月
薛振武	茌平县信发街道南薛村	29	男	1941 年 10 月
孟庆荣	—	—	男	1941 年 10 月
纪怀德	茌平县温陈乡纪庄村	—	男	1941 年 12 月
王万廷	茌平县乐平铺镇后屯村	57	男	1941 年

姓 名	籍 贯	年 龄	性 别	死难时间
王以堂	茌平县温陈乡观尚村	23	男	1941 年
窦克良	茌平县菜屯镇阚庄村	21	男	1941 年
王吉忠	茌平县菜屯镇阚庄村	22	男	1941 年
王林凤	茌平县冯官屯镇菜园村	53	男	1941 年
王林营	茌平县冯官屯镇菜园村	55	男	1941 年
王仁兹	茌平县冯官屯镇菜园村	41	男	1941 年
王淑花	茌平县冯官屯镇菜园村	57	男	1941 年
王淑苓	茌平县冯官屯镇菜园村	75	男	1941 年
杨圣才	茌平县胡屯乡河西宋村	30	男	1941 年
张马秋	茌平县胡屯乡胡屯街	20	男	1941 年
于文成	茌平县肖庄乡席店村	—	男	1941 年
于保利	茌平县信发街道葛庄村	29	男	1941 年
瑞 二	—	—	男	1941 年
张子秋	茌平县胡屯乡胡屯村	—	男	1941 年
范永桂	茌平县冯官屯镇刘马村	25	男	1941 年
张保健	茌平县温陈乡西张村	40	男	1941 年
张立库	茌平县温陈乡西张村	14	男	1941 年
张树林	茌平县温陈乡西张村	40	男	1941 年
谢来臣	茌平县博平镇郭东村	21	男	1941 年
王长兴	茌平县博平镇牛营村	27	男	1941 年
王同雪	茌平县博平镇牛营村	29	男	1941 年
齐曰坤	茌平县博平镇齐庄村	22	男	1941 年
贾法绍	茌平县博平镇谭东村	23	男	1941 年
李振录	茌平县博平镇西八里村	23	男	1941 年
赵凤臣	茌平县博平镇赵庄村	20	男	1941 年
赵荣芹	茌平县博平镇赵庄村	30	男	1941 年
高荣水	茌平县菜屯镇高庄村	45	男	1941 年
高尚金	茌平县菜屯镇高庄村	39	男	1941 年
高尚校	茌平县菜屯镇高庄村	41	男	1941 年
刘德鱼	茌平县菜屯镇高庄村	44	男	1941 年
王梦春	茌平县菜屯镇路庄村	33	男	1941 年
李承都	茌平县杜郎口镇北董村	25	男	1941 年
冯兆×	茌平县杜郎口镇廿铺村	21	男	1941 年
梁丙岐	茌平县冯官屯镇梁庄村	27	男	1941 年

姓 名	籍 贯	年 龄	性 别	死难时间
梁金全	茌平县冯官屯镇梁庄村	20	男	1941 年
张传经	茌平县冯官屯镇前张村	23	男	1941 年
张敬德	茌平县冯官屯镇圣楼村	19	男	1941 年
史仰利	茌平县冯官屯镇史庄村	20	男	1941 年
张传珍	茌平县冯官屯镇后张村	36	男	1941 年
董衍岭	茌平县冯官屯镇前董村	22	男	1941 年
韩 索	茌平县冯官屯镇史韩村	29	男	1941 年
王民英	茌平县广平乡殷马村	—	女	1941 年
于公庆	茌平县广平乡于海子村	20	男	1941 年
韩辛庆	茌平县韩集乡	—	男	1941 年
仇老虎	茌平县韩集乡仇陶村	50	男	1941 年
刘张氏	茌平县韩集乡高庄村	18	女	1941 年
李士余	茌平县韩屯镇李灿然村	18	男	1941 年
王庆功	茌平县韩屯镇王提灵村	31	男	1941 年
张凤岐	茌平县韩屯镇魏庄村	27	男	1941 年
刘兰莉	茌平县洪官屯乡圈刘村	22	女	1941 年
王富伟	茌平县胡屯乡大么王村	23	男	1941 年
赵富成	茌平县胡屯乡古路赵村	31	男	1941 年
李连生	茌平县胡屯乡胡屯村	31	男	1941 年
张连庆	茌平县胡屯乡胡屯村	32	男	1941 年
李林奇	茌平县胡屯乡老官李村	25	男	1941 年
于振珠	茌平县胡屯乡老官李村	20	男	1941 年
杨东石	茌平县胡屯乡陶集村	19	男	1941 年
徐宝珍	茌平县胡屯乡徐河口村	20	男	1941 年
徐希英	茌平县胡屯乡徐庄村	16	男	1941 年
薛吉成	茌平县胡屯乡薛庄村	18	男	1941 年
薛之文	茌平县胡屯乡薛庄村	21	男	1941 年
张义生	茌平县胡屯乡尹庄村	39	男	1941 年
胡振山	茌平县贾寨乡草林张村	—	男	1941 年
袁文英	茌平县贾寨乡堤头袁村	19	男	1941 年
肖立德	茌平县贾寨乡侯楼村	17	男	1941 年
肖荣六	茌平县贾寨乡侯楼村	30	男	1941 年
肖甲生	茌平县贾寨乡肖庄村	28	男	1941 年
牛学文	茌平县贾寨乡张士宏村	—	男	1941 年

姓 名	籍 贯	年 龄	性 别	死难时间
张殿发	茌平县贾寨乡张士宏村	—	男	1941 年
张殿富	茌平县贾寨乡张士宏村	—	男	1941 年
张殿友	茌平县贾寨乡张士宏村	—	男	1941 年
宋绪江	茌平县乐平铺镇大尉村	25	男	1941 年
丁庆玉	茌平县乐平铺镇丁庄村	35	男	1941 年
孙宪珠	茌平县乐平铺镇高庄村	22	男	1941 年
司志安	茌平县乐平铺镇郝东村	23	男	1941 年
王昌河	茌平县乐平铺镇军王黄村	20	男	1941 年
姚延山	茌平县乐平铺镇姚庄	23	男	1941 年
姚曰江	茌平县乐平铺镇姚庄	32	男	1941 年
崔洪运	茌平县乐平铺镇张楼村	25	男	1941 年
高 小	茌平县乐平铺镇	—	男	1941 年
温德茂	茌平县乐平铺镇	—	男	1941 年
刘安芝	茌平县乐平铺镇刘兰廷村	29	男	1941 年
丰丁香	茌平县乐平铺镇刘望山村	—	女	1941 年
刘吉祥	茌平县乐平铺镇刘望山村	—	男	1941 年
吴明远	茌平县乐平铺镇南大吴村	58	男	1941 年
杜云阶	茌平县乐平铺镇南街	20	男	1941 年
焦林芝	茌平县温陈乡后李村	—	男	1941 年
李训成	茌平县温陈乡前李村	32	男	1941 年
李训庆	茌平县温陈乡前李村	30	男	1941 年
李德生	茌平县温陈乡沈东村	28	男	1941 年
李景彦	茌平县温陈乡田李村	33	男	1941 年
李富芝	茌平县温陈乡五里村	32	男	1941 年
王胜俭	茌平县温陈乡西张村	32	男	1941 年
王张氏	茌平县温陈乡西张村	34	女	1941 年
张风德	茌平县温陈乡西张村	40	男	1941 年
张孬	茌平县温陈乡西张村	10	男	1941 年
张王氏	茌平县温陈乡西张村	35	女	1941 年
席香连	茌平县肖庄乡席店村	—	男	1941 年
魏德卓	茌平县信发街道雷庄村	40	男	1941 年
赵 三	茌平县杨官屯乡胡杨村	13	男	1941 年
刘兆和	茌平县振兴街道阁三里村	25	男	1941 年
崔洪德	茌平县振兴街道阁三里村	17	男	1941 年

姓 名	籍 贯	年 龄	性 别	死难时间
仇××	茌平县韩集乡仇陶村	—	男	1941 年
路 氏	茌平县信发街道路庄村	—	女	1941 年
周凤珠	茌平县韩屯镇夏营村	—	男	1941 年
周红祥	茌平县韩屯镇夏营村	—	男	1941 年
陈荣哲	—	—	男	1941 年
刁丙寅	—	—	男	1941 年
纪怀修	—	—	男	1941 年
李×氏	—	—	女	1941 年
刘李氏	—	—	女	1941 年
刘 平	—	—	男	1941 年
彭云江之妻	—	—	女	1941 年
苏建堂	—	—	男	1941 年
许金荣	茌平县塘坊	—	男	1941 年
阚金城	茌平县菜屯镇阚庄村	17	男	1942 年 1 月
高福顺	—	—	男	1942 年 1 月
纪桂姐	茌平县温陈乡纪庄村	18	女	1942 年 2 月 7 日
纪怀桧	茌平县温陈乡纪庄村	23	男	1942 年 2 月 7 日
纪同文之妻	茌平县温陈乡纪庄村	25	女	1942 年 2 月 7 日
刘 琨	茌平县冯官屯镇邢庄村	23	男	1942 年 2 月
邢承瑾	茌平县冯官屯镇邢庄村	32	男	1942 年 2 月
温德生	茌平县乐平铺镇	—	男	1942 年 2 月
刘长喜	茌平县博平镇十甲张村	20	男	1942 年 3 月
袁文泉	茌平县贾寨乡堤头袁村	21	男	1942 年 3 月
尹瑞全	茌平县振兴街道朱王村	22	男	1942 年 3 月
张三秃	茌平县广平乡南楼村	23	男	1942 年 4 月
尉志宣	茌平县乐平铺镇大尉村	26	男	1942 年 4 月
常传厚之母	茌平县杜郎口镇鲍庄村	—	女	1942 年 5 月
李凤信	茌平县菜屯镇梁李村	42	男	1942 年 6 月
罗大庆	茌平县韩屯镇罗营村	—	男	1942 年 6 月
罗单氏	茌平县韩屯镇罗营村	—	女	1942 年 6 月
罗尚德	茌平县韩屯镇罗营村	—	男	1942 年 6 月
罗尚山	茌平县韩屯镇罗营村	—	男	1942 年 6 月
李学祥	茌平县温陈乡芦仓村	54	男	1942 年 6 月
张同瑞	茌平县振兴街道后张村	24	男	1942 年 6 月

姓 名	籍 贯	年 龄	性 别	死难时间
黄庆华	茌平县菜屯镇大黄村	29	男	1942 年 7 月
张树芳	茌平县广平乡南楼村	29	男	1942 年 7 月
刘玉郎	茌平县胡屯乡陶集村	30	男	1942 年 7 月
王平太	茌平县胡屯乡陶集村	22	男	1942 年 7 月
王长泉	—	—	男	1942 年 8 月
高万林之母	茌平县杨官屯乡西高村	—	女	1942 年 9 月 25 日
高万林之妹	茌平县杨官屯乡西高村	—	女	1942 年 9 月 25 日
高万林之弟	茌平县杨官屯乡西高村	—	男	1942 年 9 月 25 日
高万松	茌平县杨官屯乡西高村	—	男	1942 年 9 月 25 日
高万松之妻	茌平县杨官屯乡西高村	—	女	1942 年 9 月 25 日
高万松之女	茌平县杨官屯乡西高村	—	女	1942 年 9 月 25 日
张绪东	茌平县冯官屯镇小王村	20	男	1942 年 9 月
杨存才	茌平县洪官屯乡前辛杨村	46	男	1942 年 9 月
谷之桐	茌平县胡屯乡谷堂村	16	男	1942 年 9 月
郭 信	—	—	男	1942 年 10 月 11 日
刘庆汉	—	—	男	1942 年 10 月 12 日
王林庆	茌平县冯官屯镇大王楼村	30	男	1942 年 11 月
胡万臣	茌平县韩集乡门李村	—	男	1942 年 11 月
刘瑞世	茌平县杜郎口镇大刘庄	—	男	1942 年 11 月
黄士健	茌平县温陈乡吴家胡同	33	男	1942 年 12 月
张和吉	茌平县温陈乡张会尚村	32	男	1942 年 12 月
余万芝	—	—	男	1942 年 12 月
李玉荣	茌平县博平镇于庄村	27	男	1942 年
梁有兰	茌平县贾寨乡大梁庄	34	男	1942 年
孙怀珠之妻	茌平县乐平铺镇阎屯村	—	女	1942 年
刘金凤	茌平县广平乡赵庄村	—	女	1942 年
张金友	茌平县博平镇前石庄	—	男	1942 年
商孝昌	茌平县菜屯镇南海子村	24	男	1942 年
姜庆林	茌平县洪官屯乡姜庄村	21	男	1942 年
李泽宽	茌平县广平乡大曲村	—	男	1942 年
纪同方	茌平县广平乡纪高村	30	男	1942 年
于绍平	茌平县洪官屯乡西于村	25	男	1942 年
刘文全	茌平县胡屯乡大刘东	30	男	1942 年
白 头	茌平县杨官屯乡杨东村	—	男	1942 年

姓 名	籍 贯	年 龄	性 别	死难时间
刘子全	—	—	男	1942 年
刘好善	茌平县杜郎口镇大刘庄	—	男	1942 年
赵清活	茌平县胡屯乡河西宋村	49	男	1942 年
油房三	茌平县博平镇菜张村	28	男	1942 年
张登举	茌平县博平镇菜张村	47	男	1942 年
张登举之长子	茌平县博平镇菜张村	15	男	1942 年
张登举之次子	茌平县博平镇菜张村	12	男	1942 年
张登举之三子	茌平县博平镇菜张村	9	男	1942 年
张登举之妻	茌平县博平镇菜张村	44	女	1942 年
张金桌	茌平县博平镇菜张村	6	男	1942 年
张朋信	茌平县博平镇菜张村	57	男	1942 年
李乐芝	茌平县博平镇杜庄村	24	男	1942 年
王长贵	茌平县博平镇后王村	25	男	1942 年
马秀真之妹	茌平县博平镇碱刘村	—	女	1942 年
李庆锦	茌平县博平镇罗庄村	28	男	1942 年
毛金荣	茌平县博平镇毛庄村	19	男	1942 年
毛学金	茌平县博平镇毛庄村	23	男	1942 年
刘庆岗	茌平县博平镇南关	31	男	1942 年
刘以礼	茌平县博平镇南关	30	男	1942 年
刘曰奇	茌平县博平镇南街	22	男	1942 年
陶兆武	茌平县博平镇南街	9	男	1942 年
薛伯林	茌平县博平镇南街	22	男	1942 年
谢遵堂	茌平县博平镇前王村	21	男	1942 年
贾庆来	茌平县博平镇西贾村	23	男	1942 年
邱运山	茌平县博平镇西贾村	22	男	1942 年
李贵祥	茌平县博平镇西贾村	24	男	1942 年
于潘水	茌平县博平镇辛庄村	22	男	1942 年
王风山	茌平县博平镇徐官屯村	29	男	1942 年
傅德功	茌平县博平镇杨庄村	24	男	1942 年
袁乐芝	茌平县博平镇袁楼村	21	男	1942 年
李守凯	茌平县博平镇张岳村	19	男	1942 年
李守礼	茌平县博平镇张岳村	19	男	1942 年
李希达	茌平县博平镇张岳村	23	男	1942 年
马振山	茌平县博平镇张岳村	22	男	1942 年

姓 名	籍 贯	年 龄	性 别	死难时间
黄庆华	茌平县菜屯镇北海子村	26	男	1942 年
梁西文	茌平县菜屯镇蜂李村	29	男	1942 年
葛长茂之妻	茌平县菜屯镇阚庄村	—	女	1942 年
徐宝芝之女	茌平县菜屯镇伦徐村	17	女	1942 年
徐宝芝之妻	茌平县菜屯镇伦徐村	35	女	1942 年
徐宝芝之长子	茌平县菜屯镇伦徐村	16	男	1942 年
徐宝芝之次子	茌平县菜屯镇伦徐村	6	男	1942 年
三疯子	茌平县菜屯镇南海子村	28	男	1942 年
樊士芹	茌平县菜屯镇前樊村	55	男	1942 年
樊廷昌	茌平县菜屯镇前樊村	27	男	1942 年
任金堂	茌平县菜屯镇任庄村	31	男	1942 年
二大杆子	茌平县菜屯镇周桥村	28	男	1942 年
王保来之父	茌平县菜屯镇周桥村	34	男	1942 年
周传生之父	茌平县菜屯镇周桥村	45	男	1942 年
李玉安	茌平县杜郎口镇北董村	23	男	1942 年
刘其忠	茌平县杜郎口镇四新村	24	男	1942 年
李金榜	茌平县冯官屯镇菜刘村	22	男	1942 年
高传玉	茌平县冯官屯镇大高村	23	男	1942 年
马茂苓之妻	茌平县冯官屯镇高岭村	—	女	1942 年
张存其	茌平县冯官屯镇红庙村	23	男	1942 年
张凤岐	茌平县冯官屯镇红庙村	22	男	1942 年
王崇举	茌平县冯官屯镇业官屯村	33	男	1942 年
董春星	茌平县冯官屯镇马庄村	30	男	1942 年
祁茂林	茌平县冯官屯镇祁楼村	38	男	1942 年
李金生	茌平县广平乡大曲村	43	男	1942 年
丁树商	茌平县广平乡丁莫村	27	男	1942 年
于树河	茌平县广平乡丁莫村	20	男	1942 年
焦西生	茌平县广平乡焦集村	17	男	1942 年
梁江荣	茌平县广平乡梁庄村	25	男	1942 年
王兴海	茌平县广平乡麻庄村	26	男	1942 年
高庆爱	茌平县广平乡三高村	23	男	1942 年
高天泽	茌平县广平乡三高村	22	男	1942 年
桑吉田	茌平县广平乡张善村	27	男	1942 年
韩合灵	茌平县韩集乡东集村	20	男	1942 年

姓 名	籍 贯	年 龄	性 别	死难时间
吴凤合	茌平县韩集乡吴庄村	23	男	1942 年
刘汝道	茌平县韩集乡张高村	24	男	1942 年
张祥恩	茌平县韩集乡张庄村	27	男	1942 年
孟兆河	茌平县韩屯镇孟楼村	—	男	1942 年
田训芝	茌平县胡屯乡北田村	21	男	1942 年
周长水	茌平县胡屯乡古路赵村	24	男	1942 年
赵保合	茌平县胡屯乡古路赵村	25	男	1942 年
谢吉英	茌平县胡屯乡老官李村	20	男	1942 年
李伯廷	茌平县胡屯乡李双西村	22	男	1942 年
李庆芝	茌平县胡屯乡李双西村	28	男	1942 年
国龙秀	茌平县胡屯乡罗庄村	26	男	1942 年
于振东	茌平县胡屯乡南于村	38	男	1942 年
于振东之妻	茌平县胡屯乡南于村	39	女	1942 年
刘再田	茌平县胡屯乡寺后刘	22	男	1942 年
徐宝珊	茌平县胡屯乡徐河口村	33	男	1942 年
薛景太	茌平县胡屯乡薛庄村	32	男	1942 年
王之云	茌平县胡屯乡营坊村	24	男	1942 年
张万泗	茌平县胡屯乡甄桥村	17	男	1942 年
甄如富	茌平县胡屯乡甄桥村	33	男	1942 年
周庆玉	茌平县胡屯乡周老村	31	男	1942 年
周兆星	茌平县胡屯乡周老村	22	男	1942 年
朱国昌	茌平县胡屯乡朱庄村	20	男	1942 年
贾孟良	茌平县贾寨乡	—	男	1942 年
贾治夫	茌平县贾寨乡贾寨后村	20	男	1942 年
赵清明	茌平县贾寨乡苗庄村	22	男	1942 年
冯安民	茌平县贾寨乡肖庄村	—	男	1942 年
韩俊岐	茌平县乐平铺镇崔韩村	41	男	1942 年
丁庆贵	茌平县乐平铺镇丁庄村	24	男	1942 年
丁荣更	茌平县乐平铺镇丁庄村	22	男	1942 年
杨兆俊	茌平县乐平铺镇郝东村	28	男	1942 年
冠光奇	茌平县乐平铺镇教场铺村	34	男	1942 年
马庆臣	茌平县乐平铺镇周韩村	32	男	1942 年
郭学堂	茌平县乐平铺镇郝东村	24	男	1942 年
刘庆月	茌平县乐平铺镇刘兰廷村	40	男	1942 年

姓 名	籍 贯	年 龄	性 别	死难时间
刘瑞芝	茌平县乐平铺镇刘兰廷村	28	男	1942 年
刘信芝	茌平县乐平铺镇刘兰廷村	26	男	1942 年
孙敬礼之妹	茌平县乐平铺镇刘兰廷村	—	女	1942 年
刘本臣	茌平县乐平铺镇刘望山村	—	男	1942 年
孙殿杰	茌平县乐平铺镇刘望山村	—	男	1942 年
吴韩氏	茌平县乐平铺镇南大吴村	30	女	1942 年
吴吉石	茌平县乐平铺镇南大吴村	20	男	1942 年
李庆水	茌平县乐平铺镇南街	—	男	1942 年
刘 呆	茌平县乐平铺镇土刘村	20	男	1942 年
于吴氏	茌平县温陈乡东西杨村	40	女	1942 年
于西贵	茌平县温陈乡东西杨村	42	男	1942 年
于西贵之女	茌平县温陈乡东西杨村	—	女	1942 年
乌汝英	茌平县温陈乡顾庄村	19	男	1942 年
张金榜	茌平县温陈乡顾庄村	42	男	1942 年
杭允生	茌平县温陈乡杭庄村	26	男	1942 年
桑忠元	茌平县温陈乡碱陈村	22	男	1942 年
金庆明	茌平县温陈乡金楼村	24	男	1942 年
刘丕凤	茌平县温陈乡刘保村	22	男	1942 年
李泽庆	茌平县温陈乡前李村	—	男	1942 年
李玉山	茌平县温陈乡沈东村	22	男	1942 年
汪庆增	茌平县温陈乡汪庄村	—	男	1942 年
刘心善	茌平县信发街道付庄村	50	男	1942 年
付仕庆	茌平县信发街道徐王村	30	男	1942 年
林以山	茌平县信发街道营坊村	21	男	1942 年
耿连美	茌平县杨官屯乡后曹村	—	女	1942 年
潘仁吉	茌平县杨官屯乡潘西村	30	男	1942 年
赵维年	茌平县振兴街道尚庄村	—	男	1942 年
于学泰	茌平县振兴街道小于庄	—	男	1942 年
窦天德	茌平县博平镇窦堂村	—	男	1942 年
丁永石	茌平县广平乡丁莫村	—	男	1942 年
王小平	茌平县温陈乡延寿观村	30	男	1942 年
曹福增之妻	—	—	女	1942 年
窦曰寒	—	—	男	1942 年
何允之	—	—	男	1942 年

姓　名	籍　贯	年　龄	性　别	死难时间
郎洪义	茌平县杨官屯乡郎营村	—	男	1942 年
吕登山	—	—	男	1942 年
孟兆可	—	—	男	1942 年
彭学富之妻	—	—	女	1942 年
王令芳	—	—	男	1942 年
夏玉珠	—	—	男	1942 年
杨北方	—	—	男	1942 年
于振东之传令兵	—	—	男	1942 年
于振东之传令兵	—	—	男	1942 年
张金平	茌平县温陈乡张楼村	—	男	1942 年
张庆温	茌平县杨官屯乡郎营村	—	男	1942 年
赵广信	—	—	男	1942 年
陈殿明	—	—	男	1942 年
曲文信	茌平县广平乡大曲村	23	男	1943 年 1 月 13 日
朱宝祥	茌平县胡屯乡朱庄村	18	男	1943 年 1 月
刘合银	东昌府区梁水镇	—	男	1943 年 1 月
邱　氏	东昌府区堂邑镇邱庄	—	女	1943 年 1 月
杜光第	茌平县博平镇杜庄村	33	男	1943 年 2 月 8 日
李万庆	—	—	男	1943 年 2 月 8 日
李清平	茌平县冯官屯镇大吕村	20	男	1943 年 2 月
胡万顺	茌平县韩集乡胡李庄	37	男	1943 年 2 月
田庆三	茌平县乐平铺镇二十里铺	23	男	1943 年 2 月
李建东	茌平县温陈乡李仓村	23	男	1943 年 2 月
李修江	茌平县温陈乡元庄村	24	男	1943 年 2 月
芦爱辰之儿媳	茌平县博平镇罗庄村	—	女	1943 年 3 月
莫广明	茌平县韩集乡莫庄村	23	男	1943 年 3 月
张齐恩	茌平县韩集乡张庄村	25	男	1943 年 3 月
许风海	茌平县肖庄乡许庄村	34	男	1943 年 3 月
杨殿栋	茌平县肖庄乡许庄村	36	男	1943 年 3 月
高学德之母	茌平县博平镇高胡村	—	女	1943 年 3 月
高学德之兄	茌平县博平镇高胡村	—	男	1943 年 3 月
高学德之弟	茌平县博平镇高胡村	—	男	1943 年 3 月
高学德之侄	茌平县博平镇高胡村	—	男	1943 年 3 月
高学德之嫂	茌平县博平镇高胡村	—	女	1943 年 3 月

姓 名	籍 贯	年龄	性别	死难时间
宋纯成	茌平县杜郎口镇武庄村	—	男	1943 年 3 月
王心清	茌平县胡屯乡陶集村	—	男	1943 年 3 月
尉万青	茌平县乐平铺镇大尉村	32	男	1943 年 4 月 7 日
李其仁	茌平县菜屯镇梁李村	—	男	1943 年 4 月 20 日
李孟日	茌平县菜屯镇梁李村	—	男	1943 年 4 月 20 日
李孟昌之祖父	茌平县菜屯镇梁李村	—	男	1943 年 4 月 20 日
李孟昌	茌平县菜屯镇梁李村	—	男	1943 年 4 月 20 日
刘兆明	茌平县温陈乡大赵村	—	男	1943 年 4 月 23 日
尹成友	茌平县韩集乡尹庄村	25	男	1943 年 4 月
王树申	茌平县韩集乡王庄村	31	男	1943 年 4 月
焦连生	茌平县温陈乡史中村	21	男	1943 年 4 月
许庆弟	茌平县肖庄乡许寨村	4	男	1943 年 4 月
许庆法	茌平县肖庄乡许寨村	11	男	1943 年 4 月
许庆路	茌平县肖庄乡许寨村	19	男	1943 年 4 月
许庆学	茌平县肖庄乡许寨村	13	男	1943 年 4 月
许文柱	茌平县肖庄乡许寨村	63	男	1943 年 4 月
许振梁	茌平县肖庄乡许寨村	43	男	1943 年 4 月
潘调栋	茌平县杨官屯乡潘屯村	26	男	1943 年 4 月
解长江	茌平县冯官屯镇业官屯	—	男	1943 年 4 月
刘庆银	茌平县肖庄乡王麻子村	25	男	1943 年 4 月
张玉香	茌平县冯官屯镇前张村	26	男	1943 年 5 月
刘泽全	茌平县广平乡吴家所	23	男	1943 年 5 月
贾以正	茌平县贾寨乡贾寨村	27	男	1943 年 5 月
崔德平	茌平县乐平铺镇刘庆洪村	26	男	1943 年 5 月
单荣柱	茌平县振兴街道赵庄村	17	男	1943 年 5 月
董庆华	—	—	男	1943 年 5 月
杜存正	茌平县信发街道葛庄村	—	男	1943 年 5 月
马文范	茌平县胡屯乡马沙窝村	—	男	1943 年 5 月
商莲塘	—	—	男	1943 年 5 月
徐慎玉之妻	—	—	女	1943 年 5 月
杨郭氏	茌平县温陈乡南付楼	52	女	1943 年 6 月 8 日
寇成华	茌平县乐平铺镇教东村	24	男	1943 年 6 月 23 日
常玉德	茌平县乐平铺镇常海子村	30	男	1943 年 6 月 27 日
窦绪刚	茌平县乐平铺镇常海子村	30	男	1943 年 6 月 27 日

姓 名	籍 贯	年 龄	性 别	死难时间
孙庆山	茌平县乐平铺镇常海子村	32	男	1943 年 6 月 27 日
孙吉成	茌平县乐平铺镇常海子村	24	男	1943 年 6 月 27 日
张 氏	茌平县乐平铺镇常海子村	30	女	1943 年 6 月 27 日
崔德运	茌平县乐平铺镇崔海子村	51	男	1943 年 6 月 27 日
张刘氏	茌平县乐平铺镇崔海子村	35	女	1943 年 6 月 27 日
张刘氏之子	茌平县乐平铺镇崔海子村	1	男	1943 年 6 月 27 日
张书林	茌平县乐平铺镇崔海子村	48	男	1943 年 6 月 27 日
丁后木	茌平县乐平铺镇丁庄村	34	男	1943 年 6 月 27 日
丁兰文	茌平县乐平铺镇丁庄村	45	男	1943 年 6 月 27 日
丁连成	茌平县乐平铺镇丁庄村	30	男	1943 年 6 月 27 日
丁庆平	茌平县乐平铺镇丁庄村	16	男	1943 年 6 月 27 日
丁庆月之兄	茌平县乐平铺镇丁庄村	12	男	1943 年 6 月 27 日
张玉清	茌平县乐平铺镇丁庄村	60	男	1943 年 6 月 27 日
二 月	茌平县乐平铺镇杜庄村	—	男	1943 年 6 月 27 日
孙王氏	茌平县冯官屯镇崔庄村	49	女	1943 年 6 月
王 氏	茌平县冯官屯镇崔庄村	42	女	1943 年 6 月
孙吉顺	茌平县乐平铺镇常海子村	21	男	1943 年 6 月
孙庆珍	茌平县乐平铺镇常海子村	25	男	1943 年 6 月
贾法堂	茌平县贾寨乡贾铁匠村	—	男	1943 年 6 月
杜登栓	茌平县冯官屯镇金杜村	28	男	1943 年 7 月 21 日
付瑞开	茌平县博平镇陈付村	35	男	1943 年 7 月
崔长仁	茌平县冯官屯镇崔庄	19	男	1943 年 7 月
贾兆臣	茌平县胡屯乡	—	男	1943 年 7 月
慈学忠	茌平县温陈乡大慈村	35	男	1943 年 7 月
金有合	茌平县温陈乡金李村	34	男	1943 年 7 月
李志合	茌平县肖家庄乡算子李	—	男	1943 年 7 月
李志禹	茌平县肖家庄乡算子李	—	男	1943 年 7 月
亮 代	茌平县肖庄乡王菜瓜村	—	男	1943 年 7 月
李金宪	茌平县杨官屯乡杨前村	42	男	1943 年 7 月
胡希言	茌平县杜郎口镇胡庄村	—	男	1943 年 7 月
贾荣亭	茌平县胡屯乡	—	男	1943 年 7 月
商国平	—	—	男	1943 年 7 月
桑金之	茌平县博平镇大桑村	32	男	1943 年 8 月 13 日
桑士奎	茌平县博平镇大桑村	—	男	1943 年 8 月 13 日

姓 名	籍 贯	年 龄	性 别	死难时间
桑士奎之长子	茌平县博平镇大桑村	—	男	1943 年 8 月 13 日
桑士奎之次子	茌平县博平镇大桑村	—	男	1943 年 8 月 13 日
路八月	茌平县乐平铺镇西路村	40	男	1943 年 8 月 13 日
路常锋	茌平县乐平铺镇西路村	42	男	1943 年 8 月 13 日
路伦峰	茌平县乐平铺镇西路村	41	男	1943 年 8 月 13 日
路庆鱼	茌平县乐平铺镇西路村	40	男	1943 年 8 月 13 日
路兆宽	茌平县乐平铺镇西路村	28	男	1943 年 8 月 13 日
吴海吉	茌平县乐平铺镇西路村	48	男	1943 年 8 月 13 日
曹丙文	茌平县贾寨乡后付村	24	男	1943 年 8 月 15 日
付长海	茌平县贾寨乡后付村	22	男	1943 年 8 月 15 日
桑永利	茌平县博平镇大桑村	72	男	1943 年 8 月
刘吉廷	茌平县广平乡吴家所村	26	男	1943 年 8 月
曹希臣	茌平县韩集乡曹庄	26	男	1943 年 8 月
吴吉美	茌平县乐平铺镇南大吴	21	男	1943 年 8 月
齐瑞峰	茌平县温陈乡齐庄村	—	男	1943 年 8 月
董中校	茌平县温陈乡前石村	—	男	1943 年 8 月
董中兴	茌平县温陈乡前石村	—	男	1943 年 8 月
苗文德	茌平县贾寨乡苗庄村	—	男	1943 年 9 月
杭允水	茌平县温陈乡杭庄村	19	男	1943 年 9 月
周兆刚	茌平县冯官屯镇刘马村	—	男	1943 年 10 月
刘吉明	茌平县广平乡吴家所	23	男	1943 年 10 月
潘富禄	茌平县韩屯镇潘堂村	36	男	1943 年 10 月
马伊明	茌平县乐平铺镇小马村	20	男	1943 年 10 月
牛政环	茌平县乐平铺镇张李村	46	男	1943 年 10 月
张玉环	茌平县乐平铺镇张李村	60	男	1943 年 10 月
邓兆乾	茌平县杨官屯乡邓庄村	27	男	1943 年 10 月
吴亚屋	茌平县振兴街道北关	25	男	1943 年 10 月
杨荣坤	茌平县振兴街道李孝堂村	—	男	1943 年 10 月
杜王氏	茌平县冯官屯镇业官屯	—	女	1943 年 10 月
闫丙正之妻	茌平县冯官屯镇业官屯	—	女	1943 年 10 月
豆月斌	—	—	男	1943 年 10 月
孙相南	—	—	男	1943 年 10 月
田长法	—	—	男	1943 年 10 月
赵洪光	茌平县韩集乡赵庄村	31	男	1943 年 11 月 9 日

姓 名	籍 贯	年 龄	性 别	死难时间
周东臣	茌平县菜屯镇方庄村	33	男	1943 年 11 月
马宝福	茌平县广平乡马明智村	—	男	1943 年 11 月
马怀冉	茌平县广平乡马明智村	—	男	1943 年 11 月
蒋国义	茌平县胡屯乡罗庄村	—	男	1943 年 11 月
国义昌	茌平县胡屯乡罗庄村	33	男	1943 年 11 月
李金腾	茌平县胡屯乡罗庄村	36	男	1943 年 11 月
李全章	茌平县胡屯乡罗庄村	64	男	1943 年 11 月
罗长福	茌平县胡屯乡罗庄村	50	男	1943 年 11 月
罗长海	茌平县胡屯乡罗庄村	—	男	1943 年 11 月
王兆山	茌平县胡屯乡寺后王	38	男	1943 年 11 月
张庆文	茌平县温陈乡张楼村	52	男	1943 年 11 月
郭付增	茌平县温陈乡吴家胡同	31	男	1943 年 12 月 23 日
郭存全	茌平县曹庄	—	男	1943 年 12 月 24 日
张宝友	茌平县韩屯镇潘堂村	32	男	1943 年 12 月 26 日
田立琦	茌平县菜屯镇杨槐村	26	男	1943 年 12 月
刘士周	茌平县冯官屯镇北庆村	40	男	1943 年 12 月
张汝宅	茌平县冯官屯镇梁庄村	60	男	1943 年 12 月
王秋海	—	—	男	1943 年 12 月
刘瑞涛	—	—	男	1943 年 12 月
薛来春	茌平县胡屯乡薛凤台村	28	男	1943 年
薛立春	茌平县胡屯乡薛凤台村	67	男	1943 年
崔尉氏	茌平县乐平铺镇崔海子村	28	女	1943 年
王春林	茌平县杨官屯乡豆赵村	28	男	1943 年
郭登库	茌平县杨官屯乡郭王村	37	男	1943 年
小 八	茌平县杨官屯乡潘西村	18	男	1943 年
杨广山	茌平县杨官屯乡杨东村	48	男	1943 年
杨克俭	茌平县杨官屯乡杨东村	31	男	1943 年
纪连级	茌平县广平乡纪高村	23	男	1943 年
杨运才	茌平县韩集乡草庙杨村	19	男	1943 年
李连祯	茌平县韩集乡怪李村	—	男	1943 年
张荣昌之妻	茌平县洪官屯乡洪屯村	34	女	1943 年
时殿臣	茌平县菜屯镇堤口冯庄	26	男	1943 年
黄以树	茌平县洪官屯乡洪屯村	27	男	1943 年
付丙节	茌平县贾寨乡前付村	39	男	1943 年

姓 名	籍 贯	年 龄	性 别	死难时间
崔德山	茌平县乐平铺镇崔徐村	60	男	1943 年
崔召齐	茌平县乐平铺镇崔徐村	50	男	1943 年
刘希里	茌平县乐平铺镇崔徐村	23	男	1943 年
徐　玉	茌平县乐平铺镇崔徐村	53	男	1943 年
徐合玉	茌平县乐平铺镇崔徐村	35	男	1943 年
代光进	茌平县乐平铺镇教北村	50	男	1943 年
寇双成	茌平县乐平铺镇教北村	30	男	1943 年
宋殿明	茌平县乐平铺镇教北村	50	男	1943 年
贺××	茌平县振兴街道马坊村	42	男	1943 年
王英台	茌平县温陈乡后石村	35	男	1943 年
马汝香	茌平县温陈乡马庄村	—	男	1943 年
赵义良	茌平县温陈乡马庄村	—	男	1943 年
谢吉仁之子	茌平县温陈乡齐东村	12	男	1943 年
李德祥	—	—	男	1943 年
徐连法	茌平县	—	男	1943 年
徐连法之母	茌平县	—	女	1943 年
周长路之妻	茌平县韩屯镇周八丁村	—	女	1943 年
黄云群之妻	茌平县洪官屯乡洪屯村	34	女	1943 年
张英芳	茌平县温陈乡东张村	23	男	1943 年
王兰廷	茌平县温陈乡观尚村	28	男	1943 年
李叔太	茌平县温陈乡贾仓村	26	男	1943 年
李廷德	茌平县温陈乡贾仓村	35	男	1943 年
侯桂成	—	—	男	1943 年
李景析	—	—	男	1943 年
毕生思	茌平县杨官屯乡毕庄村	—	男	1943 年
杨运言	茌平县	—	男	1943 年
苏景林	茌平县博平镇北苏村	18	男	1943 年
王以代	茌平县博平镇岔路口村	21	男	1943 年
张金成	茌平县博平镇陈铺村	35	男	1943 年
王以平	茌平县博平镇东王村	20	男	1943 年
陈绍亮	茌平县博平镇杜庄村	18	男	1943 年
杜光荣	茌平县博平镇杜庄村	30	男	1943 年
杜来英	茌平县博平镇杜庄村	15	男	1943 年
谢风和	茌平县博平镇郭东村	43	男	1943 年

姓 名	籍 贯	年 龄	性 别	死难时间
谢法午	茌平县博平镇郭西村	22	男	1943 年
谢风吉	茌平县博平镇郭西村	30	男	1943 年
谢以泽	茌平县博平镇郭西村	42	男	1943 年
付以安	茌平县博平镇季郭村	26	男	1943 年
荆瑞芳	茌平县博平镇荆冯村	32	男	1943 年
荆瑞祥	茌平县博平镇荆冯村	33	男	1943 年
王金善	茌平县博平镇牛营村	21	男	1943 年
王金喜	茌平县博平镇牛营村	31	男	1943 年
王同敏	茌平县博平镇牛营村	30	男	1943 年
刘长美	茌平县博平镇十甲张村	26	男	1943 年
李林玉	茌平县博平镇双庙村	23	男	1943 年
王振凯	茌平县博平镇东王村	28	男	1943 年
牛朝瑞	茌平县博平镇西关	22	男	1943 年
李绍顺	茌平县博平镇西贾村	25	男	1943 年
李重阳	茌平县博平镇西贾村	27	男	1943 年
李修常	茌平县博平镇西街	36	男	1943 年
赵树岭	茌平县博平镇西街	25	男	1943 年
李英俊	茌平县博平镇于庄村	25	男	1943 年
张全来	茌平县博平镇张匠村	25	男	1943 年
韩光海	茌平县菜屯镇后韩村	35	男	1943 年
梁希文	茌平县菜屯镇梁李村	38	男	1943 年
路保伦	茌平县菜屯镇路庄村	35	男	1943 年
商本铎	茌平县菜屯镇南海子村	45	男	1943 年
商思连之妻	茌平县菜屯镇南海子村	36	女	1943 年
商本连	茌平县菜屯镇南海子村	41	男	1943 年
任泽业	茌平县菜屯镇任庄村	27	男	1943 年
张金贡	茌平县菜屯镇张贾村	26	男	1943 年
周中臣	茌平县菜屯镇赵方村	38	男	1943 年
刘孟氏	茌平县杜郎口镇北董村	60	女	1943 年
冯长明	茌平县杜郎口镇二十里铺	25	男	1943 年
胡西更	茌平县杜郎口镇胡庄村	35	男	1943 年
魏廷安	茌平县杜郎口镇胡庄村	27	男	1943 年
李庆伦	茌平县杜郎口镇李寨村	28	男	1943 年
刘成富	茌平县杜郎口镇四新村	26	男	1943 年

姓　名	籍　贯	年　龄	性　别	死难时间
朱明友	茌平县杜郎口镇西街	23	男	1943 年
陈庆全	茌平县杜郎口镇腰庄村	30	男	1943 年
李泽海	茌平县杜郎口镇袁庄村	—	男	1943 年
郑绪平	茌平县杜郎口镇周集村	19	男	1943 年
小董祥	茌平县冯官屯镇	—	男	1943 年
马公德	茌平县冯官屯镇高岭村	21	男	1943 年
张凤管	茌平县冯官屯镇红庙村	22	男	1943 年
王洪桃	茌平县冯官屯镇黄排村	23	男	1943 年
单书金	茌平县冯官屯镇逯店村	22	男	1943 年
魏庆于	茌平县冯官屯镇王相村	23	男	1943 年
韩庆坤	茌平县冯官屯镇武赵村	21	男	1943 年
老　锁	茌平县冯官屯镇菜刘村	—	男	1943 年
秦建祥	茌平县冯官屯镇马王村	52	男	1943 年
董光才	茌平县冯官屯镇马庄村	30	男	1943 年
蒋老三	茌平县冯官屯镇南辛村	40	男	1943 年
张兆田	茌平县冯官屯镇张庄村	32	男	1943 年
付风照	茌平县冯官屯镇朱庙村	—	男	1943 年
吴正生	茌平县广平乡北贾村	—	男	1943 年
李元祥	茌平县广平乡大曲村	18	男	1943 年
李泽波	茌平县广平乡大曲村	30	男	1943 年
马庆来	茌平县广平乡马明智村	20	男	1943 年
马宪杰	茌平县广平乡马明智村	23	男	1943 年
刘效里	茌平县广平乡吴家所	25	男	1943 年
刘效义	茌平县广平乡吴家所	26	男	1943 年
张士全	茌平县广平乡沙土张村	18	男	1943 年
高恒达	茌平县广平乡殷马村	19	男	1943 年
王方忠	茌平县广平乡张家楼村	24	男	1943 年
王方亭	茌平县韩官屯镇韩官屯村	—	男	1943 年
王居亭	茌平县韩官屯镇韩官屯村	—	男	1943 年
仇子法	茌平县韩集乡仇陶村	60	男	1943 年
李银生	茌平县韩集乡大杨村	11	男	1943 年
张刘氏	茌平县韩集乡大杨村	27	女	1943 年
刘法章	茌平县韩集乡刘望海村	25	男	1943 年
刘万信	茌平县韩集乡刘望海村	60	男	1943 年

姓　名	籍　贯	年　龄	性　别	死难时间
刘王氏	茌平县韩集乡刘望海村	24	女	1943 年
二黄毛	茌平县韩集乡石海子村	30	男	1943 年
韩金传	茌平县韩集乡西集村	32	男	1943 年
韩金锻	茌平县韩集乡西集村	16	男	1943 年
王志洪	茌平县韩集乡张徐村	30	男	1943 年
赵其波	茌平县韩集乡赵庄村	36	男	1943 年
芦清泉	茌平县韩屯乡魏庄村	—	男	1943 年
周生荣	茌平县韩屯镇北孟村	22	男	1943 年
高　山	茌平县韩屯镇韩北村	25	男	1943 年
高山之父	茌平县韩屯镇韩北村	—	男	1943 年
高山之母	茌平县韩屯镇韩北村	—	女	1943 年
高山之女	茌平县韩屯镇韩北村	—	女	1943 年
高山之子	茌平县韩屯镇韩北村	8 个月	男	1943 年
李士俊	茌平县韩屯镇李灿然村	30	男	1943 年
刘连昌	茌平县韩屯镇孟楼村	28	男	1943 年
许庆禹	茌平县韩屯镇许桥村	35	男	1943 年
李路增	茌平县洪官屯乡金洼村	53	男	1943 年
刘丙伍	茌平县洪官屯乡圈刘村	21	男	1943 年
张行芳	茌平县胡屯乡北张村	20	男	1943 年
刘荣恩	茌平县胡屯乡大刘东村	30	男	1943 年
刘大喜	茌平县胡屯乡大刘西村	19	男	1943 年
赵立泽	茌平县胡屯乡古路赵村	26	男	1943 年
张小编	茌平县胡屯乡李明还村	—	男	1943 年
李居玉	茌平县胡屯乡李明还村	29	男	1943 年
石长岭	茌平县胡屯乡李石村	21	男	1943 年
刘贵庆	茌平县胡屯乡罗庄村	18	男	1943 年
薛西瑞	茌平县胡屯乡南薛村	29	男	1943 年
刘全利	茌平县胡屯乡寺后刘村	35	男	1943 年
宋立庆	茌平县胡屯乡宋庄村	29	男	1943 年
陶景禹	茌平县胡屯乡陶桥村	35	男	1943 年
陶思道	茌平县胡屯乡陶桥村	17	男	1943 年
张俊山	茌平县胡屯乡甄桥村	21	男	1943 年
甄日序	茌平县胡屯乡甄桥村	29	男	1943 年
周庆海	茌平县胡屯乡周老村	29	男	1943 年

姓 名	籍 贯	年 龄	性 别	死难时间
陈长荣	荏平县贾寨乡陈庄村	23	男	1943 年
邢长色	荏平县贾寨乡东邢村	30	男	1943 年
邢笑兰之妻	荏平县贾寨乡东邢村	—	女	1943 年
刘忠甫	荏平县贾寨乡杜沟村	24	男	1943 年
谢春生	荏平县贾寨乡官赵村	22	男	1943 年
郭保伦	荏平县贾寨乡郭堤口村	46	男	1943 年
侯银荣	荏平县贾寨乡侯楼村	50	男	1943 年
肖安功	荏平县贾寨乡侯楼村	39	男	1943 年
侯春台	荏平县贾寨乡侯楼村	20	男	1943 年
贾志坤	荏平县贾寨乡贾铁匠	18	男	1943 年
吴春增	荏平县贾寨乡贾寨村	25	男	1943 年
杨保平	荏平县贾寨乡贾寨后村	25	男	1943 年
杨登成	荏平县贾寨乡贾寨后村	23	男	1943 年
大老胖	荏平县贾寨乡孙庄村	70	男	1943 年
孙风太	荏平县贾寨乡孙庄村	18	男	1943 年
孙立生	荏平县贾寨乡孙庄村	20	男	1943 年
侯子珍	荏平县贾寨乡张士宏村	—	男	1943 年
于怀芝	荏平县贾寨乡纸坊头村	24	男	1943 年
于有印	荏平县贾寨乡纸坊头村	23	男	1943 年
张同喜	荏平县乐平铺镇北街	47	男	1943 年
宋绪圣	荏平县乐平铺镇宋庄村	35	男	1943 年
逯先玉	荏平县乐平铺镇二十里铺	22	男	1943 年
杨兆凤	荏平县乐平铺镇郝东村	30	男	1943 年
李庆良	荏平县乐平铺镇郝西村	24	男	1943 年
何桂生	荏平县乐平铺镇何庄村	20	男	1943 年
杨子清	荏平县乐平铺镇吕庄村	28	男	1943 年
杜云合	荏平县乐平铺镇南街	22	男	1943 年
于金怀	荏平县乐平铺镇南街	28	男	1943 年
赵汝平	荏平县乐平铺镇南街	23	男	1943 年
徐凤成	荏平县乐平铺镇双营村	26	男	1943 年
孙吉玉	荏平县乐平铺镇孙元村	23	男	1943 年
程法禹	荏平县乐平铺镇赵楼村	27	男	1943 年
崔以祥	荏平县乐平铺镇崔徐村	40	男	1943 年
徐富成	荏平县乐平铺镇大徐村	21	男	1943 年

姓 名	籍 贯	年 龄	性 别	死难时间
徐光田	茌平县乐平铺镇大徐村	19	男	1943 年
田少成	茌平县乐平铺镇郭田村	—	男	1943 年
杨荣奎	茌平县乐平铺镇郝东村	23	男	1943 年
杨兆邦	茌平县乐平铺镇郝东村	24	男	1943 年
常崔氏	茌平县乐平铺镇后常村	70	女	1943 年
常德荣	茌平县乐平铺镇后常村	40	男	1943 年
常刘氏	茌平县乐平铺镇后常村	40	女	1943 年
常廷介	茌平县乐平铺镇后常村	70	男	1943 年
常廷门	茌平县乐平铺镇后常村	67	男	1943 年
常廷尧	茌平县乐平铺镇后常村	70	男	1943 年
焦贾氏	茌平县乐平铺镇焦梁村	—	女	1943 年
梁传芳	茌平县乐平铺镇焦梁村	—	男	1943 年
梁久贵	茌平县乐平铺镇焦梁村	—	男	1943 年
梁绪震之妻	茌平县乐平铺镇焦梁村	—	女	1943 年
梁 友	茌平县乐平铺镇焦梁村	—	男	1943 年
刘玉臣	茌平县乐平铺镇刘望山村	—	男	1943 年
刘会苓之妻	茌平县乐平铺镇木梳刘村	—	女	1943 年
刘敬之	茌平县乐平铺镇木梳刘村	—	男	1943 年
刘 玲	茌平县乐平铺镇木梳刘村	—	女	1943 年
刘新苓之妻	茌平县乐平铺镇木梳刘村	—	女	1943 年
吴传典	茌平县乐平铺镇南大吴村	70	男	1943 年
吴思亮	茌平县乐平铺镇南大吴村	38	男	1943 年
吴吉风之妻	茌平县乐平铺镇南大吴村	—	女	1943 年
杜老呆	茌平县乐平铺镇南街	31	男	1943 年
王兴文	茌平县乐平铺镇阎庄村	19	男	1943 年
李曰春	茌平县乐平铺镇张小庄	—	男	1943 年
赵正芳	茌平县乐平铺镇赵堂村	20	男	1943 年
慈成功	茌平县温陈乡大慈村	—	男	1943 年
陈瑞芝	茌平县温陈乡后李村	20	男	1943 年
陈瑞贞	茌平县温陈乡后李村	28	男	1943 年
小四之妻	茌平县温陈乡马庄村	—	女	1943 年
齐瑞连	茌平县温陈乡齐庄村	26	男	1943 年
黄庆河	茌平县温陈乡吴家胡同	31	男	1943 年
黄庆山	茌平县温陈乡吴家胡同	28	男	1943 年

姓 名	籍 贯	年 龄	性 别	死难时间
杜洁石	茌平县温陈乡西张村	35	男	1943 年
李和顺	茌平县温陈乡谢天贡村	25	男	1943 年
田月明	茌平县温陈乡张李村	35	男	1943 年
乔登三	茌平县肖庄乡落园村	—	男	1943 年
王崇安	茌平县信发街道北八里村	25	男	1943 年
周美岭	茌平县信发街道大周村	20	男	1943 年
赵俊廷	茌平县信发街道刁宋村	18	男	1943 年
齐振祥	茌平县信发街道齐刘村	24	男	1943 年
蔡清泉	茌平县信发街道徐王村	31	男	1943 年
付丙千	茌平县信发街道徐王村	19	男	1943 年
林吉先	茌平县信发街道义户村	20	男	1943 年
肖富忠	茌平县信发街道张楼村	18	男	1943 年
苗宗正	茌平县信发街道张庙村	20	男	1943 年
毕先荣	茌平县杨屯乡毕庄村	—	男	1943 年
谢德富之兄	茌平县杨屯乡大谢村	28	男	1943 年
谢吉全	茌平县杨屯乡大谢村	24	男	1943 年
谢吉卫	茌平县杨屯乡大谢村	27	男	1943 年
毕德法	茌平县杨屯乡小谢村	30	男	1943 年
毕先义	茌平县杨屯乡小谢村	56	男	1943 年
毕先志	茌平县杨屯乡小谢村	50	男	1943 年
张洪祥	茌平县振兴街道郝张村	29	男	1943 年
郝水忠	茌平县振兴街道郝庄村	18	男	1943 年
魏俊可	茌平县振兴街道林庄村	—	男	1943 年
刘玉琅	茌平县振兴街道马沙村	22	男	1943 年
靖振水	茌平县振兴街道南八里村	—	男	1943 年
孙德路	茌平县振兴街道尚庄村	—	男	1943 年
吴钦彦	茌平县振兴街道尚庄村	—	男	1943 年
王西庆	茌平县振兴街道宋庄村	25	男	1943 年
李 红	茌平县振兴街道洼李村	26	女	1943 年
李守居	茌平县振兴街道洼李村	32	男	1943 年
李运廷	茌平县振兴街道洼李村	30	男	1943 年
李树郊	茌平县振兴街道洼李村	27	男	1943 年
杨运清	茌平县振兴街道五里村	18	男	1943 年
李广柱	茌平县振兴街道赵官屯	—	男	1943 年

姓 名	籍 贯	年 龄	性 别	死难时间
李广柱之妻	茌平县振兴街道赵官屯	—	女	1943 年
李广柱之叔	茌平县振兴街道赵官屯	—	男	1943 年
李广柱之子	茌平县振兴街道赵官屯	—	男	1943 年
李广柱之女	茌平县振兴街道赵官屯	—	女	1943 年
吴清堂	茌平县振兴街道赵西村	24	男	1943 年
尹瑞金	茌平县振兴街道朱王村	—	男	1943 年
刘文震	茌平县温陈乡店子街村	—	男	1943 年
王长顺	茌平县博平镇	—	男	1943 年
王凤林	茌平县博平镇	—	男	1943 年
王合亭	茌平县博平镇	—	男	1943 年
王化连	茌平县博平镇	—	男	1943 年
王化林	茌平县博平镇	—	男	1943 年
王金豹	茌平县博平镇	—	男	1943 年
王金展	茌平县博平镇	—	男	1943 年
王梅庆	茌平县博平镇	—	男	1943 年
王庆展	茌平县博平镇	—	男	1943 年
王如修	茌平县博平镇	—	男	1943 年
王维能	茌平县博平镇	—	男	1943 年
王修成	茌平县博平镇	—	男	1943 年
王需岱	茌平县博平镇	—	男	1943 年
王徐氏	茌平县博平镇	—	女	1943 年
王张氏	茌平县博平镇	—	女	1943 年
王振连	茌平县博平镇	—	男	1943 年
徐传义	茌平县博平镇	—	男	1943 年
赫吉全	茌平县博平镇赫庄村	—	男	1943 年
赫吉全之子	茌平县博平镇赫庄村	—	男	1943 年
赫吉全之子	茌平县博平镇赫庄村	—	男	1943 年
郎镜如家属之一	茌平县杨官屯乡郎营村	—	—	1943 年
郎镜如家属之二	茌平县杨官屯乡郎营村	—	—	1943 年
郎镜如家属之三	茌平县杨官屯乡郎营村	—	—	1943 年
郎镜如家属之四	茌平县杨官屯乡郎营村	—	—	1943 年
郎镜如家属之五	茌平县杨官屯乡郎营村	—	—	1943 年
郎镜如家属之六	茌平县杨官屯乡郎营村	—	—	1943 年
郎镜如家属之七	茌平县杨官屯乡郎营村	—	—	1943 年

姓 名	籍 贯	年 龄	性 别	死难时间
郎镜如家属之八	茌平县杨官屯乡郎营村	—	—	1943 年
郎镜如家属之九	茌平县杨官屯乡郎营村	—	—	1943 年
郎镜如家属之十	茌平县杨官屯乡郎营村	—	—	1943 年
郎镜如家属之十一	茌平县杨官屯乡郎营村	—	—	1943 年
周岩之子	茌平县杨官屯乡郎营村	—	男	1943 年
周岩之长女	茌平县杨官屯乡郎营村	—	女	1943 年
周岩之次女	茌平县杨官屯乡郎营村	—	女	1943 年
崔广芃	茌平县博平镇梁道口村	—	男	1943 年
王其尧	茌平县振兴街道泥王庄村	—	男	1943 年
许庆合家属之一	茌平县肖庄乡许庄村	—	—	1943 年
许庆合家属之二	茌平县肖庄乡许庄村	—	—	1943 年
许庆合家属之三	茌平县肖庄乡许庄村	—	—	1943 年
许庆合家属之四	茌平县肖庄乡许庄村	—	—	1943 年
许庆合家属之五	茌平县肖庄乡许庄村	—	—	1943 年
许庆合家属之六	茌平县肖庄乡许庄村	—	—	1943 年
张士元	茌平县张楼村	—	男	1943 年
张士元之妻	茌平县张楼村	—	女	1943 年
王玉温	茌平县韩集乡陈栾村	44	男	1943 年
王九式	茌平县韩集乡陈栾村	40	男	1943 年
安运轩	—	—	男	1943 年
曹春富	—	—	男	1943 年
存 忠	—	—	男	1943 年
郭清荣	—	—	男	1943 年
贾兴吉	—	—	男	1943 年
贾兴吉之子	—	—	男	1943 年
靳连合	—	—	男	1943 年
李建州	—	—	男	1943 年
李俊卿	—	—	男	1943 年
李俊卿之子	—	—	男	1943 年
李珊亭	—	—	男	1943 年
李守俊	—	—	男	1943 年
李玉田	—	—	男	1943 年
刘端士	—	—	男	1943 年
卢爱臣	—	—	男	1943 年

姓 名	籍 贯	年 龄	性 别	死难时间
卢爱臣之妻	—	—	女	1943 年
卢爱臣之子	—	—	男	1943 年
卢爱臣之儿媳	—	—	女	1943 年
卢爱臣之女	—	—	女	1943 年
卢爱臣之孙女一	—	童	女	1943 年
卢爱臣之孙女二	—	童	女	1943 年
卢作珍之妻	—	—	女	1943 年
宋金芳之女	—	—	女	1943 年
赵金柱	—	—	男	1943 年
宋天云	—	—	男	1943 年
索荣胡	—	—	男	1943 年
陶法银	—	—	男	1943 年
王逢喜	—	—	男	1943 年
王金贞	—	—	男	1943 年
王 心	—	—	男	1943 年
王欣雪	—	—	男	1943 年
王永贵	—	—	男	1943 年
小 孬	—	—	男	1943 年
小 贞	—	—	男	1943 年
薛主富	—	—	男	1943 年
杨兆芳	茌平县菜屯镇娄庄村	—	男	1943 年
于 万	—	—	男	1943 年
袁长志	—	—	男	1943 年
张保礼之长子	—	童	男	1943 年
张保礼之次子	—	童	男	1943 年
张天西	茌平县张楼村	—	男	1943 年
张锡珍家属之一	—	—	男	1943 年
张锡珍家属之二	—	—	男	1943 年
张锡珍家属之三	—	—	男	1943 年
赵令柱	—	—	男	1943 年
赵明堂	—	—	男	1943 年
李福贝	—	—	男	1943 年
大尧黑	—	—	男	1943 年
陈绍冉	茌平县博平镇杜庄村	30	男	1944 年 1 月 3 日

姓　名	籍　贯	年龄	性别	死难时间
陈李氏	茌平县博平镇杜庄村	32	女	1944年1月3日
陈子云	茌平县博平镇杜庄村	11	男	1944年1月3日
陈绍冉之长女	茌平县博平镇杜庄村	6	女	1944年1月3日
陈绍冉之次女	茌平县博平镇杜庄村	4	女	1944年1月3日
陈绍冉之次子	茌平县博平镇杜庄村	8	男	1944年1月3日
秦洪岭	茌平县博平镇杜庄村	—	男	1944年1月3日
朱廷荣	茌平县博平镇杜庄村	—	女	1944年1月3日
李月芝	茌平县博平镇杜庄村	—	女	1944年1月3日
秦玉兰	茌平县博平镇杜庄村	—	女	1944年1月3日
秦怀玉之嫂	茌平县博平镇杜庄村	—	女	1944年1月3日
王岑芳	茌平县韩官屯镇韩官屯村	—	男	1944年1月4日
杜银华	茌平县冯官屯镇金杜村	30	男	1944年1月15日
万玉川	茌平县冯官屯镇金杜村	36	男	1944年1月15日
李林彩	茌平县胡屯乡老管李村	38	男	1944年1月
寇光桓	茌平县乐平铺镇教东村	48	男	1944年1月
张宝久	—	—	男	1944年1月
李连重	茌平县温陈乡大李仓村	22	男	1944年2月16日
李茂渔	茌平县温陈乡大李仓村	35	男	1944年2月16日
李　氏	茌平县温陈乡大李仓村	36	女	1944年2月16日
李西泉	茌平县温陈乡大李仓村	62	男	1944年2月16日
吴　氏	茌平县温陈乡大李仓村	26	女	1944年2月16日
周　氏	茌平县温陈乡大李仓村	53	女	1944年2月16日
李以有	—	—	男	1944年2月19日
邹兆云	茌平县冯官屯镇前寨村	32	男	1944年2月
刘长生	茌平县广平乡吴家所村	18	男	1944年2月
慈连会	茌平县温陈乡大慈村	—	男	1944年2月
耿士景	茌平县温陈乡五里村	27	男	1944年2月
牛光礼	茌平县振兴街道牛庄村	—	男	1944年2月
任立兴	茌平县任庄村	—	男	1944年2月
王殿元	—	—	男	1944年3月3日
谢遵勇	茌平县温陈乡五里村	28	男	1944年3月9日
田付人之妻	茌平县冯官屯镇前寨村	26	女	1944年3月
曹瑞喜	茌平县冯官屯镇王老村	28	男	1944年3月
吴怀林	茌平县广平乡北贾村	26	男	1944年3月

姓 名	籍 贯	年 龄	性 别	死难时间
吴宋氏	茌平县广平乡北贾村	25	女	1944 年 3 月
初保瑞	茌平县胡屯乡戚庄村	30	男	1944 年 3 月
王长福	茌平县乐平铺镇大尉村	24	男	1944 年 3 月
马伊成	茌平县乐平铺镇小马庄村	24	男	1944 年 3 月
李付辈	茌平县温陈乡前李村	—	男	1944 年 3 月
王玉珍	茌平县信发街道华寺杨村	28	男	1944 年 3 月
王玉珍之子	茌平县信发街道华寺杨村	4 个月	男	1944 年 3 月
薛合池之祖父	茌平县胡屯乡薛风台村	—	男	1944 年 3 月
刘杰云	—	—	男	1944 年 3 月
田 氏	茌平县冯官屯镇前寨村	—	女	1944 年 3 月
张登恒	茌平县博平镇梁道口村	—	男	1944 年 4 月 21 日
张登恒之子	茌平县博平镇梁道口村	—	男	1944 年 4 月 21 日
张登恒之外甥	茌平县博平镇梁道口村	3	男	1944 年 4 月 21 日
张登恒之外甥女	茌平县博平镇梁道口村	1	女	1944 年 4 月 21 日
张登恒之妹	茌平县博平镇梁道口村	25	女	1944 年 4 月 21 日
张登泽	茌平县博平镇菜园张村	—	男	1944 年 4 月 21 日
张登泽孩子之一	茌平县博平镇菜园张村	童	—	1944 年 4 月 21 日
张登泽孩子之二	茌平县博平镇菜园张村	童	—	1944 年 4 月 21 日
张登泽孩子之三	茌平县博平镇菜园张村	童	—	1944 年 4 月 21 日
张登泽之妻	茌平县博平镇菜园张村	—	女	1944 年 4 月 21 日
张明信	茌平县博平镇菜园张村	—	男	1944 年 4 月 21 日
张 三	茌平县博平镇菜园张村	—	男	1944 年 4 月 21 日
朱元成	茌平县韩集乡朱楼村	21	男	1944 年 4 月
李长太	茌平县韩屯镇大碾李村	—	男	1944 年 4 月
李长友	茌平县韩屯镇大碾李村	—	男	1944 年 4 月
张怀德	茌平县韩屯镇夏营村	39	男	1944 年 4 月
王连达	茌平县肖庄乡王麻子村	—	男	1944 年 4 月
王连达家属之一	茌平县肖庄乡王麻子村	—	男	1944 年 4 月
王连达家属之二	茌平县肖庄乡王麻子村	—	男	1944 年 4 月
王连达家属之三	茌平县肖庄乡王麻子村	—	男	1944 年 4 月
王连达家属之四	茌平县肖庄乡王麻子村	—	男	1944 年 4 月
王克芳	茌平县信发街道葛庄村	—	男	1944 年 4 月
孟洪之母	—	—	女	1944 年 4 月
亢德路	茌平县韩集乡三亢村	32	男	1944 年 5 月 7 日

姓 名	籍 贯	年 龄	性 别	死难时间
亢士六	茌平县韩集乡三亢村	34	男	1944 年 5 月 7 日
亢士明	茌平县韩集乡三亢村	31	男	1944 年 5 月 7 日
张春台	茌平县博平镇十甲张村	34	男	1944 年 5 月 20 日
马维申	茌平县博平镇牛营村	23	男	1944 年 5 月 25 日
马维章	茌平县博平镇牛营村	—	男	1944 年 5 月 25 日
吉凤阁	茌平县冯官屯镇盛楼村	—	男	1944 年 5 月
房道龙	茌平县洪官屯乡朱官屯村	44	男	1944 年 5 月
田子旺	茌平县振兴街道后吴村	20	男	1944 年 5 月
李顺吉	茌平县振兴街道尹庄村	31	男	1944 年 5 月
吉文明	茌平县潘庄村	—	男	1944 年 5 月
高庆元	—	—	男	1944 年 5 月
罗长科	—	—	男	1944 年 5 月
邵连安	—	—	男	1944 年 5 月
孙志信	—	36	男	1944 年 5 月
陶连福	—	—	男	1944 年 5 月
王树春之妻	—	—	女	1944 年 5 月
孟庆要	茌平县冯官屯镇刘集村	29	男	1944 年 6 月 8 日
孟现庆	茌平县冯官屯镇刘集村	35	男	1944 年 6 月 8 日
王少友	茌平·冯官屯镇刘集村	33	男	1944 年 6 月 8 日
王万利	茌平县冯官屯镇刘集村	28	男	1944 年 6 月 8 日
王兴金	茌平县冯官屯镇刘集村	31	男	1944 年 6 月 8 日
李孬叶	茌平县温陈乡芦仓村	19	男	1944 年 6 月 13 日
李书善	茌平县温陈乡芦仓村	—	男	1944 年 6 月 13 日
李学笃	茌平县温陈乡芦仓村	20	男	1944 年 6 月 13 日
李学山	茌平县温陈乡芦仓村	—	男	1944 年 6 月 13 日
李延吉	茌平县温陈乡芦仓村	40	男	1944 年 6 月 13 日
李延堂之祖母	茌平县温陈乡芦仓村	80	女	1944 年 6 月 13 日
杨玉洪	茌平县韩集乡草庙杨村	38	男	1944 年 6 月 27 日
杨玉文	茌平县韩集乡草庙杨村	40	男	1944 年 6 月 27 日
杨运庆	茌平县韩集乡草庙杨村	45	男	1944 年 6 月 27 日
丁观荣	茌平县韩集乡陈栾村	16	男	1944 年 6 月 27 日
丁香香	茌平县韩集乡陈栾村	40	女	1944 年 6 月 27 日
刘 氏	茌平县韩集乡陈栾村	41	女	1944 年 6 月 27 日
王九府	茌平县韩集乡陈栾村	42	男	1944 年 6 月 27 日

姓名	籍贯	年龄	性别	死难时间
王九省	茌平县韩集乡陈栾村	43	男	1944年6月27日
王玉海	茌平县韩集乡陈栾村	50	男	1944年6月27日
王玉可	茌平县韩集乡陈栾村	18	男	1944年6月27日
杨星月	茌平县韩集乡陈栾村	36	男	1944年6月27日
李常元	茌平县韩集乡大杨村	33	男	1944年6月27日
李怀东	茌平县韩集乡大杨村	62	男	1944年6月27日
庞兆坤	茌平县韩集乡大杨村	70	男	1944年6月27日
庞北平	茌平县韩集乡大杨村	59	男	1944年6月27日
齐福代	茌平县韩集乡大杨村	21	男	1944年6月27日
杨殿珍	茌平县韩集乡大杨村	54	男	1944年6月27日
杨兴礼	茌平县韩集乡大杨村	43	男	1944年6月27日
杨兴学	茌平县韩集乡大杨村	53	男	1944年6月27日
杨兴雨	茌平县韩集乡大杨村	39	男	1944年6月27日
张兰皆	茌平县韩集乡大杨村	71	男	1944年6月27日
张庭连	茌平县韩集乡大杨村	49	男	1944年6月27日
西文香	茌平县韩集乡高垣墙村	50	男	1944年6月27日
王九谷	茌平县韩集乡高垣墙村	60	男	1944年6月27日
王顺前	茌平县韩集乡高垣墙村	20	男	1944年6月27日
王玉金	茌平县韩集乡高垣墙村	35	男	1944年6月27日
刘士元	茌平县韩集乡高庄村	33	男	1944年6月27日
季宝金	茌平县韩集乡季古棚村	21	男	1944年6月27日
刘士忠	茌平县韩集乡蒋庄村	25	男	1944年6月27日
宋方友	茌平县韩集乡蒋庄村	46	男	1944年6月27日
宋付兴	茌平县韩集乡蒋庄村	35	男	1944年6月27日
门三成	茌平县韩集乡门李村	8	女	1944年6月27日
明瑞河	茌平县韩集乡石海子村	—	男	1944年6月27日
石传金	茌平县韩集乡石海子村	38	男	1944年6月27日
石连登	茌平县韩集乡石海子村	59	男	1944年6月27日
石连江	茌平县韩集乡石海子村	28	男	1944年6月27日
石连街	茌平县韩集乡石海子村	41	男	1944年6月27日
石连芹	茌平县韩集乡石海子村	40	男	1944年6月27日
石连珠	茌平县韩集乡石海子村	—	男	1944年6月27日
陶玉龙	茌平县韩集乡石海子村	38	男	1944年6月27日
陶玉龙之侄	茌平县韩集乡石海子村	—	男	1944年6月27日

姓 名	籍 贯	年 龄	性 别	死难时间
张丙海	茌平县韩集乡石海子村	64	男	1944 年 6 月 27 日
朱居名	茌平县韩集乡石海子村	34	男	1944 年 6 月 27 日
朱正烈	茌平县韩集乡石海子村	45	男	1944 年 6 月 27 日
杜正海	茌平县韩集乡石海子村	—	男	1944 年 6 月 27 日
石连廷	茌平县韩集乡石海子村	—	男	1944 年 6 月 27 日
石维仁	茌平县韩集乡石海子村	—	男	1944 年 6 月 27 日
陶全贵	茌平县韩集乡陶海子村	70	男	1944 年 6 月 27 日
陶文富	茌平县韩集乡陶海子村	18	男	1944 年 6 月 27 日
陶文钦	茌平县韩集乡陶海子村	40	男	1944 年 6 月 27 日
陶文太	茌平县韩集乡陶海子村	40	男	1944 年 6 月 27 日
陶文种	茌平县韩集乡陶海子村	40	男	1944 年 6 月 27 日
陶文安	茌平县韩集乡陶海子村	30	男	1944 年 6 月 27 日
陶希祥	茌平县韩集乡陶海子村	50	男	1944 年 6 月 27 日
陶玉爱	茌平县韩集乡陶海子村	10	女	1944 年 6 月 27 日
陶玉瑞	茌平县韩集乡陶海子村	13	男	1944 年 6 月 27 日
陶玉修	茌平县韩集乡陶海子村	60	男	1944 年 6 月 27 日
陶玉争	茌平县韩集乡陶海子村	18	男	1944 年 6 月 27 日
陶玉柱	茌平县韩集乡陶海子村	10	男	1944 年 6 月 27 日
陶玉荣	茌平县韩集乡陶海子村	45	男	1944 年 6 月 27 日
杨 二	茌平县韩集乡陶海子村	9	男	1944 年 6 月 27 日
张秉元	茌平县韩集乡陶海子村	74	男	1944 年 6 月 27 日
李长祥	茌平县韩集乡于庄村	40	男	1944 年 6 月 27 日
孙长路	茌平县韩集乡吴庄村	51	男	1944 年 6 月 27 日
韩传同	茌平县韩集乡西集村	37	男	1944 年 6 月 27 日
韩庆岗	茌平县韩集乡西集村	50	男	1944 年 6 月 27 日
韩心成	茌平县韩集乡西集村	50	男	1944 年 6 月 27 日
尹绪彦	茌平县韩集乡尹庄村	32	男	1944 年 6 月 27 日
崔玉山	茌平县韩集乡张会所村	28	男	1944 年 6 月 27 日
贾京岭	茌平县韩集乡张会所村	50	男	1944 年 6 月 27 日
贾京山	茌平县韩集乡张会所村	18	男	1944 年 6 月 27 日
贾仰卓	茌平县韩集乡张会所村	31	男	1944 年 6 月 27 日
王金街	茌平县韩集乡张会所村	33	男	1944 年 6 月 27 日
张德俭	茌平县韩集乡张会所村	69	男	1944 年 6 月 27 日
张西水	茌平县韩集乡张会所村	22	男	1944 年 6 月 27 日

姓 名	籍 贯	年 龄	性 别	死难时间
张西芝	茌平县韩集乡张会所村	37	男	1944 年 6 月 27 日
张小良	茌平县韩集乡张会所村	26	男	1944 年 6 月 27 日
张兴员	茌平县韩集乡张会所村	61	男	1944 年 6 月 27 日
朱士会	茌平县韩集乡张会所村	22	男	1944 年 6 月 27 日
朱士迁	茌平县韩集乡张会所村	31	男	1944 年 6 月 27 日
朱士旺	茌平县韩集乡张会所村	50	男	1944 年 6 月 27 日
朱士兴	茌平县韩集乡张会所村	42	男	1944 年 6 月 27 日
朱西成	茌平县韩集乡张会所村	70	男	1944 年 6 月 27 日
朱西成家属之一	茌平县韩集乡张会所村	—	—	1944 年 6 月 27 日
朱西成家属之二	茌平县韩集乡张会所村	—	—	1944 年 6 月 27 日
张为芝	茌平县韩集乡张会所村	26	男	1944 年 6 月 27 日
朱世昌	茌平县韩集乡张会所村	30	男	1944 年 6 月 27 日
张西峰	茌平县韩集乡张会所村	32	男	1944 年 6 月 27 日
张立岳	茌平县韩集乡张会所村	67	男	1944 年 6 月 27 日
张西庆	茌平县韩集乡张会所村	50	男	1944 年 6 月 27 日
王奉木	茌平县韩集乡张会所村	22	男	1944 年 6 月 27 日
张福兴	茌平县韩集乡张会所村	70	男	1944 年 6 月 27 日
朱世泽	茌平县韩集乡张会所村	47	男	1944 年 6 月 27 日
宋世华	茌平县韩集乡张会所村	70	男	1944 年 6 月 27 日
王金阶	茌平县韩集乡张会所村	57	男	1944 年 6 月 27 日
朱世谦	茌平县韩集乡张会所村	62	男	1944 年 6 月 27 日
贾仰信	茌平县韩集乡张会所村	30	男	1944 年 6 月 27 日
崔德荣	茌平县韩集乡张会所村	32	男	1944 年 6 月 27 日
张兴贵	茌平县韩集乡张会所村	35	男	1944 年 6 月 27 日
赵绪会	茌平县韩集乡赵庄村	47	男	1944 年 6 月 27 日
赵德之	茌平县韩集乡赵庄村	28	男	1944 年 6 月 27 日
张振营	茌平县韩集乡季寺村	23	男	1944 年 6 月 27 日
大赵其常	茌平县韩集乡赵庄村	57	男	1944 年 6 月 27 日
赵其祥	茌平县韩集乡赵庄村	60	男	1944 年 6 月 27 日
赵张氏	茌平县韩集乡赵庄村	26	女	1944 年 6 月 27 日
张振盈	茌平县韩集乡季寺村	—	男	1944 年 6 月 27 日
尉万信	茌平县乐平铺镇大尉村	33	男	1944 年 6 月 27 日
曹兰申	茌平县乐平铺镇曹庄村	44	男	1944 年 6 月 27 日
窦绪孔	茌平县乐平铺镇大韩村	—	男	1944 年 6 月 27 日

姓 名	籍 贯	年 龄	性 别	死难时间
韩同瑞	茌平县乐平铺镇大韩村	29	男	1944 年 6 月 27 日
周传诗	茌平县乐平铺镇大韩村	47	男	1944 年 6 月 27 日
尉化文	茌平县乐平铺镇大尉村	50	男	1944 年 6 月 27 日
尉志安	茌平县乐平铺镇大尉村	30	男	1944 年 6 月 27 日
刘玉行	茌平县乐平铺镇瓦刀刘村	40	男	1944 年 6 月 27 日
刘兆旺	茌平县乐平铺镇瓦刀刘村	25	男	1944 年 6 月 27 日
李杨氏	茌平县乐平铺镇张李村	60	女	1944 年 6 月 27 日
刘富兴	茌平县乐平铺镇张李村	31	男	1944 年 6 月 27 日
徐凤银	茌平县韩集乡张徐村	20	男	1944 年 6 月 27 日
徐凤成	茌平县韩集乡张徐村	45	男	1944 年 6 月 27 日
林孟白	茌平县博平镇袁楼村	43	男	1944 年 6 月
岳殿刚	茌平县博平镇岳庄村	24	男	1944 年 6 月
岳泉清	茌平县博平镇岳庄村	40	男	1944 年 6 月
李自井	茌平县冯官屯镇李楼村	—	男	1944 年 6 月
曹殿阔	茌平县韩集乡曹村	37	男	1944 年 6 月
贾二车	茌平县韩集乡贾庄村	26	男	1944 年 6 月
贾京盛	茌平县韩集乡贾庄村	25	男	1944 年 6 月
贾立增	茌平县韩集乡贾庄村	28	男	1944 年 6 月
贾立增之妻	茌平县韩集乡贾庄村	29	女	1944 年 6 月
郭毓秀	茌平县贾寨乡郭堤口村	49	男	1944 年 6 月
孙吉房	茌平县乐平铺镇常海子村	34	男	1944 年 6 月
孙庆怀	茌平县乐平铺镇常海子村	35	男	1944 年 6 月
吴吉荣	茌平县乐平铺镇常海子村	37	男	1944 年 6 月
李马氏	茌平县温陈乡芦仓村	35	女	1944 年 6 月
崔光玉	—	—	男	1944 年 6 月
崔光玉家属之一	—	—	—	1944 年 6 月
崔光玉家属之二	—	—	—	1944 年 6 月
崔光玉家属之三	—	—	—	1944 年 6 月
崔光玉家属之四	—	—	—	1944 年 6 月
崔光芝	—	—	男	1944 年 6 月
崔光芝家属	—	—	—	1944 年 6 月
崔光芝之子	—	童	男	1944 年 6 月
贾荣春	—	—	男	1944 年 6 月
张殿灯	茌平县冯官屯镇张麦糠村	39	男	1944 年 7 月 7 日

姓 名	籍 贯	年 龄	性 别	死难时间
周召瑞	茌平县	—	男	1944 年 7 月
谢家富	茌平县博平镇谢庄村	—	男	1944 年 7 月
李秀祥	茌平县菜屯镇崔营村	—	男	1944 年 7 月
马庆吉	茌平县广平乡马明智村	25	男	1944 年 7 月
李伦庆	茌平县温陈乡袁庄村	27	男	1944 年 7 月
李其岭	茌平县温陈乡袁庄村	32	男	1944 年 7 月
李修长	茌平县温陈乡袁庄村	32	男	1944 年 7 月
陈长法	—	—	男	1944 年 7 月
高凤军	—	—	男	1944 年 7 月
高凤泽	—	—	男	1944 年 7 月
吴凤立	—	—	男	1944 年 7 月
吴凤立家属之一	—	—	—	1944 年 7 月
吴凤立家属之二	—	—	—	1944 年 7 月
吴凤立家属之三	—	—	—	1944 年 7 月
张林祥	—	—	男	1944 年 7 月
赵长友	—	—	男	1944 年 7 月
桑本某	茌平县杜郎口镇前孙村	25	男	1944 年 8 月
张成文	茌平县冯官屯镇大王楼村	21	男	1944 年 8 月
姜云连之母	茌平县韩集乡吴庄村	45	女	1944 年 8 月
傅瑞岐	茌平县温陈乡付集村	25	男	1944 年 8 月
齐凤祥	茌平县温陈乡齐庄村	—	男	1944 年 8 月
韩宪江	—	—	男	1944 年 8 月
徐茂林	—	—	男	1944 年 9 月 12 日
刘其明	茌平县温陈乡姜堂村	43	男	1944 年 9 月
张春修	茌平县温陈乡姜堂村	—	男	1944 年 9 月
张春秀	茌平县温陈乡姜堂村	—	男	1944 年 9 月
庄金周	—	—	男	1944 年 9 月
杨瑞荣之长女	茌平县博平镇杨庄村	13	女	1944 年 10 月 11 日
杨瑞荣之次女	茌平县博平镇杨庄村	5	女	1944 年 10 月 11 日
杨瑞荣之妻	茌平县博平镇杨庄村	30	女	1944 年 10 月 11 日
杨瑞荣之子	茌平县博平镇杨庄村	4	男	1944 年 10 月 11 日
刘怡兴	茌平县博平镇刘吉庄	—	男	1944 年 10 月
郭凤祥	茌平县温陈乡王庙村	—	男	1944 年 10 月
刘长顺	茌平县温陈乡王庙村	41	男	1944 年 10 月

姓　名	籍　贯	年　龄	性　别	死难时间
李长荣	茌平县温陈乡元庄村	18	男	1944 年 10 月
李以顺	茌平县温陈乡元庄村	33	男	1944 年 10 月
郎洪绪	—	—	男	1944 年 10 月
郎立胥	—	—	男	1944 年 10 月
郎立胥家属之一	—	—	男	1944 年 10 月
郎立胥家属之二	—	—	男	1944 年 10 月
郎立胥家属之三	—	—	男	1944 年 10 月
牛兰堂	茌平县博平镇牛胡村	20	男	1944 年 11 月
葛长启	茌平县菜屯镇阚庄村	—	男	1944 年 11 月
葛长启之子	茌平县菜屯镇阚庄村	—	男	1944 年 11 月
商孝木	茌平县菜屯镇西海子村	21	男	1944 年 11 月
魏印康	茌平县信发街道雷庄村	31	男	1944 年 11 月
刘成玉	茌平县杜郎口镇大刘庄村	—	男	1944 年 11 月
陈景荣之女	—	—	女	1944 年 11 月
王广亭	—	—	男	1944 年 11 月
袁××	茌平县杜郎口镇袁庄村	—	男	1944 年 11 月
袁××之子	茌平县杜郎口镇袁庄村	—	男	1944 年 11 月
周云常	茌平县胡屯乡周老庄	25	男	1944 年 12 月 16 日
周云良	茌平县胡中乡周老庄	23	男	1944 年 12 月 16 日
周安乾	茌平县胡屯乡周老庄	—	男	1944 年 12 月 16 日
周安乾之妻	茌平县胡屯乡周老庄	—	女	1944 年 12 月 16 日
周怀芃	茌平县胡屯乡周老庄	—	男	1944 年 12 月 16 日
周小二	茌平县胡屯乡周老庄	—	男	1944 年 12 月 16 日
迟存良	茌平县韩集乡迟桥村	29	男	1944 年 12 月 23 日
迟会传之妻	茌平县韩集乡迟桥村	28	女	1944 年 12 月 23 日
迟衍英	茌平县韩集乡迟桥村	31	男	1944 年 12 月 23 日
迟允达	茌平县韩集乡迟桥村	23	男	1944 年 12 月 23 日
迟允借	茌平县韩集乡迟桥村	30	男	1944 年 12 月 23 日
迟允坦之妻	茌平县韩集乡迟桥村	35	女	1944 年 12 月 23 日
于兆劲	茌平县韩集乡迟桥村	24	男	1944 年 12 月 23 日
王金祥	茌平县博平镇牛营村	26	男	1944 年 12 月
王曰俊	茌平县博平镇西贾村	28	男	1944 年 12 月
王崇举	茌平县冯官屯镇郝庄村	35	男	1944 年 12 月
董汉章	茌平县冯官屯镇王老村	28	男	1944 年 12 月

姓 名	籍 贯	年 龄	性 别	死难时间
董先章	茌平县冯官屯镇王老村	47	男	1944 年 12 月
刘启章	茌平县乐平铺镇北街	23	男	1944 年 12 月
张玉皆	茌平县乐平铺镇丁庄村	31	男	1944 年 12 月
刘法礼	茌平县乐平铺镇何庄村	32	男	1944 年 12 月
刘德元	茌平县乐平铺镇木梳刘村	22	男	1944 年 12 月
田金铎	茌平县乐平铺镇田庄村	23	男	1944 年 12 月
张承恩	茌平县温陈乡店子街村	—	男	1944 年 12 月
豆庆臣	茌平县温陈乡豆庄村	—	男	1944 年 12 月
贾孟洪之母	—	—	女	1944 年 12 月
王思祥	茌平县冯官屯镇刘马村	—	男	1944 年
李其岑	—	—	男	1944 年
张振营	茌平县韩集乡季寺村	23	女	1944 年
刘朱氏	茌平县乐平铺镇教北村	70	女	1944 年
王九余之女	茌平县韩集乡高垣墙村	17	女	1944 年
刘安魁	茌平县韩集乡刘庄村	—	男	1944 年
刘新环	茌平县韩集乡刘庄村	37	男	1944 年
门长桂	茌平县韩集乡门李村	32	男	1944 年
门长海	茌平县韩集乡门李村	30	男	1944 年
门大忠	茌平县韩集乡门李村	36	男	1944 年
门吉权	茌平县韩集乡门李村	45	男	1944 年
门吉让	茌平县韩集乡门李村	41	男	1944 年
门吉顺	茌平县韩集乡门李村	40	男	1944 年
门秀英	茌平县韩集乡门李村	37	女	1944 年
戚连吉	茌平县韩集乡门李村	41	男	1944 年
戚连生	茌平县韩集乡门李村	43	男	1944 年
王士荣	茌平县韩集乡门李村	37	男	1944 年
王振海之母	茌平县韩集乡门李村	42	女	1944 年
赵广荣	茌平县韩集乡门李村	35	男	1944 年
黄士健之妻	茌平县温陈乡吴家胡同	—	女	1944 年
朱庆玉	茌平县信发街道雷庄村	—	男	1944 年
带 群	茌平县杨官屯乡豆赵村	24	男	1944 年
二 孬	茌平县杨官屯乡李召安村	14	男	1944 年
梁凤元	茌平县乐平铺镇闫庄村	—	男	1944 年
田潘池	—	—	男	1944 年

姓 名	籍 贯	年 龄	性 别	死难时间
谢吉贡	茌平县博平镇北街	21	男	1944 年
邹西泉	茌平县冯官屯镇前寨村	7	男	1944 年
陈景荣之儿媳	茌平县韩官屯镇	—	女	1944 年
张平恩	茌平县韩集乡张庄村	24	男	1944 年
刁庆山	茌平县洪官屯乡西于村	40	男	1944 年
张士彦	茌平县胡屯乡胡屯街	—	男	1944 年
徐方勋	茌平县胡屯乡徐河口村	—	男	1944 年
崔德罗	茌平县乐平铺镇崔徐村	41	男	1944 年
代茂兰	茌平县乐平铺镇教北村	31	男	1944 年
刘月文之母	茌平县乐平铺镇教北村	80	女	1944 年
仇子连	茌平县乐平铺镇教西村	48	男	1944 年
林东海	茌平县信发街道营坊村	20	男	1944 年
小 奎	茌平县杨官屯乡郭王村	22	男	1944 年
王希明之妻	茌平县韩庄	—	女	1944 年
尹绪生	—	—	男	1944 年
董玉之	—	—	男	1944 年
路××	—	30	男	1944 年
贾庆堂	茌平县博平镇贾铁匠村	29	男	1944 年
李小叶	茌平县胡屯乡李明还村	—	男	1944 年
丁龙梗	茌平县乐平铺镇丁庄村	40	男	1944 年
付东社	茌平县胡屯乡寺后刘庄村	—	男	1944 年
武文举	茌平县冯官屯镇武庄村	—	男	1944 年
谷光荣	—	—	男	1944 年
辛天友	—	—	男	1944 年
张文良	茌平县博平镇菜园张村	—	男	1944 年
何 二	茌平县博平镇大何村	50	男	1944 年
秦保三	茌平县博平镇杜庄村	20	男	1944 年
秦鸿岭	茌平县博平镇杜庄村	50	男	1944 年
秦李氏	茌平县博平镇杜庄村	29	女	1944 年
秦西庆	茌平县博平镇杜庄村	8	男	1944 年
秦西忠	茌平县博平镇杜庄村	5	男	1944 年
秦朱氏	茌平县博平镇杜庄村	50	女	1944 年
邓保安	茌平县博平镇刘古村	29	男	1944 年
毛学杰	茌平县博平镇毛庄村	—	男	1944 年

姓 名	籍 贯	年 龄	性 别	死难时间
毛学文	茌平县博平镇毛庄村	—	男	1944 年
马永昌	茌平县博平镇牛营村	31	男	1944 年
袁本哲	茌平县博平镇牛营村	27	男	1944 年
吴风高	茌平县博平镇前八村	30	男	1944 年
吴雪春	茌平县博平镇前八村	28	男	1944 年
吴雪春之妻	茌平县博平镇前八村	26	女	1944 年
朱洪祥	茌平县博平镇谭东村	19	男	1944 年
吴万清	茌平县博平镇西贾村	24	男	1944 年
杨李氏	茌平县博平镇杨庄村	55	女	1944 年
杨庆昌	茌平县博平镇杨庄村	35	男	1944 年
杨庆昌之妻	茌平县博平镇杨庄村	36	女	1944 年
杨 玉	茌平县博平镇杨庄村	28	女	1944 年
岳刘臣	茌平县博平镇岳庄村	25	男	1944 年
曹长起	茌平县菜屯镇阚庄村	—	男	1944 年
曹长起之子	茌平县菜屯镇阚庄村	—	男	1944 年
商孝仁	茌平县菜屯镇南海子村	22	男	1944 年
张玉宾之妻	茌平县菜屯镇张贾村	30	女	1944 年
贾金章	茌平县菜屯镇张贾村	—	男	1944 年
贾庆河	茌平县菜屯镇张贾村	—	男	1944 年
贾庆河之母	茌平县菜屯镇张贾村	—	女	1944 年
张培荣	茌平县杜郎口镇北董村	26	男	1944 年
庞富传	茌平县杜郎口镇东街	23	男	1944 年
冯长信	茌平县杜郎口镇二十里铺	18	男	1944 年
许慎石	茌平县杜郎口镇西刘村	26	男	1944 年
孙士刚	茌平县杜郎口镇赵实村	26	男	1944 年
李化标	茌平县冯官屯镇后唐村	17	男	1944 年
杜美华	茌平县冯官屯镇金杜村	23	男	1944 年
王学成	茌平县冯官屯镇李王村	21	男	1944 年
单书香	茌平县冯官屯镇逯店村	32	男	1944 年
邹子泽	茌平县冯官屯镇前寨村	27	男	1944 年
张 泗	茌平县冯官屯镇前张村	24	男	1944 年
张延三	茌平县冯官屯镇前张村	18	男	1944 年
李庆润	茌平县冯官屯镇三楼村	27	男	1944 年
姜善昌	茌平县冯官屯镇望鲁店村	27	男	1944 年

姓 名	籍 贯	年 龄	性 别	死难时间
高德贵	茌平县冯官屯镇高岭村	20	男	1944 年
史书毕	茌平县冯官屯镇史韩村	28	男	1944 年
史书信	茌平县冯官屯镇史韩村	30	男	1944 年
王振平	茌平县冯官屯镇西封村	36	男	1944 年
徐金道	茌平县冯官屯镇徐排村	32	男	1944 年
徐金山	茌平县冯官屯镇徐排村	28	男	1944 年
徐华林	茌平县冯庄	—	男	1944 年
吴恒远	茌平县广平乡北贾村	31	男	1944 年
纪连新	茌平县广平乡纪高村	29	男	1944 年
纪同之	茌平县广平乡纪高村	20	男	1944 年
刘长怀	茌平县广平乡贾刘村	14	男	1944 年
赵法科	茌平县广平乡李海子村	21	男	1944 年
刘效路	茌平县广平乡吴家所	23	男	1944 年
赵云山	茌平县广平乡颜庄村	21	男	1944 年
张××	茌平县广平乡张家楼村	34	男	1944 年
季××	茌平县韩集乡季古棚村	37	男	1944 年
赵伦芝	茌平县韩集乡贾赵村	29	男	1944 年
赵有芝	茌平县韩集乡贾赵村	25	男	1944 年
王保山	茌平县韩集乡张徐村	41	男	1944 年
郎洪庆	茌平县韩屯镇冯郎村	39	男	1944 年
杨崇礼	茌平县韩屯镇韩屯村	24	男	1944 年
李长更	茌平县韩屯镇后西村	25	男	1944 年
刘庆普	茌平县韩屯镇棉布刘村	32	男	1944 年
田吉庆	茌平县韩屯镇田庄村	20	男	1944 年
芦兴全	茌平县韩屯镇魏庄村	23	男	1944 年
赵吉利	茌平县韩屯镇玉皇庙村	22	男	1944 年
翟善奎	茌平县韩屯镇翟庄村	35	男	1944 年
刁本让	茌平县洪官屯乡西于村	20	男	1944 年
张秀德	茌平县洪官屯乡西于村	36	男	1944 年
李书田	茌平县洪屯乡范辛村	21	男	1944 年
王凤格	茌平县胡屯乡大么王村	25	男	1944 年
王九荣	茌平县胡屯乡大么王村	25	男	1944 年
李宝玉	茌平县胡屯乡老官李村	25	男	1944 年
薛兴元	茌平县胡屯乡张二马村	16	男	1944 年

姓 名	籍 贯	年 龄	性 别	死难时间
张富堂	茌平县胡屯乡张二马村	25	男	1944 年
侯云岫	茌平县贾寨乡侯楼村	22	男	1944 年
赵清辉	茌平县贾寨乡后寨村	26	男	1944 年
贾德堂	茌平县贾寨乡贾铁匠村	34	男	1944 年
卢廷友	茌平县贾寨乡卢吴村	26	男	1944 年
任桂山	茌平县贾寨乡梅庄村	—	男	1944 年
付丙昌	茌平县贾寨乡前付村	29	男	1944 年
于怀路	茌平县贾寨乡纸坊头村	25	男	1944 年
张守余	茌平县乐平铺镇东张村	25	男	1944 年
赵大成	茌平县乐平铺镇郭赵村	21	男	1944 年
焦玉代	茌平县乐平铺镇梁庄村	26	男	1944 年
杨存信	茌平县乐平铺镇吕庄村	28	男	1944 年
吴贞吉	茌平县乐平铺镇西路村	38	男	1944 年
路庆泗	茌平县乐平铺镇西路村	24	男	1944 年
李兰功	茌平县乐平铺镇张李村	19	男	1944 年
张绪生	茌平县乐平铺镇张李村	24	男	1944 年
张延争	茌平县乐平铺镇教东村	23	男	1944 年
孙庆兴	茌平县乐平铺镇刘兰廷	24	男	1944 年
刘付星	茌平县乐平铺镇张李村	31	男	1944 年
张成富	茌平县温陈乡店子街	21	男	1944 年
李文申	茌平县温陈乡碱陈村	49	男	1944 年
石廷功	茌平县温陈乡碱陈村	25	男	1944 年
刘兴怀	茌平县温陈乡刘保村	31	男	1944 年
李玉奇	茌平县温陈乡沈东村	26	男	1944 年
李现路	茌平县温陈乡沈官屯	21	男	1944 年
李其林	茌平县温陈乡史胡村	24	男	1944 年
周金明	茌平县温陈乡王范村	30	男	1944 年
王成文	茌平县温陈乡王贾村	20	男	1944 年
庄金格	茌平县温陈乡王庙村	41	男	1944 年
刘王氏	茌平县温陈乡王庙村	40	女	1944 年
庄荣申	茌平县温陈乡王庙村	—	男	1944 年
庄金平	茌平县温陈乡王庙村	42	男	1944 年
狄连成	茌平县温陈乡温庄村	24	男	1944 年
张道友	茌平县温陈乡西张村	24	男	1944 年

姓　名	籍　贯	年　龄	性　别	死难时间
李景茂	茌平县温陈乡谢天贡村	26	男	1944 年
谢家富	茌平县温陈乡谢天贡村	24	男	1944 年
谢家申	茌平县温陈乡谢天贡村	26	男	1944 年
李齐山	茌平县温陈乡袁庄村	29	男	1944 年
李万发	茌平县肖庄乡朱启虎村	—	男	1944 年
李万发家属之一	茌平县肖庄乡朱启虎村	—	—	1944 年
李万发家属之二	茌平县肖庄乡朱启虎村	—	—	1944 年
李万发家属之三	茌平县肖庄乡朱启虎村	—	—	1944 年
张孟昌	茌平县肖庄乡朱启虎村	32	男	1944 年
朱新昌	茌平县肖庄乡朱启虎村	—	男	1944 年
朱永山之母	茌平县肖庄乡朱启虎村	—	女	1944 年
张孟昌之妻	茌平县肖庄乡朱启虎村	—	女	1944 年
朱永山之父	茌平县肖庄乡朱启虎村	—	男	1944 年
翟庆玉	茌平县信发街道北八里村	26	男	1944 年
刘登亮	茌平县信发街道苗屯村	18	男	1944 年
王凤岐	茌平县信发街道双营村	24	男	1944 年
曹××	茌平县信发街道双营村	—	男	1944 年
王之更	茌平县信发街道营坊村	23	男	1944 年
孙秀岐	茌平县信发街道张楼村	17	男	1944 年
张启新	茌平县信发街道张庙村	30	男	1944 年
张玉坤	茌平县信发街道张庙村	27	男	1944 年
王怀芝	茌平县杨官屯乡豆赵村	57	男	1944 年
谢家富	茌平县杨官屯乡李招安村	29	男	1944 年
邓维水	茌平县振兴街道刁洼村	20	男	1944 年
郝承忠	茌平县振兴街道郝庄村	23	男	1944 年
何振兴	茌平县振兴街道何潘村	26	男	1944 年
刘风山	茌平县振兴街道姜刘村	27	男	1944 年
刘尚更	茌平县振兴街道姜刘村	24	男	1944 年
李广新	茌平县振兴街道李效堂村	28	男	1944 年
李绪忠	茌平县振兴街道李效堂村	26	男	1944 年
翟春怀	茌平县振兴街道尚庄村	—	男	1944 年
李守菊	茌平县振兴街道洼李村	20	男	1944 年
李庆海	茌平县振兴街道小井李村	38	男	1944 年
三　刚	茌平县振兴街道尹庄村	—	男	1944 年

姓　名	籍　贯	年　龄	性　别	死难时间
刘更绪	茌平县振兴街道赵东村	26	男	1944 年
刘多传	茌平县振兴街道周楼村	21	男	1944 年
姚曰山	茌平县乐平铺镇姚庄村	—	男	1944 年
张长太	茌平县韩屯镇还驾店村	—	男	1944 年
郑玉修	茌平县杨官屯乡潘屯村	—	男	1944 年
马怀林	茌平县温陈乡乌家堂村	—	男	1944 年
徐宝文之妻	茌平县徐庄村	—	女	1944 年
张　仁	茌平县张庄村	—	男	1944 年
谭××	—	45	男	1944 年
崔光筑	—	—	男	1944 年
豆华昌	茌平县温陈乡豆庄村	—	男	1944 年
耿焕臣	—	—	男	1944 年
郭大举	—	—	男	1944 年
郭振岭	—	—	男	1944 年
侯子珍	—	—	男	1944 年
姜秀明	—	—	男	1944 年
赖哈子	茌平县冯官屯镇金杜村	—	男	1944 年
郎吉旺	茌平县韩官屯镇冯郎村	—	男	1944 年
郎玉琢	茌平县韩官屯镇冯郎村	—	男	1944 年
李义法家属之一	—	—	男	1944 年
李义法家属之二	—	—	男	1944 年
李义法家属之三	—	—	男	1944 年
李玉才	—	—	男	1944 年
刘长庚	—	—	男	1944 年
刘方富	—	—	男	1944 年
刘四成之妻	—	—	女	1944 年
马海生	—	—	男	1944 年
邱庆华	—	—	男	1944 年
邱庆银	—	—	男	1944 年
任吕氏	—	—	女	1944 年
商本特	—	—	男	1944 年
商思连	—	—	男	1944 年
宋保表	—	—	男	1944 年
王丁衣	—	—	男	1944 年

姓 名	籍 贯	年 龄	性 别	死难时间
王法科	—	—	男	1944 年
王庆珍	—	—	男	1944 年
谢瞎四	—	—	男	1944 年
徐保文之妻	—	—	女	1944 年
杨存道	—	—	男	1944 年
杨瑞芳	—	—	男	1944 年
张宝方	—	—	男	1944 年
张怀清	—	—	男	1944 年
张学儒之妻	—	—	女	1944 年
张学文	—	—	男	1944 年
赵保钱	—	—	男	1944 年
赵保仁	—	—	男	1944 年
周怀合	—	—	男	1944 年
周子健	茌平县胡屯乡周老庄村	—	男	1944 年
周子健之子	茌平县胡屯乡周老庄村	—	男	1944 年
刘　氏	茌平县乐平铺镇大尉村	40	女	1945 年 1 月 8 日
王长众	茌平县乐平铺镇大尉村	17	男	1945 年 1 月 8 日
尉孝德	茌平县乐平铺镇大尉村	58	男	1945 年 1 月 8 日
梁风瑞之母	茌平县菜屯镇梁庄村	—	女	1945 年 1 月 21 日
王振生	茌平县广平乡张家楼村	35	男	1945 年 1 月 21 日
王振伍	茌平县广平乡张家楼村	47	男	1945 年 1 月 21 日
徐得红	茌平县广平乡张家楼村	58	男	1945 年 1 月 21 日
袁敦可	茌平县博平镇袁楼村	28	男	1945 年 1 月
高彦法	茌平县广平乡三高村	29	男	1945 年 1 月
张同义	茌平县广平乡张家楼村	25	男	1945 年 1 月
刘金海	茌平县乐平铺镇南街	30	男	1945 年 1 月
于洪全	茌平县温陈乡吴家胡同	—	男	1945 年 1 月
谢遵昌	茌平县贾寨乡官赵村	24	男	1945 年 2 月 15 日
李恒云	茌平县冯官屯镇梁庄村	—	男	1945 年 2 月 21 日
梁大秃	茌平县冯官屯镇梁庄村	43	男	1945 年 2 月 21 日
梁洪慈	茌平县广平乡梁庄村	37	男	1945 年 2 月
梁玉林	茌平县广平乡梁庄村	40	男	1945 年 2 月
周永海	茌平县乐平铺镇周韩村	25	男	1945 年 2 月
张道兰	茌平县温陈乡东张村	10	女	1945 年 2 月

姓　名	籍　贯	年　龄	性　别	死难时间
牛子清	茌平县振兴街道牛庄村	39	男	1945 年 2 月
侯小珍	—	—	男	1945 年 3 月 12 日
谢延生	茌平县振兴街道刁洼村	30	男	1945 年 3 月 14 日
徐得荣	茌平县广平乡张家楼村	64	男	1945 年 3 月 21 日
马继志	茌平县广平乡马明智村	62	男	1945 年 3 月 21 日
小　平	茌平县广平乡小吉庄村	8	女	1945 年 3 月 21 日
吉品贤	茌平县广平乡小吉庄村	54	男	1945 年 3 月 21 日
吉武氏	茌平县广平乡小吉庄村	22	女	1945 年 3 月 21 日
红　玉	茌平县广平乡小吉庄村	6	女	1945 年 3 月 21 日
吉周氏	茌平县广平乡小吉庄村	26	女	1945 年 3 月 21 日
吉修忠	茌平县广平乡小吉庄村	25	男	1945 年 3 月 21 日
吉修东	茌平县广平乡小吉庄村	35	男	1945 年 3 月 21 日
吉怀庆	茌平县广平乡小吉庄村	60	男	1945 年 3 月 21 日
吉聘兰	茌平县广平乡小吉庄村	32	男	1945 年 3 月 21 日
吉聘青	茌平县广平乡小吉庄村	27	男	1945 年 3 月 21 日
吉聘全	茌平县广平乡小吉庄村	34	男	1945 年 3 月 21 日
李培仁	茌平县广平乡小吉庄村	40	男	1945 年 3 月 21 日
李明胡	茌平县广平乡小吉庄村	58	男	1945 年 3 月 21 日
吉修成	茌平县广平乡小吉庄村	—	男	1945 年 3 月 21 日
吉修福	茌平县广平乡小吉庄村	—	男	1945 年 3 月 21 日
季凤祥	茌平县广平乡小吉庄村	60	男	1945 年 3 月 21 日
季承法	茌平县广平乡小吉庄村	—	男	1945 年 3 月 21 日
季承年	茌平县广平乡小吉庄村	—	男	1945 年 3 月 21 日
吉士魁	茌平县广平乡小吉庄村	—	男	1945 年 3 月 21 日
吉修柱	茌平县广平乡小吉庄村	—	男	1945 年 3 月 21 日
季赵氏	茌平县广平乡小吉庄村	42	女	1945 年 3 月 21 日
季赵氏之女	茌平县广平乡小吉庄村	9	女	1945 年 3 月 21 日
张承心	茌平县广平乡小吉庄村	34	男	1945 年 3 月 21 日
张张氏	茌平县广平乡小吉庄村	55	女	1945 年 3 月 21 日
王玉珂	茌平县广平乡张家楼村	58	男	1945 年 3 月 30 日
吉品尧	茌平县广平乡小吉庄村	25	男	1945 年 3 月 31 日
季成新	茌平县广平乡小吉庄村	41	男	1945 年 3 月 31 日
贾成于	茌平县广平乡小吉庄村	33	男	1945 年 3 月 31 日
刘效祯	茌平县广平乡吴家所	44	男	1945 年 3 月 31 日

姓　名	籍　贯	年　龄	性　别	死难时间
吉品春	茌平县广平乡小吉庄村	17	男	1945 年 3 月 31 日
吉品海	茌平县广平乡小吉庄村	27	男	1945 年 3 月 31 日
吉品兰	茌平县广平乡小吉庄村	30	男	1945 年 3 月 31 日
吉品清	茌平县广平乡小吉庄村	19	男	1945 年 3 月 31 日
吉品全	茌平县广平乡小吉庄村	35	男	1945 年 3 月 31 日
吉品顺	茌平县广平乡小吉庄村	20	男	1945 年 3 月 31 日
吉品席	茌平县广平乡小吉庄村	30	男	1945 年 3 月 31 日
吉修德	茌平县广平乡小吉庄村	26	男	1945 年 3 月 31 日
季成芝	茌平县广平乡小吉庄村	27	男	1945 年 3 月 31 日
季培仁	茌平县广平乡小吉庄村	30	男	1945 年 3 月 31 日
季培绪	茌平县广平乡小吉庄村	15	男	1945 年 3 月 31 日
贾文秀	茌平县广平乡小吉庄村	15	男	1945 年 3 月 31 日
二大肚	茌平县广平乡小吉庄村	12	男	1945 年 3 月 31 日
吉品训	茌平县广平乡小吉庄村	28	男	1945 年 3 月 31 日
吉品训之妻	茌平县广平乡小吉庄村	30	女	1945 年 3 月 31 日
吉品尧之子	茌平县广平乡小吉庄村	2	男	1945 年 3 月 31 日
吉荣圈	茌平县广平乡小吉庄村	52	男	1945 年 3 月 31 日
吉修德之女	茌平县广平乡小吉庄村	13	女	1945 年 3 月 31 日
吉修贵	茌平县广平乡小吉庄村	25	男	1945 年 3 月 31 日
吉修河	茌平县广平乡小吉庄村	13	男	1945 年 3 月 31 日
吉修会	茌平县广平乡小吉庄村	18	男	1945 年 3 月 31 日
吉修林	茌平县广平乡小吉庄村	14	男	1945 年 3 月 31 日
吉修路	茌平县广平乡小吉庄村	25	男	1945 年 3 月 31 日
吉修廷	茌平县广平乡小吉庄村	14	男	1945 年 3 月 31 日
吉修武	茌平县广平乡小吉庄村	20	男	1945 年 3 月 31 日
吉修严	茌平县广平乡小吉庄村	50	男	1945 年 3 月 31 日
吉修忠之父	茌平县广平乡小吉庄村	67	男	1945 年 3 月 31 日
吉修忠之女	茌平县广平乡小吉庄村	—	女	1945 年 3 月 31 日
吉修忠之妻	茌平县广平乡小吉庄村	27	女	1945 年 3 月 31 日
吉修忠之兄	茌平县广平乡小吉庄村	38	男	1945 年 3 月 31 日
季双印	茌平县广平乡小吉庄村	20	男	1945 年 3 月 31 日
季同祥	茌平县广平乡小吉庄村	70	男	1945 年 3 月 31 日
贾大全	茌平县广平乡小吉庄村	40	男	1945 年 3 月 31 日
李美胡	茌平县广平乡小吉庄村	60	男	1945 年 3 月 31 日

姓　名	籍　贯	年　龄	性　别	死难时间
李丕仁	茌平县广平乡小吉庄村	40	男	1945 年 3 月 31 日
李秃三	茌平县广平乡小吉庄村	22	男	1945 年 3 月 31 日
张明文	茌平县广平乡殷马村	—	男	1945 年 3 月 31 日
刁金立	茌平县广平乡张家楼村	26	男	1945 年 3 月 31 日
宋保成	茌平县广平乡张家楼村	28	男	1945 年 3 月 31 日
宋士荣	茌平县广平乡张家楼村	25	男	1945 年 3 月 31 日
宋天春	茌平县广平乡张家楼村	17	男	1945 年 3 月 31 日
宋天登	茌平县广平乡张家楼村	32	男	1945 年 3 月 31 日
王吉岭	茌平县广平乡张家楼村	15	男	1945 年 3 月 31 日
王开元	茌平县广平乡张家楼村	17	男	1945 年 3 月 31 日
王效魁	茌平县广平乡张家楼村	31	男	1945 年 3 月 31 日
王信忠	茌平县广平乡张家楼村	19	男	1945 年 3 月 31 日
王学忠	茌平县广平乡张家楼村	39	男	1945 年 3 月 31 日
王玉亮	茌平县广平乡张家楼村	19	男	1945 年 3 月 31 日
王允忠	茌平县广平乡张家楼村	25	男	1945 年 3 月 31 日
王振平	茌平县广平乡张家楼村	27	男	1945 年 3 月 31 日
王正法	茌平县广平乡张家楼村	23	男	1945 年 3 月 31 日
王正俭	茌平县广平乡张家楼村	22	男	1945 年 3 月 31 日
王卓成	茌平县广平乡张家楼村	28	男	1945 年 3 月 31 日
王卓青	茌平县广平乡张家楼村	31	男	1945 年 3 月 31 日
徐长运	茌平县广平乡张家楼村	40	男	1945 年 3 月 31 日
徐春玉	茌平县广平乡张家楼村	16	男	1945 年 3 月 31 日
徐岗运	茌平县广平乡张家楼村	21	男	1945 年 3 月 31 日
徐光安	茌平县广平乡张家楼村	40	男	1945 年 3 月 31 日
徐光后	茌平县广平乡张家楼村	30	男	1945 年 3 月 31 日
徐光兴	茌平县广平乡张家楼村	34	男	1945 年 3 月 31 日
徐运春	茌平县广平乡张家楼村	24	男	1945 年 3 月 31 日
徐运前	茌平县广平乡张家楼村	30	男	1945 年 3 月 31 日
徐运友	茌平县广平乡张家楼村	37	男	1945 年 3 月 31 日
张成吉	茌平县广平乡张家楼村	41	男	1945 年 3 月 31 日
张成进	茌平县广平乡张家楼村	20	男	1945 年 3 月 31 日
张成良	茌平县广平乡张家楼村	28	男	1945 年 3 月 31 日
张成明	茌平县广平乡张家楼村	36	男	1945 年 3 月 31 日
张成勤	茌平县广平乡张家楼村	34	男	1945 年 3 月 31 日

姓 名	籍 贯	年 龄	性 别	死难时间
张成庆	茌平县广平乡张家楼村	24	男	1945 年 3 月 31 日
张成顺	茌平县广平乡张家楼村	41	男	1945 年 3 月 31 日
张成祥	茌平县广平乡张家楼村	40	男	1945 年 3 月 31 日
张成新	茌平县广平乡张家楼村	18	男	1945 年 3 月 31 日
张成禹	茌平县广平乡张家楼村	20	男	1945 年 3 月 31 日
张洪祥	茌平县广平乡张家楼村	20	男	1945 年 3 月 31 日
张同法	茌平县广平乡张家楼村	34	男	1945 年 3 月 31 日
张同吉	茌平县广平乡张家楼村	20	男	1945 年 3 月 31 日
张同菊	茌平县广平乡张家楼村	23	男	1945 年 3 月 31 日
张同俊	茌平县广平乡张家楼村	30	男	1945 年 3 月 31 日
张同乐	茌平县广平乡张家楼村	15	男	1945 年 3 月 31 日
张同孟	茌平县广平乡张家楼村	50	男	1945 年 3 月 31 日
张同兴	茌平县广平乡张家楼村	32	男	1945 年 3 月 31 日
张同英	茌平县广平乡张家楼村	30	男	1945 年 3 月 31 日
张同用	茌平县广平乡张家楼村	24	男	1945 年 3 月 31 日
张同泽	茌平县广平乡张家楼村	23	男	1945 年 3 月 31 日
张先志	茌平县广平乡张家楼村	22	男	1945 年 3 月 31 日
季成吉	茌平县广平乡张家楼村	41	男	1945 年 3 月 31 日
季成禹	茌平县广平乡张家楼村	40	男	1945 年 3 月 31 日
季同让	茌平县广平乡张家楼村	20	男	1945 年 3 月 31 日
王桂臣	茌平县广平乡张家楼村	15	男	1945 年 3 月 31 日
王维忠	茌平县广平乡张家楼村	16	男	1945 年 3 月 31 日
王振皆	茌平县广平乡张家楼村	40	男	1945 年 3 月 31 日
王振开	茌平县广平乡张家楼村	26	男	1945 年 3 月 31 日
徐丰元	茌平县广平乡张家楼村	20	男	1945 年 3 月 31 日
徐奉海	茌平县广平乡张家楼村	19	男	1945 年 3 月 31 日
徐奉坤	茌平县广平乡张家楼村	20	男	1945 年 3 月 31 日
徐奉秋	茌平县广平乡张家楼村	18	男	1945 年 3 月 31 日
徐奉申	茌平县广平乡张家楼村	34	男	1945 年 3 月 31 日
张成贵	茌平县广平乡张家楼村	31	男	1945 年 3 月 31 日
张成化	茌平县广平乡张家楼村	22	男	1945 年 3 月 31 日
张二妮	茌平县广平乡张家楼村	9	女	1945 年 3 月 31 日
张克端	茌平县广平乡张家楼村	36	男	1945 年 3 月 31 日
张克仕	茌平县广平乡张家楼村	49	男	1945 年 3 月 31 日

姓 名	籍 贯	年 龄	性 别	死难时间
张克智	荏平县广平乡张家楼村	40	男	1945 年 3 月 31 日
张士化	荏平县广平乡张家楼村	24	男	1945 年 3 月 31 日
张士亮	荏平县广平乡张家楼村	32	男	1945 年 3 月 31 日
张士禄	荏平县广平乡张家楼村	22	男	1945 年 3 月 31 日
张士明	荏平县广平乡张家楼村	24	男	1945 年 3 月 31 日
张士平	荏平县广平乡张家楼村	26	男	1945 年 3 月 31 日
张士英	荏平县广平乡张家楼村	17	男	1945 年 3 月 31 日
张同增	荏平县广平乡张家楼村	60	男	1945 年 3 月 31 日
张先臣	荏平县广平乡张家楼村	35	男	1945 年 3 月 31 日
张先河	荏平县广平乡张家楼村	25	男	1945 年 3 月 31 日
张先进	荏平县广平乡张家楼村	43	男	1945 年 3 月 31 日
张先明	荏平县广平乡张家楼村	20	男	1945 年 3 月 31 日
张先其	荏平县广平乡张家楼村	25	男	1945 年 3 月 31 日
张先石	荏平县广平乡张家楼村	20	男	1945 年 3 月 31 日
张先文	荏平县广平乡张家楼村	33	男	1945 年 3 月 31 日
张先实	荏平县广平乡张家楼村	24	男	1945 年 3 月 31 日
张承有	荏平县广平乡张家楼村	13	男	1945 年 3 月 31 日
张承荣	荏平县广平乡张家楼村	58	男	1945 年 3 月 31 日
张克尚	荏平县广平乡张家楼村	70	男	1945 年 3 月 31 日
张姜氏	荏平县广平乡张家楼村	43	女	1945 年 3 月 31 日
张陈氏	荏平县广平乡张家楼村	64	女	1945 年 3 月 31 日
张郑氏	荏平县广平乡张家楼村	42	女	1945 年 3 月 31 日
张郑氏之女	荏平县广平乡张家楼村	11	女	1945 年 3 月 31 日
季同方	荏平县广平乡张家楼村	72	男	1945 年 3 月 31 日
王 桂	荏平县广平乡张家楼村	30	男	1945 年 3 月 31 日
季王氏	荏平县广平乡张家楼村	70	女	1945 年 3 月 31 日
季李氏	荏平县广平乡张家楼村	64	女	1945 年 3 月 31 日
周庆喜	荏平县广平乡张家楼村	37	男	1945 年 3 月 31 日
刁兴利	荏平县广平乡张家楼村	32	男	1945 年 3 月 31 日
刁 立	荏平县广平乡张家楼村	18	男	1945 年 3 月 31 日
高张氏	荏平县广平乡张家楼村	—	女	1945 年 3 月 31 日
吉修文	荏平县广平乡张家楼村	—	男	1945 年 3 月 31 日
季成元	荏平县广平乡张家楼村	—	男	1945 年 3 月 31 日
季路方	荏平县广平乡张家楼村	76	男	1945 年 3 月 31 日

姓 名	籍 贯	年 龄	性 别	死难时间
季长山	茌平县广平乡张家楼村	9	男	1945 年 3 月 31 日
季成志	茌平县广平乡张家楼村	—	男	1945 年 3 月 31 日
季同兴	茌平县广平乡张家楼村	—	男	1945 年 3 月 31 日
季张氏	茌平县广平乡张家楼村	—	女	1945 年 3 月 31 日
张张氏	茌平县广平乡张家楼村	46	女	1945 年 3 月 31 日
张张氏之女	茌平县广平乡张家楼村	30	女	1945 年 3 月 31 日
徐连兴	茌平县广平乡张家楼村	58	男	1945 年 3 月 31 日
徐乾运	茌平县广平乡张家楼村	24	男	1945 年 3 月 31 日
徐先成	茌平县广平乡张家楼村	54	男	1945 年 3 月 31 日
张张氏	茌平县广平乡张家楼村	39	女	1945 年 3 月 31 日
季 氏	茌平县广平乡张家楼村	45	女	1945 年 3 月 31 日
徐张氏	茌平县广平乡张家楼村	62	女	1945 年 3 月 31 日
贾士英	茌平县广平乡张家楼村	57	女	1945 年 3 月 31 日
刘××	茌平县广平乡张家楼村	—	男	1945 年 3 月 31 日
刘长代	茌平县广平乡张家楼村	6	男	1945 年 3 月 31 日
刘长玉	茌平县广平乡张家楼村	29	女	1945 年 3 月 31 日
刘效征	茌平县广平乡张家楼村	—	男	1945 年 3 月 31 日
马吉志	茌平县广平乡张家楼村	23	男	1945 年 3 月 31 日
宋保玉	茌平县广平乡张家楼村	—	男	1945 年 3 月 31 日
宋长和	茌平县广平乡张家楼村	69	男	1945 年 3 月 31 日
宋长兴	茌平县广平乡张家楼村	61	男	1945 年 3 月 31 日
宋长茂	茌平县广平乡张家楼村	—	男	1945 年 3 月 31 日
宋长平	茌平县广平乡张家楼村	62	男	1945 年 3 月 31 日
宋长山	茌平县广平乡张家楼村	—	男	1945 年 3 月 31 日
宋李氏	茌平县广平乡张家楼村	23	女	1945 年 3 月 31 日
宋刘氏	茌平县广平乡张家楼村	—	女	1945 年 3 月 31 日
宋马氏	茌平县广平乡张家楼村	50	女	1945 年 3 月 31 日
宋庆法	茌平县广平乡张家楼村	—	男	1945 年 3 月 31 日
宋庆玉	茌平县广平乡张家楼村	—	男	1945 年 3 月 31 日
宋士全	茌平县广平乡张家楼村	—	男	1945 年 3 月 31 日
宋士玉	茌平县广平乡张家楼村	—	女	1945 年 3 月 31 日
宋天灯	茌平县广平乡张家楼村	37	男	1945 年 3 月 31 日
宋天路	茌平县广平乡张家楼村	—	男	1945 年 3 月 31 日
宋天荣	茌平县广平乡张家楼村	—	女	1945 年 3 月 31 日

姓 名	籍 贯	年 龄	性 别	死难时间
宋天增	茌平县广平乡张家楼村	60	男	1945 年 3 月 31 日
宋献廷	茌平县广平乡张家楼村	64	男	1945 年 3 月 31 日
汪绪英	茌平县广平乡张家楼村	—	女	1945 年 3 月 31 日
王长新	茌平县广平乡张家楼村	—	男	1945 年 3 月 31 日
王长营	茌平县广平乡张家楼村	57	男	1945 年 3 月 31 日
王单成	茌平县广平乡张家楼村	47	男	1945 年 3 月 31 日
王单清	茌平县广平乡张家楼村	40	男	1945 年 3 月 31 日
王单先	茌平县广平乡张家楼村	30	男	1945 年 3 月 31 日
王东花	茌平县广平乡张家楼村	14	女	1945 年 3 月 31 日
王贵成	茌平县广平乡张家楼村	—	男	1945 年 3 月 31 日
王吉山	茌平县广平乡张家楼村	18	男	1945 年 3 月 31 日
王金忠	茌平县广平乡张家楼村	23	男	1945 年 3 月 31 日
王开成	茌平县广平乡张家楼村	20	男	1945 年 3 月 31 日
王开春	茌平县广平乡张家楼村	18	男	1945 年 3 月 31 日
王开青	茌平县广平乡张家楼村	17	男	1945 年 3 月 31 日
王开先	茌平县广平乡张家楼村	35	男	1945 年 3 月 31 日
王开立	茌平县广平乡张家楼村	18	男	1945 年 3 月 31 日
王卓志	茌平县广平乡张家楼村	40	男	1945 年 3 月 31 日
王立芳	茌平县广平乡张家楼村	51	男	1945 年 3 月 31 日
王立元	茌平县广平乡张家楼村	54	男	1945 年 3 月 31 日
王连银	茌平县广平乡张家楼村	—	男	1945 年 3 月 31 日
王敏信	茌平县广平乡张家楼村	48	男	1945 年 3 月 31 日
王三黑	茌平县广平乡张家楼村	60	男	1945 年 3 月 31 日
王孝元	茌平县广平乡张家楼村	—	男	1945 年 3 月 31 日
王训忠	茌平县广平乡张家楼村	46	男	1945 年 3 月 31 日
王玉堂	茌平县广平乡张家楼村	26	男	1945 年 3 月 31 日
王玉秀	茌平县广平乡张家楼村	25	男	1945 年 3 月 31 日
王玉宗	茌平县广平乡张家楼村	38	男	1945 年 3 月 31 日
王振昌	茌平县广平乡张家楼村	25	男	1945 年 3 月 31 日
王振臣	茌平县广平乡张家楼村	25	男	1945 年 3 月 31 日
王振芳	茌平县广平乡张家楼村	27	男	1945 年 3 月 31 日
王振憨	茌平县广平乡张家楼村	—	男	1945 年 3 月 31 日
王振汉	茌平县广平乡张家楼村	35	男	1945 年 3 月 31 日
王振怀	茌平县广平乡张家楼村	27	男	1945 年 3 月 31 日

姓 名	籍 贯	年 龄	性 别	死难时间
王振魁	茌平县广平乡张家楼村	25	男	1945 年 3 月 31 日
王元中	茌平县广平乡张家楼村	45	男	1945 年 3 月 31 日
王正身	茌平县广平乡张家楼村	24	男	1945 年 3 月 31 日
王振山	茌平县广平乡张家楼村	43	男	1945 年 3 月 31 日
王振思	茌平县广平乡张家楼村	47	男	1945 年 3 月 31 日
王振喜	茌平县广平乡张家楼村	37	男	1945 年 3 月 31 日
王振远	茌平县广平乡张家楼村	25	男	1945 年 3 月 31 日
王振支	茌平县广平乡张家楼村	24	男	1945 年 3 月 31 日
王振柱	茌平县广平乡张家楼村	15	男	1945 年 3 月 31 日
王振华	茌平县广平乡张家楼村	38	男	1945 年 3 月 31 日
王正芹	茌平县广平乡张家楼村	36	男	1945 年 3 月 31 日
王正汗	茌平县广平乡张家楼村	7	男	1945 年 3 月 31 日
王传中	茌平县广平乡张家楼村	41	男	1945 年 3 月 31 日
王正润	茌平县广平乡张家楼村	18	女	1945 年 3 月 31 日
王周祥	茌平县广平乡张家楼村	67	男	1945 年 3 月 31 日
吴连章	茌平县广平乡张家楼村	30	男	1945 年 3 月 31 日
吴路章	茌平县广平乡张家楼村	37	男	1945 年 3 月 31 日
吴天章	茌平县广平乡张家楼村	26	男	1945 年 3 月 31 日
吴先生	茌平县广平乡张家楼村	18	男	1945 年 3 月 31 日
徐春运	茌平县广平乡张家楼村	24	男	1945 年 3 月 31 日
徐德吉	茌平县广平乡张家楼村	58	男	1945 年 3 月 31 日
徐德魁	茌平县广平乡张家楼村	50	男	1945 年 3 月 31 日
徐德荣	茌平县广平乡张家楼村	59	男	1945 年 3 月 31 日
徐德申	茌平县广平乡张家楼村	60	男	1945 年 3 月 31 日
徐德银	茌平县广平乡张家楼村	55	男	1945 年 3 月 31 日
徐德志	茌平县广平乡张家楼村	30	男	1945 年 3 月 31 日
徐丰春	茌平县广平乡张家楼村	28	男	1945 年 3 月 31 日
徐丰功	茌平县广平乡张家楼村	—	男	1945 年 3 月 31 日
徐丰海	茌平县广平乡张家楼村	20	男	1945 年 3 月 31 日
徐丰河	茌平县广平乡张家楼村	26	男	1945 年 3 月 31 日
徐丰开	茌平县广平乡张家楼村	—	男	1945 年 3 月 31 日
徐丰三	茌平县广平乡张家楼村	14	男	1945 年 3 月 31 日
徐丰森	茌平县广平乡张家楼村	38	男	1945 年 3 月 31 日
徐丰水	茌平县广平乡张家楼村	13	男	1945 年 3 月 31 日

姓 名	籍 贯	年 龄	性 别	死难时间
徐富运	茌平县广平乡张家楼村	11	男	1945 年 3 月 31 日
徐光成	茌平县广平乡张家楼村	42	男	1945 年 3 月 31 日
徐光均	茌平县广平乡张家楼村	52	男	1945 年 3 月 31 日
徐光元	茌平县广平乡张家楼村	17	男	1945 年 3 月 31 日
徐贾氏	茌平县广平乡张家楼村	60	女	1945 年 3 月 31 日
徐李氏	茌平县广平乡张家楼村	47	女	1945 年 3 月 31 日
徐小三	茌平县广平乡张家楼村	12	男	1945 年 3 月 31 日
徐运榜	茌平县广平乡张家楼村	56	男	1945 年 3 月 31 日
徐运德	茌平县广平乡张家楼村	17	男	1945 年 3 月 31 日
徐运芳	茌平县广平乡张家楼村	24	男	1945 年 3 月 31 日
徐运刚	茌平县广平乡张家楼村	20	男	1945 年 3 月 31 日
徐运富	茌平县广平乡张家楼村	15	男	1945 年 3 月 31 日
徐运领	茌平县广平乡张家楼村	24	男	1945 年 3 月 31 日
徐运明	茌平县广平乡张家楼村	40	男	1945 年 3 月 31 日
徐运青	茌平县广平乡张家楼村	50	男	1945 年 3 月 31 日
徐运生	茌平县广平乡张家楼村	48	男	1945 年 3 月 31 日
徐运中	茌平县广平乡张家楼村	53	男	1945 年 3 月 31 日
徐功秋	茌平县广平乡张家楼村	14	男	1945 年 3 月 31 日
徐运西	茌平县广平乡张家楼村	50	男	1945 年 3 月 31 日
徐 二	茌平县广平乡张家楼村	21	男	1945 年 3 月 31 日
徐 三	茌平县广平乡张家楼村	15	男	1945 年 3 月 31 日
徐歌脑	茌平县广平乡张家楼村	24	男	1945 年 3 月 31 日
徐 魁	茌平县广平乡张家楼村	14	男	1945 年 3 月 31 日
张成法	茌平县广平乡张家楼村	55	男	1945 年 3 月 31 日
张成雷	茌平县广平乡张家楼村	—	男	1945 年 3 月 31 日
张成林	茌平县广平乡张家楼村	—	男	1945 年 3 月 31 日
张成新之母	茌平县广平乡张家楼村	—	女	1945 年 3 月 31 日
张成讯	茌平县广平乡张家楼村	42	男	1945 年 3 月 31 日
张成训	茌平县广平乡张家楼村	50	男	1945 年 3 月 31 日
张成业	茌平县广平乡张家楼村	—	男	1945 年 3 月 31 日
张承栓	茌平县广平乡张家楼村	—	男	1945 年 3 月 31 日
张大来	茌平县广平乡张家楼村	—	男	1945 年 3 月 31 日
张董氏	茌平县广平乡张家楼村	—	女	1945 年 3 月 31 日
张韩氏	茌平县广平乡张家楼村	28	女	1945 年 3 月 31 日

姓名	籍贯	年龄	性别	死难时间
张纪氏	茌平县广平乡张家楼村	30	女	1945 年 3 月 31 日
张克廉	茌平县广平乡张家楼村	—	男	1945 年 3 月 31 日
张克良	茌平县广平乡张家楼村	—	男	1945 年 3 月 31 日
张克庆	茌平县广平乡张家楼村	41	男	1945 年 3 月 31 日
老 处	茌平县广平乡张家楼村	11	男	1945 年 3 月 31 日
张克秀	茌平县广平乡张家楼村	—	男	1945 年 3 月 31 日
张承曾	茌平县广平乡张家楼村	52	男	1945 年 3 月 31 日
张克连	茌平县广平乡张家楼村	55	男	1945 年 3 月 31 日
张克连之妻	茌平县广平乡张家楼村	53	女	1945 年 3 月 31 日
张路氏	茌平县广平乡张家楼村	—	女	1945 年 3 月 31 日
张马氏	茌平县广平乡张家楼村	46	女	1945 年 3 月 31 日
张马氏之子	茌平县广平乡张家楼村	10	男	1945 年 3 月 31 日
张士兰	茌平县广平乡张家楼村	—	女	1945 年 3 月 31 日
张士六	茌平县广平乡张家楼村	—	男	1945 年 3 月 31 日
张士千	茌平县广平乡张家楼村	—	男	1945 年 3 月 31 日
张士志	茌平县广平乡张家楼村	—	男	1945 年 3 月 31 日
张同公	茌平县广平乡张家楼村	22	男	1945 年 3 月 31 日
张同官	茌平县广平乡张家楼村	59	男	1945 年 3 月 31 日
张同贵	茌平县广平乡张家楼村	—	男	1945 年 3 月 31 日
张同虎	茌平县广平乡张家楼村	18	男	1945 年 3 月 31 日
张同举	茌平县广平乡张家楼村	55	男	1945 年 3 月 31 日
张同启	茌平县广平乡张家楼村	59	男	1945 年 3 月 31 日
张同卿	茌平县广平乡张家楼村	—	男	1945 年 3 月 31 日
张同栓	茌平县广平乡张家楼村	—	男	1945 年 3 月 31 日
张同学	茌平县广平乡张家楼村	—	男	1945 年 3 月 31 日
张同印	茌平县广平乡张家楼村	—	男	1945 年 3 月 31 日
张同友	茌平县广平乡张家楼村	—	男	1945 年 3 月 31 日
张同照	茌平县广平乡张家楼村	—	男	1945 年 3 月 31 日
张魏氏	茌平县广平乡张家楼村	—	女	1945 年 3 月 31 日
张先功	茌平县广平乡张家楼村	—	男	1945 年 3 月 31 日
张先义	茌平县广平乡张家楼村	—	男	1945 年 3 月 31 日
张先哲	茌平县广平乡张家楼村	—	男	1945 年 3 月 31 日
张玉玲	茌平县广平乡张家楼村	—	女	1945 年 3 月 31 日
张玉珍	茌平县广平乡张家楼村	—	女	1945 年 3 月 31 日

姓　名	籍　贯	年　龄	性　别	死难时间
张赵氏	茌平县广平乡张家楼村	—	女	1945 年 3 月 31 日
张王氏	茌平县广平乡张家楼村	53	女	1945 年 3 月 31 日
张杜氏	茌平县广平乡张家楼村	29	女	1945 年 3 月 31 日
郑培玉	茌平县广平乡张家楼村	24	女	1945 年 3 月 31 日
郑张氏	茌平县广平乡张家楼村	—	女	1945 年 3 月 31 日
王范氏	茌平县广平乡张家楼村	56	女	1945 年 3 月 31 日
王齐氏	茌平县广平乡张家楼村	78	女	1945 年 3 月 31 日
季贾氏	茌平县广平乡张家楼村	30	女	1945 年 3 月 31 日
周　旺	茌平县广平乡周公庄村	14	男	1945 年 3 月 31 日
周　香	茌平县广平乡周公庄村	13	女	1945 年 3 月 31 日
周　银	茌平县广平乡周公庄村	16	男	1945 年 3 月 31 日
周　云	茌平县广平乡周公庄村	12	女	1945 年 3 月 31 日
周长顺	茌平县广平乡周公庄村	15	男	1945 年 3 月 31 日
周长振	茌平县广平乡周公庄村	23	男	1945 年 3 月 31 日
周传林	茌平县广平乡周公庄村	24	男	1945 年 3 月 31 日
周传路	茌平县广平乡周公庄村	20	男	1945 年 3 月 31 日
周传孟	茌平县广平乡周公庄村	17	男	1945 年 3 月 31 日
周传清	茌平县广平乡周公庄村	15	男	1945 年 3 月 31 日
周传喜	茌平县广平乡周公庄村	27	男	1945 年 3 月 31 日
周传新	茌平县广平乡周公庄村	17	男	1945 年 3 月 31 日
周传忠	茌平县广平乡周公庄村	30	男	1945 年 3 月 31 日
周金萍	茌平县广平乡周公庄村	17	女	1945 年 3 月 31 日
周茂全	茌平县广平乡周公庄村	39	男	1945 年 3 月 31 日
周茂茹	茌平县广平乡周公庄村	39	男	1945 年 3 月 31 日
周茂唐	茌平县广平乡周公庄村	35	男	1945 年 3 月 31 日
周庆恩	茌平县广平乡周公庄村	30	男	1945 年 3 月 31 日
周庆范	茌平县广平乡周公庄村	26	男	1945 年 3 月 31 日
周庆湖	茌平县广平乡周公庄村	30	男	1945 年 3 月 31 日
周庆怀	茌平县广平乡周公庄村	30	男	1945 年 3 月 31 日
周庆俭	茌平县广平乡周公庄村	30	男	1945 年 3 月 31 日
周庆节	茌平县广平乡周公庄村	32	男	1945 年 3 月 31 日
周庆坤	茌平县广平乡周公庄村	32	男	1945 年 3 月 31 日
周庆兰	茌平县广平乡周公庄村	30	男	1945 年 3 月 31 日
周庆良	茌平县广平乡周公庄村	42	男	1945 年 3 月 31 日

姓 名	籍 贯	年 龄	性 别	死难时间
周庆龄	茌平县广平乡周公庄村	38	男	1945 年 3 月 31 日
周庆芦	茌平县广平乡周公庄村	28	男	1945 年 3 月 31 日
周庆泉	茌平县广平乡周公庄村	33	男	1945 年 3 月 31 日
周庆让	茌平县广平乡周公庄村	32	男	1945 年 3 月 31 日
周庆山	茌平县广平乡周公庄村	20	男	1945 年 3 月 31 日
周庆胜	茌平县广平乡周公庄村	19	男	1945 年 3 月 31 日
周庆贞	茌平县广平乡周公庄村	34	男	1945 年 3 月 31 日
周庆忠	茌平县广平乡周公庄村	28	男	1945 年 3 月 31 日
周旺青	茌平县广平乡周公庄村	16	男	1945 年 3 月 31 日
周 英	茌平县广平乡周公庄村	14	女	1945 年 3 月 31 日
周庆东	茌平县广平乡周公庄村	20	男	1945 年 3 月 31 日
周庆三	茌平县广平乡周公庄村	28	男	1945 年 3 月 31 日
周庆锡	茌平县广平乡周公庄村	35	男	1945 年 3 月 31 日
周王氏	茌平县广平乡周公庄村	43	女	1945 年 3 月 31 日
周秀云	茌平县广平乡周公庄村	15	女	1945 年 3 月 31 日
周九成	茌平县广平乡周公庄村	15	女	1945 年 3 月 31 日
周庆灵	茌平县广平乡周公庄村	40	男	1945 年 3 月 31 日
周庆申	茌平县广平乡周公庄村	30	男	1945 年 3 月 31 日
周李氏	茌平县广平乡周公庄村	42	女	1945 年 3 月 31 日
周美成	茌平县广平乡周公庄村	5	女	1945 年 3 月 31 日
崔正印	茌平县乐平铺镇崔楼村	43	男	1945 年 3 月 31 日
李广太	茌平县温陈乡大李仓村	42	男	1945 年 3 月 31 日
李连成	茌平县温陈乡大李仓村	31	男	1945 年 3 月 31 日
李连元	茌平县温陈乡大李仓村	45	男	1945 年 3 月 31 日
李茂德	茌平县温陈乡大李仓村	21	男	1945 年 3 月 31 日
季成英	茌平县温陈乡东张村	22	女	1945 年 3 月 31 日
李广成	茌平县温陈乡大李仓村	28	男	1945 年 3 月 31 日
李广奎	茌平县温陈乡大李仓村	40	男	1945 年 3 月 31 日
刘尚资	茌平县广平乡吴家所	45	男	1945 年 3 月
刘延利	茌平县广平乡吴家所	21	男	1945 年 3 月
张春榜	茌平县温陈乡南北张村	—	男	1945 年 3 月
马儒生	—	—	男	1945 年 3 月
沈长福	—	—	男	1945 年 3 月
王德喜	—	—	男	1945 年 3 月

姓 名	籍 贯	年 龄	性 别	死难时间
武连福	茌平县冯官屯镇武庄	—	男	1945 年 4 月 17 日
许兆明之妻	茌平县冯官屯镇刘马村	—	女	1945 年 4 月
吴凤来	茌平县韩集乡吴庄村	23	男	1945 年 4 月
李广才	茌平县温陈乡大李仓村	31	男	1945 年 4 月
刘贵锋	茌平县信发街道张东全村	41	男	1945 年 4 月
李兆岗	茌平县杨官屯乡南孙村	21	男	1945 年 4 月
赵兰堂	茌平县冯官屯镇武赵村	26	男	1945 年 5 月 5 日
李瑞林	茌平县博平镇算子李村	—	男	1945 年 5 月
刘月祥	茌平县菜屯镇阚庄村	31	男	1945 年 5 月
胡庆水	茌平县冯官屯镇胡口村	35	男	1945 年 5 月
张立兴	茌平县冯官屯镇盛楼村	—	男	1945 年 5 月
张玉顺	茌平县冯官屯镇望鲁店村	20	男	1945 年 5 月
方光忠	茌平县冯官屯镇业屯村	25	男	1945 年 5 月
杨殿阁	茌平县韩集乡大杨村	15	男	1945 年 5 月
贾以坛	茌平县贾寨乡贾寨村	43	男	1945 年 5 月
程守运	茌平县振兴街道	—	男	1945 年 5 月
刘基祥	茌平县振兴街道朱王村	17	男	1945 年 5 月
王殿祥	茌平县肖家庄乡王麻子村	—	男	1945 年 5 月
王官贤	—	—	男	1945 年 5 月
相××	—	童	—	1945 年 5 月
相 氏	—	—	女	1945 年 5 月
杨 氏	—	—	女	1945 年 5 月
张齐山	茌平县韩屯镇张桥村	31	男	1945 年 6 月
郝金荣	茌平县乐平铺镇田庄村	24	男	1945 年 6 月
邓光清	茌平县乐平铺镇吕庄村	31	女	1945 年 6 月
杨振香	茌平县乐平铺镇吕庄村	—	女	1945 年 6 月
乌怀贵	茌平县温陈乡乌堂村	45	男	1945 年 6 月
李怀举	茌平县温陈乡杨庄村	23	男	1945 年 6 月
薛盛传	茌平县信发街道刁宋村	26	男	1945 年 6 月
陈德胜	茌平县振兴街道花牛陈村	—	男	1945 年 6 月
吴树金	茌平县振兴街道十里铺	—	男	1945 年 6 月
金凤杰	茌平县温陈乡金楼村	—	男	1945 年 6 月
金占山	茌平县温陈乡金楼村	—	男	1945 年 6 月
刘汝远	茌平县博平镇二刘村	30	男	1945 年 7 月

姓 名	籍 贯	年 龄	性 别	死难时间
崔洪金	茌平县杜郎口镇崔何村	28	男	1945 年 7 月
杨兰芳之妻	茌平县杜郎口镇吕庄村	—	女	1945 年 7 月
杨兰芳之女	茌平县杜郎口镇吕庄村	—	女	1945 年 7 月
梁金琢	茌平县冯官屯镇梁庄村	19	男	1945 年 7 月
张文海	茌平县冯官屯镇张庄村	25	男	1945 年 7 月
高恒月	茌平县广平乡大曲村	23	男	1945 年 7 月
张玉楼	茌平县广平乡殷马庄	43	男	1945 年 7 月
姜玉凤	茌平县韩集乡前姜村	33	男	1945 年 7 月
温孟田	茌平县贾寨乡张洪村	21	男	1945 年 7 月
杨玉成	茌平县乐平铺镇丁堂村	19	男	1945 年 7 月
王尚芹	茌平县乐平铺镇张扬村	28	男	1945 年 7 月
杨登林	茌平县温陈乡杨牦牛村	25	男	1945 年 7 月
孙玉珍	—	—	男	1945 年 7 月
吴守金	—	40	男	1945 年 7 月
许朋云	—	—	男	1945 年 7 月
闫瑞玺	—	—	男	1945 年 7 月
闫 氏	—	—	女	1945 年 7 月
高廷举	茌平县冯官屯镇大高村	21	男	1945 年 8 月
高德富	茌平县冯官屯镇高岭村	31	男	1945 年 8 月
何风常	茌平县冯官屯镇逯店村	19	男	1945 年 8 月
何金玉	茌平县冯官屯镇逯店村	27	男	1945 年 8 月
赵福禄	茌平县韩集乡赵庄村	25	男	1945 年 8 月
谷瑞荣	茌平县胡屯乡谷堂村	27	男	1945 年 8 月
谢遵仁	茌平县贾寨乡官赵村	25	男	1945 年 8 月
吴振铎	茌平县温陈乡吴家胡同	31	男	1945 年 8 月
吴振铎之嫂	茌平县温陈乡吴家胡同	—	女	1945 年 8 月
吴振铎之姊	茌平县温陈乡吴家胡同	—	女	1945 年 8 月
吴振铎之侄	茌平县温陈乡吴家胡同		男	1945 年 8 月
吴振铎之子	茌平县温陈乡吴家胡同	—	男	1945 年 8 月
郝承义	茌平县振兴街道郝庄村	31	男	1945 年 8 月
徐方训	茌平县胡屯乡徐家河口村	—	男	1945 年
王振华之母	—	—	女	1945 年
王振华之妻	—	—	女	1945 年
王振华之长子	—	童	男	1945 年

姓 名	籍 贯	年 龄	性 别	死难时间
王振华之次子	一	童	男	1945 年
徐培祥	一	一	男	1945 年
于 波	荏平县广平乡于海子村	20	男	1945 年
李茂福	荏平县韩集乡门李村	45	男	1945 年
郭以礼	荏平县杨官屯乡郭王村	28	男	1945 年
杨兆菊	荏平县博平镇三教堂村	一	男	1945 年
刘成禄	一	一	男	1945 年
谢吉德	荏平县博平镇东王村	25	男	1945 年
窦天珠	荏平县博平镇窦堂村	25	男	1945 年
窦维栋	荏平县博平镇窦堂村	25	男	1945 年
陈立成	荏平县博平镇杜庄村	30	男	1945 年
杜振良	荏平县博平镇杜庄村	35	男	1945 年
罗西荣	荏平县博平镇罗庄村	45	男	1945 年
罗兆明	荏平县博平镇罗庄村	10	男	1945 年
罗兆庆	荏平县博平镇罗庄村	19	男	1945 年
罗兆庆之兄	荏平县博平镇罗庄村	22	男	1945 年
王丕江	荏平县博平镇牛营村	32	男	1945 年
袁本善	荏平县博平镇牛营村	32	男	1945 年
杨兆足	荏平县博平镇三教村	29	男	1945 年
李付祥	荏平县博平镇西贾村	23	男	1945 年
李绍尧	荏平县博平镇西贾村	24	男	1945 年
吴吉廷	荏平县博平镇西贾村	29	男	1945 年
王以申	荏平县博平镇西王村	36	男	1945 年
赵凤海	荏平县博平镇赵庄村	26	男	1945 年
樊保东	荏平县菜屯镇后樊村	19	男	1945 年
高长联	荏平县菜屯镇伦徐村	33	男	1945 年
刘承夏	荏平县杜郎口镇八仙庙	28	男	1945 年
刘兆财	荏平县杜郎口镇北街	33	男	1945 年
崔洪奎	荏平县杜郎口镇崔何村	26	男	1945 年
崔加旺	荏平县杜郎口镇崔何村	28	男	1945 年
李乃新	荏平县杜郎口镇李寨村	25	男	1945 年
庞 套	荏平县杜郎口镇王营村	一	男	1945 年
袁云言	荏平县杜郎口镇袁庄村	一	男	1945 年
刘树申	荏平县冯官屯镇北关	17	男	1945 年

姓 名	籍 贯	年 龄	性 别	死难时间
邹希常	茌平县冯官屯镇北关	24	男	1945 年
张立春	茌平县冯官屯镇大王楼村	23	男	1945 年
邹希功	茌平县冯官屯镇后寨村	17	男	1945 年
邹希年	茌平县冯官屯镇后寨村	20	男	1945 年
邹兆保	茌平县冯官屯镇后寨村	29	男	1945 年
胡长记	茌平县冯官屯镇胡口村	15	男	1945 年
胡长玉	茌平县冯官屯镇胡口村	20	男	1945 年
黄光石	茌平县冯官屯镇黄排村	29	男	1945 年
黄加志	茌平县冯官屯镇黄排村	19	男	1945 年
杨金祥	茌平县冯官屯镇黄排村	21	男	1945 年
金西全	茌平县冯官屯镇金杜村	28	男	1945 年
梁保忠	茌平县冯官屯镇梁庄村	23	男	1945 年
郝士忠	茌平县冯官屯镇马头王村	25	男	1945 年
张广珠	茌平县冯官屯镇前张村	18	男	1945 年
张延贵	茌平县冯官屯镇前张村	32	男	1945 年
李乃同	茌平县冯官屯镇三楼村	20	男	1945 年
李庆东	茌平县冯官屯镇三楼村	19	男	1945 年
戚玉同	茌平县冯官屯镇史庄村	19	男	1945 年
史仰会	茌平县冯官屯镇史庄村	35	男	1945 年
王曰清	茌平县冯官屯镇王吉村	14	男	1945 年
贺金玉	茌平县冯官屯镇王相村	23	男	1945 年
王保臣	茌平县冯官屯镇王相村	30	男	1945 年
徐金友	茌平县冯官屯镇徐排村	31	男	1945 年
窦绪前	茌平县冯官屯镇业官屯	20	男	1945 年
张先石	茌平县冯官屯镇张庄村	23	男	1945 年
马金芝	茌平县冯官屯镇朱庙村	19	男	1945 年
郝光田	茌平县冯官屯镇大桑村	25	男	1945 年
周尚跃	茌平县冯官屯镇大桑村	30	男	1945 年
李凤常	茌平县广平乡胡明宇村	25	男	1945 年
纪同让	茌平县广平乡牟刘村	28	男	1945 年
孙金刚	茌平县广平乡牟庄村	—	男	1945 年
王树山	茌平县广平乡双庙魏	23	男	1945 年
刘吉华	茌平县广平乡吴家所	20	男	1945 年
刘吉珊	茌平县广平乡吴家所	17	男	1945 年

姓　名	籍　贯	年　龄	性　别	死难时间
张克俭之父	茌平县广平乡张善村	—	男	1945 年
迟会亮	茌平县韩集乡迟桥村	26	男	1945 年
王久生	茌平县韩集乡后姜村	23	男	1945 年
常万臣	茌平县韩屯镇常庄村	24	男	1945 年
孟兆臣	茌平县韩屯镇东刘村	31	男	1945 年
孟兆青	茌平县韩屯镇东刘村	21	男	1945 年
李凤彩	茌平县韩屯镇李灿然村	27	男	1945 年
孟兆珩	茌平县韩屯镇孟楼村	—	男	1945 年
崔吉兴	茌平县韩屯镇米庄村	27	男	1945 年
刘　俊	茌平县韩屯镇前店东村	20	男	1945 年
王凤瑞	茌平县韩屯镇前店西村	28	男	1945 年
王汉廷	茌平县韩屯镇王堤灵村	20	男	1945 年
王克田之外祖父	茌平县韩屯镇郜屯村	—	男	1945 年
张云彬	茌平县韩屯镇夏营村	25	男	1945 年
张长贵	茌平县韩屯镇张桥村	24	男	1945 年
杜成之	茌平县洪官屯乡洪屯村	20	男	1945 年
赵希城	茌平县胡屯乡北田村	28	男	1945 年
刘士祯	茌平县胡屯乡大刘东	29	男	1945 年
谷常荣	茌平县胡屯乡谷堂村	27	男	1945 年
孙志七	茌平县胡屯乡韩庙村	20	男	1945 年
杨胜林	茌平县胡屯乡河西宋村	20	男	1945 年
李山廷	茌平县胡屯乡李双西村	23	男	1945 年
初吉汉	茌平县胡屯乡戚庄村	24	男	1945 年
陶德银	茌平县胡屯乡陶桥村	50	男	1945 年
陶法顺	茌平县胡屯乡陶桥村	32	男	1945 年
陶慎修	茌平县胡屯乡陶桥村	33	男	1945 年
吴长富	茌平县胡屯乡吴杨村	25	男	1945 年
徐宝璧	茌平县胡屯乡徐河口村	27	男	1945 年
徐申如	茌平县胡屯乡徐河口村	—	男	1945 年
徐申如之子	茌平县胡屯乡徐河口村	—	男	1945 年
岳成桥	茌平县胡屯乡岳庄村	23	男	1945 年
周云道	茌平县胡屯乡周老村	45	男	1945 年
谢遵成	茌平县贾寨乡官赵村	20	男	1945 年
谢遵章	茌平县贾寨乡官赵村	21	男	1945 年

姓 名	籍 贯	年 龄	性 别	死难时间
苗占胜	茌平县贾寨乡苗庄村	28	男	1945 年
苗清芝	茌平县贾寨乡苗庄村	—	男	1945 年
孙立成	茌平县贾寨乡孙庄村	26	男	1945 年
于有连	茌平县贾寨乡纸坊头村	33	男	1945 年
曹桂木	茌平县乐平铺镇曹庄村	25	男	1945 年
崔德铎	茌平县乐平铺镇大崔村	25	男	1945 年
尉志民	茌平县乐平铺镇大尉村	24	男	1945 年
尉志芹	茌平县乐平铺镇大尉村	24	男	1945 年
李吉余	茌平县乐平铺镇大赵村	15	男	1945 年
赵金庆	茌平县乐平铺镇大赵村	17	男	1945 年
仇子卓	茌平县乐平铺镇教场铺	19	男	1945 年
刘云之	茌平县乐平铺镇教场铺	25	男	1945 年
周茂生	茌平县乐平铺镇教场铺	28	男	1945 年
石传忠	茌平县乐平铺镇石李村	20	男	1945 年
曹玉功	茌平县乐平铺镇双营村	26	男	1945 年
王金魁	茌平县乐平铺镇王少田村	29	男	1945 年
王金征	茌平县乐平铺镇王少田村	23	男	1945 年
王玉田	茌平县乐平铺镇王少田村	36	男	1945 年
王荣选	茌平县乐平铺镇袁楼村	17	男	1945 年
李洪海	茌平县乐平铺镇张李村	25	男	1945 年
李文兰	茌平县乐平铺镇张李村	23	男	1945 年
张绪虎	茌平县乐平铺镇张李村	24	男	1945 年
朱广臣	茌平县乐平铺镇朱庄村	24	男	1945 年
朱益之	茌平县乐平铺镇朱庄村	23	男	1945 年
石洪木	茌平县乐平铺镇石李庄	—	男	1945 年
王允增	茌平县乐平铺镇朱庄村	30	男	1945 年
刘子兴	茌平县温陈乡贾白村	34	男	1945 年
金有忠	茌平县温陈乡金李村	21	男	1945 年
于兆祥	茌平县温陈乡金李村	41	男	1945 年
刘延信	茌平县温陈乡金李村	—	男	1945 年
刘风丙	茌平县温陈乡刘佩村	—	男	1945 年
岳殿春	茌平县温陈乡刘佩村	—	男	1945 年
张克会	茌平县温陈乡芦翟村	34	男	1945 年
谢家贞	茌平县温陈乡齐东村	34	男	1945 年

姓 名	籍 贯	年 龄	性 别	死难时间
李玉生	茌平县温陈乡沈官屯	21	男	1945 年
薛茂荣	茌平县温陈乡宋庄村	25	男	1945 年
王思功	茌平县温陈乡王贾村	23	男	1945 年
王兴文	茌平县温陈乡王贾村	25	男	1945 年
陈洪江	茌平县肖家庄乡王麻子村	—	男	1945 年
杨金胡	茌平县肖庄乡朱楼村	30	男	1945 年
朱士贵	茌平县肖庄乡朱楼村	28	男	1945 年
胡成会	茌平县肖庄乡朱启虎村	36	男	1945 年
李成宾	茌平县信发街道豆张村	20	男	1945 年
韩秀言	茌平县信发街道杜庄村	48	男	1945 年
崔殿友	茌平县信发街道王久村	—	男	1945 年
何振虎	茌平县信发街道张良村	22	男	1945 年
高存喜	茌平县杨官屯乡西高村	20	男	1945 年
李连泗	茌平县杨官屯乡小刘村	22	男	1945 年
贾德余	茌平县振兴街道贾庄村	19	男	1945 年
李广建	茌平县振兴街道李效堂村	30	男	1945 年
李广太	茌平县振兴街道李效堂村	19	男	1945 年
李金生	茌平县振兴街道李效堂村	21	男	1945 年
路光东	茌平县振兴街道路庄村	22	男	1945 年
杨存新	茌平县振兴街道南关	29	男	1945 年
李玉清	茌平县振兴街道齐韩村	40	男	1945 年
杨玉岭	茌平县振兴街道三官村	37	男	1945 年
李守铸	茌平县振兴街道洼李村	18	男	1945 年
李庆刚	茌平县振兴街道小井李村	27	男	1945 年
李平吉	茌平县振兴街道尹庄村	32	男	1945 年
赵培木	茌平县振兴街道赵庄村	18	男	1945 年
冯友车	茌平县振兴街道朱王村	—	男	1945 年
吴立祥	茌平县振兴街道朱王村	—	男	1945 年
史仰令	茌平县温陈乡范庄村	—	男	1945 年
李仰庆	茌平县冯官屯镇李楼村	—	男	1945 年
李元清	茌平县冯官屯镇李楼村	—	男	1945 年
吉连山家属之一	—	—	男	1945 年
吉连山家属之二	—	—	男	1945 年
王殿珍	茌平县肖庄乡王麻子村	—	男	1945 年

姓 名	籍 贯	年 龄	性 别	死难时间
王殿珍之外甥	茌平县肖庄乡王麻子村	—	男	1945 年
祁立健	茌平县菜屯镇杨槐村	—	男	1945 年
高凤慧	茌平县韩屯镇玉皇庙村	—	男	1945 年
翟凤连	茌平县翟庄	—	男	1945 年
张奎太	茌平县张楼	—	男	1945 年
周子耀	茌平县周庄	—	男	1945 年
韩长法之岳父	—	—	男	1945 年
樊廷芹	—	—	男	1945 年
高思让	—	—	男	1945 年
李怀峰	—	—	男	1945 年
李连启	—	—	男	1945 年
马利生	—	—	男	1945 年
庞承泗	—	—	男	1945 年
任泽时	—	—	男	1945 年
商本驼	—	—	男	1945 年
孙志成	—	—	男	1945 年
田 邱	—	—	男	1945 年
王德海	—	—	男	1945 年
王玉琢	—	—	男	1945 年
王振生之嫂	—	—	女	1945 年
王振生之侄	—	—	男	1945 年
于富珍	—	—	女	1945 年
张其善	—	—	男	1945 年
张任氏	—	—	女	1945 年
张玉栖	—	—	男	1945 年
朱××	—	—	男	1945 年
王新太	—	—	男	1945 年
马秀真之父	茌平县博平镇碱刘村	—	男	—
赵东冉	茌平县冯官屯镇大吕村	—	男	—
刘多明	茌平县冯官屯镇邢庄村	—	男	—
王尚温之妻	茌平县冯官屯镇业屯村	19	女	—
张先正	茌平县冯官屯镇张庄村	29	男	—
李允祥	茌平县广平乡大曲村	—	男	—
李允政	茌平县广平乡大曲村	—	男	—

姓　名	籍　　贯	年　龄	性　别	死难时间
李泽平	茌平县广平乡大曲村	—	男	—
曲洪翰	茌平县广平乡大曲村	—	男	—
曲留成	茌平县广平乡大曲村	—	男	—
纪怀贵	茌平县广平乡纪高村	27	男	—
张孙氏	茌平县广平乡李振祥村	—	女	—
石文雪	茌平县广平乡南街村	20	男	—
刘振生	茌平县广平乡石刘村	—	男	—
石怀明	茌平县广平乡石刘村	—	男	—
王正财	茌平县广平乡油坊村	—	男	—
陈景荣之子	茌平县韩官屯镇	—	男	—
袁秀连	茌平县贾寨乡堤头袁村	19	男	—
贾孟昌	茌平县贾寨乡贾寨前村	—	男	—
贾清集	茌平县贾寨乡贾寨前村	—	男	—
贾天记	茌平县贾寨乡贾寨西村	29	男	—
丁庆骏	茌平县乐平铺镇丁庄村	20	男	—
贾　水	茌平县乐平铺镇南街	18	男	—
于尾巴	茌平县乐平铺镇南街	17	男	—
王传文	茌平县乐平铺镇南王村	—	男	—
王少前	茌平县乐平铺镇南王村	—	男	—
王秀岭	茌平县乐平铺镇南王村	—	男	—
张根岁	茌平县温陈乡东张村	33	男	—
张文法	茌平县温陈乡温侯村	—	男	—
张文九	茌平县温陈乡温侯村	—	男	—
乔登兄之妻	茌平县肖庄乡落园村	—	女	—
王公毕	茌平县信发街道北八里村	—	男	—
王公毕家属之一	茌平县信发街道北八里村	—	—	—
王公毕家属之二	茌平县信发街道北八里村	—	—	—
王公毕家属之三	茌平县信发街道北八里村	—	—	—
王公毕家属之四	茌平县信发街道北八里村	—	—	—
李吉仁	茌平县信发街道堤子李村	—	男	—
王成贵	茌平县信发街道堤子李村	—	男	—
王风祥	茌平县信发街道金双营村	—	男	—
王玉田	茌平县信发街道金庄村	—	男	—
杨立江	茌平县信发街道李相武村	—	男	—

姓 名	籍 贯	年 龄	性 别	死难时间
李桂英之兄	茌平县信发街道齐韩村	—	男	—
李 ×	茌平县信发街道齐韩村	—	男	—
腾付木	茌平县信发街道齐韩村	—	男	—
吉长更	茌平县信发街道徐庄村	—	男	—
苗宗平	茌平县信发街道张庙村	22	男	—
张前塘	茌平县信发街道张庙村	30	男	—
杨西玉	茌平县杨官屯乡杨西村	21	男	—
董名方	茌平县韩屯镇还店村	—	男	—
夏以齐	茌平县温陈乡史官屯	—	男	—
小 冬	茌平县温陈乡谢天贡村	15	女	—
谢吉松	茌平县温陈乡谢天贡村	—	男	—
谢吉松之妻	茌平县温陈乡谢天贡村	—	女	—
杨××	茌平县杨庄	—	男	—
常玉领	—	—	男	—
崔希路	—	—	男	—
董传安	—	—	男	—
董传让	—	—	男	—
冯 八	—	—	男	—
郝永义	—	—	男	—
李成树	—	—	男	—
路林芝	—	—	男	—
邱博如之妻	—	—	女	—
邱博如之子	—	—	男	—
王百川	—	—	男	—
王玉干	—	—	男	—
乌怀材	—	—	男	—
谢洪照之妻	—	—	女	—
徐瑞元	—	—	男	—
许善路	—	—	男	—
许善路之妻	—	—	女	—
许善路子女之一	—	童	—	—
许善路子女之二	—	童	—	—
许善路子女之三	—	童	—	—
许善路子女之四	—	童	—	—

姓 名	籍 贯	年 龄	性 别	死难时间
张达恒	—	—	男	—
张华夷之侄	茌平县温陈乡东张村	—	男	—
张华夷之子	茌平县温陈乡东张村	—	男	—
张同善之妻	—	—	女	—
张维文	—	—	男	—
张玉秀	—	—	女	—
赵庆和	—	—	男	—
朱令之	—	—	男	—
王正俊	—	18	男	—
王李氏	—	40	女	—
王正庆	—	20	男	—
王金玉	茌平县广平乡张家楼村	19	男	—
王孝忠	茌平县广平乡张家楼村	15	男	—
王四柱	茌平县广平乡张家楼村	14	男	—
王孝尾	茌平县广平乡张家楼村	16	男	—
王禹氏	茌平县广平乡张家楼村	36	女	—
张田氏	茌平县广平乡张家楼村	55	女	—
张承倍	茌平县广平乡张家楼村	35	男	—
张士德	茌平县广平乡张家楼村	49	男	—
王孝魁	茌平县广平乡张家楼村	35	男	—
王卓友	—	38	男	—
徐光来	—	4	男	—
徐李氏	—	25	女	—
徐光思	—	20	男	—
陈长茂	茌平县韩集乡陈庄村	—	男	—
陈迎寅	茌平县韩集乡陈庄村	—	男	—
王玉堂	茌平县韩集乡陈庄村	—	男	—
王九风	茌平县韩集乡陈庄村	—	男	—
王富宣	茌平县韩集乡陈庄村	—	男	—
王玉田	茌平县韩集乡陈庄村	—	男	—
王孟生	茌平县韩集乡陈庄村	—	男	—
王九韶	茌平县韩集乡陈庄村	—	男	—
王仁宣	茌平县韩集乡陈庄村	—	男	
崔周氏	茌平县乐平铺镇崔楼村	42	女	1937年12月29日

姓　名	籍　贯	年　龄	性　别	死难时间
殳长岭	茌平县温陈乡甘韩村	—	男	1937 年
席瑞林	茌平县温陈乡甘韩村	—	男	1937 年
张延家	茌平县振兴街道谢庄村	—	男	1937 年
张有功	茌平县振兴街道谢庄村	—	男	1937 年
郭以勇	茌平县杨屯乡郭王村	22	男	1938 年夏
杨西林之兄	茌平县杜郎口镇张杨村	—	男	1938 年秋
张增琢	茌平县广平乡张洪村	—	男	1938 年秋
武殿兴	茌平县韩屯镇后西村	21	男	1938 年
刘金印	茌平县温陈乡金李村	—	男	1938 年
田成德	茌平县温陈乡田李村	—	男	1938 年
张启杰	茌平县信发街道张庙村	35	男	1938 年
曹尚功	茌平县振兴街道后曹村	11	男	1938 年
王义山之妻	茌平县温陈乡万寿观村	—	女	1938 年
岳爱汤	茌平县胡屯乡岳庄村	23	男	1939 年 2 月
郭金岭	茌平县韩屯镇郭卢高村	19	男	1939 年春
李树田	茌平县洪官屯乡范辛村	16	男	1939 年春
耿长江	茌平县贾寨乡耿三庄	28	男	1939 年春
付连江	茌平县冯官屯镇韩辛村	—	男	1939 年 4 月
付廷栋	茌平县冯官屯镇韩辛村	—	男	1939 年 4 月
王公成	茌平县冯官屯镇韩辛村	—	男	1939 年 4 月
李　眼	茌平县冯官屯镇望鲁店前村	26	男	1939 年 9 月
张　二	茌平县韩集乡张徐村	31	男	1939 年秋
张子奎	茌平县韩集乡张徐村	35	男	1939 年秋
徐英堂之妻	茌平县振兴街道南十里村	—	女	1939 年 12 月
孟光增	茌平县冯官屯镇孟庄村	24	男	1939 年
孟兆泉	茌平县冯官屯镇孟庄村	23	男	1939 年
潘好三	茌平县洪官屯乡官庄村	24	男	1939 年
贾保全	茌平县贾寨乡后寨村	20	男	1939 年
付丙固	茌平县温陈乡付集村	37	男	1939 年
刘月石	茌平县温陈乡刘仓村	38	男	1939 年
程祥文	茌平县温陈乡温庄村	—	男	1939 年
程玉海	茌平县温陈乡温庄村	—	男	1939 年
程玉芹	茌平县温陈乡温庄村	—	男	1939 年
贵继珍	茌平县振兴街道范庄村	21	男	1939 年

姓　名	籍　贯	年　龄	性　别	死难时间
刘丙参	茌平县振兴街道阁三里村	—	男	1939 年
刘丙容	茌平县振兴街道阁三里村	—	男	1939 年
刘兆洪	茌平县振兴街道阁三里村	—	男	1939 年
王如孝	茌平县乐平铺镇土刘村	25	男	1940 年 3 月
胡殿成	茌平县振兴街道南关	—	男	1940 年 8 月
胡殿贵	茌平县振兴街道南关	—	男	1940 年 8 月
胡王氏	茌平县振兴街道南关	—	女	1940 年 8 月
张加善	茌平县杜郎口镇张海子村	25	男	1940 年
贾占岭	茌平县贾寨乡后寨村	18	男	1940 年
蒋顺香	茌平县洪官屯乡回民李村	29	男	1940 年
王　四	茌平县洪官屯乡回民李村	23	男	1940 年
纪仁选	茌平县广平乡纪高村	40	男	1940 年
刘安仕	茌平县博平镇邓桥村	28	男	1940 年
刘安龙	茌平县博平镇孟庄村	21	男	1940 年
石玉富	茌平县博平镇孟庄村	20	男	1940 年
张带破	茌平县博平镇十甲庄	56	男	1940 年
崔德成	茌平县冯官屯镇前赵村	30	男	1940 年
赵金月	茌平县广平乡焦集村	26	男	1940 年
尹承泰	茌平县韩集乡尹庄村	32	男	1940 年
尹作山	茌平县韩集乡尹庄村	30	男	1940 年
张长星	茌平县洪官屯乡张陈村	23	男	1940 年
朱广全	茌平县洪官屯乡朱湾村	39	男	1940 年
李春代	茌平县肖庄乡李桥村	20	男	1940 年
仇善苓	茌平县韩集乡仇陶村	30	男	1941 年
栾士皋	茌平县韩集乡仇陶村	40	男	1941 年
韩金富	茌平县韩集乡东集村	31	男	1941 年
韩金海	茌平县韩集乡东集村	27	男	1941 年
韩金义	茌平县韩集乡东集村	30	男	1941 年
韩庆成	茌平县韩集乡东集村	28	男	1941 年
刘金代	茌平县洪官屯乡朱湾村	16	男	1941 年
刘连春	茌平县洪官屯乡朱湾村	17	男	1941 年
田少海	茌平县乐平铺镇郭田村	—	男	1941 年
王斯汉	茌平县冯官屯镇东封村	29	男	1942 年 3 月
张西安	茌平县广平乡南楼村	39	男	1942 年 4 月

姓 名	籍 贯	年 龄	性 别	死难时间
张增德	茌平县广平乡南楼村	41	男	1942 年 5 月
杜韩氏	茌平县振兴街道红庙村	33	女	1942 年 6 月
邹西金	茌平县冯官屯镇季庄村	16	男	1942 年
吴建贞	茌平县杨屯乡吴庄村	—	男	1942 年
冯先亮	茌平县杨屯乡大冯村	40	男	1942 年
栾光芹	茌平县温陈乡沈西村	—	男	1942 年
谢家彬	茌平县温陈乡沈西村	—	男	1942 年
谢家仲	茌平县温陈乡沈西村	—	男	1942 年
谢可龙	茌平县温陈乡沈西村	—	男	1942 年
赵富祥	茌平县温陈乡沈西村	—	男	1942 年
李宝连	茌平县博平镇孙桥村	18	男	1942 年
杨宝岭	茌平县博平镇孙桥村	17	男	1942 年
纪怀举之父	茌平县广平乡西街村	—	男	1942 年
纪圣吉	茌平县广平乡西街村	20	男	1942 年
姜王氏	茌平县韩集乡前姜村	32	女	1942 年
姜学兴	茌平县韩集乡前姜村	30	男	1942 年
馍馍小	茌平县洪官屯乡圈刘村	20	男	1942 年
耿登合	茌平县贾寨乡耿二庄	28	男	1942 年
张德成之妻	茌平县温陈乡西张村	—	女	1942 年
李建明	茌平县杨屯乡大冯村	—	男	1942 年
李建石	茌平县杨屯乡大冯村	—	男	1942 年
高存正	茌平县杨屯乡西高村	—	男	1942 年
高万德	茌平县杨屯乡西高村	—	男	1942 年
杨兆山	茌平县振兴街道家庙村	34	男	1942 年
王青廷	茌平县冯官屯镇李王村	25	男	1943 年 4 月
杨留成	茌平县杨屯乡杨前村	27	男	1943 年 4 月
马文范之母	茌平县胡屯乡马沙窝村	—	女	1943 年 5 月
崔运庆	茌平县贾寨乡崔老庄	5	男	1943 年 6 月
李振帮	茌平县贾寨乡崔老庄	—	男	1943 年 6 月
朱振习	茌平县冯官屯镇朱庄村	54	男	1943 年 7 月
单张氏	茌平县振兴街道赵庄村	30	女	1943 年 9 月
魏得山	茌平县温陈乡杜陈村	26	男	1943 年 12 月
韩传新	茌平县温陈乡范庄村	30	男	1943 年 12 月
王善章	茌平县温陈乡芦翟村	30	男	1943 年 12 月

姓　名	籍　贯	年　龄	性　别	死难时间
张荣祥	茌平县温陈乡芦翟村	31	男	1943 年 12 月
商二孬	茌平县杜郎口镇南街村	24	男	1943 年
李清路	茌平县韩集乡怪李村	—	男	1943 年
李圣清	茌平县韩集乡怪李村	—	男	1943 年
黄万秋	茌平县洪官屯乡洪屯村	41	男	1943 年
宋连贵	茌平县胡屯乡河西宋村	47	男	1943 年
赵宝深	茌平县胡屯乡河西宋村	20	男	1943 年
崔德满	茌平县乐平铺镇崔海子村	25	男	1943 年
张书田	茌平县乐平铺镇崔海子村	56	男	1943 年
常圣选	茌平县乐平铺镇齐常村	29	男	1943 年
王贵顺	茌平县乐平铺镇王兰廷村	32	男	1943 年
王以友	茌平县乐平铺镇王兰廷村	30	男	1943 年
逯先林	茌平县乐平铺镇英布刘村	28	男	1943 年
康凤友	茌平县杨屯乡前曹村	25	男	1943 年
周池青之子	茌平县菜屯镇孙庄村	—	男	1943 年
姜浓林	茌平县洪官屯乡姜庄村	23	男	1943 年
姜桑代	茌平县洪官屯乡姜庄村	20	男	1943 年
张　氏	茌平县洪官屯乡洪官屯村	—	女	1943 年
王春洋	茌平县温陈乡齐东村	—	男	1943 年
王　雨	茌平县温陈乡史西村	—	男	1943 年
李树德	茌平县温陈乡沈东村	60	男	1943 年
贾长龙	茌平县博平镇初庄村	20	男	1943 年
刘　春	茌平县博平镇碱刘村	16	男	1943 年
刘廷海	茌平县博平镇碱刘村	15	男	1943 年
刘子栋	茌平县博平镇碱刘村	23	男	1943 年
刘子文	茌平县博平镇碱刘村	33	男	1943 年
刘子祥	茌平县博平镇碱刘村	32	男	1943 年
石仓太	茌平县博平镇碱刘村	17	男	1943 年
石玉方	茌平县博平镇碱刘村	43	男	1943 年
谭信成	茌平县博平镇景庄村	27	男	1943 年
杨瑞文	茌平县博平镇刘坦村	18	男	1943 年
初吉连	茌平县博平镇秦庄村	20	男	1943 年
张安姬	茌平县菜屯镇张贾村	33	男	1943 年
董光庆	茌平县冯官屯镇马庄	29	男	1943 年

姓 名	籍 贯	年 龄	性 别	死难时间
董光义之伯父	茌平县冯官屯镇马庄	30	男	1943 年
贾兆瑞	茌平县广平乡北贾村	40	男	1943 年
张玉多	茌平县广平乡殷马村	19	男	1943 年
张玉清	茌平县广平乡殷马村	37	男	1943 年
袁广顺	茌平县广平乡袁庄村	37	男	1943 年
仇子廷	茌平县韩集乡仇陶村	40	男	1943 年
李连法	茌平县韩集乡怪李村	—	男	1943 年
李连举	茌平县韩集乡怪李村	—	男	1943 年
李清成	茌平县韩集乡怪李村	—	男	1943 年
李清全	茌平县韩集乡怪李村	—	男	1943 年
李清太	茌平县韩集乡怪李村	—	男	1943 年
刘保安	茌平县韩集乡怪李村	—	男	1943 年
王书教	茌平县韩集乡户王村	21	男	1943 年
张长利	茌平县韩集乡户王村	32	男	1943 年
刘桂章	茌平县韩集乡刘望海村	30	男	1943 年
姜怀节	茌平县韩集乡前姜村	45	男	1943 年
姜怀友	茌平县韩集乡前姜村	40	男	1943 年
姜学道	茌平县韩集乡前姜村	47	男	1943 年
王文明	茌平县韩集乡前姜村	26	男	1943 年
王文明之妻	茌平县韩集乡前姜村	27	女	1943 年
姜学礼	茌平县韩集乡前姜村	19	男	1943 年
赵 明	茌平县韩集乡赵庄村	17	男	1943 年
赵其干	茌平县韩集乡赵庄村	39	男	1943 年
朱文奎	茌平县韩集乡赵庄村	30	男	1943 年
杜青坡	茌平县洪官屯乡官厅村	29	男	1943 年
王培绪	茌平县洪官屯乡官厅村	27	男	1943 年
李长林	茌平县胡屯乡李明还村	30	男	1943 年
耿庆太	茌平县贾寨乡耿店村	22	男	1943 年
单立坤	茌平县贾寨乡郭堤口村	19	男	1943 年
郭保玉	茌平县贾寨乡郭堤口村	25	男	1943 年
贾占海	茌平县贾寨乡后寨村	20	男	1943 年
卢丕忠	茌平县贾寨乡卢吴村	20	男	1943 年
曹贵和	茌平县乐平铺镇曹庄村	19	男	1943 年
曹利兰	茌平县乐平铺镇曹庄村	43	男	1943 年

姓 名	籍 贯	年龄	性别	死难时间
尚存义	茌平县乐平铺镇尚庄村	25	男	1943 年
尚二毛	茌平县乐平铺镇尚庄村	29	男	1943 年
尚连棋	茌平县乐平铺镇尚庄村	26	男	1943 年
尚清合	茌平县乐平铺镇尚庄村	26	男	1943 年
尚伍成	茌平县乐平铺镇尚庄村	27	男	1943 年
王传珠	茌平县乐平铺镇小王庄	—	男	1943 年
王 文	茌平县乐平铺镇小王庄	—	男	1943 年
王秀乾	茌平县乐平铺镇小王庄	—	男	1943 年
王少昌	茌平县乐平铺镇小王庄	—	男	1943 年
吴清江	茌平县温陈乡黄庄村	—	男	1943 年
姚西春	茌平县温陈乡姜堂村	—	男	1943 年
二花圢	茌平县温陈乡马庄村	—	男	1943 年
立 山	茌平县温陈乡马庄村	—	男	1943 年
马代元	茌平县温陈乡马庄村	—	男	1943 年
赵一让	茌平县温陈乡马庄村	—	男	1943 年
李富然	茌平县温陈乡沈东村	30	男	1943 年
初吉虎	茌平县杨屯乡豆赵村	19	男	1943 年
曹文勇	茌平县杨屯乡前曹村	32	男	1943 年
康二黄	茌平县杨屯乡前曹村	31	男	1943 年
李金山	茌平县杨屯乡前曹村	48	男	1943 年
李如意	茌平县杨屯乡前曹村	26	男	1943 年
宋利新	茌平县杨屯乡宋庄村	39	男	1943 年
宋文亮	茌平县杨屯乡宋庄村	42	男	1943 年
冯登富	茌平县杨屯乡小冯村	24	男	1943 年
谢遵荣	茌平县杨屯乡小冯村	27	男	1943 年
谢兰举之父	茌平县杨屯乡小谢村	—	男	1943 年
姜中现	茌平县振兴街道姜刘村	28	男	1943 年
刘风元	茌平县振兴街道姜刘村	26	男	1943 年
赵维月	茌平县振兴街道尚庄村	—	男	1943 年
李传富	茌平县振兴街道张庄村	—	男	1943 年
李玉珍	茌平县振兴街道张庄村	—	男	1943 年
邓二疤	茌平县乐平铺镇张李村	30	男	1944 年 4 月
邓黑妞	茌平县乐平铺镇张李村	27	男	1944 年 4 月
李 法	茌平县乐平铺镇张李村	24	男	1944 年 4 月

姓　名	籍　贯	年　龄	性　别	死难时间
李核苓	荏平县乐平铺镇张李村	28	男	1944 年 4 月
李腊月	荏平县乐平铺镇张李村	26	男	1944 年 4 月
李铁马	荏平县乐平铺镇张李村	18	男	1944 年 4 月
李学八	荏平县乐平铺镇张李村	55	男	1944 年 4 月
张武修	荏平县乐平铺镇张李村	45	男	1944 年 4 月
苗永彩之弟	荏平县贾寨乡苗庄村	71	男	1944 年 6 月
袁张氏	荏平县乐平铺镇袁楼村	—	女	1944 年 6 月
林梦白	荏平县博平镇袁楼村	43	男	1944 年 7 月 3 日
杜经路	荏平县温陈乡杜陈村	26	男	1944 年 8 月
乌以坤	荏平县温陈乡付集村	28	男	1944 年 11 月
魏兴河	荏平县温陈乡杜陈村	24	男	1944 年 12 月
沈玉奇	荏平县温陈乡郝庄村	—	男	1944 年
徐景尧	荏平县温陈乡解庄村	—	男	1944 年
李方伦	荏平县乐平铺镇教北村	18	男	1944 年
周　军	荏平县乐平铺镇教北村	20	男	1944 年
崔德兴	荏平县乐平铺镇崔徐村	16	男	1944 年
崔以把	荏平县乐平铺镇崔徐村	16	男	1944 年
崔以套	荏平县乐平铺镇崔徐村	34	男	1944 年
徐德良	荏平县乐平铺镇大徐村	17	男	1944 年
李方伦	荏平县乐平铺镇教西村	22	男	1944 年
丁易林	荏平县博平镇东八村	15	男	1944 年
姜连重	荏平县博平镇乌庄村	33	男	1944 年
刘希虎	荏平县博平镇尹刘村	22	男	1944 年
杨吉河	荏平县冯官屯镇南辛村	32	男	1944 年
韩金山	荏平县冯官屯镇史韩村	30	男	1944 年
六姑姑	荏平县冯官屯镇史韩村	31	男	1944 年
史大利	荏平县冯官屯镇史韩村	28	男	1944 年
史大全	荏平县冯官屯镇史韩村	29	男	1944 年
史力成	荏平县冯官屯镇史韩村	25	男	1944 年
李尊角	荏平县韩屯镇韩北村	26	男	1944 年
王等城	荏平县韩屯镇韩北村	23	男	1944 年
韩守志	荏平县胡屯乡韩庄村	—	男	1944 年
崔德军	荏平县乐平铺镇崔海子村	48	男	1944 年
崔德牛	荏平县乐平铺镇崔海子村	38	男	1944 年

姓　名	籍　贯	年　龄	性　别	死难时间
崔德祥	茌平县乐平铺镇崔海子村	40	男	1944 年
于长春	茌平县信发街道高户村	—	男	1944 年
李庆祥	茌平县温陈乡史东村	—	男	1945 年 1 月
李庆友	茌平县温陈乡史东村	—	男	1945 年 1 月
郑延基	茌平县温陈乡史东村	—	男	1945 年 1 月
张传银	茌平县温陈乡张贡村	—	男	1945 年 1 月
徐凤臣	茌平县振兴街道南十里村	—	男	1945 年 5 月 16 日
韩秀英之母	茌平县	—	女	1945 年 5 月
魏兴增	茌平县温陈乡杜陈村	30	男	1945 年 7 月
袁合德	茌平县广平乡袁庄村	44	男	1945 年
郝曰伍	茌平县乐平铺镇赫杨村	—	男	1945 年
朱义代	茌平县乐平铺镇朱庄村	27	男	1945 年
李传金	茌平县振兴街道李孝堂村	20	男	1945 年
李传庆	茌平县振兴街道李孝堂村	28	男	1945 年
李广海	茌平县振兴街道李孝堂村	18	男	1945 年
李广胡	茌平县振兴街道李孝堂村	23	男	1945 年
王振生	—	—	男	1945 年
王振生之母	—	—	女	1945 年
商成杰之祖父	茌平县杜郎口镇西街村	—	男	—
李清坡	茌平县冯官屯镇大吕村	34	男	—
杜善星	茌平县冯官屯镇杜庄村	34	男	—
曹光城	茌平县广平乡北街村	—	男	—
陈万录	茌平县广平乡北街村	—	男	—
杨泗春	茌平县广平乡北街村	—	男	—
杨泗溢	茌平县广平乡北街村	16	男	—
杨玉池	茌平县广平乡北街村	24	男	—
杨玉莲	茌平县广平乡北街村	28	男	—
贾凤云	茌平县广平乡韩仁村	50	男	—
李殿月	茌平县广平乡李振祥村	—	男	—
李二道	茌平县广平乡李振祥村	—	男	—
李二憨	茌平县广平乡李振祥村	—	男	—
李建业	茌平县广平乡李振祥村	—	男	—
李十月	茌平县广平乡李振祥村	—	男	—
李树成	茌平县广平乡李振祥村	—	男	—

姓　名	籍　贯	年　龄	性　别	死难时间
刘　六	荏平县广平乡李振祥村	—	男	—
纪怀苓之子	荏平县广平乡西街村	—	男	—
纪同齐	荏平县广平乡西街村	—	男	—
李文生之弟	荏平县广平乡西街村	—	男	—
赵太成之兄	荏平县胡屯乡王贡村	—	男	—
吴淮溪	荏平县贾寨乡杜沟村	—	男	—
梅法燕	荏平县贾寨乡梅庄村	—	男	—
刘宗江	荏平县乐平铺镇杜庄村	—	男	—
秃　子	荏平县乐平铺镇杜庄村	—	男	—
刘吉思	荏平县乐平铺镇郝东村	—	男	—
刘吉贤	荏平县乐平铺镇郝东村	—	男	—
刘延贷	荏平县乐平铺镇木梳刘村	—	男	—
董洪全	荏平县温陈乡前董村	—	男	—
王月七	荏平县温陈乡温侯村	—	男	—
张德昌	荏平县温陈乡温侯村	—	男	—
张德怀	荏平县温陈乡温侯村	—	男	—
乔玉昌	荏平县肖庄乡落园村	—	男	—
李连义	荏平县肖庄乡皮李村	—	男	—
张长法之父	荏平县肖庄乡朱启虎村	—	男	—
王崇本	荏平县信发街道北八里村	—	男	—
王传义	荏平县信发街道北八里村	—	男	—
王传英	荏平县信发街道北八里村	—	男	—
王传云	荏平县信发街道北八里村	—	男	—
王传贞	荏平县信发街道北八里村	—	男	—
王开全	荏平县信发街道北八里村	—	男	—
孙洪木	荏平县杨屯乡潘西村	—	男	—
孙振吉	荏平县杨屯乡潘西村	—	男	—
孙振江	荏平县杨屯乡潘西村	—	男	—
孙振岐	荏平县杨屯乡潘西村	—	男	—
曹尚文	荏平县振兴街道后曹村	18	男	—
胡振忠	荏平县振兴街道南关		男	—
合　计	3190			

责任人：徐淑芝　韩士信　　核实人：肖秋恩　高东霞　高曰振　填表人：高东霞
填报单位（签章）：荏平县委党史研究室　　　　　填报时间：2009 年 4 月 16 日

高唐县抗日战争时期死难者名录

姓　名	籍　贯	年　龄	性　别	死难时间
白云若	高唐县	23	男	1937 年 10 月 10 日
吴绍会	高唐县梁村镇吴庄村	—	男	1937 年 10 月
吴玉范	高唐县梁村镇吴庄村	—	男	1937 年 10 月
华福海	高唐县尹集镇解庄村	31	男	1937 年 11 月 14 日
王贤军	高唐县	—	男	1937 年 11 月 18 日
刘开源	高唐县三十里铺镇十里铺	—	男	1937 年 11 月 18 日
刘树甫	高唐县三十里铺镇十里铺	—	男	1937 年 11 月 18 日
石残疾	高唐县汇鑫街道颜辛村	25	男	1937 年 11 月
李汝明	高唐县姜店乡刘郭庄村	—	男	1937 年 11 月
王德彪	高唐县固河镇前辛村	40	男	1937 年 11 月
解老道	高唐县	—	男	1937 年 11 月
张振荣	高唐县	—	男	1937 年 11 月
王宗道	高唐县杨屯乡小林村	25	男	1937 年 12 月 27 日
刘　绝	高唐县尹集镇双庙村	16	男	1937 年 12 月 30 日
唐安顺	高唐县尹集镇双庙村	—	男	1937 年 12 月 30 日
田如斗	高唐县汇鑫街道小田村	25	男	1937 年 12 月
王光珍	高唐县姜店乡中屯村	27	男	1937 年 12 月
田身志	高唐县汇鑫街道小田村	30	男	1937 年 12 月
赵克曾	高唐县姜店乡坟台村	—	男	1937 年
田传美	高唐县汇鑫街道田楼村	—	男	1937 年
于××	高唐县姜店乡尚官屯村	18	男	1937 年
张福庄	高唐县	—	男	1937 年
张金荣	高唐县	—	男	1937 年
靳刘恒	高唐县汇鑫街道西铺村	70	男	1937 年
刘子明	高唐县汇鑫街道西铺村	38	男	1937 年
李风春	高唐县汇鑫街道西铺村	38	男	1937 年
焦蔡盛	高唐县尹集镇蔡庄村	30	女	1937 年
张吉臣	高唐县人和街道汪庄	42	男	1937 年
褚如意	高唐县人和街道汪庄	18	男	1937 年
芦先焦	高唐县人和街道汪庄	18	男	1937 年
王　柱	高唐县鱼丘湖街道一里村	—	男	1937 年

姓 名	籍 贯	年 龄	性 别	死难时间
孙风连	高唐县汇鑫街道孙屯	46	男	1937 年
李八相	高唐县杨屯乡张大屯	—	男	1937 年
李金祥	高唐县汇鑫街道谷官屯	27	男	1937 年
王尚娥	高唐县汇鑫街道王签村	62	男	1937 年 12 月
王友恒	高唐县汇鑫街道王签村	73	男	1937 年 12 月
王春元	高唐县汇鑫街道王签村	54	男	1937 年 12 月
王树先之伯父	高唐县汇鑫街道王签村	40	男	1937 年 12 月
留 住	高唐县汇鑫街道王签村	18	男	1937 年 12 月
徐林楼	高唐县梁村镇梁村	30	男	1937 年
储秀荣	高唐县姜店乡姜庄村	25	男	1937 年
由光明	高唐县鱼丘湖街道	34	男	1937 年
左洪奎	高唐县鱼丘湖街道皇殿村	31	男	1937 年
董要街	高唐县人和街道董楼村	67	男	1937 年
李恒训	高唐县梁村镇李化梓村	—	男	1937 年
张金昌	高唐县姜店乡唐楼村	17	男	1937 年
王德荣	高唐县姜店乡范庄村	17	男	1937 年
赵玉同	高唐县	—	男	1937 年
张 修	高唐县人和街道张庄村	—	男	1937 年
郭安芳	高唐县姜店乡长郭村	—	—	1937 年
石友之	高唐县清平镇石庄村	—	男	1937 年
张玉明	高唐县尹集镇王寨村	—	男	1937 年
于兆夹	高唐县梁村镇西张村	—	男	1937 年
林洪昌	高唐县人和街道赵八里村	—	男	1937 年
周庭芳	高唐县琉璃寺镇周小屯	—	—	1937 年
陈云荣	高唐县杨屯乡大刘村	—	男	1937 年
李希文	高唐县固河镇大胡集村	—	男	1937 年
郭双秀	高唐县	—	—	1937 年
董小兴	高唐县	—	男	1937 年
董树芳	高唐县	—	男	1937 年
郭殿香	高唐县卅里铺镇郭庄村	—	男	1937 年
陈 营	高唐县琉璃寺镇大刘庄村	—	男	1937 年
郑金平	高唐县琉璃寺镇张庄村	—	男	1938 年 1 月 1 日
李文长	高唐县杨屯乡高官屯	—	男	1938 年 1 月 7 日
彭高寅	高唐县杨屯乡高官屯	—	男	1938 年 1 月 7 日

姓 名	籍 贯	年 龄	性 别	死难时间
王有柱	高唐县杨屯乡高官屯	—	男	1938 年 1 月 7 日
王有清	高唐县杨屯乡高官屯	—	男	1938 年 1 月 7 日
高存仁	高唐县杨屯乡高官屯	—	男	1938 年 1 月 7 日
王之明	高唐县杨屯乡高官屯	—	男	1938 年 1 月 7 日
彭高臣	高唐县杨屯乡高官屯	—	男	1938 年 1 月 7 日
张丙文	高唐县杨屯乡高官屯	—	男	1938 年 1 月 7 日
朱荣章	高唐县杨屯乡朱庄村	—	男	1940 年 5 月
朱吉庭	高唐县杨屯乡高官屯	—	男	1938 年 1 月 7 日
吴子杰	高唐县固河镇前辛村	39	男	1938 年 3 月 6 日
范胜汝	高唐县琉璃寺镇小范村	50	男	1938 年 1 月 15 日
鲁五毛	高唐县杨屯乡小屯	32	男	1938 年 1 月 15 日
张二成	高唐县琉璃寺镇小屯	29	男	1938 年 1 月 15 日
周茂里	高唐县琉璃寺镇王厨村	43	男	1938 年 1 月 16 日
李杨氏	高唐县清平镇于庄村	—	女	1938 年 2 月 2 日
俞尊池	高唐县清平镇于庄村	32	男	1938 年 2 月 2 日
刘振廷	高唐县	32	男	1938 年 2 月 3 日
李长安	高唐县梁村镇前苦村	34	男	1938 年 2 月 3 日
孙长立	高唐县	24	男	1938 年 2 月 3 日
孙长明	高唐县	28	男	1938 年 2 月 3 日
杜其昌	高唐县	25	男	1938 年 2 月 3 日
刘福忠	高唐县	25	男	1938 年 2 月 3 日
赵德仁	高唐县	25	男	1938 年 2 月 3 日
杨芝祥	高唐县	23	男	1938 年 2 月 3 日
韩警砭	河北省霸州市	—	男	1938 年
金谷兰	高唐县汇鑫街道谷官屯	34	男	1938 年 2 月 5 日
盛绪亭	高唐县	—	男	1938 年
傅登州	高唐县	45	男	1938 年 2 月 23 日
李洪亮	高唐县鱼丘湖街道办事处周官屯	43	男	1938 年 2 月 23 日
刘玉山	高唐县鱼丘湖街道办事处周官屯	47	男	1938 年 2 月 23 日
王长吉	高唐县	18	男	1938 年 2 月 23 日
王仙亭	高唐县	45	男	1938 年 2 月 23 日
武传岳	高唐县杨屯乡邱庄村	24	男	1938 年 2 月
田学孔	高唐县汇鑫街道办事处小田村	31	男	1938 年 2 月
刘东生	高唐县尹集镇双庙村	—	男	1938 年 2 月

姓 名	籍 贯	年 龄	性 别	死难时间
杨文兴	高唐县梁村镇小杨庄村	—	男	1938 年 2 月
崔子固	高唐县尹集镇崔庄	—	男	1938 年 3 月 6 日
刘嘉义	高唐县尹集镇双庙村	—	男	1938 年 3 月 6 日
朱景绪	高唐县汇鑫街道于庄村	—	—	1938 年 3 月 3 日
刘兰喜	高唐县琉璃寺镇琉璃寺村	54	男	1938 年 3 月
张喜汉	高唐县琉璃寺镇琉璃寺村	30	男	1938 年 3 月
颜 狗	高唐县汇鑫街道颜辛村	21	男	1938 年 3 月
薛贵廷	高唐县梁村镇盖洼村	29	男	1938 年 3 月
郑洪生	高唐县	36	男	1938 年 4 月 10 日
周 居	高唐县杨屯乡周老庄村	—	—	1938 年 4 月
李圈河	高唐县尹集镇老王寨村	37	男	1938 年 5 月
张全良	高唐县尹集镇老王寨村	39	男	1938 年 5 月
张书礼	高唐县赵寨子乡后张村	76	男	1938 年 5 月
杨文典	高唐县梁村镇前杨庄村	—	男	1938 年 6 月
李文起	高唐县琉璃寺镇	—	男	1938 年 7 月
李丙芳	高唐县固河镇贾庄村	—	—	1938 年 7 月
宋长立	高唐县杨屯乡安庄村	54	男	1938 年 7 月
彭金良	高唐县姜店乡彭寺村	21	男	1939 年 3 月
苏绍斌	高唐县梁村镇刘楼村	—	男	1938 年 9 月
殷之泉	高唐县姜店乡东街村	39	男	1938 年 8 月 10 日
殷兆景	高唐县姜店乡东街村	35	男	1938 年 8 月 10 日
邢天宝	高唐县姜店乡东街村	37	男	1938 年 8 月 10 日
殷传庆	高唐县姜店乡东街村	26	男	1938 年 8 月 10 日
殷之英	高唐县姜店乡东街村	43	男	1938 年 8 月 10 日
殷兆刚	高唐县姜店乡东街村	35	男	1938 年 8 月 10 日
张洪信	高唐县姜店乡东街村	47	男	1938 年 8 月 10 日
张兰普	高唐县姜店乡东街村	41	男	1938 年 8 月 10 日
邢帮平	高唐县姜店乡东街村	—	男	1938 年 8 月 10 日
于吉顺	高唐县汇鑫街道谷官屯	40	男	1938 年 8 月
于士坠	高唐县汇鑫街道谷官屯	20	男	1938 年 8 月
于四喜	高唐县汇鑫街道谷官屯	16	男	1938 年 8 月
陶贵清	高唐县	30	男	1938 年 9 月 17 日
张保林	高唐县	26	男	1938 年 9 月 17 日
李玉明	高唐县	27	男	1938 年 9 月 17 日

姓　名	籍　贯	年　龄	性　别	死难时间
张德荣	高唐县姜店乡东屯	—	男	1938 年 9 月
付吉政	高唐县姜店乡付桥村	—	男	1938 年 9 月
丁　刀	高唐县	—	男	1938 年 9 月
赵日鑫	高唐县琉璃寺镇东牛村	48	男	1938 年 9 月
黄玉凤	高唐县固河镇南闫庄	35	男	1938 年 10 月
魏金昌	高唐县尹集镇大社李村	38	男	1938 年 10 月
张庆岭	高唐县清平镇孙梁村	—	男	1938 年 10 月
相廷杰	高唐县汇鑫街道小田村	28	男	1938 年 10 月
唐　一	高唐县姜店乡北街村	29	男	1938 年 10 月
相豪恩	高唐县汇鑫街道小田村	25	男	1938 年 10 月
吴振甲	高唐县汇鑫街道小田村	28	男	1938 年 10 月
于余岭	高唐县清平镇高寨村	—	男	1938 年 10 月
赵　四	高唐县姜店乡北街村	34	男	1938 年 10 月
殷　虎	高唐县姜店乡北街村	38	男	1938 年 10 月
孙万善	高唐县清平镇高寨村	—	男	1938 年 10 月
刘玉美	高唐县琉璃寺镇安阜屯	17	男	1938 年 10 月
解长平	高唐县	—	男	1938 年 10 月
李全寿	高唐县	—	男	1938 年 11 月 25 日
李恒太	高唐县	—	男	1938 年 11 月 25 日
李继玉	高唐县	—	—	1938 年 11 月 25 日
李继文	高唐县	—	男	1938 年 11 月 25 日
郭佩德	高唐县姜店乡南镇村	—	男	1938 年 11 月 29 日
吴长祥	高唐县琉璃寺镇三里村	37	男	1938 年 11 月
吴金斗	高唐县琉璃寺镇三里村	17	男	1938 年 11 月
赵玉楼	高唐县姜店乡坟台村	—	男	1938 年 11 月
赵希红	高唐县姜店乡坟台村	—	—	1938 年 11 月
宋长立	高唐县姜店乡坟台村	—	男	1938 年 11 月
张风仪	高唐县姜店乡坟台村	—	—	1938 年 11 月
赵希江	高唐县姜店乡坟台村	55	男	1938 年 11 月
赵金堂	高唐县姜店乡坟台村	—	男	1938 年 11 月
赵玉立	高唐县姜店乡坟台村	36	男	1938 年 11 月
王振英	高唐县姜店乡坟台村	38	女	1938 年 11 月
盈　雪	高唐县姜店乡东李村	11	女	1938 年 11 月
小李子	高唐县姜店乡东李村	17	男	1938 年 11 月

姓 名	籍 贯	年 龄	性 别	死难时间
盈学龙	高唐县姜店乡东李村	—	男	1938 年 11 月
王洪永	高唐县姜店乡天东村	31	男	1938 年 11 月
王士国	高唐县姜店乡天东村	29	男	1938 年 11 月
牟亲良	高唐县姜店乡天王村	19	男	1938 年 11 月
牟玉慧	高唐县姜店乡天王村	21	女	1938 年 11 月
王金玉	高唐县姜店乡天王村	31	女	1938 年 11 月
赵玉杜	高唐县姜店乡坟台村	45	男	1938 年 11 月
赵希悦	高唐县姜店乡坟台村	25	男	1938 年 11 月
胡永康	高唐县姜店乡南街村	30	男	1938 年 1 月 29 日
郭景家	高唐县姜店乡南街村	51	男	1938 年 1 月 29 日
郭三爷	高唐县姜店乡南街村	65	男	1938 年 1 月 29 日
郭 全	高唐县姜店乡南街村	29	男	1938 年 1 月 29 日
杨绪宝	高唐县姜店乡南街村	50	男	1938 年 1 月 29 日
杨安稳	高唐县姜店乡南街村	51	男	1938 年 1 月 29 日
杨廷贵	高唐县姜店乡南街村	16	男	1938 年 1 月 29 日
张士燕	高唐县姜店乡北街村	30	男	1938 年 1 月 29 日
张士成	高唐县姜店乡北街村	28	男	1938 年 1 月 29 日
殷三十	高唐县姜店乡北街村	25	男	1938 年 1 月 29 日
杨文武	高唐县姜店乡北街村	29	男	1938 年 1 月 29 日
殷荣虎	高唐县姜店乡北街村	22	男	1938 年 1 月 29 日
石义华	高唐县姜店乡石庄村	29	男	1938 年 12 月
石尚顺	高唐县姜店乡石庄村	30	男	1938 年 12 月
石长勇	高唐县姜店乡石庄村	37	男	1938 年 12 月
郭光明	高唐县姜店乡天西村	31	男	1938 年 12 月
郭元亮	高唐县姜店乡天西村	37	男	1938 年 12 月
王井志	高唐县姜店乡燕庄	20	男	1938 年 12 月
高老大	高唐县姜店乡燕庄	40	男	1938 年 12 月
王高氏	高唐县姜店乡燕庄	50	女	1938 年 12 月
赵徐氏	高唐县姜店乡燕庄	35	女	1938 年 12 月
赵信志	高唐县姜店乡燕庄	31	男	1938 年 12 月
杜立祥	高唐县姜店乡西西联村	46	男	1938 年 1 月 29 日
邢运师	高唐县姜店乡西西联村	35	男	1938 年 1 月 29 日
姜云起	高唐县姜店乡南店村	44	男	1938 年 12 月
马心安	高唐县姜店乡南店村	32	男	1938 年 12 月

姓 名	籍 贯	年 龄	性 别	死难时间
王德明	高唐县姜店乡南店村	23	男	1938 年 12 月
王大个子	高唐县姜店乡南街村	31	男	1938 年 1 月 29 日
赵旨会	高唐县姜店乡南街村	29	男	1938 年 1 月 29 日
杨爱民	高唐县姜店乡南街村	40	男	1938 年 1 月 29 日
房兆兴	高唐县汇鑫街道房庙村	52	男	1938 年
李同美	高唐县汇鑫街道房庙村	28	男	1938 年
房兆贺	高唐县汇鑫街道房庙村	46	男	1938 年
李庆美	高唐县汇鑫街道房庙村	30	男	1938 年
李汗魁	高唐县汇鑫街道房庙村	62	男	1938 年
李月美	高唐县汇鑫街道房庙村	45	男	1938 年
李朝翠	高唐县汇鑫街道房庙村	42	男	1938 年
房兆文	高唐县汇鑫街道房庙村	35	男	1938 年
房士普	高唐县汇鑫街道房庙村	28	男	1938 年
王金坤	高唐县汇鑫街道房庙村	36	男	1938 年
房士英	高唐县汇鑫街道房庙村	26	男	1938 年
房士宝	高唐县汇鑫街道房庙村	25	男	1938 年
李富美	高唐县汇鑫街道房庙村	46	男	1938 年
房士贵	高唐县汇鑫街道房庙村	16	男	1938 年
李金美	高唐县汇鑫街道房庙村	28	男	1938 年
李维道	高唐县卅里铺镇庄庄村	—	男	1938 年
曹大傻子	高唐县卅里铺镇庄庄村	—	男	1938 年
周茂成	高唐县清平镇刘海子村	—	男	1938 年
张文宏	高唐县汇鑫街道谷官屯	30	男	1938 年
尹安祥	高唐县固河镇孙家庙村	—	男	1938 年 9 月
王金春	高唐县固河镇孙家庙村	—	男	1938 年 9 月
王思义	高唐县固河镇孙家庙村	—	男	1938 年 9 月
王汝尧	高唐县固河镇孙家庙村	—	男	1938 年 9 月
王维纲	高唐县固河镇孙家庙村	—	男	1938 年 9 月
刘 娟	高唐县固河镇孙家庙村	—	女	1938 年 9 月
张瑞亭	高唐县固河镇后吴村	—	男	1938 年 9 月
王德如	高唐县固河镇孙家庙村	—	男	1938 年 9 月
赵立洪	高唐县梁村镇田寨村	—	男	1938 年
赵玉山	高唐县梁村镇田寨村	—	男	1938 年
李庆友	高唐县卅里铺镇李奇庄村	—	男	1938 年

姓　名	籍　贯	年　龄	性　别	死难时间
李录忠	高唐县卅里铺镇李奇庄村	—	男	1938 年
于桂香	高唐县清平镇石庄村	—	女	1938 年
于福太	高唐县清平镇石庄村	—	男	1938 年
姜小言	高唐县清平镇石庄村	—	男	1938 年
高任民	高唐县	—	男	1938 年
杨永宽	高唐县杨屯乡小井村	—	男	1938 年
王王氏	高唐县姜店乡辛店村	—	女	1938 年
刘殿君	高唐县	—	男	1938 年
田传保	高唐县	—	男	1938 年
田传善	高唐县	—	男	1938 年
刘瑞文	高唐县清平镇刘海子村	—	男	1938 年
姚一智	高唐县杨屯乡小井村	36	男	1938 年
刘宪玉	高唐县杨屯乡盐厂村	28	男	1938 年
王长河	高唐县杨屯乡杨东村	53	男	1938 年
孟兆忠	高唐县杨屯乡杨东村	56	男	1938 年
赵　厚	高唐县汇鑫街道西铺村	38	男	1938 年
张庆柱	高唐县清平镇孙梁村	—	男	1938 年
李苦昌	高唐县尹集镇大社李村	41	男	1938 年
党佛时	高唐县尹集镇大社李村	39	男	1938 年
李长青	高唐县尹集镇后业村	—	男	1938 年
孙庆喜	高唐县尹集镇后业村	—	男	1938 年
张之朋	高唐县尹集镇堤子张村	50	男	1938 年
张富祥	高唐县尹集镇堤子张村	40	男	1938 年
王老三	高唐县尹集镇张官屯	50	男	1938 年
王孟亮	高唐县尹集镇红庙村	35	男	1938 年
李文奎	高唐县汇鑫街道房庙村	58	男	1938 年
李　奎	高唐县汇鑫街道房庙村	60	男	1938 年
周廷堂	高唐县梁村镇范庄村	16	男	1938 年
李朝卒	高唐县汇鑫街道房庙村	28	男	1938 年
张承龙	高唐县汇鑫街道房庙村	65	男	1938 年
房双桂	高唐县汇鑫街道房庙村	14	男	1938 年
吴光路	高唐县梁村镇吴庄村	—	男	1938 年
王金城	高唐县姜店乡南街村	—	男	1938 年 1 月 29 日
杜文灿	高唐县姜店乡南街村	—	男	1938 年 1 月 29 日

姓 名	籍 贯	年 龄	性 别	死难时间
林荣堂	高唐县鱼丘湖街道林庄村	30	男	1938 年
王德广	高唐县鱼丘湖街道双海子村	30	男	1938 年
孔宪芝	高唐县鱼丘湖街道寨北村	30	男	1938 年
田乃卓	高唐县鱼丘湖街道南关村	40	男	1938 年
李正凡	高唐县鱼丘湖街道南关村	—	男	1938 年
张立吉	高唐县	—	男	1938 年
董梦松	高唐县	—	男	1938 年
于大春	高唐县	—	男	1938 年
宋西三	高唐县鱼丘湖街道付堂村	—	男	1938 年
郭廷辉	高唐县人和街道前七里村	32	男	1938 年
刘书楼	高唐县汇鑫街道十里铺村	43	男	1938 年
郭曰桥	高唐县姜店乡西西联村	45	男	1938 年 1 月 29 日
李安成	高唐县姜店乡西西联村	50	男	1938 年 1 月 29 日
李小二	高唐县姜店乡西西联村	60	男	1938 年 1 月 29 日
李希草	高唐县姜店乡西西联村	60	男	1938 年 1 月 29 日
殷兆慧	高唐县姜店乡西西联村	20	男	1938 年 1 月 29 日
殷四居	高唐县姜店乡西西联村	30	男	1938 年 1 月 29 日
殷兆圣	高唐县姜店乡西西联村	32	男	1938 年 1 月 29 日
殷兆翠	高唐县姜店乡西西联村	43	男	1938 年 1 月 29 日
庄洪伍	高唐县姜店乡西西联村	55	男	1938 年 1 月 29 日
张文章	高唐县姜店乡张井村	17	男	1938 年
张文泉	高唐县姜店乡张井村	20	男	1938 年
庄洪禄	高唐县姜店乡西西联村	45	男	1938 年
谢希泉	高唐县姜店乡西西联村	32	男	1938 年
王桂玉	高唐县姜店乡西西联村	42	男	1938 年 1 月 29 日
殷庆树	高唐县姜店乡西西联村	38	男	1938 年 1 月 29 日
殷庆林	高唐县姜店乡西西联村	41	男	1938 年 1 月 29 日
谢奎元	高唐县姜店乡西西联村	50	男	1938 年 1 月 29 日
邢王氏	高唐县姜店乡西西联村	55	女	1938 年 1 月 29 日
姜延刚	高唐县琉璃寺镇姜寺村	—	男	1938 年
王体显	高唐县姜店乡王仙村	31	男	1938 年
庞士田	高唐县姜店乡庞屯	23	男	1938 年
谢宝堂	高唐县梁村镇西屯	27	男	1938 年
宋为真	高唐县梁村镇西屯	25	男	1938 年

姓 名	籍 贯	年 龄	性 别	死难时间
卢传木	高唐县琉璃寺镇郭店村	27	男	1938 年
武长兴	高唐县琉璃寺镇郭店村	32	男	1938 年
路吉余	高唐县琉璃寺镇郭店村	26	男	1938 年
郭长景	高唐县琉璃寺镇琉璃寺村	30	男	1938 年
张德政	高唐县琉璃寺镇琉璃寺村	32	男	1938 年
张曰清	高唐县琉璃寺镇琉璃寺村	24	男	1938 年
张长生	高唐县琉璃寺镇琉璃寺村	24	男	1938 年
王太行	高唐县琉璃寺镇琉璃寺村	25	男	1938 年
张喜连	高唐县琉璃寺镇琉璃寺村	30	男	1938 年
周庆泉	高唐县琉璃寺镇初庄村	43	男	1938 年
周庆吉	高唐县琉璃寺镇初庄村	24	男	1938 年
张老虎	高唐县琉璃寺镇东高村	23	男	1938 年
张风德	高唐县琉璃寺镇东高村	23	男	1938 年
陈兆瑞	高唐县琉璃寺镇陈营村	23	男	1938 年
陈吉生	高唐县琉璃寺镇陈营村	20	男	1938 年
陈付荣	高唐县琉璃寺镇陈营村	18	男	1938 年
陈立祥	高唐县琉璃寺镇陈营村	20	男	1938 年
陈立贵	高唐县琉璃寺镇陈营村	22	男	1938 年
刘付贵	高唐县琉璃寺镇陈营村	—	男	1938 年
陈经青	高唐县琉璃寺镇陈营村	—	男	1938 年
罗刘氏	高唐县琉璃寺镇罗营村	21	女	1938 年
吴占阳	高唐县琉璃寺镇小吴村	24	男	1938 年
吴兴昆	高唐县琉璃寺镇大吴村	19	男	1938 年
吴启远	高唐县琉璃寺镇大吴村	19	男	1938 年
吴文生	高唐县琉璃寺镇大吴村	17	男	1938 年
吴万元	高唐县琉璃寺镇大吴村	22	男	1938 年
吴兴燕	高唐县琉璃寺镇大吴村	30	男	1938 年
吴长根	高唐县琉璃寺镇大吴村	30	男	1938 年
王宏修	高唐县琉璃寺镇小吴村	41	男	1938 年
闫洪规	高唐县琉璃寺镇焦庄村	37	男	1938 年
林道岭	高唐县琉璃寺镇南姜村	17	男	1938 年
赵 傻	高唐县琉璃寺镇南姜村	25	男	1938 年
赵洪河	高唐县琉璃寺镇南姜村	19	男	1938 年
林道旺	高唐县琉璃寺镇南姜村	29	男	1938 年

姓 名	籍 贯	年 龄	性 别	死难时间
小 狗	高唐县琉璃寺镇西牛村	35	男	1938 年
牛 祥	高唐县琉璃寺镇西牛村	10	男	1938 年
于伦山	高唐县琉璃寺镇于屯	34	男	1938 年
于步喜	高唐县琉璃寺镇于屯	50	男	1938 年
柳长林	高唐县杨屯乡前屯	—	男	1938 年
秋 宝	高唐县杨屯乡小辛庄村	—	男	1938 年
穆景勇	高唐县	—	男	1938 年
李洪序	高唐县	—	男	1938 年
李万喜	高唐县	—	男	1938 年
李春荣	高唐县梁村镇打渔李村	—	男	1938 年
苏绍然	高唐县杨屯乡刘楼村	—	男	1938 年
刘银邦	高唐县尹集镇邓官屯	—	男	1938 年
李井峰	高唐县	—	男	1938 年
于汗青	高唐县	—	男	1938 年
臧一江	高唐县梁村镇藏庄村	32	男	1939 年 1 月 15 日
许清明	高唐县琉璃寺镇许楼村	22	男	1939 年 3 月 5 日
保 玉	高唐县琉璃寺镇许楼村	23	男	1939 年 3 月 5 日
许秋成	高唐县琉璃寺镇许楼村	21	男	1939 年 3 月 5 日
许以孝	高唐县琉璃寺镇许楼村	33	男	1939 年 3 月 5 日
许兰茂	高唐县琉璃寺镇许楼村	47	男	1939 年 3 月 5 日
许 臭	高唐县琉璃寺镇许楼村	17	男	1939 年 3 月 5 日
许腊月	高唐县琉璃寺镇许楼村	16	男	1939 年 3 月 5 日
许大头	高唐县琉璃寺镇许楼村	55	男	1939 年 3 月 5 日
李来忠	高唐县	—	男	1939 年 1 月 15 日
于清珍	高唐县琉璃寺镇徐庙村	—	男	1939 年 2 月
王士德	高唐县	21	男	1939 年 3 月 5 日
申子君	高唐县琉璃寺镇琉璃寺村	—	男	1939 年 3 月 5 日
苏广珠	高唐县琉璃寺镇琉璃寺村	—	男	1939 年 3 月 5 日
赵伊坪	河南省郾城县	39	男	1939 年 3 月 5 日
白 仪	—	—	女	1939 年 3 月 5 日
许奎楼	高唐县琉璃寺镇许楼村	—	男	1939 年 3 月 5 日
许广成	高唐县琉璃寺镇许楼村	—	男	1939 年 3 月 5 日
杨秀龄	高唐县琉璃寺镇许楼村	—	—	1939 年 3 月 5 日
许登来	高唐县琉璃寺镇许楼村	50	男	1939 年 3 月 5 日

姓 名	籍 贯	年 龄	性 别	死难时间
张问道	高唐县	31	男	1939 年 3 月 5 日
袁伯琪	高唐县	20	男	1939 年 3 月 7 日
李廷玉	高唐县	24	男	1939 年 3 月 7 日
孙风有	高唐县	21	男	1939 年 3 月 7 日
李化养	高唐县	—	男	1939 年 3 月
李曰瑞	高唐县	—	男	1939 年 3 月
王曰星	高唐县梁村镇孙庄村	—	男	1939 年 3 月
曹家木	高唐县梁村镇曹庄村	22	男	1939 年 4 月
刘殿根	高唐县	25	男	1939 年 4 月
子 善	高唐县尹集镇戴庄村	—	男	1939 年 4 月
刘成明	高唐县	—	男	1939 年 4 月
刘东汉	高唐县尹集镇三官庙村	—	男	1939 年 4 月
王长水	高唐县杨屯乡代王村	—	男	1939 年 4 月
刘殿阁	高唐县固河镇史马庄村	—	男	1939 年 4 月
张九文	高唐县赵寨子乡前张村	28	男	1939 年 4 月
张凤仪	高唐县卅里铺镇前屯	40	男	1939 年 4 月
王家岭	高唐县	—	男	1939 年 5 月
历 文	高唐县清平镇小高村	—	男	1939 年 5 月
王永岭	高唐县	—	男	1939 年 5 月
王金报	高唐县	15	男	1939 年 5 月
王和岭	高唐县	—	男	1939 年 5 月
优 文	高唐县清平镇小高村	—	—	1939 年 5 月
张九师	高唐县赵寨子乡前张村	30	男	1939 年 5 月
张旭一	高唐县赵寨子乡前张村	27	男	1939 年 5 月
伦绪孟	高唐县清平镇大高村	—	男	1939 年 6 月 15 日
宋玉祥	高唐县梁村镇前徐庄村	30	男	1939 年 6 月 20 日
王殿臣	高唐县	—	男	1939 年 7 月
韩来臣	高唐县尹集镇叶官屯	—	男	1939 年 8 月 11 日
李廷申	高唐县	22	男	1939 年 8 月 14 日
李元成	高唐县	42	男	1939 年 8 月 14 日
李丙义	高唐县	18	男	1939 年 8 月 14 日
李元太	高唐县	42	男	1939 年 8 月 14 日
张木匠	高唐县琉璃寺镇小冯庄村	—	男	1939 年 8 月
刘长江	高唐县琉璃寺镇陈营村	18	男	1939 年 8 月

姓 名	籍 贯	年 龄	性 别	死难时间
刘玉如	高唐县	25	男	1939 年 9 月 10 日
辛二平	高唐县卅里铺镇小辛村	31	男	1939 年 9 月 10 日
贾宝玉	高唐县梁村镇魏庄村	39	男	1939 年 9 月
贾风江	高唐县梁村镇魏庄村	19	男	1939 年 9 月
韩存尚	高唐县赵寨子乡韩庙村	—	男	1939 年 10 月
韩忠肖	高唐县赵寨子乡韩庙村	—	男	1939 年 10 月
刘 崇	高唐县	25	男	1939 年 11 月 25 日
张示贤	高唐县	45	男	1939 年 11 月 25 日
王加树	高唐县琉璃寺镇后官庙村	19	男	1939 年 11 月
邱连谦	高唐县	—	—	1939 年 11 月
商廷德	高唐县	42	男	1939 年 12 月 15 日
武绍白	高唐县尹集镇武花园村	31	男	1939 年 12 月
黄庆伙	高唐县固河镇南闫庄	32	男	1939 年 12 月
王连生	高唐县	—	男	1939 年 12 月
王兴问	高唐县固河镇大王村	23	男	1939 年
冯二伙	高唐县固河镇前辛村	22	男	1939 年
丁玉陈	高唐县清平镇邢庄村	—	男	1939 年
庞振科	高唐县	—	男	1939 年
董文彩	高唐县琉璃寺镇董庄村	19	男	1939 年
杨厚基	高唐县姜店乡二杨村	32	男	1939 年 3 月
于怀河	高唐县琉璃寺镇郝庄村	38	男	1939 年
李恒德	高唐县杨屯乡郝庄村	39	男	1939 年
李德华	高唐县杨屯乡施屯	—	男	1939 年
吴长珍	高唐县杨屯乡张大屯	—	男	1939 年
李恒训	高唐县杨屯乡施屯	—	男	1939 年
薛朝义	高唐县梁村镇盖洼村	—	男	1939 年
张良才	高唐县梁村镇东张村	—	男	1939 年
刘兆文	高唐县清平镇刘海子村	—	男	1939 年
张庆海	高唐县	—	男	1939 年
夏保立	高唐县	—	男	1939 年
王金元	高唐县姜店乡苦水王村	—	男	1939 年
白士奎	高唐县尹集镇朱庄村	—	男	1939 年
白士玉	高唐县尹集镇朱庄村	—	—	1939 年
李仁峰	高唐县汇鑫街道谷官屯	55	男	1939 年

姓 名	籍 贯	年 龄	性 别	死难时间
刘长岩	高唐县	—	男	1939 年
徐商和	高唐县卅里铺镇辛兴店村	—	男	1939 年
朱华芳	高唐县汇鑫街道祝庄村	—	男	1939 年
马振岭	高唐县汇鑫街道田马村	—	男	1939 年
高 路	高唐县	—	男	1939 年
赵 牛	高唐县	—	男	1939 年
周连杰	高唐县卅里铺镇孙庄村	—	男	1939 年
段之生	高唐县梁村镇梁村	—	男	1939 年
杨金荣	高唐县卅里铺镇杨老庄村	—	—	1939 年
李如忠	高唐县	—	男	1939 年
孙至山	高唐县赵寨子乡炉头村	—	男	1939 年
王孟祥	高唐县	—	男	1939 年
刘长吉	高唐县清平镇由庄	—	男	1939 年
张荣昌	高唐县	—	男	1939 年
张春田	高唐县	—	男	1939 年
李玉辰	高唐县汇鑫街道太和村	—	男	1939 年
于希孟	高唐县鱼丘湖街道菜市街村	—	男	1939 年
张 羊	高唐县汇鑫街道谷官屯	—	男	1939 年
孙学良	高唐县汇鑫街道孙屯	—	男	1939 年
小 白	高唐县	—	男	1939 年
董庆祥	高唐县人和街道董楼村	—	男	1939 年
摸三瞎	高唐县固河镇任庄村	—	男	1939 年
靳老蜜	高唐县汇鑫街道邵庄村	—	男	1939 年
曲赞离	高唐县汇鑫街道刘楼村	—	男	1939 年
刘光灿	高唐县	—	男	1939 年
刘永明	高唐县	—	男	1939 年
秦延臣	高唐县	—	男	1939 年
姜木瓜	高唐县	—	男	1939 年
姜学思	高唐县	—	男	1939 年
赵张氏	高唐县梁村镇王屯村	—	女	1939 年
刘善全	高唐县梁村镇王屯村	—	男	1939 年
冯立严	高唐县梁村镇王屯村	—	男	1939 年
张结石	高唐县梁村镇王屯村	—	男	1939 年
张兴全	高唐县梁村镇王屯村	—	男	1939 年

姓 名	籍 贯	年 龄	性 别	死难时间
刘尊庆	高唐县梁村镇大刘四村	30	男	1939 年
李恒庆	高唐县鱼丘湖街道大杨村	—	男	1939 年
刘士贞	高唐县清平镇刘臻庄村	—	—	1939 年
王廷水	高唐县固河镇吴圈村	54	男	1939 年
刘香墩	高唐县汇鑫街道十里铺村	24	男	1939 年
唐克旺	高唐县汇鑫街道许楼村	25	男	1939 年
许兰芬	高唐县汇鑫街道许楼村	20	男	1939 年
张善达	高唐县姜店乡张井村	16	男	1939 年
苏学义	高唐县姜店乡张井村	13	男	1939 年
肖金芳	高唐县卅里铺镇王架子村	—	男	1939 年
宋云喜	高唐县姜店乡王仙村	25	男	1939 年
麻石成	高唐县姜店乡庞屯	26	男	1939 年
庞入斗	高唐县姜店乡庞屯	28	男	1939 年
姜兴汉	高唐县琉璃寺镇东高村	25	男	1939 年
王功祥	高唐县琉璃寺镇三里堂村	27	男	1939 年
吕德秀	高唐县琉璃寺镇前杨村	55	男	1939 年
宋显普	高唐县姜店乡王仙村	26	男	1939 年
臧文昌	高唐县杨屯乡小杨屯村	—	男	1939 年
宋泽远	高唐县杨屯乡小杨屯村	—	男	1939 年
张董氏	高唐县琉璃寺镇董庄村	27	女	1939 年
侯小刚	高唐县固河镇大华村	—	男	1939 年
侯连升	高唐县固河镇大华村	—	男	1939 年
赵洪安	高唐县固河镇大华村	—	男	1939 年
华希林	高唐县固河镇大华村	—	男	1939 年
蒋兴道	高唐县琉璃寺镇小范村	53	男	1939 年
刘文德	高唐县固河镇靳庄村	45	男	1939 年
赵长起	高唐县琉璃寺镇琉璃庙村	—	男	1940 年 1 月
王吉信	高唐县琉璃寺镇茄子王村	70	男	1940 年 2 月 17 日
王吉岭	高唐县琉璃寺镇茄子王村	70	男	1940 年 2 月 17 日
王建之	高唐县琉璃寺镇茄子王村	60	男	1940 年 2 月 25 日
侯立申	高唐县固河镇大华村	—	男	1940 年 2 月
郭广或	高唐县清平镇许庄村	—	男	1940 年 2 月
王长青	高唐县琉璃寺镇茄子王村	30	男	1940 年 3 月 17 日
陈王氏	高唐县琉璃寺镇茄子王村	19	女	1940 年 3 月 17 日

姓　名	籍　贯	年　龄	性　别	死难时间
王长吉	高唐县琉璃寺镇茄子王村	70	男	1940 年 4 月 4 日
王胜芝	高唐县琉璃寺镇茄子王村	30	男	1940 年 4 月 15 日
王尹氏	高唐县琉璃寺镇茄子王村	40	女	1940 年 4 月 21 日
王学平	高唐县清平镇王浩村	—	男	1940 年 4 月
刘爱仁	高唐县清平镇刘庄村	—	男	1940 年 4 月
刘召海	高唐县清平镇刘海子村	—	男	1940 年 4 月
刘召石	高唐县清平镇刘海子村	—	男	1940 年 4 月
王化雨	高唐县汇鑫街道颜辛村	21	男	1940 年 4 月
武传海	高唐县清平镇西关村	22	男	1940 年 4 月
杨洪征	高唐县清平镇杨庄村	35	男	1940 年 4 月
张善修	高唐县姜店乡张井村	14	男	1940 年 4 月
王长山	高唐县琉璃寺镇茄子王村	60	男	1940 年 5 月 9 日
王长兴	高唐县琉璃寺镇茄子王村	50	男	1940 年 5 月 9 日
白悦功	高唐县姜店乡张井村	21	男	1940 年 5 月
郭月席	高唐县姜店乡长郭村	5	男	1940 年 5 月
李尊芝	高唐县卅里铺镇臧庄村	26	男	1940 年 5 月
韩玉才	高唐县琉璃寺镇韩庄村	40	男	1940 年 6 月 9 日
蒋宗介	高唐县琉璃寺镇琉璃寺村	23	男	1940 年 6 月 9 日
刘二肥	高唐县琉璃寺镇琉璃寺村	23	男	1940 年 6 月 9 日
王玉成	高唐县琉璃寺镇三里堂村	31	男	1940 年 6 月 9 日
王长安	高唐县琉璃寺镇茄子王村	50	男	1940 年 6 月 10 日
王吉旺	高唐县琉璃寺镇茄子王村	30	男	1940 年 6 月 10 日
王喜之	高唐县琉璃寺镇茄子王村	30	男	1940 年 6 月 10 日
徐于氏	高唐县琉璃寺镇茄子王村	50	女	1940 年 6 月 11 日
刘段青	高唐县卅里铺镇卅里铺村	54	男	1940 年 6 月
刘传宝	高唐县卅里铺镇沙刘村	—	男	1940 年 6 月
肖世金	高唐县卅里铺镇王架子村	—	男	1940 年 6 月
郭保喜	高唐县姜店乡长郭村	24	男	1940 年 6 月
郭走荣	高唐县姜店乡长郭村	27	男	1940 年 6 月
郭俊喜	高唐县姜店乡长郭村	25	男	1940 年 6 月
王功栋	高唐县琉璃寺镇三里堂村	33	男	1940 年 7 月 11 日
于洪六	高唐县琉璃寺镇三里堂村	42	男	1940 年 7 月 11 日
王吉祥	高唐县琉璃寺镇三里堂村	32	男	1940 年 7 月 15 日
魏左青	高唐县	38	男	1940 年 7 月

姓 名	籍 贯	年 龄	性 别	死难时间
李 栓	高唐县姜店乡王仙村	32	男	1940 年 7 月
李传贵	高唐县尹集镇王官屯村	40	男	1940 年 8 月 14 日
李兴才	高唐县尹集镇王官屯村	42	男	1940 年 8 月 16 日
王洪题	高唐县尹集镇王官屯村	44	男	1940 年 8 月 22 日
宋云德	高唐县姜店乡王仙村	27	男	1940 年 8 月
庞士臣	高唐县姜店乡庞屯村	30	男	1940 年 8 月
刘风山	高唐县琉璃寺镇安阜屯村	52	男	1940 年 9 月
笈长兰	高唐县琉璃寺镇姜寺村	—	男	1940 年 9 月
张传武	高唐县杨屯乡张庄村	36	男	1940 年 9 月
张书达	高唐县杨屯乡张庄村	31	男	1940 年 9 月
王孝之	高唐县琉璃寺镇茄子王村	60	男	1940 年 9 月
王事之	高唐县琉璃寺镇茄子王村	40	男	1940 年 9 月
王岗之	高唐县琉璃寺镇茄子王村	70	男	1940 年 9 月
孙义田	高唐县梁村镇前孙村	—	男	1940 年 10 月
郭维喜	高唐县姜店乡西郭村	31	男	1940 年 10 月
刘存福	高唐县梁村镇东崔村	38	男	1937 年 10 月
王之洪	高唐县琉璃寺镇茄子王村	60	男	1940 年 11 月 17 日
王王氏	高唐县琉璃寺镇茄子王村	40	女	1940 年 11 月 19 日
王长更	高唐县琉璃寺镇茄子王村	21	男	1940 年 11 月 19 日
王长叶	高唐县琉璃寺镇茄子王村	29	男	1940 年 11 月 22 日
韩玉明	高唐县梁村镇林井村	35	男	1940 年 11 月
韩结实	高唐县梁村镇林井村	29	男	1940 年 11 月
彭卫忠	高唐县梁村镇林井村	37	男	1940 年 11 月
袁立军	高唐县尹集镇田寨村	16	男	1940 年 11 月
王集德	高唐县尹集镇前花园村	42	男	1940 年 11 月
王全洪	高唐县杨屯乡小朱村	—	男	1940 年 11 月
李义女	高唐县杨屯乡老君堂村	77	女	1940 年 11 月
王焕之	高唐县琉璃寺镇茄子王村	60	男	1940 年 12 月 12 日
朱九洲	高唐县杨屯乡西朱村	45	男	1943 年 1 月 22 日
朱长生	高唐县杨屯乡西朱村	40	男	1943 年 1 月 22 日
朱明利	高唐县杨屯乡西朱村	50	男	1943 年 1 月 22 日
吴崇兴之子	高唐县杨屯乡西朱村	23	男	1943 年 1 月 22 日
马进水	高唐县杨屯乡西朱村	—	男	1943 年 1 月 22 日
张殿武	高唐县杨屯乡西朱村	—	男	1943 年 1 月 22 日

姓　名	籍　贯	年　龄	性　别	死难时间
刘文明	高唐县杨屯乡西朱村	—	男	1940 年 12 月 17 日
王以文	高唐县杨屯乡海法寺村	—	男	1940 年 12 月
王光礼	高唐县杨屯乡海法寺村	—	男	1940 年 12 月
王金道	高唐县杨屯乡海法寺村	—	男	1940 年 12 月
王以太	高唐县杨屯乡海法寺村	—	男	1940 年 12 月
冯善庆	高唐县赵寨子乡前纸村	26	男	1940 年 12 月
杨文跃	高唐县姜店乡二杨村	30	男	1940 年 12 月
林小喜	高唐县人和街道赵八里村	17	男	1940 年 12 月
张俊岭	高唐县人和街道后七里村	30	男	1940 年 12 月
侯廷英	高唐县固河镇大华村	—	男	1940 年 12 月
王殿芳	高唐县琉璃寺镇安阜屯村	17	男	1940 年
王德祯	高唐县琉璃寺镇安阜屯村	25	男	1940 年
李玉贞	高唐县琉璃寺镇王官屯村	60	男	1940 年
李义堂	高唐县琉璃寺镇王官屯村	50	男	1940 年
付东✕	高唐县琉璃寺镇王官屯村	40	男	1940 年
李风话	高唐县琉璃寺镇王官屯村	50	男	1940 年
王更岭	高唐县琉璃寺镇北郭村	—	男	1940 年
张玉代	高唐县琉璃寺镇姜寺村	—	男	1940 年
杜甫田	高唐县梁村镇杜屯村	—	男	1940 年
李鸿生	高唐县尹集镇李庄村	16	男	1940 年
李茂林	高唐县梁村镇后孙村	39	男	1940 年
李恒明	高唐县梁村镇李化梓村	18	男	1940 年
尹致林	高唐县尹集镇尹集村	31	男	1940 年
户长林	高唐县	17	男	1940 年
李桂林	高唐县尹集镇老王寨村	21	男	1940 年
焦金远	高唐县尹集镇焦庄村	31	男	1940 年
裴香云	高唐县	35	男	1940 年
朱元昌	高唐县	27	男	1940 年
吕文生	高唐县	27	男	1940 年
张鹤生	高唐县	29	男	1940 年
史茂祥	高唐县	27	男	1940 年
马汉文	高唐县	28	男	1940 年
董其正	高唐县	25	男	1940 年
隋克耀	高唐县	24	男	1940 年

姓 名	籍 贯	年 龄	性 别	死难时间
郭永水	高唐县	21	男	1940 年
朱廷立	高唐县	31	男	1940 年
尹志荣	高唐县	25	男	1940 年
钱秀芳	高唐县人和街道刘双安村	29	男	1940 年
云东华	高唐县梁村镇田寨村	36	男	1940 年
钱秀吉	高唐县	40	男	1940 年
杨殿吉	高唐县尹集镇唐洼村	48	男	1940 年
扈德臣	高唐县	34	男	1940 年
赵立民	高唐县	20	男	1940 年
赵文平	高唐县尹集镇	20	男	1940 年
殷志荣	高唐县尹集镇尹集村	25	男	1940 年
李长和	高唐县尹集镇尹集村	21	男	1940 年
唐德臣	高唐县尹集镇唐洼村	24	男	1940 年
朱廷江	高唐县	25	男	1940 年
卞化清	高唐县	24	男	1940 年
董领国	高唐县	36	男	1940 年
刘廷山	高唐县	27	男	1940 年
纪保仁	高唐县固河镇孙家庙村	30	男	1940 年
张长华	高唐县	25	男	1940 年
王德禄	高唐县	32	男	1940 年
程长明	高唐县尹集镇徐官屯村	14	男	1940 年
李家尚	高唐县杨屯乡西朱庄村	—	男	1943 年 1 月 22 日
梁成友	高唐县杨屯乡梁庄村	33	男	1940 年
崔 妮	高唐县琉璃寺镇北郭村	35	男	1940 年
崔明勤	高唐县梁村镇东崔庄村	37	男	1940 年
林文俊	高唐县	—	男	1940 年
蒋风珠	高唐县杨屯乡梁庄村	31	男	1940 年
蒋孝师	高唐县	—	男	1940 年
王福亭	高唐县鱼丘湖街道姜庄村	17	男	1940 年
袁立明	高唐县杨屯乡李官屯村	20	男	1940 年
张春贵	高唐县杨屯乡李官屯村	29	男	1940 年
赵荣印	高唐县琉璃寺镇仇井村	17	男	1940 年
杜文亮	高唐县	—	男	1940 年
吴长领	高唐县杨屯乡李官屯村	21	男	1940 年

姓 名	籍 贯	年 龄	性 别	死难时间
徐玉英	高唐县梁村镇梁村	15	男	1940 年
武士珍	高唐县尹集镇武花园村	22	男	1940 年
姚希元	高唐县	—	男	1940 年
窦振邦	高唐县琉璃寺镇康庄村	—	男	1940 年
杜方喻	高唐县姜店乡天宫庙村	—	男	1940 年
郭广岭	高唐县	—	男	1940 年
华凤河	高唐县固河镇胡集村	—	男	1940 年
郝许保	高唐县	—	男	1940 年
孙老茂	高唐县固河镇孙家庙村	—	男	1940 年
陈宝秀	高唐县杨屯乡郭庄村	—	女	1940 年
朱廷栋	高唐县梁村镇穆庄村	—	男	1940 年 7 月
谢文生	高唐县固河镇吴圈村	—	男	1940 年
谢文祥	高唐县固河镇吴圈村	—	男	1940 年
任腾如	高唐县清平镇任庄村	—	男	1940 年
刘海峰	高唐县	—	男	1940 年
韩朱庭	高唐县尹集镇唐洼村	—	男	1940 年
外国拐子	高唐县琉璃寺镇孙庄村	—	—	1940 年
潘荣彪	高唐县梁村镇潘庄村	—	男	1940 年
张统合	高唐县	—	男	1940 年
于老五	高唐县	—	男	1940 年
董大秃	高唐县	—	男	1940 年
韩中霄	高唐县	—	男	1940 年
韩存勇	高唐县	—	男	1940 年
王丙成	高唐县梁村镇小王庄村	—	男	1940 年
周庆石	高唐县汇鑫街道辛庄村	—	男	1940 年
李西林	高唐县	—	男	1940 年
李小全	高唐县	—	男	1940 年
许汉才	高唐县梁村镇北镇村	—	男	1940 年
许汉英	高唐县梁村镇北镇村	—	男	1940 年
张传顺	高唐县杨屯乡大李刘村	—	男	1940 年
朱福之	高唐县	—	—	1940 年
刘明珍	高唐县清平镇刘海子村	—	—	1940 年
刘福邦	高唐县尹集镇双庙村	—	男	1940 年
郑培训	高唐县	—	男	1940 年

姓 名	籍 贯	年龄	性别	死难时间
杨秀山	高唐县鱼丘湖街道姜庄村	—	男	1940 年
王兰印	高唐县鱼丘湖街道姜庄村	—	男	1940 年
张连鸿	高唐县	—	男	1940 年
王先志	高唐县杨屯乡郭庄村	—	男	1940 年
王先明	高唐县杨屯乡郭庄村	—	男	1940 年
小 秀	高唐县	—	—	1940 年
刘丙庆	高唐县	—	男	1940 年
刘丙元	高唐县	—	男	1940 年
李凤才	高唐县	—	男	1940 年
张凤池	高唐县杨屯乡张庄村	—	男	1940 年
孙志义	高唐县	—	男	1940 年
周怀成	高唐县清平镇周庄村	—	男	1940 年
刘春林	高唐县尹集镇王寨村	—	男	1940 年
郭宗伯	高唐县鱼丘湖街道胡庄村	—	男	1940 年
王敬业	高唐县杨屯乡高庄村	—	男	1940 年
修志年	高唐县	—	男	1940 年
杨洪范	高唐县	—	男	1940 年
华文兴	高唐县	—	男	1940 年
刘英臣	高唐县汇鑫街道孙屯	37	男	1940 年
王 道	高唐县姜店乡辛店村	—	男	1940 年
张风和	高唐县尹集镇堤子张村	—	男	1940 年
纪克强	高唐县	18	男	1940 年
张 员	高唐县	—	男	1940 年
邵建堂	高唐县杨屯乡施屯村	—	男	1940 年
王金凯	高唐县	—	男	1941 年 1 月 13 日
赵克瑞	高唐县姜店乡坟台村	—	男	1941 年 1 月 15 日
王金泉	高唐县尹集镇唐洼村	32	男	1941 年 1 月
郭更喜	高唐县姜店乡长郭村	22	男	1941 年 1 月
于长友	高唐县	32	男	1941 年 2 月
郭红江	高唐县姜店乡长郭村	26	男	1941 年 2 月
辛太普	高唐县	28	男	1941 年 3 月
张有校	高唐县姜店乡长郭村	33	男	1941 年 3 月
李永羊	高唐县	—	男	1941 年 3 月
郭等成	高唐县	—	男	1941 年 4 月

姓 名	籍 贯	年 龄	性 别	死难时间
郭子英	高唐县	33	男	1941 年 4 月
郭明国	高唐县姜店乡长郭村	30	男	1941 年 4 月
傅 堂	高唐县	—	男	1941 年 4 月
傅长东	高唐县	—	男	1941 年 4 月
张溥树	高唐县姜店乡长郭村	22	男	1941 年 5 月
王金敬	高唐县	—	男	1941 年 5 月
田乃荣	高唐县尹集镇田寨村	—	—	1941 年 6 月 11 日
潘英彪	高唐县梁村镇潘庄村	—	男	1941 年 6 月 11 日
刘桂林	高唐县	—	男	1941 年 6 月 15 日
李学义	高唐县	27	男	1941 年 6 月 25 日
王汝奎	高唐县	—	男	1941 年 6 月
李清汉	高唐县尹集镇彭庄村	20	男	1941 年 6 月
郭告仁	高唐县姜店乡长郭村	35	男	1941 年 6 月
张凤和	高唐县	—	男	1941 年 6 月
张振武	高唐县	—	男	1941 年 6 月
芦洪田	高唐县梁村镇卅里铺村	37	男	1941 年 7 月
张敬思	高唐县梁村镇韩寨村	—	男	1941 年 7 月
赵荣臣	高唐县梁村镇韩寨村	—	男	1941 年 7 月
邱继明	高唐县梁村镇韩寨村	—	男	1941 年 7 月
刘瑞居	高唐县梁村镇韩寨村	—	男	1941 年 7 月
尚文元	高唐县梁村镇高庄村	—	男	1941 年 7 月
张颜东	高唐县	—	男	1941 年 7 月
高文元	高唐县梁村镇高庄村	—	男	1941 年 7 月
李丙章	高唐县赵寨子乡侯里长屯村	—	男	1941 年 7 月
丁乃伦	高唐县赵寨子乡丁寨村	—	男	1941 年 7 月
赵玉琢	高唐县	—	—	1941 年 7 月
郑洪昌	高唐县	28	男	1941 年 8 月 20 日
董之仁	高唐县姜店乡大董村	—	—	1941 年 8 月 27 日
董之作	高唐县姜店乡大董村	—	男	1941 年 8 月 27 日
董之华	高唐县姜店乡大董村	—	男	1941 年 8 月 27 日
董之月	高唐县姜店乡大董村	—	男	1941 年 8 月 27 日
董贵岭	高唐县姜店乡大董村	—	—	1941 年 8 月 27 日
刘长志	高唐县固河镇窦集村	30	男	1941 年 8 月
窦汉三	高唐县固河镇窦集村	35	男	1941 年 8 月

姓 名	籍 贯	年 龄	性 别	死难时间
赵云同	高唐县固河镇窦集村	32	男	1941 年 8 月
王朝四	高唐县固河镇窦集村	—	男	1941 年 8 月
小生子	高唐县	—	男	1941 年 8 月
刘德润	高唐县	27	男	1941 年 9 月
王凤香	高唐县	31	男	1941 年 9 月
张竹林	高唐县	32	男	1941 年 9 月
杨正洪	高唐县	—	男	1941 年 9 月
王金贝	高唐县尹集镇王庄村	—	男	1941 年 10 月
郭曰同	高唐县杨屯乡郭庄村	—	男	1941 年 10 月
郭双曰	高唐县杨屯乡郭庄村	—	—	1941 年 10 月
石光克	高唐县	—	男	1941 年 10 月
张金檀	高唐县	30	男	1941 年 11 月 12 日
赵凤告	高唐县尹集镇杨寨子村	—	男	1941 年 11 月 12 日
王玉宝	高唐县姜店乡西郭村	—	男	1941 年 11 月
户有水	高唐县尹集镇户庄村	43	男	1941 年 11 月
芦其德	高唐县	—	男	1941 年 11 月
郭长岭	高唐县尹集镇田寨村	34	男	1941 年 12 月 8 日
于来泉	高唐县	30	男	1941 年 12 月
姜厚增	高唐县	—	—	1941 年 12 月
赵金彪	高唐县梁村镇隋庄村	30	男	1941 年 12 月
庞振奎	高唐县姜店乡庞庄村	26	男	1941 年 12 月
囤连珂	齐河县	—	男	1941 年
龙波清	高唐县	—	男	1941 年
王富祥	高唐县尹集镇户庄村	42	男	1941 年
赵汉春	高唐县尹集镇徐官屯村	35	男	1941 年
于兰虎	高唐县	23	男	1941 年
张洪魁	高唐县	55	—	1941 年
付登州	高唐县鱼丘湖街道周官屯村	—	男	1941 年
龙子喜	高唐县鱼丘湖街道周官屯村	—	—	1941 年
王长兴	高唐县汇鑫街道颜辛村	28	男	1941 年
于士锐	高唐县汇鑫街道颜辛村	—	男	1941 年
翟登山	高唐县梁村镇于庄村	—	男	1941 年
孙宝兴	高唐县姜店乡张井村	22	男	1941 年
李福红	高唐县卅里铺镇北孙村	33	男	1941 年

姓 名	籍 贯	年 龄	性 别	死难时间
姜存正	高唐县梁村镇臧庄村	34	男	1941 年
王茂三	高唐县琉璃寺镇后屯村	33	男	1941 年
发 二	高唐县琉璃寺镇后屯村	31	男	1941 年
大老虎	高唐县琉璃寺镇后屯村	18	男	1941 年
晋传公	高唐县琉璃寺镇初庄村	18	男	1941 年
崔殿臣	高唐县琉璃寺镇北郭村	20	男	1941 年
姜广✕	高唐县琉璃寺镇南姜村	21	男	1941 年
闫希昌	高唐县琉璃寺镇闫庄村	—	男	1941 年
闫守元	高唐县琉璃寺镇闫庄村	27	男	1941 年
宋 山	高唐县人和街道孙五里村	19	男	1941 年
王吉丘	高唐县琉璃寺镇后屯村	30	男	1941 年
王吉蒿	高唐县琉璃寺镇后屯村	20	男	1941 年
王吉华	高唐县琉璃寺镇后屯村	27	男	1941 年
王全法	高唐县琉璃寺镇后屯村	19	男	1941 年
崔士英	高唐县琉璃寺镇后屯村	30	女	1941 年
王青凤	高唐县琉璃寺镇后屯村	27	男	1941 年
金 子	高唐县琉璃寺镇后屯村	20	男	1941 年
牛 二	高唐县琉璃寺镇后屯村	20	男	1941 年
田传武	高唐县卅里铺镇田庄村	23	男	1941 年
刘翠兰	高唐县赵寨子乡毛庄村	19	男	1941 年
李传德	高唐县	27	男	1941 年
李长鲜	高唐县尹集镇老王寨村	34	男	1941 年
吴长兴	高唐县	21	男	1941 年
张怀国	高唐县	—	男	1941 年
杨 扑	高唐县杨屯乡辛庄村	—	男	1941 年
韩广兴	高唐县	—	男	1941 年
尹之台	高唐县	—	男	1941 年
刘瑞菊	高唐县清平镇刘海子村	—	女	1941 年
孙洪昌	高唐县	—	男	1941 年
乜红星	高唐县	—	男	1941 年
孙法典	高唐县卅里铺镇	—	男	1941 年
王麻子	高唐县清平镇	—	男	1941 年
李仲三	高唐县	—	男	1941 年
王玉宪	高唐县姜店乡西郭庄村	—	男	1941 年

姓 名	籍 贯	年 龄	性 别	死难时间
张德亮	高唐县	—	男	1941 年
马兰廷	高唐县梁村镇	32	男	1941 年
李恒顺	高唐县梁村镇李化梓村	23	男	1941 年
张道兴	高唐县鱼丘湖街道	—	男	1941 年
张华志	高唐县鱼丘湖街道	—	男	1941 年
张一青	高唐县鱼丘湖街道	—	男	1941 年
张化吉	高唐县	—	男	1941 年
李长贵	高唐县尹集镇孔张庄村	—	男	1941 年
吴玉花	高唐县尹集镇吴庄村	—	—	1941 年
宋庆阳	高唐县	—	—	1941 年
沈殿元	高唐县	—	男	1941 年
张长东	高唐县	—	男	1941 年
周连生	高唐县	—	男	1941 年
周士昌	高唐县	—	男	1941 年
张振三	高唐县	—	男	1941 年
王佑知	高唐县	—	男	1941 年
唐同林	高唐县	24	男	1942 年 1 月 17 日
崔代功	高唐县	28	男	1942 年 1 月 18 日
郭茂荣	高唐县姜店乡长郭村	30	男	1942 年 1 月
冯清文	高唐县	—	—	1942 年 2 月
冯兰亭	高唐县梁村镇范村	16	男	1942 年 2 月
郭德明	高唐县姜店乡长郭村	33	男	1942 年 2 月
丁建功	高唐县清平镇丁堤口村	—	男	1942 年 2 月
张兆望	高唐县	—	男	1942 年 2 月
田建水	高唐县卅里铺镇田庄村	—	男	1942 年 2 月
李金文	高唐县	—	男	1942 年 3 月
郭书明	高唐县姜店乡长郭村	34	男	1942 年 3 月
李恩庆	高唐县卅里铺镇董集村	23	男	1942 年 4 月 29 日
杨书元	高唐县姜店乡大杨庄村	26	男	1942 年 4 月 2 日
申清全	高唐县梁村镇孙庄村	—	男	1942 年 4 月 2 日
刘士元	高唐县	38	男	1942 年 5 月 4 日
袁振河	高唐县	29	男	1942 年 5 月 5 日
姜廷文	高唐县	34	男	1942 年 5 月 5 日
赵恒德	高唐县	35	男	1942 年 5 月 5 日

姓 名	籍 贯	年 龄	性 别	死难时间
王万仁	高唐县	28	男	1942 年 5 月 5 日
王绍坡	高唐县	30	男	1942 年 5 月 5 日
宋殿杰	高唐县	30	男	1942 年 5 月 5 日
刘德昌	高唐县	27	男	1942 年 5 月
储文玉	高唐县汇鑫街道谷官屯村	23	男	1942 年 5 月
王立兴	高唐县	23	男	1942 年 6 月 14 日
杨文成	高唐县	19	男	1942 年 6 月 14 日
宋更明	高唐县	30	男	1942 年 6 月 14 日
姜秀利	高唐县	27	男	1942 年 6 月 14 日
王扩起	高唐县	32	男	1942 年 6 月 14 日
姜秀立	高唐县	20	男	1942 年 6 月 14 日
朱东明	高唐县尹集镇朱庄村	30	男	1942 年 6 月 15 日
王仁付	高唐县姜店乡燕庄村	18	男	1942 年 6 月
贺保廷	高唐县	31	男	1942 年 6 月
孙仲元	高唐县固河镇太和庄村	19	男	1942 年 6 月
李绍文	高唐县梁村镇苦水李村	—	男	1942 年 6 月
孙殿员	高唐县清平镇孙庄村	—	男	1942 年 6 月
蔡金生	高唐县尹集镇蔡庄村	—	—	1942 年 6 月
王仲明	高唐县	29	男	1942 年 7 月 12 日
马希义	高唐县	31	男	1942 年 7 月 12 日
纪登玉	高唐县	30	男	1942 年 7 月 12 日
张连举	高唐县	27	男	1942 年 7 月 12 日
谷秀义	高唐县	21	男	1942 年 7 月 12 日
卞化水	高唐县	30	男	1942 年 7 月 12 日
詹宝诚	高唐县	27	男	1942 年 7 月 12 日
王兴周	高唐县	29	男	1942 年 7 月 12 日
陈义山	高唐县	26	男	1942 年 7 月 12 日
胡光庆	高唐县	29	男	1942 年 7 月 12 日
董文英	高唐县	30	男	1942 年 7 月 12 日
霍荣祥	高唐县	29	男	1942 年 7 月 12 日
张有增	高唐县	27	男	1942 年 7 月 12 日
潘殿元	高唐县	32	男	1942 年 7 月 14 日
张兆坤	高唐县	30	男	1942 年 7 月 28 日
张子明	高唐县	20	男	1942 年 7 月 28 日

姓 名	籍 贯	年 龄	性 别	死难时间
李景耀	高唐县	26	男	1942 年 7 月 28 日
宋明木	高唐县清平镇皮庄村	—	男	1942 年 7 月
宋长彦	高唐县清平镇皮庄村	—	男	1942 年 7 月
宋长化	高唐县清平镇皮庄村	—	男	1942 年 7 月
宋圣云	高唐县清平镇皮庄村	—	男	1942 年 7 月
宋登州	高唐县清平镇皮庄村	—	男	1942 年 7 月
郭化孟	高唐县	30	男	1942 年 7 月
夏阔春	高唐县	34	男	1942 年 7 月
张长庆	高唐县梁村镇朱楼村	27	男	1942 年 7 月
耿长亮	高唐县	30	男	1942 年 8 月 12 日
任盛泉	高唐县	39	男	1942 年 8 月 22 日
刘金魁	高唐县	—	男	1942 年 8 月
霍文山	高唐县	—	男	1942 年 8 月
陈殿和	高唐县尹集镇岳王村	—	男	1942 年 8 月
郭兴岭	高唐县	—	男	1942 年 8 月
李景森	高唐县尹集镇朱双槐村	21	男	1942 年 9 月 1 日
岳洪云	高唐县尹集镇三官庙村	22	男	1942 年 9 月 3 日
孙丙星	高唐县固河镇太和庄村	22	男	1942 年 9 月
房士通	高唐县汇鑫街道房庙村	21	男	1942 年 9 月
焦树元	高唐县尹集镇焦庄村	—	男	1942 年 9 月
徐世臣	高唐县梁村镇军屯村	22	男	1942 年 9 月
孙学孟	高唐县杨屯乡董官屯村	—	男	1942 年 9 月
张学唇	高唐县固河镇王堂村	—	男	1942 年 9 月
曲志一	高唐县	—	男	1942 年 9 月
李 吉	高唐县	—	男	1942 年 9 月
王立山	高唐县	23	男	1942 年 10 月 11 日
郭俊水	高唐县	23	男	1942 年 10 月 17 日
张长法	高唐县	23	男	1942 年 10 月 17 日
王玉桂	高唐县固河镇崔官屯村	24	男	1942 年 10 月 19 日
黄士林	高唐县	26	男	1942 年 10 月
王文生	高唐县尹集镇四古庙村	24	男	1942 年 10 月
孙梅峰	高唐县梁村镇后孙村	29	男	1942 年 10 月
李茂山	高唐县杨屯乡李官屯村	—	男	1942 年 10 月
王建屏	高唐县鱼丘湖街道祁寨村	—	男	1942 年 12 月 1 日

姓 名	籍 贯	年 龄	性 别	死难时间
宋金元	高唐县	26	男	1942 年 11 月 20 日
赵克其	高唐县梁村镇皮户李庄村	—	男	1942 年 11 月 23 日
李保海	高唐县固河镇南贾庄村	—	男	1942 年 11 月 23 日
李小星	夏津县雷集乡张集	—	男	1943 年 3 月
郝 瑞	夏津县银城街道刘江庄	—	男	1943 年 3 月
张春岭	高唐县梁村镇皮户李庄村	—	男	1943 年 3 月
王辛九	高唐县尹集镇石光吴庄村	50	男	1942 年 11 月 25 日
巩宝珍	高唐县尹集镇张官屯村	30	男	1942 年 11 月
丁建部	高唐县清平镇丁堤口村	—	男	1942 年 11 月
董惠民	高唐县汇鑫街道谷官屯村	19	男	1942 年
肖付祥	高唐县	—	男	1942 年
朱九余	高唐县杨屯乡西朱庄村	53	男	1943 年 1 月 22 日
鲁其俊	高唐县杨屯乡西朱庄村	56	男	1943 年 1 月 22 日
朱友堂	高唐县杨屯乡西朱庄村	53	男	1943 年 1 月 22 日
王东春	高唐县姜店乡窦家庙村	19	男	1942 年
张学林	高唐县	29	男	1942 年
吕文会	高唐县杨屯乡邓庄村	24	男	1942 年
赵希太	高唐县	25	男	1942 年
王汝范	高唐县姜店乡窦家庙村	37	男	1942 年
郭英茂	高唐县琉璃寺镇东马村	23	男	1942 年
刘殿清	高唐县卅里铺镇勺子刘村	27	男	1942 年
刘英福	高唐县尹集镇徐庄村	25	男	1942 年
刘文豹	高唐县固河镇后坡村	20	男	1942 年
曲泉明	高唐县	—	男	1942 年
刘成周	平原县恩城镇古城村	—	男	1942 年
朱连三	高唐县	37	男	1942 年
赵海玉	高唐县	—	男	1942 年
侯连华	高唐县固河镇胡集村	—	—	1942 年
刘成玉	高唐县	—	男	1942 年
刘明河	高唐县清平镇刘海子村	—	男	1942 年
张友润	高唐县	—	男	1942 年
崔文礼	高唐县	—	男	1942 年
刘圣杰	高唐县人和街道亚王庄村	—	男	1942 年
张殿祥	高唐县梁村镇茶棚村	—	—	1942 年

姓　名	籍　贯	年　龄	性　别	死难时间
周庆成	高唐县清平镇仓上村	—	男	1942 年
王长延	高唐县	—	男	1942 年
周老臣	高唐县	—	男	1942 年
周长青	高唐县	—	男	1942 年
周美莲	高唐县	—	女	1942 年
高长元	高唐县	—	男	1942 年
孙保珍	高唐县	—	女	1942 年
李金成	高唐县固河镇沙王庄村	—	男	1942 年
罗守贞	高唐县	—	—	1942 年
杨学珠	高唐县	—	男	1942 年
王麻子	高唐县卅里铺镇大马庄村	—	男	1942 年
李小也	高唐县	—	男	1942 年
刘希处	高唐县尹集镇田寨村	22	男	1942 年
肖瑞辉	高唐县尹集镇小刘庄	—	男	1942 年
袁莱英	高唐县尹集镇田寨村	24	男	1942 年
田浩之	高唐县尹集镇田寨村	25	男	1942 年
张金平	高唐县尹集镇张四寨村	28	男	1942 年
杨　小	高唐县赵寨子乡前纸村	18	男	1942 年
张庆堂	高唐县赵寨子乡北街村	—	男	1942 年
杨老六	高唐县	60	女	1942 年
张广顺	高唐县人和街道办事处岳王村	25	男	1942 年
高良善	高唐县人和街道办事处岳王村	26	男	1942 年
高　会	高唐县人和街道办事处岳王村	25	男	1942 年
李文喜	高唐县固河镇靳庄村	38	男	1942 年
于长俊	高唐县固河镇靳庄村	33	男	1942 年
胡长岭	高唐县清平镇马庄村	—	男	1942 年
刘瑞全	高唐县清平镇刘海子村	—	男	1942 年
刘召林	高唐县清平镇刘海子村	—	男	1942 年
邵忠银	高唐县清平镇代官屯	—	男	1942 年
孙保功	高唐县汇鑫街道孙屯村	42	男	1942 年
孙学堂	高唐县汇鑫街道孙屯村	36	男	1942 年
俞万金	高唐县梁村镇于庄村	28	男	1942 年
金乐芝	高唐县杨屯乡庄庄村	36	男	1942 年
刘宗信	高唐县卅里铺镇辛兴店村	56	男	1942 年

姓 名	籍 贯	年 龄	性 别	死难时间
车唯显	高唐县卅里铺镇车庄村	40	男	1942 年
蒋王氏	高唐县琉璃寺镇营坊村	60	女	1942 年
王吉昌	高唐县琉璃寺镇三里堂村	26	男	1942 年
陈春华	高唐县琉璃寺镇南姜村	18	男	1942 年
冷桂岭	高唐县琉璃寺镇韩庄村	20	男	1942 年
徐中来	高唐县	—	男	1942 年
刘秀子	高唐县	—	—	1942 年
尚孝如	高唐县清平镇刘海子村	—	男	1942 年
贾俊昌	高唐县清平镇刘海子村	—	男	1942 年
罗大业	高唐县	—	男	1942 年
高向武	高唐县	—	男	1942 年
安长福	高唐县	—	男	1942 年
鞠学诗	高唐县鱼丘湖街道姜庄村	—	男	1942 年
李福春	高唐县杨屯乡邱庄村	—	男	1942 年
杨延武	高唐县赵寨子乡侯里长屯村	—	男	1942 年
谢莲芝	高唐县杨屯乡谢庄村	—	—	1942 年
秃 小	高唐县杨屯乡高庄村	—	—	1942 年
陈殿友	高唐县	—	男	1942 年
陈殿才	高唐县	—	男	1942 年
李南荣	高唐县	—	男	1942 年
李英利	高唐县	—	男	1942 年
王月禄	高唐县	—	男	1942 年
王月忠	高唐县	—	男	1942 年
王玉禄	高唐县鱼丘湖街道姜庄村	—	男	1942 年
郭崇亮	高唐县杨屯乡大刘村	—	男	1942 年
冯消文	高唐县	—	男	1942 年
孙展贵	高唐县鱼丘湖街道孙庄村	—	男	1942 年
于明美	高唐县	—	—	1942 年
孙金祥	高唐县杨屯乡后孙庄村	34	男	1942 年
张秀亭	高唐县梁村镇朱楼村	30	男	1942 年
杜文同	高唐县	—	男	1942 年
唐安静	高唐县	—	男	1942 年
李安贤	高唐县	—	男	1942 年
孙殿贵	高唐县	—	男	1942 年

姓 名	籍 贯	年 龄	性 别	死难时间
梁德谷	高唐县	—	男	1942 年
丁 岩	高唐县	—	男	1942 年
丁乃成	高唐县	—	男	1942 年
丁芝菊	高唐县赵寨子乡丁寨村	—	—	1942 年
张班合	高唐县琉璃寺镇康庄村	—	男	1943 年 1 月 16 日
李大豪	高唐县尹集镇西李村	31	男	1943 年 1 月 16 日
唐云山	高唐县尹集镇桃园村	23	男	1943 年 1 月 16 日
李勇驰	高唐县尹集镇老王寨村	19	男	1943 年 1 月 16 日
李 胥	高唐县尹集镇老王寨村	17	男	1943 年 1 月 16 日
蔡昌永	高唐县尹集镇老王寨村	29	男	1943 年 1 月 16 日
王富广	高唐县尹集镇蔡庄村	30	男	1943 年 1 月 16 日
王永昌	高唐县尹集镇王花园村	38	男	1943 年 1 月 16 日
王和顺	高唐县尹集镇王花园村	32	男	1943 年 1 月 16 日
王一西	高唐县尹集镇王花园村	26	男	1943 年 1 月 16 日
王万山	高唐县尹集镇大王村	24	男	1943 年 1 月 16 日
王通童	高唐县尹集镇大王村	27	男	1943 年 1 月 16 日
王汉民	高唐县尹集镇大王村	27	男	1943 年 1 月 16 日
李正文	高唐县尹集镇隋庄村	20	男	1943 年 1 月 16 日
李长祥	高唐县尹集镇四新村	25	男	1943 年 1 月 16 日
李孟菊	高唐县尹集镇四新村	31	男	1943 年 1 月 16 日
武士先	高唐县尹集镇武花园村	28	男	1943 年 1 月 16 日
武士广	高唐县尹集镇武花园村	33	男	1943 年 1 月 16 日
刘青山	高唐县尹集镇后刘村	33	男	1943 年 1 月 16 日
王超峰	高唐县尹集镇后刘村	29	男	1943 年 1 月 16 日
李世杰	高唐县尹集镇后刘村	19	男	1943 年 1 月 16 日
李大壮	高唐县尹集镇后刘村	30	男	1943 年 1 月 16 日
刘元春	高唐县尹集镇后刘村	28	男	1943 年 1 月 16 日
高菜臣	高唐县尹集镇高庄村	27	男	1943 年 1 月 16 日
张春元	高唐县尹集镇大张东村	35	男	1943 年 1 月 16 日
张子桂	高唐县尹集镇大张东村	40	男	1943 年 1 月 16 日
张希龙	高唐县尹集镇大张东村	26	男	1943 年 1 月 16 日
王重印	高唐县尹集镇红庙村	30	男	1943 年 1 月 16 日
刘洪全	高唐县尹集镇双庙村	36	男	1943 年 1 月 16 日
张大德	高唐县尹集镇西代村	32	男	1943 年 1 月 16 日

姓 名	籍 贯	年 龄	性 别	死难时间
张春发	高唐县尹集镇大张西村	24	男	1943 年 1 月 16 日
张金文	高唐县尹集镇大张西村	30	男	1943 年 1 月 16 日
张店本	高唐县尹集镇大张西村	18	男	1943 年 1 月 16 日
杨殿洪	高唐县尹集镇唐洼村	25	男	1943 年 1 月 17 日
潘德功	高唐县	22	男	1943 年 1 月 17 日
刘永杰	高唐县人和街道办事处亚王村	45	男	1943 年 1 月 17 日
潘振功	高唐县	23	男	1943 年 1 月 17 日
李化星	高唐县梁村镇北镇村	28	男	1943 年 1 月 17 日
李洪佑	高唐县尹集镇朱庄村	30	男	1943 年 1 月 17 日
王友仁	高唐县	24	男	1943 年 1 月 25 日
刘明柯	高唐县	20	男	1943 年 1 月 25 日
王万臣	高唐县	32	男	1943 年 1 月 25 日
韩义名	高唐县	25	男	1943 年 1 月 25 日
刘振华	高唐县	30	男	1943 年 1 月 25 日
刘立昌	高唐县	27	男	1943 年 1 月 25 日
赵连富	高唐县	26	男	1943 年 1 月 25 日
刘兆岐	高唐县	—	男	1943 年 1 月
于风台	高唐县姜店乡南店村	—	男	1943 年 1 月
付于民	高唐县姜店乡南店村	—	男	1943 年 1 月
薛东开	高唐县	34	男	1943 年 2 月 1 日
董金德	高唐县	32	男	1943 年 2 月 1 日
胡恩庆	高唐县	33	男	1943 年 2 月 1 日
王春长	高唐县	25	男	1943 年 2 月 1 日
武士广	高唐县	39	男	1943 年 2 月 22 日
崔化功	高唐县	28	男	1943 年 2 月 22 日
孟宪文	高唐县	23	男	1943 年 2 月 22 日
蔡英臣	高唐县	24	男	1943 年 2 月 22 日
王一成	高唐县	42	男	1943 年 2 月 22 日
冯尚保	高唐县	31	男	1943 年 2 月 22 日
刘洪亮	高唐县	21	男	1943 年 2 月 22 日
李恒仁	高唐县	24	男	1943 年 2 月 22 日
康永顺	高唐县	27	男	1943 年 2 月 22 日
韩风五	高唐县	38	男	1943 年 2 月 22 日
刘吉善	高唐县	18	男	1943 年 2 月 22 日

姓 名	籍 贯	年 龄	性 别	死难时间
张希元	高唐县	20	男	1943 年 2 月 22 日
李化章	高唐县	27	男	1943 年 2 月 22 日
冯长庆	高唐县	20	男	1943 年 2 月 22 日
刘延义	高唐县	33	男	1943 年 2 月 22 日
李文昌	高唐县	26	男	1943 年 2 月 22 日
李风朱	高唐县	27	男	1943 年 2 月 22 日
刘希珏	高唐县	36	男	1943 年 2 月 22 日
李长祥	高唐县	33	男	1943 年 2 月 22 日
华福义	高唐县	17	男	1943 年 2 月 22 日
王玉贵	高唐县	15	男	1943 年 2 月 22 日
高甲田	高唐县	18	男	1943 年 2 月 22 日
马振魁	高唐县	17	男	1943 年 2 月 22 日
陈风廷	高唐县	19	男	1943 年 2 月 22 日
张学朱	高唐县	19	男	1943 年 2 月 22 日
田浩之	高唐县	23	男	1943 年 2 月 22 日
田金生	高唐县	36	男	1943 年 2 月 22 日
郑长盛	高唐县	23	男	1943 年 2 月 22 日
林一成	高唐县	21	男	1943 年 2 月 22 日
张光德	高唐县	28	男	1943 年 2 月 22 日
王春怀	高唐县	24	男	1943 年 2 月 22 日
苗清田	高唐县	16	男	1943 年 2 月 22 日
耿连玉	高唐县	20	男	1943 年 2 月 22 日
李云山	高唐县	46	男	1943 年 2 月 22 日
隋吉水	高唐县	23	男	1943 年 2 月 22 日
李希顺	高唐县	20	男	1943 年 2 月 22 日
刘远玉	高唐县	23	男	1943 年 2 月 22 日
刘廷玉	高唐县	23	男	1943 年 2 月 22 日
刘化一	高唐县	20	男	1943 年 2 月 22 日
苗文田	高唐县	17	男	1943 年 2 月 22 日
于朵芝	高唐县	18	男	1943 年 2 月 22 日
王玉来	高唐县	20	男	1943 年 2 月 22 日
刘冠州	高唐县	20	男	1943 年 2 月 22 日
魏之元	高唐县	23	男	1943 年 2 月 22 日
刘风和	高唐县	19	男	1943 年 2 月 22 日

姓 名	籍 贯	年 龄	性 别	死难时间
高加善	高唐县	24	男	1943 年 2 月 22 日
门玉富	高唐县	14	男	1943 年 2 月 22 日
赵长岑	高唐县	20	男	1943 年 2 月 22 日
赵廷远	高唐县	21	男	1943 年 2 月 22 日
刘桂辉	高唐县	15	男	1943 年 2 月 22 日
于长生	高唐县	20	男	1943 年 2 月 22 日
李曰温	高唐县	17	男	1943 年 2 月 22 日
王风臣	高唐县	24	男	1943 年 2 月 22 日
李洪河	高唐县	25	男	1943 年 2 月 22 日
王保林	高唐县	25	男	1943 年 2 月 22 日
刘连裕	高唐县	20	男	1943 年 2 月 22 日
郭金章	高唐县	50	男	1943 年 2 月 22 日
马子明	高唐县	37	男	1943 年 2 月 22 日
李金生	高唐县	42	男	1943 年 2 月 22 日
张树庆	高唐县	25	男	1943 年 2 月 22 日
赵连生	高唐县	22	男	1943 年 2 月 22 日
陈东河	高唐县	20	男	1943 年 2 月 22 日
刘福邦	高唐县	22	男	1943 年 2 月 22 日
孟慧文	高唐县	23	男	1943 年 2 月 22 日
蔡保琨	高唐县	18	男	1943 年 2 月 22 日
杨保生	高唐县	18	男	1943 年 2 月 22 日
耿方佐	高唐县	20	男	1943 年 2 月 22 日
李存德	高唐县	39	男	1943 年 2 月 22 日
康永和	高唐县	20	男	1943 年 2 月 22 日
李学盛	高唐县	23	男	1943 年 2 月 22 日
王崇印	高唐县	28	男	1943 年 2 月 22 日
苗秀芳	高唐县	30	男	1943 年 2 月 22 日
刘玉珍	高唐县	34	男	1943 年 2 月 22 日
徐克功	高唐县	26	男	1943 年 2 月 22 日
冯光荣	高唐县尹集镇唐洼村	22	男	1943 年 2 月 22 日
王保顺	高唐县	22	男	1943 年 2 月 22 日
陈方贵	高唐县人和街道刘双安村	32	男	1943 年 2 月 22 日
张丙勋	高唐县	37	男	1943 年 2 月 22 日
李登伦	高唐县	20	男	1943 年 2 月 22 日

姓　名	籍　贯	年　龄	性　别	死难时间
王恒春	高唐县	34	男	1943 年 2 月 22 日
刘玉英	高唐县	21	男	1943 年 2 月 22 日
李清梅	高唐县	55	男	1943 年 2 月 22 日
杨光范	高唐县	19	男	1943 年 2 月 22 日
房颜和	高唐县	20	男	1943 年 2 月 22 日
田春山	高唐县	24	男	1943 年 2 月 22 日
李希贵	高唐县	32	男	1943 年 2 月 22 日
李金平	高唐县	27	男	1943 年 2 月 22 日
李生荣	高唐县	42	男	1943 年 2 月 22 日
王天明	高唐县	33	男	1943 年 2 月 22 日
李万和	高唐县人和街道刘双安村	30	男	1943 年 2 月 22 日
韩凤五	高唐县	38	男	1943 年 2 月 22 日
田春祥	高唐县	25	男	1943 年 2 月 22 日
狄大德	高唐县	40	男	1943 年 2 月 22 日
王金立	高唐县	37	男	1943 年 2 月 22 日
扈有敬	高唐县	35	男	1943 年 2 月 22 日
傅吉明	高唐县	28	男	1943 年 2 月 22 日
门保珠	高唐县	23	男	1943 年 2 月 22 日
曲汝才	高唐县	42	男	1943 年 2 月 22 日
杨思亭	高唐县	53	男	1943 年 2 月 22 日
刘嘉文	高唐县	39	男	1943 年 2 月 22 日
李洪太	高唐县	23	男	1943 年 2 月 22 日
蔡一愫	高唐县	29	男	1943 年 2 月 22 日
刘光有	高唐县	30	男	1943 年 2 月 22 日
冯长佩	高唐县	31	男	1943 年 2 月 22 日
孟庆常	高唐县	22	男	1943 年 2 月 22 日
苗秀严	高唐县	27	男	1943 年 2 月 22 日
杨长石	高唐县	29	男	1943 年 2 月 22 日
于兆庆	高唐县	42	男	1943 年 2 月 22 日
崔化友	高唐县	33	男	1943 年 2 月 22 日
李玉山	高唐县	30	男	1943 年 2 月 22 日
王春风	高唐县	26	男	1943 年 2 月 22 日
陈福河	高唐县	28	男	1943 年 2 月 22 日
张金山	高唐县	24	男	1943 年 2 月 22 日

姓 名	籍 贯	年 龄	性 别	死难时间
李洪吉	高唐县	26	男	1943 年 2 月 22 日
王清玉	高唐县	23	男	1943 年 2 月 22 日
任盛魁	高唐县	21	男	1943 年 2 月 22 日
李仲符	高唐县	30	男	1943 年 2 月 22 日
张清光	高唐县	25	男	1943 年 2 月 22 日
马全福	高唐县	25	男	1943 年 2 月 22 日
蔡振鲁	高唐县	20	男	1943 年 2 月 22 日
庞一峰	高唐县	46	男	1943 年 2 月 22 日
邢明达	高唐县	37	男	1943 年 2 月 22 日
李艳泉	高唐县	49	男	1943 年 2 月 22 日
王瑞生	高唐县	49	男	1943 年 2 月 22 日
刘观安	高唐县	48	男	1943 年 2 月 22 日
王一鹤	高唐县	31	男	1943 年 2 月 22 日
韩如臣	高唐县	40	男	1943 年 2 月 22 日
王福春	高唐县	26	男	1943 年 2 月 22 日
白志清	高唐县	32	男	1943 年 2 月 22 日
梁春臣	高唐县	34	男	1943 年 2 月 22 日
杨异齐	高唐县	36	男	1943 年 2 月 22 日
刘冠华	高唐县	26	男	1943 年 2 月 22 日
田文和	高唐县	39	男	1943 年 2 月 22 日
赵金方	高唐县	37	男	1943 年 2 月 22 日
刘观毅	高唐县	33	男	1943 年 2 月 22 日
刘裕丰	高唐县	25	男	1943 年 2 月 22 日
李商亭	高唐县	37	男	1943 年 2 月 22 日
李吉固	高唐县	28	男	1943 年 2 月 22 日
刘金纲	高唐县	30	男	1943 年 2 月 22 日
赵连升	高唐县	26	男	1943 年 2 月 22 日
刘观臣	高唐县	—	男	1943 年 2 月 22 日
刘玉凤	高唐县	—	—	1943 年 2 月 22 日
刘化溥	高唐县尹集镇双庙村	—	男	1943 年 2 月 22 日
李维德	高唐县梁村镇苦水李村	—	男	1943 年 2 月 22 日
郭善成	高唐县姜店乡辛店村	—	男	1943 年 2 月
高锡敏	高唐县	—	—	1943 年 2 月
李洪远	高唐县	—	男	1943 年 2 月

姓 名	籍 贯	年 龄	性 别	死难时间
郭汉喜	高唐县姜店乡长郭村	32	男	1943 年 2 月
李长贞	高唐县梁村镇杜李庄村	45	男	1943 年 3 月 7 日
李洪琪	高唐县梁村镇杜李庄村	—	—	1943 年 3 月 7 日
傅 昌	高唐县	21	男	1943 年 3 月 10 日
李金名	高唐县	32	男	1943 年 3 月 10 日
高登坡	高唐县	32	男	1943 年 3 月 10 日
李连登	高唐县梁村镇北贾庄村	58	男	1943 年 3 月 11 日
于士英	高唐县汇鑫街道颜辛庄村	—	男	1943 年 3 月 19 日
王兴木	高唐县	22	男	1943 年 3 月
李洪祥	高唐县	30	男	1943 年 3 月
彭春来	高唐县	32	男	1943 年 3 月
詹连明	高唐县	20	男	1943 年 3 月
华丙五	高唐县	24	男	1943 年 3 月
马长滕	高唐县	32	男	1943 年 3 月
王纶亭	高唐县	26	男	1943 年 3 月
韩长春	高唐县	28	男	1943 年 3 月
刘 敏	高唐县	25	男	1943 年 3 月
刘同政	高唐县	31	男	1943 年 3 月
郑吉祥	高唐县	21	男	1943 年 3 月
刘文宾	高唐县	22	男	1943 年 3 月
朱金堂	高唐县	28	男	1943 年 3 月
窦希水	高唐县	25	男	1943 年 3 月
张金利	高唐县	33	男	1943 年 3 月
李跃德	高唐县	—	男	1943 年 3 月
杨芳庆	高唐县	—	男	1943 年 3 月
陈金柱	高唐县	—	男	1943 年 3 月
李房氏	高唐县	—	女	1943 年 3 月
郭玉秋	高唐县姜店乡长郭村	31	男	1943 年 3 月
韩天德	高唐县尹集镇尹集村	28	男	1943 年 4 月
刘列均	高唐县梁村镇刘楼村	21	男	1943 年 4 月
杨强普	高唐县卅里铺镇杨庄村	—	男	1943 年 4 月
丁丙寅	高唐县	—	男	1943 年 4 月
李希柱	高唐县尹集镇后刘村	—	男	1943 年 4 月
李洪山	高唐县	29	男	1943 年 5 月 18 日

姓　名	籍　贯	年　龄	性　别	死难时间
武士显	高唐县	24	男	1943 年 5 月 18 日
刘保身	高唐县	30	男	1943 年 5 月 18 日
于采滨	高唐县	21	男	1943 年 5 月 18 日
张金贵	高唐县	32	男	1943 年 5 月 18 日
陈克利	高唐县	26	男	1943 年 5 月 18 日
赵长兴	高唐县	23	男	1943 年 5 月 18 日
张风学	高唐县	—	男	1943 年 5 月 19 日
宋长利	高唐县	—	男	1943 年 5 月 19 日
张长祥	高唐县汇鑫街道安庄村	—	男	1943 年 5 月 19 日
张赵氏	高唐县梁村镇刘屯村	70	女	1943 年 5 月
张明亮	高唐县梁村镇刘屯村	—	男	1943 年 5 月
赵保河	高唐县姜店乡燕庄村	25	男	1943 年 5 月
杨永玉	高唐县梁村镇杨庄村	—	男	1943 年 5 月
潘金山	高唐县姜店乡徐官屯村	—	男	1943 年 5 月
郭朝喜	高唐县姜店乡长郭村	25	男	1943 年 5 月
张有喜	高唐县姜店乡长郭村	29	男	1943 年 5 月
云茂轩	高唐县杨屯乡云庄	—	男	1943 年 6 月
张风令	高唐县梁村镇刘屯村	—	—	1943 年 6 月
杨永禄	高唐县梁村镇杨庄村	—	男	1943 年 6 月
贾兆祥	高唐县梁村镇杨庄村	—	男	1943 年 6 月
朱学庆	高唐县梁村镇杨庄村	—	男	1943 年 6 月
薛西三	高唐县姜店乡三义庙村	30	男	1943 年 6 月
张洪德	高唐县人和街道赵八里村	—	男	1943 年 7 月 13 日
刘光参	高唐县	—	男	1943 年 7 月 13 日
白士其	高唐县	23	男	1943 年 7 月 14 日
陈志功	高唐县尹集镇王化庄村	21	男	1943 年 7 月 14 日
李星珩	高唐县	20	男	1943 年 7 月 15 日
房万臣	高唐县	32	男	1943 年 7 月 16 日
赵立桂	高唐县尹集镇石光吴村	26	男	1943 年 7 月 19 日
张明文	高唐县	—	—	1943 年 7 月
刘长法	高唐县梁村镇大刘庄村	35	男	1943 年 7 月
苗文田	高唐县	20	男	1943 年 8 月 13 日
郭瑞林	高唐县清平镇许庄村	29	男	1943 年 9 月 13 日
王廷堂	高唐县	24	男	1943 年 8 月 15 日

姓 名	籍 贯	年龄	性别	死难时间
魏希会	高唐县尹集镇苏庄村	34	男	1943 年 8 月 15 日
辛子春	高唐县	38	男	1943 年 8 月 15 日
李景衍	高唐县尹集镇朱庄村	20	男	1943 年 8 月 15 日
林英田	高唐县	22	男	1943 年 8 月 25 日
小 青	高唐县尹集镇双庙村	—	男	1943 年 8 月
王延堂	高唐县尹集镇王庄村	24	男	1943 年 8 月
乔永利	高唐县琉璃寺镇南陈庄村	19	男	1943 年 8 月
陈全寨	高唐县琉璃寺镇小范庄村	26	男	1943 年 8 月
刘玉珠	高唐县尹集镇双庙村	—	—	1943 年 8 月
公纪武	高唐县	—	男	1943 年 8 月
薛玉美	高唐县	—	—	1943 年 8 月
户日岭	高唐县尹集镇户庄村	50	男	1943 年 8 月
张立新	高唐县尹集镇刘双安庄村	29	男	1943 年 9 月 5 日
杨德泉	高唐县	44	男	1943 年 9 月 5 日
刘德玉	高唐县姜店乡王仙村	—	男	1943 年 9 月 5 日
张清山	高唐县赵寨子乡丁寨村	—	男	1943 年 9 月
郝洪文	高唐县琉璃寺镇郝庄村	—	男	1943 年 9 月
吴英河	高唐县琉璃寺镇王屯村	24	男	1943 年 9 月
刘爱满	高唐县清平镇刘海子村	—	男	1943 年 9 月
刘明志	高唐县清平镇刘海子村	—	男	1943 年 9 月
刘爱见	高唐县清平镇刘海子村	—	男	1943 年 9 月
刘爱浦	高唐县清平镇刘海子村	—	—	1943 年 9 月
张长成	高唐县赵寨子乡枣园村	—	男	1943 年 9 月
张长友	高唐县赵寨子乡枣园村	—	男	1943 年 9 月
张佑明	高唐县赵寨子乡枣园村	—	男	1943 年 9 月
刘学孔	高唐县姜店乡尚官屯村	—	男	1943 年 9 月
张连杰	高唐县梁村镇东屯村	28	男	1943 年 9 月
王金昌	高唐县杨屯乡施屯村	—	男	1943 年 10 月 10 日
潘长法	高唐县尹集镇徐官屯村	23	男	1943 年 10 月
卞奇杰	高唐县	28	男	1943 年 10 月
左怀先	高唐县	30	男	1943 年 10 月
王一泽	高唐县固河镇沙王庄村	23	男	1943 年 10 月
储文玉	高唐县鱼丘湖街道姜庄村	20	男	1943 年 10 月
韩风文	高唐县姜店乡韩庙村	—	男	1943 年 10 月

姓　名	籍　贯	年　龄	性　别	死难时间
刘文泉	高唐县	—	男	1943 年 10 月
付义仁	高唐县姜店乡付桥村	—	男	1943 年 10 月
马贺山	高唐县	—	男	1943 年 10 月
美延庆	高唐县	—	男	1943 年 10 月
刘荣园	高唐县姜店乡魏庄村	—	男	1943 年 10 月
刘　亮	高唐县姜店乡魏庄村	—	男	1943 年 10 月
刘崔六	高唐县	—	男	1943 年 10 月
李荣春	高唐县卅里铺镇前屯村	26	男	1943 年 10 月
杨德全	高唐县	33	男	1943 年 11 月 24 日
于采泉	高唐县尹集镇陈官屯村	26	男	1943 年 11 月
孙宝山	高唐县	—	男	1943 年 11 月
刘小水	高唐县杨屯乡刘庄村	—	男	1943 年 11 月
李国成	高唐县尹集镇徐官屯村	27	男	1943 年 12 月 3 日
姜学增	高唐县鱼丘湖街道李棉庄村	—	男	1943 年 12 月 25 日
刘金娥	高唐县杨屯乡郭庄村	—	—	1943 年 12 月 25 日
孙兆香	高唐县鱼丘湖街道孙庄村	—	—	1943 年 12 月 30 日
张春冬	高唐县	—	男	1943 年 12 月
陈小年	高唐县	—	男	1943 年 12 月
李邦度	高唐县	—	男	1943 年 12 月
赵中林	高唐县清平镇土楼村	—	男	1943 年 12 月
宋玉楠	高唐县	—	男	1943 年
梁金标	高唐县	—	男	1943 年
丁乃勋	高唐县赵寨子乡丁寨村	—	女	1943 年
孟庆池	高唐县尹集镇徐官屯村	—	女	1943 年
李和尚	高唐县	—	男	1943 年
李景春	高唐县	—	男	1943 年
弋金魁	高唐县	—	男	1943 年
王共彦	高唐县	—	男	1943 年
房三山	高唐县	—	男	1943 年
房祥山	高唐县	—	男	1943 年
徐立祥	高唐县梁村镇茶棚村	—	男	1943 年
徐立海	高唐县梁村镇茶棚村	—	男	1943 年
郑金三	高唐县卅里铺镇杨庄村	—	男	1943 年
王同卫	高唐县	—	男	1943 年

姓　名	籍　贯	年　龄	性　别	死难时间
李　且	高唐县梁村镇李化梓村	—	男	1943 年
王　立	高唐县	—	男	1943 年
陈景光	高唐县鱼丘湖街道办事处	—	男	1943 年
卢文圣	高唐县尹集镇徐官屯村	—	男	1943 年
乔云岚	河北省临西县	30	男	1943 年
焦子英	高唐县	—	—	1943 年
张希先	高唐县梁村镇董姑桥村	—	男	1943 年
张金木	高唐县梁村镇董姑桥村	23	男	1943 年
姜光荣	高唐县琉璃寺镇姜店村	35	男	1943 年
王德庆	高唐县琉璃寺镇后官庙村	20	男	1943 年
王兴和	高唐县姜店乡李庄村	23	男	1943 年
路庆亭	高唐县琉璃寺镇郭吕店村	17	男	1943 年
傅德庆	高唐县姜店乡天王庄村	23	男	1943 年
刘炳芝	高唐县赵寨子乡毛庄村	27	男	1943 年
孙福祥	高唐县梁村镇后孙村	20	男	1943 年
吴毛平	高唐县	—	男	1943 年
孟庆福	高唐县	—	男	1943 年
梁仁才	高唐县清平镇十里铺村	—	男	1943 年
何世民	高唐县	—	男	1943 年
马希昌	高唐县	—	男	1943 年
李祥庆	高唐县	—	男	1943 年
于废印	高唐县	—	男	1943 年
张春山	高唐县	—	男	1943 年
户连之	高唐县清平镇辛店村	—	男	1943 年
刘志平	高唐县梁村镇苦水李村	—	男	1943 年
刘玉平	高唐县梁村镇苦水李村	—	男	1943 年
李长祥	高唐县梁村镇苦水李村	—	男	1943 年
陈德庆	高唐县杨屯乡张庄村	—	男	1943 年
王成芝	高唐县	—	男	1943 年
贺中庆	高唐县杨屯乡辛庄村	—	男	1943 年
魏秉义	高唐县杨屯乡张大屯村	—	男	1943 年
唐文光	高唐县尹集镇田寨村	—	男	1943 年
王士金	高唐县	—	男	1943 年
范文学	高唐县梁村镇范庄村	—	男	1943 年

姓　名	籍　贯	年　龄	性　别	死难时间
范普梅	高唐县梁村镇范庄村	—	—	1943 年
赵吉太	高唐县梁村镇陈庄村	—	—	1943 年
李子美	高唐县梁村镇打渔李村	—	—	1943 年
徐中富	高唐县梁村镇茶棚村	—	男	1943 年
李　元	高唐县梁村镇苦水李村	—	男	1943 年
周洪禄	高唐县	—	男	1943 年
李中信	高唐县清平镇辛集村	—	男	1943 年
张庆雨	高唐县固河镇贾庄村	—	男	1943 年
石肖同	高唐县	—	男	1943 年
李维志	高唐县	—	男	1943 年
王志春	高唐县清平镇薛庄村	—	男	1943 年
陈传训	高唐县	—	男	1943 年
王龙春	高唐县清平镇薛庄	—	男	1943 年
李苦才	高唐县梁村镇打渔李村	—	男	1943 年
韩　子	高唐县杨屯乡邱庄村	—	男	1943 年
赵长旗	高唐县	—	男	1943 年
薛万梅	高唐县	—	男	1943 年
王金箱	高唐县	—	男	1943 年
薛同春	高唐县	—	男	1943 年
李　小	高唐县固河镇李庄村	—	男	1943 年
傅寿贞	高唐县姜店乡天宫庙村	—	男	1943 年
赵三麻子	高唐县清平镇土楼村	—	男	1943 年
王一宅	高唐县梁村镇小赵庄村	—	男	1943 年
刘文福	高唐县杨屯乡香坊村	—	男	1943 年
孙耀宗	高唐县	—	男	1943 年
徐方成	高唐县	—	男	1943 年
王长平	高唐县	—	男	1943 年
唐文爽	高唐县	—	男	1943 年
王友章	高唐县梁村镇盖洼村	—	男	1943 年
韩加鳌	高唐县	—	男	1943 年
曹圣绪	高唐县	—	男	1943 年
张风伙	高唐县	—	男	1943 年
刘洪泉	高唐县	—	男	1943 年
郑俊德	高唐县	—	男	1943 年

姓 名	籍 贯	年 龄	性 别	死难时间
徐吉君	高唐县	—	男	1943 年
孙万宗	高唐县	—	男	1943 年
刘百信	高唐县	—	男	1943 年
王义泽	高唐县固河镇沙王庄村	—	男	1943 年
王长宫	高唐县尹集镇王庄村	—	男	1943 年
董风楼	高唐县固河镇董侯庄村	—	男	1943 年
沈玉山	高唐县汇鑫街道杜庄村	—	男	1943 年
靳连令	高唐县姜店乡	—	男	1943 年
郭大小	高唐县	—	男	1943 年
李乃同	高唐县	—	男	1943 年
宿连河	高唐县	—	男	1943 年
刘士其	高唐县梁村镇大刘庄村	—	男	1943 年
刘士贞	高唐县梁村镇大刘庄村	—	男	1943 年
刘长恩	高唐县	—	男	1943 年
王金桂	高唐县卅里铺镇田庄村	—	男	1943 年
刘丙信	高唐县姜店乡刘庄村	—	男	1943 年
宋金堂	高唐县	—	男	1943 年
韩信才	高唐县梁村镇韩庄村	—	男	1943 年
刘汗三	高唐县杨屯乡李庄村	—	男	1943 年
刘耀牌	高唐县	—	男	1943 年
李福臣	高唐县杨屯乡邱庄村	—	男	1943 年
侯大二	高唐县赵寨子乡侯里长屯村	—	男	1943 年
陈符度	高唐县清平镇于庄村	—	男	1943 年
王润滋	高唐县固河镇李集村	—	男	1943 年
张廷甲	高唐县梁村镇高庄村	—	男	1943 年
刘文法	高唐县尹集镇徐官屯村	—	男	1943 年
张丙华	高唐县梁村镇北镇村	14	男	1943 年
岳金来	高唐县梁村镇北镇村	35	男	1943 年
师殿喜	高唐县梁村镇北镇村	—	男	1943 年
杜温泉	高唐县梁村镇杜屯村	—	男	1943 年
杜美泉	高唐县梁村镇杜屯村	—	男	1943 年
赵长一	高唐县梁村镇后赵村	31	男	1943 年
李长勤	高唐县梁村镇前苦村	—	男	1943 年
李友林	高唐县梁村镇皮户李村	—	男	1943 年

姓 名	籍 贯	年 龄	性 别	死难时间
李 安	高唐县梁村镇皮户李村	—	男	1943 年
李德龙	高唐县梁村镇皮户李村	—	男	1943 年
张金玉	高唐县梁村镇皮户李村	—	男	1943 年
张金柱	高唐县梁村镇皮户李村	—	男	1943 年
张长亭	高唐县梁村镇皮户李村	—	男	1943 年
高长廷	高唐县梁村镇皮户李村	—	男	1943 年
宋兆山	高唐县梁村镇梁屯村	—	男	1943 年
宋兆水	高唐县梁村镇梁屯村	—	男	1943 年
徐太贞	高唐县梁村镇梁屯村	—	男	1943 年
宋金玉	高唐县梁村镇梁屯村	—	男	1943 年
张玉林	高唐县梁村镇梁屯村	—	男	1943 年
梁振信	高唐县梁村镇梁屯村	—	男	1943 年
门希望	高唐县梁村镇梁屯村	—	男	1943 年
李春和	高唐县梁村镇张老庄村	—	男	1943 年
张太山	高唐县梁村镇张老庄村	—	男	1943 年
张风多	高唐县梁村镇张老庄村	—	男	1943 年
李发志	高唐县梁村镇前苫村	—	男	1943 年
李长城	高唐县梁村镇前苫村	—	男	1943 年
李长吉	高唐县梁村镇前苫村	—	男	1943 年
李长风	高唐县梁村镇前苫村	—	男	1943 年
李双秀	高唐县梁村镇前苫村	—	男	1943 年
陈书田	高唐县梁村镇陈屯村	—	男	1943 年
陈兰田	高唐县梁村镇陈屯村	—	男	1943 年
杜万氏	高唐县梁村镇陈屯村	—	女	1943 年
曾李氏	高唐县梁村镇陈屯村	—	女	1943 年
李英山	高唐县梁村镇陈屯村	—	男	1943 年
杜玉泉	高唐县梁村镇陈屯村	—	男	1943 年
张太茂	高唐县梁村镇张老庄村	—	男	1943 年
张吊奎	高唐县梁村镇张老庄村	—	男	1943 年
梁玉楼	高唐县赵寨子乡赵庄村	—	男	1943 年
张玉林	高唐县赵寨子乡北街村	—	男	1943 年
冉凡武	高唐县鱼丘湖街道一街村	21	男	1943 年
刘乐明	高唐县人和街道前七里村	32	男	1943 年
郭如意	高唐县人和街道孙五里村	40	男	1943 年

続表

姓　名	籍　贯	年　龄	性　别	死难时间
郭陈氏	高唐县人和街道孙五里村	45	女	1943 年
苗秀芹	高唐县人和街道刘双安村	35	男	1943 年
邱文成	高唐县人和街道刘双安村	21	男	1943 年
刘吉文	高唐县人和街道刘双安村	17	男	1943 年
林一庆	高唐县人和街道刘双安村	18	男	1943 年
刘玉芹	高唐县人和街道刘双安村	20	男	1943 年
苗秀彦	高唐县人和街道刘双安村	36	男	1943 年
刘玉养	高唐县人和街道刘双安村	39	男	1943 年
刘吉才	高唐县人和街道刘双安村	17	男	1943 年
贾玉林	高唐县固河镇东朱村	30	男	1943 年
朱文显	高唐县固河镇东朱村	32	男	1943 年
刘直孝	高唐县固河镇东刘桥村	28	男	1943 年
刘贞孝	高唐县固河镇东刘桥村	30	男	1943 年
王化远	高唐县固河镇小刘村	30	男	1943 年
司淑明	高唐县固河镇前吴村	36	男	1943 年
华吉祥	高唐县固河镇小华村	26	男	1943 年
华张氏	高唐县固河镇小华村	70	女	1943 年
华和泽	高唐县固河镇小华村	70	男	1943 年
华文中	高唐县固河镇小华村	30	男	1943 年
华文彩	高唐县固河镇小华村	36	男	1943 年
刘　小	高唐县尹集镇尹西村	30	男	1943 年
彭石廷	高唐县尹集镇前彭村	30	男	1943 年
解同杰	高唐县尹集镇三官庙村	24	男	1943 年
朱秋成	高唐县尹集镇三官庙村	36	男	1943 年
尹志化	高唐县尹集镇尹北村	30	男	1943 年
尹长庆	高唐县尹集镇尹北村	30	男	1943 年
石孟林	高唐县清平镇石庄村	—	男	1943 年
三　行	高唐县清平镇石庄村	—	男	1943 年
石茂宇	高唐县清平镇石庄村	—	男	1943 年
石茂中	高唐县清平镇石庄村	—	男	1943 年
王学九	高唐县清平镇王浩村	—	男	1943 年
由小海	高唐县清平镇由庄村	—	男	1943 年
肖继印	高唐县清平镇杨庄村	—	男	1943 年
肖继美	高唐县清平镇杨庄村	—	—	1943 年

姓 名	籍 贯	年 龄	性 别	死难时间
肖继敏	高唐县清平镇杨庄村	—	—	1943 年
王子立	高唐县汇鑫街道颜辛村	26	男	1943 年
韩君友	高唐县汇鑫街道窦官屯村	65	男	1943 年
付德仁	高唐县姜店乡付桥村	40	男	1943 年
于先明	高唐县姜店乡后刘村	35	男	1943 年
刘风生	高唐县姜店乡后刘村	25	男	1943 年
刘金玉	高唐县姜店乡后刘村	27	男	1943 年
于宪岭	高唐县姜店乡后刘村	23	男	1943 年
王远廷	高唐县姜店乡王奉村	29	男	1943 年
王玉表	高唐县人和街道南王村	38	男	1943 年
杨风合	高唐县	50	男	1943 年
于先更	高唐县姜店乡后刘村	27	男	1943 年
于王氏	高唐县姜店乡后刘村	26	女	1943 年
刘风刚	高唐县姜店乡后刘村	28	男	1943 年
刘风同	高唐县姜店乡后刘村	24	男	1943 年
赵连民	高唐县姜店乡后刘村	25	男	1943 年
侯佩文	高唐县琉璃寺镇康庄村	30	男	1943 年
徐振山	高唐县琉璃寺镇大范村	18	男	1943 年
范长荣	高唐县琉璃寺镇大范村	20	男	1943 年
马金财	高唐县琉璃寺镇毛庄村	18	男	1943 年
姜广洪	高唐县琉璃寺镇南姜村	27	男	1943 年
姜西广	高唐县琉璃寺镇南姜村	18	男	1943 年
周 平	高唐县琉璃寺镇南姜村	17	男	1943 年
于学燕	高唐县琉璃寺镇于庄村	20	男	1943 年
祁长金	高唐县琉璃寺镇于庄村	19	男	1943 年
祁殿臣	高唐县琉璃寺镇于庄村	30	男	1943 年
于德岭	高唐县琉璃寺镇于庄村	30	男	1943 年
张玉贵	高唐县琉璃寺镇前屯村	—	男	1943 年
张玉环	高唐县琉璃寺镇前屯村	—	男	1943 年
赵立业	高唐县琉璃寺镇前屯村	—	男	1943 年
李长里	高唐县琉璃寺镇前屯村	—	男	1943 年
吕 二	高唐县琉璃寺镇前屯村	—	男	1943 年
吕进德	高唐县琉璃寺镇前屯村	—	男	1943 年
吕进义	高唐县琉璃寺镇前屯村	—	男	1943 年

姓 名	籍 贯	年 龄	性 别	死难时间
吕 白	高唐县琉璃寺镇前屯村	—	男	1943 年
省 二	高唐县琉璃寺镇前屯村	—	男	1943 年
闫守居	高唐县琉璃寺镇前屯村	—	男	1943 年
闫守民	高唐县琉璃寺镇前屯村	—	男	1943 年
杨 会	高唐县琉璃寺镇前屯村	—	男	1943 年
杨玉寺	高唐县琉璃寺镇前屯村	—	男	1943 年
杨光星	高唐县琉璃寺镇前屯村	—	男	1943 年
姜广龙	高唐县琉璃寺镇南姜村	34	男	1943 年
孙德全	高唐县固河镇刘菜园村	—	男	1943 年
浦刘氏	高唐县固河镇浦庄村	—	女	1943 年
侯军新	高唐县固河镇侯桥村	40	男	1943 年
郭文章	高唐县	—	男	1944 年 1 月 12 日
陈兆仓	高唐县	—	男	1944 年 1 月 20 日
刘五昌	高唐县	27	男	1944 年 1 月 25 日
程绍功	高唐县	25	男	1944 年 1 月 25 日
张玉兰	高唐县	20	男	1944 年 1 月 25 日
郭志合	高唐县姜店乡长郭村	33	男	1944 年 1 月
王石代	高唐县	—	男	1944 年 1 月
张善存	高唐县	—	男	1944 年 1 月
杜文荣	高唐县	42	男	1944 年 2 月 2 日
林怀珂	高唐县	35	男	1944 年 2 月 8 日
翟成祥	高唐县	23	男	1944 年 2 月 17 日
赵希雁	高唐县	—	男	1944 年 2 月 24 日
赵希增	高唐县	—	男	1944 年 2 月 24 日
梁玉成	高唐县人和街道吕寨村	—	男	1944 年 2 月
王成芫	高唐县清平镇十里堡村	—	男	1944 年 2 月
李榜银	高唐县	—	男	1944 年 2 月
高小山	高唐县姜店乡唐楼村	—	男	1944 年 2 月
丁伦子	高唐县赵寨子乡丁寨村	—	男	1944 年 2 月
贾茂海	高唐县固河镇东朱村	25	男	1944 年 2 月
李长福	高唐县梁村镇杜李庄村	20	男	1944 年 3 月 7 日
李朝榆	高唐县	—	男	1944 年 3 月 9 日
路 峰	高唐县	—	男	1944 年 3 月
王 珠	高唐县	—	男	1944 年 3 月

姓 名	籍 贯	年 龄	性 别	死难时间
赵福明	高唐县	—	男	1944 年 3 月
宋玉明	高唐县赵寨子乡宋楼村	—	男	1944 年 3 月
赵金店	高唐县	—	男	1944 年 3 月
弋麻子	高唐县	—	男	1944 年 3 月
刑殿举	高唐县	—	男	1944 年 4 月 22 日
刘光旭	高唐县	27	男	1944 年 4 月
邱桂甫	高唐县杨屯乡邱庄村	—	男	1944 年 4 月
房泽善	高唐县汇鑫街道房庙村	17	男	1944 年 5 月
田金祥	高唐县清平镇王庄村	21	男	1944 年 6 月 13 日
李世吉	高唐县	27	男	1944 年 6 月 17 日
鲁文才	高唐县	32	男	1944 年 6 月
刘文昌	高唐县	23	男	1944 年 6 月
徐清风	高唐县	35	男	1944 年 6 月
王殿西	高唐县	—	男	1944 年 6 月
于开柱	高唐县	—	男	1944 年 6 月
许秃二	高唐县	—	男	1944 年 6 月
张立志	高唐县人和街道辛家楼村	—	男	1944 年 6 月
秦处元	高唐县	—	男	1944 年 6 月
傅金和	高唐县	—	男	1944 年 6 月
林子立	高唐县	—	男	1944 年 6 月
李文生	高唐县尹集镇朱庄村	22	男	1944 年 7 月 13 日
白世琪	高唐县	22	男	1944 年 7 月 13 日
由金海	高唐县清平镇由庄村	22	男	1944 年 7 月
于学忠	高唐县琉璃寺镇于庄村	22	男	1944 年 7 月
崔立莱	高唐县	—	男	1944 年 7 月
王如桂	高唐县	—	男	1944 年 7 月
张永吉	高唐县卅里铺镇曲庄村		男	1944 年 7 月
殷刘氏	高唐县姜店乡殷楼村	—	女	1944 年 7 月
殷郭氏	高唐县姜店乡殷楼村	—	女	1944 年 7 月
殷白氏	高唐县姜店乡殷楼村	—	女	1944 年 7 月
殷张氏	高唐县姜店乡殷楼村	—	女	1944 年 7 月
殷梁氏	高唐县姜店乡殷楼村	—	女	1944 年 7 月
殷绍伦	高唐县姜店乡殷楼村	—	男	1944 年 7 月
殷庆三	高唐县姜店乡殷楼村	—	男	1944 年 7 月

姓 名	籍 贯	年龄	性别	死难时间
王体贤	高唐县姜店乡王仙村	51	男	1944 年 8 月 2 日
韩登祥	高唐县尹集镇朱庄村	22	男	1944 年 8 月 4 日
唐成林	高唐县	24	男	1944 年 8 月 13 日
赵学义	高唐县	24	男	1944 年 8 月 13 日
张洪泉	高唐县尹集镇大张庄村	53	男	1944 年 8 月 18 日
张红泉	高唐县	22	男	1944 年 8 月 18 日
李兴贵	高唐县人和街道李小村	27	男	1944 年 8 月 19 日
李明清	高唐县	22	男	1944 年 8 月
唐怀河	高唐县清平镇张庙村	—	男	1944 年 8 月
吴袍子	高唐县	—	男	1944 年 8 月
郭子勤	高唐县杨屯乡郭庄村	—	男	1944 年 8 月
兆 子	高唐县	—	男	1944 年 8 月
乜代井	高唐县	—	男	1944 年 8 月
吴百中	高唐县	—	男	1944 年 8 月
王 小	高唐县	—	男	1944 年 8 月
于世章	高唐县	—	男	1944 年 8 月
张怀贵	高唐县姜店乡郭庄村	—	男	1944 年 9 月 11 日
黄徐氏	高唐县	—	女	1944 年 9 月
于忠元	高唐县梁村镇于庄村	—	男	1944 年 9 月
魏德富	高唐县杨屯乡李官屯村	—	男	1944 年 9 月
姚重党	高唐县杨屯乡李官屯村	—	男	1944 年 9 月
魏长福	高唐县	—	男	1944 年 9 月
刘玉山	高唐县辛店乡东刘村	—	男	1944 年 10 月 11 日
赵善江	高唐县	19	男	1944 年 10 月 14 日
董兆章	高唐县姜店乡大董庄村	—	男	1944 年 10 月 14 日
李恒有	高唐县	20	男	1944 年 10 月 18 日
杜景孝	高唐县	—	男	1944 年 10 月 23 日
杜学香	高唐县	—	男	1944 年 10 月 23 日
赵善法	高唐县尹集镇华家务村	19	男	1944 年 10 月
李秉顺	高唐县梁村镇李化梓村	36	男	1944 年 10 月
李洪广	高唐县清平镇王庄村	20	男	1944 年 10 月
刘汝元	高唐县尹集镇邓官屯村	30	男	1944 年 10 月
胡玉琢	高唐县	26	男	1944 年 10 月
刘长福	高唐县琉璃寺镇陈营村	21	男	1944 年 10 月

姓 名	籍 贯	年 龄	性 别	死难时间
张兆玉	高唐县琉璃寺镇陈营村	21	男	1944 年 10 月
葛洪池	高唐县清平镇桑园村	—	男	1944 年 10 月
张德玉	高唐县	26	男	1944 年 10 月
郭汝臣	高唐县	—	男	1944 年 10 月
小 六	高唐县	—	—	1944 年 10 月
王希进	高唐县	—	男	1944 年 10 月
杨子亭	高唐县人和街道西街村	—	男	1944 年 10 月
田保田	高唐县人和街道西街村	—	男	1944 年 10 月
李路庆	高唐县汇鑫街道孙屯村	23	男	1944 年 10 月
姜东岳	高唐县梁村镇姜庄村	28	男	1944 年 11 月 5 日
杨文坡	高唐县	—	男	1944 年 11 月 6 日
杨文昌	高唐县固河镇杨庄村	—	男	1944 年 11 月 6 日
张 虎	高唐县	16	男	1944 年 11 月 12 日
蔡玉霞	高唐县鱼丘湖街道姜堂村	—	—	1944 年 11 月
张国西	高唐县卅里铺镇张庄村	23	男	1944 年 11 月
丁民区	高唐县	—	男	1944 年 11 月
张配荣	高唐县姜店乡大董庄村	—	男	1944 年 11 月
赵 五	高唐县		男	1944 年 11 月
宿连江	高唐县杨屯乡董官屯村	—	—	1944 年 12 月 19 日
尤兴义	高唐县	30	男	1944 年 12 月
李克顺	高唐县	28	男	1944 年 12 月
张连升	高唐县	28	男	1944 年 12 月
周庆有	高唐县	38	男	1944 年 12 月
刘鸿顺	高唐县	31	男	1944 年 12 月
姜金岳	高唐县杨屯乡李官屯村	—	男	1944 年 12 月
刘岳廷	高唐县姜店乡鲁庄村	40	男	1944 年
小 车	高唐县清平镇孙庄村	—	男	1944 年
陈哈哈	高唐县	—	—	1944 年
丁长岭	高唐县	—	男	1944 年
赵玉臣	高唐县姜店乡坟台村	—	男	1944 年
华平基	高唐县固河镇华庄村	—	男	1944 年
李华卿	高唐县卅里铺镇董集村	41	男	1943 年 6 月 26 日
于振家	高唐县琉璃寺镇郝庄村	23	男	1944 年
王精明	高唐县固河镇太和庄村	23	男	1944 年

姓 名	籍 贯	年 龄	性 别	死难时间
张宪耀	高唐县梁村镇皮户李庄村	22	男	1944 年
靳连合	高唐县琉璃寺镇靳庄村	23	男	1944 年
牛仁兴	高唐县琉璃寺镇西牛村	22	男	1944 年
芦凤山	高唐县梁村镇三十里铺村	18	男	1944 年
牛吉成	高唐县琉璃寺镇西牛村	27	男	1944 年
孙凡之	高唐县姜店乡孔堂村	22	男	1944 年
邢怀友	高唐县琉璃寺镇陈营村	19	男	1944 年
刘 浩	高唐县固河镇石羊庄村	23	男	1944 年
赵玉积	高唐县姜店乡坟台村	—	男	1944 年
肖禄祥	高唐县尹集镇小刘庄村	—	男	1944 年
张恩颖	高唐县赵寨子乡张庙村	—	男	1944 年
周聂氏	高唐县杨屯乡周小庄村	—	女	1944 年
刘浩方	高唐县杨屯乡刘楼村	26	男	1944 年
徐海楼	高唐县	18	男	1944 年
朱玉岱	高唐县卅里铺镇小马杨村	21	男	1944 年
赵立有	高唐县杨屯乡西赵村	22	男	1944 年
牟建德	高唐县杨屯乡施屯村	22	男	1944 年
郗兴川	高唐县清平镇	26	男	1944 年
建 苹	高唐县	—	男	1944 年
李毓琪	高唐县	—	男	1944 年
高尚武	高唐县尹集镇朱庄村	—	男	1944 年
刘连俭	高唐县杨屯乡李官屯村	—	男	1944 年
李长栓	高唐县	—	男	1944 年
罗宗友	高唐县	—	男	1944 年
黄中堂	高唐县	—	男	1944 年
李春生	高唐县汇鑫街道东铺村	—	男	1944 年
王德正	高唐县	—	男	1944 年
马清文	高唐县	—	男	1944 年
魏付德	高唐县	—	男	1944 年
杨朝海	高唐县	—	男	1944 年
李庆林	高唐县	—	男	1944 年
殷兆泉	高唐县姜店乡南镇村	—	男	1944 年
李原五	高唐县杨屯乡王家桥村	—	男	1944 年
张尼狗	高唐县人和街道张庄村	—	男	1944 年

姓　名	籍　贯	年　龄	性　别	死难时间
李运武	高唐县固河镇李集村	—	男	1944 年
刘化银	高唐县汇鑫街道东铺村	—	男	1944 年
李仁举	高唐县汇鑫街道东铺村	—	男	1944 年
秦岩压	高唐县琉璃寺镇秦庄村	—	男	1944 年
张保西	高唐县清平镇张庙村	—	男	1944 年
凌　良	高唐县清平镇张庙村	—	男	1944 年
杨文甲	高唐县	—	男	1944 年
殷文全	高唐县	—	男	1944 年
殷文亮	高唐县	—	男	1944 年
窦玉活	高唐县	—	男	1944 年
周怀武	高唐县清平镇周庄村	—	男	1944 年
杜　玉	高唐县姜店乡天宫庙村	—	男	1944 年
李文成	高唐县	—	男	1944 年
肖金中	高唐县	—	男	1944 年
闫希圣	高唐县	—	男	1944 年
王春坡	高唐县	—	男	1944 年
王子保	高唐县	—	男	1944 年
白立明	高唐县姜店乡栾官屯村	—	男	1944 年
胡小河	高唐县	—	男	1944 年
赵一民	高唐县鱼丘湖街道菜市街村	32	男	1944 年
李恒瑞	高唐县梁村镇韩庄村	32	男	1944 年
孙堂龙	高唐县	—	男	1944 年
高万芝	高唐县	—	男	1944 年
左良民	高唐县杨屯乡芒庄村	—	男	1944 年
田如贵	高唐县梁村镇田寨村	—	男	1944 年
周脉河	高唐县汇鑫街道谷官屯村	—	男	1944 年
杨洪正	高唐县汇鑫街道谷官屯村	—	男	1944 年
杨文波	高唐县梁村镇杨庄村	—	男	1944 年
赵法堂	高唐县清平镇小屯村	—	男	1944 年
李延武	高唐县尹集镇解庄村	—	男	1944 年
王孝柱	高唐县尹集镇孙庄村	—	男	1944 年
于化南	高唐县卅里铺镇王寨村	—	男	1944 年
李王妮	高唐县清平镇高庄村	—	男	1944 年
杨润申	高唐县杨屯乡姜庄村	—	男	1944 年

姓 名	籍 贯	年 龄	性 别	死难时间
魏保德	高唐县	—	男	1944 年
姚金堂	高唐县	—	男	1944 年
刘福原	高唐县	—	男	1944 年
刘英杰	高唐县	—	男	1944 年
李金斗	高唐县	—	男	1944 年
刘福厚	高唐县杨屯乡李官屯村	—	男	1944 年
郭日同	高唐县姜店乡长郭庄村	—	男	1944 年
高丰明	高唐县尹集镇田寨村	—	男	1944 年
白松平	高唐县	—	女	1944 年
郭东辉	高唐县	—	男	1944 年
孙洪山	高唐县	—	男	1944 年
靳光密	高唐县	30	男	1944 年
冯长江	高唐县梁村镇于庄村	—	男	1944 年
李丙安	高唐县梁村镇李化梓村	—	男	1944 年
李希震	高唐县梁村镇李化梓村	—	男	1944 年
杜岩生	高唐县人和街道辛家楼村	8	男	1944 年
郭长营	高唐县人和街道前七里村	35	男	1944 年
高立平	高唐县人和街道岳王村	30	男	1944 年
陈元志	高唐县尹集镇陈堤子村	30	男	1944 年
张善富	高唐县清平镇西大村	—	男	1944 年
刘瑞才	高唐县清平镇刘臻庄村	—	男	1944 年
刘多田	高唐县清平镇皮庄村	—	男	1944 年
薛老虎	高唐县清平镇皮庄村	—	男	1944 年
刘兆石	高唐县清平镇刘海子村	—	男	1944 年
刘兆海	高唐县清平镇刘海子村	—	男	1944 年
刘瑞驹	高唐县清平镇刘海子村	—	男	1944 年
刘阳各	高唐县姜店乡八刘村	20	男	1944 年
王长法	高唐县姜店乡八刘村	20	男	1944 年
王付岭	高唐县姜店乡八刘村	23	男	1944 年
刘金木	高唐县姜店乡八刘村	21	男	1944 年
刘导荣	高唐县姜店乡八刘村	28	男	1944 年
岳善举	高唐县姜店乡八刘村	17	男	1944 年
杨吉河	高唐县卅里铺镇大马村	20	男	1944 年
杨广明	高唐县卅里铺镇大马村	18	男	1944 年

姓　名	籍　贯	年　龄	性　别	死难时间
杨广昌	高唐县卅里铺镇大马村	19	男	1944 年
陈庆河	高唐县琉璃寺镇南姜村	17	男	1944 年
王刘氏	高唐县琉璃寺镇后屯村	40	女	1944 年
王吉星	高唐县琉璃寺镇后屯村	50	男	1944 年
王杜氏	高唐县琉璃寺镇后屯村	60	女	1944 年
王日会	高唐县琉璃寺镇后屯村	28	男	1944 年
王有毅	高唐县琉璃寺镇后屯村	26	男	1944 年
丙　银	高唐县琉璃寺镇后屯村	30	男	1944 年
刘建训	高唐县	—	男	1944 年
唐庆娥	高唐县	—	女	1944 年
莘学良	高唐县杨屯乡莘庄村	—	男	1944 年
周洪昌	高唐县杨屯乡丁楼村	29	男	1944 年
李长友	高唐县	—	男	1944 年
周长兴	高唐县	—	男	1944 年
张兆敏	高唐县赵寨子乡前纸村	32	男	1944 年
姜金岳	高唐县	—	男	1944 年
窦十苗	高唐县固河镇闫庄村	—	—	1944 年
焦克忠	高唐县	—	男	1944 年
高　金	高唐县尹集镇解庄村	—	男	1944 年
孙太俭	高唐县琉璃寺镇孙庄村	28	男	1944 年
郭呆瓜	高唐县	—	男	1945 年 1 月
傅清度	高唐县姜店乡天宫庙村	—	男	1945 年 1 月
赵庆元	高唐县	24	男	1945 年 1 月
张德禄	高唐县	25	男	1945 年 1 月
董新图	高唐县	26	男	1945 年 1 月
贾廷可	高唐县	26	男	1945 年 1 月
刘成光	高唐县	22	男	1945 年 1 月
高丙钵	高唐县梁村镇高庄村	—	男	1945 年 2 月
张金臣	高唐县姜店乡刘平村	35	男	1945 年 2 月
郭继希	高唐县姜店乡西郭村	—	男	1945 年 3 月
张立忠	高唐县姜店乡西郭村	—	男	1945 年 3 月
高振风	高唐县	—	—	1945 年 3 月
郝兰台	高唐县姜店乡郝庄村	36	男	1945 年 3 月
张连甲	高唐县卅里铺镇杨庄村	—	男	1945 年 3 月

姓 名	籍 贯	年 龄	性 别	死难时间
侯振东	高唐县	—	男	1945 年 3 月
侯振吉	高唐县	—	男	1945 年 3 月
张金先	高唐县姜店乡刘平村	34	男	1945 年 3 月
户法争	高唐县固河镇胡集村	—	男	1945 年 4 月 19 日
于希仁	高唐县	33	男	1945 年 4 月
张希文	高唐县	26	男	1945 年 4 月
胡玉生	高唐县	28	男	1945 年 4 月
刘光地	高唐县	27	男	1945 年 4 月
王公臣	高唐县	—	男	1945 年 4 月
殷兆福	高唐县姜店乡长郭村	35	男	1945 年 4 月
张传道	高唐县姜店乡唐楼村	41	男	1945 年 5 月
徐孟楼	高唐县	28	男	1945 年 5 月
冠保得	高唐县	17	男	1945 年 5 月
寇 牛	高唐县	—	男	1945 年 5 月
焦克勤	高唐县	—	男	1945 年 5 月
郭月介	高唐县姜店乡长郭村	36	男	1945 年 5 月
李士吉	高唐县尹集镇张官屯	36	男	1945 年 6 月 17 日
李德胜	高唐县	30	男	1945 年 6 月
董文一	高唐县	—	—	1945 年 6 月
鞠立谦	高唐县	—	男	1945 年 6 月
郭志余	高唐县姜店乡长郭村	36	男	1945 年 6 月
殷金章	高唐县姜店乡殷楼村	30	男	1945 年 7 月 17 日
殷之荣	高唐县姜店乡殷楼村	28	男	1945 年 7 月 17 日
李洪源	高唐县鱼丘湖街道马庄村	—	男	1945 年 7 月 20 日
殷兆离	高唐县姜店乡殷楼村	—	男	1945 年 7 月 20 日
殷之圣	高唐县姜店乡殷楼村	—	男	1945 年 7 月 20 日
殷之贤	高唐县姜店乡殷楼村	—	男	1945 年 7 月 20 日
殷之俊	高唐县姜店乡殷楼村	—	男	1945 年 7 月 20 日
殷传德	高唐县姜店乡殷楼村	—	男	1945 年 7 月 20 日
殷凤正	高唐县姜店乡殷楼村	7	男	1945 年 7 月 20 日
殷传喜	高唐县姜店乡殷楼村	56	男	1945 年 7 月 20 日
殷兆余	高唐县姜店乡殷楼村	56	男	1945 年 7 月 20 日
殷 库	高唐县姜店乡殷楼村	28	男	1945 年 7 月 20 日
殷之浩	高唐县姜店乡殷楼村	30	男	1945 年 7 月 20 日

姓 名	籍 贯	年 龄	性 别	死难时间
殷金风	高唐县姜店乡殷楼村	31	男	1945 年 7 月 25 日
吴殿林	高唐县清平镇石庄村	20	男	1945 年 7 月
朱 虎	高唐县尹集镇朱庄村	26	男	1945 年 7 月
陈朱氏	高唐县梁村镇陈屯村	—	女	1945 年 7 月
陈延寿	高唐县尹集镇陈堤子村	—	男	1945 年 7 月
苏士贞	高唐县杨屯乡刘楼村	—	男	1945 年 7 月
郭公田	高唐县汇鑫街道三里岔村	—	男	1945 年 7 月
纪化荣	高唐县		男	1945 年 7 月
于德芝	高唐县	—	—	1945 年 7 月
董金俄	高唐县人和街道吕寨村	—	—	1945 年 7 月
苏建平	高唐县梁村镇北镇村	—	男	1945 年 7 月
殷玉申	高唐县姜店乡殷楼村	31	男	1945 年 7 月
殷小二	高唐县姜店乡殷楼村	20	男	1945 年 7 月
七大愣	高唐县姜店乡殷楼村	30	男	1945 年 7 月
殷玉田	高唐县姜店乡殷楼村	28	男	1945 年 7 月
殷玉荣	高唐县姜店乡殷楼村	31	男	1945 年 7 月
大 臣	高唐县姜店乡殷楼村	15	男	1945 年 7 月
殷 柱	高唐县姜店乡殷楼村	20	男	1945 年 7 月
殷玗春	高唐县姜店乡殷楼村	18	男	1945 年 7 月
殷洪恩	高唐县姜店乡殷楼村	55	男	1945 年 7 月
殷之瑞	高唐县姜店乡殷楼村	25	男	1945 年 7 月
殷绍孔	高唐县姜店乡殷楼村	32	男	1945 年 7 月
殷绍亮	高唐县姜店乡殷楼村	25	男	1945 年 7 月
殷绍功	高唐县姜店乡殷楼村	29	男	1945 年 7 月
陈光仁	高唐县	38	男	1945 年 8 月 6 日
许希良	高唐县汇鑫街道许楼村	—	男	1945 年 8 月 11 日
刘长度	高唐县尹集镇宋庄村	—	男	1945 年 8 月 17 日
刘风林	高唐县	—	男	1945 年 8 月 18 日
李志仁	高唐县	—	男	1945 年 8 月 20 日
李吉庆	高唐县	—	男	1945 年 8 月 20 日
李全温	高唐县	—	男	1945 年 8 月 20 日
老 肥	高唐县	—	男	1945 年 8 月 20 日
潘其禄	高唐县姜店乡潘庄村	60	男	1945 年 8 月
朱凤田	高唐县赵寨子乡大寨村	—	男	1945 年 8 月

姓 名	籍 贯	年 龄	性 别	死难时间
张士军	高唐县姜店乡殷楼村	—	男	1945 年 8 月
董兆海	高唐县姜店乡大董庄村	—	男	1945 年 8 月
宋三道	高唐县赵寨子乡宋楼村	—	男	1945 年 8 月
郝洪友	高唐县琉璃寺镇郝庄村	—	男	1945 年 8 月
解洪奎	高唐县赵寨子乡高寨子村	—	男	1945 年 8 月
王洪起	高唐县姜店乡天宫庙村	30	男	1945 年 8 月
张振清	高唐县杨屯乡张庄村	—	男	1945 年 8 月
刘三麻子	高唐县	—	男	1945 年 8 月
张元仁	高唐县	—	男	1945 年 8 月
刘乃林	高唐县	—	男	1945 年 8 月
宋少吉	高唐县	—	男	1945 年 8 月
张良贞	高唐县	—	—	1945 年 8 月
审先孟	高唐县尹集镇丁庄村	—	男	1945 年 8 月
许光山	高唐县	—	男	1945 年 8 月
付保贵	高唐县杨屯乡崔庄村	—	男	1945 年 8 月
朱李喜	高唐县	—	男	1945 年 8 月
王万顺	高唐县琉璃寺镇秦庄村	—	男	1945 年 8 月
张洪立	高唐县	42	男	1945 年 8 月
张连奎	高唐县	40	男	1945 年
杨富元	高唐县杨屯乡杨庄村	26	男	1945 年
张洪昌	高唐县尹集镇大张庄村	35	男	1945 年
张传金	高唐县	—	男	1945 年
张长胜	高唐县杨屯乡郭庄村	—	男	1945 年
窦文川	高唐县清平镇东街村	—	男	1945 年
王易文	高唐县	—	男	1945 年
郭长富	高唐县	—	男	1945 年
靳文秀	高唐县	—	—	1945 年
刘长庆	高唐县尹集镇北代庄村	—	男	1945 年
柳宝林	高唐县	—	男	1945 年
徐清林	高唐县梁村镇徐庄村	—	男	1945 年
冯希林	高唐县	—	男	1945 年
韩在亮	高唐县	—	男	1945 年
华士禄	高唐县固河镇小华村	—	男	1945 年
曹金水	高唐县	10	男	1945 年

姓 名	籍 贯	年 龄	性 别	死难时间
张洪竹	高唐县	26	男	1945 年
杨文茂	高唐县	26	男	1945 年
苏金生	高唐县	22	男	1945 年
杨文尊	高唐县尹集镇杨寨子村	26	男	1945 年
尹学禄	高唐县尹集镇尹集村	19	男	1945 年
孙步敏	高唐县	—	男	1945 年
王怀三	高唐县固河镇闫村	33	男	1945 年
孙类敬	高唐县姜店乡五里庄村	—	男	1945 年
徐培恩	高唐县杨屯乡董官屯村	—	男	1945 年
唐 宏	高唐县清平镇丁堤口村	—	男	1945 年
王春阳	高唐县杨屯乡董官屯村	—	男	1945 年
雷滕先	高唐县	—	男	1945 年
田金峰	高唐县卅里铺镇阚排村	18	男	1945 年
张文利	高唐县	24	男	1945 年
王云杰	高唐县	25	男	1945 年
刘保恒	高唐县	17	男	1945 年
王洪训	高唐县	19	男	1945 年
张连魁	高唐县	40	男	1945 年
杨福元	高唐县	22	男	1945 年
章士禄	高唐县	—	男	1945 年
刘荣恩	高唐县杨屯乡大刘庄村	—	男	1945 年
孔 度	高唐县	—	男	1945 年
王子太	高唐县杨屯乡娘娘庙村	—	男	1945 年
相立元	高唐县人和街道相庄村	30	男	1945 年
余万金	高唐县人和街道相庄村	25	男	1945 年
相殿峰	高唐县人和街道相庄村	71	男	1945 年
杨殿河	高唐县尹集镇唐洼村	40	男	1945 年
胡长友	高唐县固河镇胡集村	—	男	1945 年
王乃顺	高唐县杨屯乡高官屯村	—	男	1945 年
林吉成	高唐县	—	男	1945 年
程安然	聊城市东昌府区	29	男	1945 年
屈乾坤	河南省商城县	—	男	1945 年
王田氏	高唐县梁村镇于庄村	45	女	1945 年
王小栓	高唐县梁村镇于庄村	18	女	1945 年

姓　名	籍　贯	年　龄	性　别	死难时间
王金亭	高唐县梁村镇于庄村	50	男	1945 年
王立阁	高唐县梁村镇于庄村	2	男	1945 年
王玉先	高唐县	—	男	1945 年
李守贞	高唐县	—	女	1945 年
郭永桂	高唐县	—	女	1945 年
王光志	高唐县	—	男	1945 年
张传席	高唐县姜店乡唐楼村	—	男	1945 年
解奎元	高唐县	—	男	1945 年
崔清成	高唐县杨屯乡崔庄村	—	男	1945 年
康玉秀	高唐县	—	—	1945 年
康玉荣	高唐县	—	—	1945 年
陈　六	高唐县	—	男	1945 年
任福昌	高唐县	—	男	1945 年
蒋振祥	高唐县固河镇姜店村	—	男	1945 年
马庆余	高唐县姜店乡佟官屯村	19	男	1945 年
王友建	高唐县琉璃寺镇后屯村	19	男	1945 年
王一青	高唐县卅里铺镇北王庄村	26	男	1945 年
刘光明	高唐县姜店乡后刘村	28	男	1945 年
刘芳维	高唐县杨屯乡绿瓦庙村	30	男	1945 年
孙光兴	高唐县琉璃寺镇靳庄村	20	男	1945 年
孙长山	高唐县固河镇孙家庙村	35	男	1945 年
安朝文	高唐县杨屯乡绿瓦庙村	30	男	1945 年
王洪庆	高唐县固河镇三甲王村	24	男	1945 年
姜金耀	平原县恩城镇莫王庄村	—	男	1945 年
雷成光	平原县恩城镇雷集村	—	男	1945 年
陈付章	高唐县卅里铺镇陈井村	22	男	1945 年
张德范	高唐县尹集镇大张村	21	男	1945 年
张春芳	高唐县尹集镇大张村	22	男	1945 年
赵吉孔	高唐县琉璃寺镇初庄村	22	男	1945 年
郭言岭	高唐县姜店乡天宫庙村	26	男	1945 年
郭双福	高唐县姜店乡苦水郭村	26	男	1945 年
郭兴才	高唐县姜店乡天宫庙村	28	男	1945 年
董传扬	高唐县琉璃寺镇董庄村	29	男	1945 年
朱少喜	高唐县	—	男	1945 年

姓 名	籍 贯	年 龄	性 别	死难时间
石 法	高唐县	—	男	1945 年
高文明	高唐县鱼丘湖街道一街村	—	男	1945 年
刘沈之	高唐县	—	男	1945 年
杨希策	高唐县梁村镇大杨村	—	男	1945 年
朱丙德	高唐县尹集镇朱庄村	—	男	1945 年
董双杨	高唐县姜店乡唐楼村	—	男	1945 年
张陆金	高唐县姜店乡唐楼村	—	男	1945 年
王如友	高唐县清平镇石门村	—	男	1945 年
潘子路	高唐县	—	男	1945 年
王大秃	高唐县	—	男	1945 年
张传玉	高唐县姜店乡唐楼村	—	—	1945 年
王立堂	高唐县	—	男	1945 年
孙庆元	高唐县鱼丘湖街道胡庄村	—	男	1945 年
王立桂	高唐县尹集镇朱庄村	—	男	1945 年
张武贞	高唐县杨屯乡张庄村	—	—	1945 年
王之世	高唐县	—	男	1945 年
邱连迁	高唐县	—	男	1945 年
华洪先	高唐县	—	男	1945 年
唐十月	高唐县	—	男	1945 年
高金台	高唐县	—	男	1945 年
邱伦之	高唐县杨屯乡董官屯村	—	—	1945 年
王景文	高唐县	—	男	1945 年
张炳嵩	高唐县	20	男	1945 年
张偏三	高唐县杨屯乡夹滩村	—	男	1945 年
林度正	高唐县鱼丘湖街道罗寨村	—	男	1945 年
大鸭子	高唐县	—	男	1945 年
周传友	高唐县	—	男	1945 年
王兆安	高唐县	—	男	1945 年
张学荣	高唐县固河镇王堂村	—	男	1945 年
赵公堂	高唐县清平镇小屯村	—	男	1945 年
王 荣	高唐县	—	男	1945 年
华世英	高唐县	—	男	1945 年
周蓝于	高唐县固河镇沙王庄村	—	男	1945 年
陈朱民	高唐县尹集镇陈堤子村	—	男	1945 年

姓 名	籍 贯	年 龄	性 别	死难时间
石继德	高唐县杨屯乡老君堂村	—	男	1945 年
杨 志	高唐县杨屯乡老君堂村	—	男	1945 年
李洪安	高唐县杨屯乡老君堂村	—	男	1945 年
秦兆杰	高唐县琉璃寺镇秦庄	—	男	1945 年
唐文志	高唐县	—	男	1945 年
李洪发	高唐县	—	男	1945 年
田虎银	高唐县汇鑫街道田马村	—	男	1945 年
徐庆祥	高唐县汇鑫街道田马村	—	男	1945 年
李 南	高唐县汇鑫街道田马村	—	男	1945 年
王 克	高唐县固河镇小刘庄	—	男	1945 年
杨中普	高唐县卅里铺镇后辛庄村	—	男	1945 年
沈吉文	高唐县	—	男	1945 年
王宝坤	高唐县梁村镇白庄村	—	男	1945 年
李长贵	高唐县人和街道杜李庄村	—	男	1945 年
李长祥	高唐县人和街道杜李庄村	—	男	1945 年
李长修	高唐县人和街道杜李庄村	22	男	1945 年
王志仁	高唐县汇鑫街道安庄村	—	男	1945 年
郭希顺	高唐县琉璃寺镇董寨村	—	男	1945 年
焦金三	高唐县尹集镇焦庄村	—	男	1945 年
刘芝文	高唐县杨屯乡大刘村	—	男	1945 年
崔长生	高唐县尹集镇崔庄	—	男	1945 年
李德兹	高唐县尹集镇户庄	—	男	1945 年
徐海亭	高唐县尹集镇户庄	—	男	1945 年
沈玉珍	高唐县汇鑫街道杜庄村	—	—	1945 年
邵春林	高唐县杨屯乡董官屯	—	男	1945 年
李言仁	高唐县赵寨子乡孔堂村	—	男	1945 年
尚玉昌	高唐县	—	—	1945 年
李宝起	高唐县姜店乡换马刘村	—	男	1945 年
乱大斧	高唐县尹集镇徐官屯	—	男	1945 年
王 牛	高唐县固河镇李庄村	—	男	1945 年
孙建平	高唐县梁村镇北镇村	—	男	1945 年
刘祖修	高唐县鱼丘湖街道一街村	22	男	1945 年
刘克铭	高唐县鱼丘湖街道一街村	24	男	1945 年
赵张氏	高唐县人和街道岳王村	36	女	1945 年

姓 名	籍 贯	年 龄	性 别	死难时间
赵春山	高唐县人和街道岳王村	37	男	1945 年
宋传桂	高唐县梁村镇于庄村	21	男	1945 年
李洪生	高唐县尹集镇西李村	22	男	1945 年
袁学成	高唐县汇鑫街道袁庄村	26	男	1945 年
界玉楼	高唐县汇鑫街道袁庄村	30	男	1945 年
张振海	高唐县卅里铺镇卅里铺村	24	男	1945 年
张金星	高唐县姜店乡刘平村	36	男	1945 年
董金英	高唐县姜店乡辛店村	27	女	1945 年
乔拥立	高唐县琉璃寺镇南陈村	26	男	1945 年
徐家吉	高唐县梁村镇徐彭宋村	—	男	1945 年
靳连问	高唐县琉璃寺镇靳庄村	26	男	1945 年
王凤仪	高唐县	—	男	1945 年
庞二秃	高唐县	—	男	1945 年
林得之	高唐县	—	男	1945 年
李思远	高唐县	—	男	1945 年
刘万箱	高唐县杨屯乡钱庄村	—	男	1945 年
崔长洪	高唐县杨屯乡崔庄村	—	男	1945 年
张长城	高唐县	—	男	1945 年
杨茂堂	高唐县姜店乡二杨庄	—	男	1945 年
黄振西	高唐县琉璃寺镇秦庄村	—	男	1945 年
刘金中	高唐县杨屯乡小李六村	—	男	1945 年
刘玉昌	高唐县	—	男	1945 年
刘玉兰	高唐县清平镇刘海子村	—	—	1945 年
赵 二	高唐县	—	男	1945 年
赵怀堂	高唐县清平镇小屯村	—	男	1945 年
小狗盛	高唐县	—	男	1945 年
宁光梦	高唐县	—	男	—
李有杂	高唐县	—	男	—
于吉海	高唐县卅里铺镇小于庄村	—	男	—
赵老五	高唐县	—	男	—
贾立吉	高唐县尹集镇史庄村	—	男	—
小 庚	高唐县尹集镇李庄村	—	男	—
韩子瑞	高唐县卅里铺镇小马庄村	—	男	—
杨 光	高唐县	—	男	—

姓　名	籍　贯	年　龄	性　别	死难时间
王　区	高唐县梁村镇韩寨村	—	男	—
杨义廷	高唐县梁村镇小杨庄村	—	男	—
杨廷廷	高唐县梁村镇小杨庄村	—	男	—
张墨林	高唐县卅里铺镇曲庄村	—	男	—
南受和	高唐县	—	男	—
孙金田	高唐县琉璃寺镇孙庄村	—	男	—
王天方	高唐县固河镇王堂村	—	男	—
王天户	高唐县固河镇王堂村	—	男	—
王克祥	高唐县	—	男	—
王克德	高唐县	—	男	—
白友青	高唐县梁村镇白庄村	—	男	—
白友芝	高唐县梁村镇白庄村	—	男	—
孙许先	高唐县杨屯乡张庄村	—	男	—
曹家模	高唐县梁村镇曹庄村	30	男	—
陈利兴	高唐县	—	男	—
陈利维	高唐县	—	男	—
李学楷	高唐县	—	男	—
白友金	高唐县梁村镇韩寨村	—	男	—
白友水	高唐县梁村镇韩寨村	—	男	—
郭德喜	高唐县	—	男	—
刘立寅	高唐县梁村镇刘百户村	—	男	—
李秀英	高唐县汇鑫街道谷官屯村	—	—	—
李英春	高唐县汇鑫街道谷官屯村	—	男	—
李中田	高唐县梁村镇前李庄村	—	男	—
李子田	高唐县梁村镇前李庄村	—	男	—
曹英瑞	高唐县梁村镇曹庄村	—	男	—
曹振鲁	高唐县梁村镇曹庄村	—	男	—
程曰志	高唐县	—	男	—
李洪顺	高唐县梁村镇苦水李村	—	男	—
许海庚	高唐县	—	男	—
董周堂	高唐县姜店乡大董庄村	—	男	—
张冠玉	高唐县汇鑫街道辛庄村	—	男	—
陈德成	高唐县	—	男	—
陈德祥	高唐县	—	男	—

姓　名	籍　贯	年　龄	性　别	死难时间
刘殿江	高唐县	—	男	—
李如禧	高唐县	—	男	—
张守伦	高唐县	—	男	—
田传喜	高唐县汇鑫街道田楼村	—	男	—
梁　旧	高唐县	—	男	—
杨玉庆	高唐县	—	男	—
王云台	高唐县	—	男	—
王子立	高唐县	—	男	—
陈孟兰	高唐县	—	男	—
冯光水	高唐县杨屯乡刘楼村	—	男	—
华振文	高唐县人和街道华家庙村	—	男	—
邢风楼	高唐县	—	男	—
邢风增	高唐县	—	男	—
郝世福	高唐县	—	男	—
吴　玉	高唐县	—	—	—
吴春祥	高唐县	—	男	—
曲殿光	高唐县杨屯乡刘楼村	—	男	—
张西敬	高唐县汇鑫街道谷官屯村	—	男	—
吕长河	高唐县琉璃寺镇苗庄村	—	男	—
刘会臣	高唐县	—	男	—
崔长沦	高唐县杨屯乡崔庄村	—	男	—
侯金报	高唐县	—	男	—
小六月	高唐县	—	男	—
王张氏	高唐县	—	女	—
马恒山	高唐县姜店乡尚官屯村	—	男	—
秃　香	高唐县姜店乡大董庄村	—	男	—
冯子正	高唐县姜店乡五里铺村	—	男	—
徐士荣	高唐县	—	男	—
李宝灵	高唐县梁村镇北镇村	—	男	—
赵立功	高唐县	—	男	—
丁立争	高唐县清平镇刘振村	—	男	—
朱清杨	高唐县	—	男	—
商庆堂	高唐县杨屯乡芒庄村	—	男	—
靳文新	高唐县	—	男	—

姓 名	籍 贯	年 龄	性 别	死难时间
张高胜	高唐县鱼丘湖街道五里铺村	—	男	—
黄兴隆	高唐县	—	男	—
解 运	高唐县尹集镇解庄村	—	男	—
张宝石	高唐县	—	男	—
张海顺	高唐县	—	男	—
高连孟	高唐县赵寨子乡宋楼村	—	男	—
高连芝	高唐县赵寨子乡宋楼村	—	—	—
董栓岭	高唐县姜店乡大董庄村	—	男	—
董书本	高唐县姜店乡大董庄村	—	男	—
张传训	高唐县姜店乡唐楼村	—	男	—
赵永来	高唐县	—	男	—
解大头	高唐县	—	男	—
任圣之	高唐县赵寨子乡张庙村	—	男	—
李保琪	高唐县赵寨子乡张庙村	—	男	—
徐西顺	高唐县赵寨子乡许寨村	—	男	—
刘洋海	高唐县	—	男	—
庞士俊	高唐县	—	男	—
周怀庆	高唐县卅里铺镇田庄村	—	男	—
殷小珠	高唐县姜店乡殷楼村	—	—	—
殷志龙	高唐县姜店乡殷楼村	—	男	—
殷鸿喜	高唐县姜店乡殷楼村	—	男	—
殷鸿礼	高唐县姜店乡殷楼村	—	男	—
殷子田	高唐县姜店乡殷楼村	—	男	—
孙茂林	高唐县姜店乡殷楼村	—	男	—
殷小雨	高唐县姜店乡殷楼村	—	—	—
李文泉	高唐县姜店乡殷楼村	—	男	—
殷传和	高唐县姜店乡殷楼村	—	男	—
殷子森	高唐县姜店乡殷楼村	—	男	—
李同元	高唐县姜店乡殷楼村	—	男	—
李志远	高唐县	—	男	—
赵五成	高唐县鱼丘湖街道南街村	—	男	—
王建本	高唐县	—	男	—
郝保堂	高唐县	—	男	—
宋温容	高唐县	—	男	—

姓　名	籍　贯	年　龄	性　别	死难时间
张长明	高唐县	—	男	—
殷传叶	高唐县姜店乡殷楼村	—	—	—
郭宗全	高唐县姜店乡辛店村	—	男	—
潘力章	高唐县	—	男	—
郭本岭	高唐县卅里铺镇董集李村	—	男	—
阚金生	高唐县汇鑫街道	—	男	—
焦菊菊	高唐县尹集镇焦庄村	—	女	1940 年 5 月
袁采森	高唐县	28	男	—
赵德荣	高唐县	37	男	—
冯上学	高唐县	35	男	—
田汝兰	高唐县	39	男	—
赵希明	高唐县	29	男	—
李廷吉	高唐县	25	男	—
杨汝河	高唐县	23	男	—
李发端	高唐县	29	男	—
纪连和	高唐县	29	男	—
聂秉臣	高唐县	27	男	—
刘福亭	高唐县	29	男	—
范玉林	高唐县	26	男	—
云长祥	高唐县	24	男	—
王同法	高唐县	26	男	—
赵德儒	高唐县	27	男	—
刘希贵	高唐县	35	男	—
赵德玉	高唐县	25	男	—
朱连香	高唐县	37	男	—
蔡士谦	高唐县	26	男	—
扈文六	高唐县	21	男	—
袁采芹	高唐县	29	男	—
赵文杰	高唐县	20	男	—
冯玉牛	高唐县	21	男	—
赵德圣	高唐县	26	男	—
张清兰	高唐县	25	男	—
刘德忠	高唐县	25	男	—
冯申元	高唐县	39	男	—

姓 名	籍 贯	年 龄	性 别	死难时间
张希亭	高唐县	25	男	—
高兰州	高唐县	29	男	—
杨茂修	高唐县	27	男	—
田汝惠	高唐县	37	男	—
贾德友	高唐县	37	男	—
崔耀奎	高唐县	23	男	—
董长和	高唐县	24	男	—
潘希孟	高唐县	26	男	—
李祥符	高唐县	26	男	—
赵义亭	高唐县	22	男	—
赵怀奎	高唐县	24	男	—
史廷禄	高唐县	41	男	—
宋金生	高唐县	25	男	—
张子良	高唐县	23	男	—
李德顺	高唐县	37	男	—
王振祥	高唐县	27	男	—
林化香	高唐县	28	男	—
蔡和信	高唐县	28	男	—
徐全楼	高唐县	27	男	—
王树臣	高唐县	27	男	—
王金斗	高唐县	29	男	—
赵金和	高唐县	23	男	—
邓东林	高唐县	25	男	—
冯光珠	高唐县	20	男	—
田汝楷	高唐县	41	男	—
崔仁玉	高唐县	20	男	—
彭希庆	高唐县	24	男	—
刘志信	高唐县	25	男	—
冯光才	高唐县	28	男	—
张桐连	高唐县	24	男	—
郭德山	高唐县	28	男	—
郭保顺	高唐县	23	男	—
王东升	高唐县	26	男	—
云长义	高唐县	23	男	—

姓　名	籍　贯	年　龄	性　别	死难时间
周玉库	高唐县	20	男	—
王曰水	高唐县	23	男	—
董志博	高唐县	18	男	—
李希望	高唐县	36	男	—
孔范成	高唐县	32	男	—
赵鸿庆	高唐县	39	男	—
王金岭	高唐县	23	男	—
纪祝三	高唐县	29	男	—
张克敬	高唐县	35	男	—
赵长信	高唐县	23	男	—
黄希俊	高唐县	27	男	—
张树常	高唐县	16	男	—
郭德四	高唐县	22	男	—
宝　顺	高唐县	17	男	—
张太俊	高唐县梁村镇张老庄村	—	男	—
二　歪	高唐县梁村镇北范庄村	—	男	—
刘相臣	高唐县梁村镇大刘四村	—	男	—
刘孟宪	高唐县梁村镇大刘三村	—	男	—
王之广	高唐县杨屯乡高官屯村	21	男	—
王之江	高唐县杨屯乡高官屯村	25	男	—
侯士正	高唐县尹集镇朱庄村	—	男	—
李景武	高唐县尹集镇朱庄村	—	男	—
李　支	高唐县尹集镇尹北村	31	男	—
王秀明	高唐县尹集镇王庄村	30	男	—
隋方江	高唐县尹集镇隋庄村	19	男	—
李洪昌	高唐县尹集镇尹东村	—	男	—
朱长印	高唐县尹集镇三官庙村	—	男	—
朱红奎	高唐县尹集镇三官庙村	—	男	—
刘玉英	高唐县尹集镇张老庄村	—	女	—
杨本成	高唐县尹集镇张老庄村	—	男	—
张大岭	高唐县杨屯乡辛庄村	32	男	—
李文远	高唐县梁村镇于庄村	23	男	—
王风河	高唐县汇鑫街道王签村	31	男	—
侯大湾	高唐县姜店乡王奉村	—	男	—

姓　名	籍　贯	年　龄	性　别	死难时间
王双更	高唐县姜店乡王奉村	—	男	—
郭本飞	高唐县杨屯乡郭庄村	—	男	—
郭本岭	高唐县杨屯乡郭庄村	—	男	—
郭靳荣	高唐县杨屯乡郭庄村	—	男	—
董树华	高唐县姜店乡大董庄村	—	男	—
董荣堂	高唐县姜店乡大董庄村	—	男	—
唐文祥	高唐县姜店乡大董庄村	—	男	—
董兆凡	高唐县姜店乡大董庄村	—	男	—
罗振堂	高唐县琉璃寺镇东王村	20	男	—
周荣美	高唐县琉璃寺镇东王村	20	男	—
周荣亮	高唐县琉璃寺镇东王村	20	男	—
冷日山	高唐县琉璃寺镇韩庄村	—	男	—
蒋宗合	高唐县琉璃寺镇姜寺村	—	男	—
信永问	高唐县琉璃寺镇郝庄村	42	男	—
于振一	高唐县琉璃寺镇郝庄村	40	男	—
陈玉田	高唐县	—	男	1940 年
初士美	高唐县卅里铺镇大徐村	38	男	1940 年
初文金	高唐县卅里铺镇大徐村	36	男	1940 年
崔成孝	高唐县卅里铺镇大徐村	26	男	1940 年
崔殿方	高唐县卅里铺镇大徐村	21	男	1940 年
崔俊领	高唐县尹集镇徐官屯	38	男	1940 年
崔克山	高唐县尹集镇蔡庄村	32	男	1940 年
崔荣成	高唐县尹集镇蔡庄村	30	男	1940 年
崔学银	高唐县姜店乡于桥村	26	男	1940 年
崔　英	高唐县姜店乡于桥村	28	男	1940 年
大　狗	高唐县卅里铺镇大马村	21	男	1941 年
丁玉之	高唐县人和街道前七里村	26	男	1941 年
董长成	高唐县人和街道华家庙村	43	男	1941 年
董风英	高唐县琉璃寺镇西高村	25	男	1941 年
董非星	高唐县琉璃寺镇营坊村	30	男	1941 年
董非元	高唐县琉璃寺镇营坊村	30	男	1941 年
董心人	高唐县固河镇固河村	26	男	1942 年
董业堂	高唐县固河镇王堂村	40	男	1942 年
董张氏	高唐县固河镇王堂村	42	女	1942 年

姓　名	籍　贯	年　龄	性　别	死难时间
杜乃氏	高唐县梁村镇穆庄村	—	女	1942 年
窦玉亮	高唐县清平镇薛庄村	—	男	1942 年
董子剑	高唐县梁村镇北镇村	—	男	1942 年
杜美泉	高唐县梁村镇后赵村	—	男	1942 年
董之香	高唐县梁村镇二十里铺村	—	—	1942 年
董之业	高唐县梁村镇王屯村	41	男	1942 年
董之义	高唐县梁村镇王屯村	41	男	1942 年
范连清	高唐县	—	男	1942 年
董之中	高唐县梁村镇王屯村	40	男	1942 年
董子合	高唐县卅里铺镇小徐村	27	男	1942 年
窦陈氏	高唐县梁村镇北镇村	—	女	1942 年
二　狗	高唐县汇鑫街道	—	男	1942 年
杜金水	高唐县赵寨子乡解庄村	—	男	1942 年
窦宪亮	高唐县	—	男	1942 年
杜林之	高唐县梁村镇北镇村	—	—	1942 年
囤去文	高唐县汇鑫街道	—	—	1942 年
范长水	高唐县	—	男	1942 年
范长宝	高唐县	—	男	1942 年
冯振邦	高唐县	—	男	1942 年
范东周	高唐县清平镇新集村	—	男	1942 年
范兰生	高唐县琉璃寺镇北辛村	—	男	1942 年
范连菊	高唐县梁村镇刘百户村	9	女	1942 年
范　骡	高唐县清平镇辛集村	—	男	1942 年
范　马	高唐县清平镇辛集村	—	男	1942 年
范启同	高唐县	—	女	1942 年
范希文	高唐县汇鑫街道田庄村	—	男	1942 年
方吉生	高唐县清平镇辛集村	—	男	1942 年
房士信	高唐县	—	男	1942 年
房臧氏	高唐县	—	女	1942 年
冯侯氏	高唐县	—	女	1942 年
冯马氏	高唐县	—	女	1942 年
冯善仁	高唐县清平镇薛庄村	—	男	1942 年
冯　王	高唐县三十里铺镇	—	男	1942 年
冯友清	高唐县三十里铺镇	—	男	1942 年

姓 名	籍 贯	年 龄	性 别	死难时间
冯友荣	高唐县	—	男	1942 年
白国民	高唐县尹集镇小刘庄村	40	男	1943 年 9 月
白国于	高唐县尹集镇小刘庄村	42	男	1943 年 9 月
白黑蛋	高唐县人和街道孙五里村	50	男	1943 年 9 月
白金兰	高唐县人和街道孙五里村	50	男	1943 年 9 月
郭玉生	高唐县固河镇张桃村	23	男	1943 年
郭玉兰	高唐县固河镇窦集村	30	女	1943 年
郭崇道	高唐县鱼丘湖街道姜庙村	50	男	1943 年
郭长江	高唐县鱼丘湖街道李明桥村	—	男	1943 年
韩玉香	高唐县固河镇东朱村	—	—	1943 年
韩玉秀	高唐县固河镇东朱村	—	女	1943 年
郝成兰	高唐县固河镇东朱村	—	—	1943 年
郝春海	高唐县固河镇侯桥村	23	男	1943 年
郝电昌	高唐县固河镇侯桥村	—	男	1943 年
郝风山	高唐县固河镇任庄村	19	男	1943 年
郝广玉	高唐县固河镇固河村	40	男	1943 年
郝红春	高唐县固河镇后吴村	22	男	1943 年
侯振邦	高唐县人和街道南王村	42	男	1943 年
季学昌	高唐县琉璃寺镇于屯村	—	男	1943 年
季学山	高唐县琉璃寺镇东马村	—	男	1943 年
蒋计三	高唐县尹集镇刘王村	36	男	1943 年
蒋 六	高唐县尹集镇刘王村	29	男	1943 年
鞠立个	高唐县姜店乡八刘村	16	男	1943 年
鞠秋芳	高唐县姜店乡换前村	16	男	1943 年
李日停	高唐县人和街道刘双安村	18	男	1943 年
李汝兰	高唐县人和街道刘双安村	39	男	1943 年
李汝坡	高唐县人和街道刘双安村	17	男	1943 年
李汝芹	高唐县人和街道刘双安村	16	男	1943 年
李汝贤	高唐县人和街道刘双安村	18	男	1943 年
刘玉平	高唐县姜店乡钟潘村	—	男	1943 年
刘文林	高唐县姜店乡鲁庄村	20	男	1943 年
刘文志	高唐县姜店乡鲁庄村	14	男	1943 年
刘伍巨	高唐县姜店乡鲁庄村	18	男	1943 年
刘希华	高唐县姜店乡鲁庄村	19	男	1943 年

姓　名	籍　　贯	年　龄	性　别	死难时间
刘希仁	高唐县姜店乡鲁庄村	19	男	1943 年
刘希顺	高唐县姜店乡鲁庄村	22	男	1943 年
刘　香	高唐县姜店乡鲁庄村	20	女	1943 年
刘祥荣	高唐县姜店乡鲁庄村	20	男	1943 年
刘玉吉	高唐县姜店乡鲁庄村	17	男	1943 年
刘玉齐	高唐县姜店乡钟潘村	—	男	1943 年
刘子瑞	高唐县姜店乡东白村	40	男	1943 年
刘子祥	高唐县姜店乡东白村	38	男	1943 年
刘自福	高唐县姜店乡东白村	24	女	1943 年
刘自厚	高唐县姜店乡殷楼村	25	男	1943 年
刘宗克	高唐县姜店乡殷楼村	29	男	1943 年
刘宗于	高唐县姜店乡前屯村	—	男	1943 年
柳　堂	高唐县姜店乡前屯村	—	男	1943 年
柳堂解	高唐县姜店乡前屯村	—	男	1943 年
柳张氏	高唐县姜店乡鲁庄村	27	女	1943 年
卢风池	高唐县姜店乡鲁庄村	28	男	1943 年
卢金桥	高唐县姜店乡鲁庄村	30	男	1943 年
芦俊功	高唐县姜店乡鲁庄村	30	男	1943 年
王　风	高唐县姜店乡鲁庄村	24	男	1943 年
王风海	高唐县姜店乡鲁庄村	20	男	1943 年
王风宁	高唐县姜店乡鲁庄村	14	男	1943 年
王风庆	高唐县姜店乡鲁庄村	18	男	1943 年
王风山	高唐县姜店乡鲁庄村	19	男	1943 年
王风祥	高唐县姜店乡鲁庄村	19	男	1943 年
王风雨	高唐县姜店乡鲁庄村	22	男	1943 年
王风梅	高唐县姜店乡鲁庄村	20	男	1943 年
王奉兼	高唐县姜店乡鲁庄村	18	男	1943 年
王夫成	高唐县姜店乡鲁庄村	20	男	1943 年
王吉纸	高唐县姜店乡鲁庄村	17	男	1943 年
王甲生	高唐县姜店乡钟潘村	—	男	1943 年
王　俊	高唐县姜店乡东白村	40	男	1943 年
王克顺	高唐县姜店乡东白村	24	女	1943 年
王克星	高唐县姜店乡殷楼村	25	男	1943 年
王拉扔	高唐县姜店乡殷楼村	29	男	1943 年

姓　名	籍　贯	年　龄	性　别	死难时间
王　来	高唐县姜店乡前屯村	—	男	1943 年
王兰成	高唐县姜店乡前屯村	—	男	1943 年
王兰良	高唐县姜店乡前屯村	—	男	1943 年
王兰岭	高唐县姜店乡鲁庄村	28	男	1943 年
王兰坡	高唐县姜店乡鲁庄村	30	男	1943 年
王兰普	高唐县姜店乡鲁庄村	30	男	1943 年
张立芳	高唐县梁村镇李化梓村	—	—	1943 年
薛北运	高唐县琉璃寺镇三里堂村	—	男	1943 年
薛长奎	高唐县琉璃寺镇三里堂村	—	男	1943 年
薛长平	高唐县琉璃寺镇三里堂村	—	男	1943 年
薛传兰	高唐县琉璃寺镇三里堂村	—	男	1943 年
薛福三	高唐县琉璃寺镇三里堂村	—	男	1943 年
闫洪堂	高唐县卅里铺镇王神村	28	男	1943 年
闫廷环	高唐县卅里铺镇大李村	—	男	1943 年
殷明山	高唐县尹集镇前彭村	28	男	1943 年
杨培元	高唐县梁村镇大刘村	—	男	1943 年
杨普房	高唐县梁村镇大刘村	—	男	1943 年
杨万名	高唐县梁村镇王广村	—	男	1943 年
杨魏氏	高唐县梁村镇北魏庄村	70	女	1943 年
杨玉信	高唐县梁村镇前苦村	—	男	1943 年
杨运才	高唐县梁村镇穆庄村	—	男	1943 年
杨治仙	高唐县梁村镇杜屯村	—	男	1943 年
殷传温	高唐县清平镇前辛村	—	男	1943 年
张安荣	高唐县杨屯乡董庄村	—	男	1943 年
张安堂	高唐县杨屯乡董庄村	—	男	1943 年
张　八	高唐县杨屯乡董庄村	—	男	1943 年
张保明	高唐县杨屯乡老君堂村	—	男	1943 年
张保年	高唐县杨屯乡老君堂村	—	男	1943 年
张传林	高唐县杨屯乡西赵村	43	男	1943 年
张传木	高唐县杨屯乡高官屯村	33	男	1943 年
张传友	高唐县杨屯乡姜庄村	—	男	1943 年
张传真	高唐县杨屯乡	—	男	1943 年
张传中	高唐县杨屯乡	—	男	1943 年
张春云	高唐县杨屯乡夹滩村	—	男	1943 年

姓 名	籍 贯	年 龄	性 别	死难时间
张大小	高唐县杨屯乡姜庄村	—	男	1943 年
张付成	高唐县杨屯乡姜庄村	73	男	1943 年
张洪凤	高唐县杨屯乡张庄村	—	男	1943 年
张吉生	高唐县杨屯乡梁庄村	40	男	1943 年
张金合	高唐县杨屯乡李官屯村	38	男	1943 年
张金奎	高唐县杨屯乡李官屯村	39	男	1943 年
张金全	高唐县杨屯乡杨庄	31	男	1943 年
张金锐	高唐县杨屯乡杨庄	32	男	1943 年
张金玉	高唐县杨屯乡代王村	96	男	1943 年
张九利	高唐县杨屯乡杨西村	47	男	1943 年
张军兰	高唐县杨屯乡杨西村	47	男	1943 年
张俊明	高唐县杨屯乡杨西村	39	男	1943 年
张克林	高唐县杨屯乡杨西村	—	男	1943 年
张克森	高唐县杨屯乡杨西村	—	男	1943 年
张老百	高唐县杨屯乡香坊村	—	男	1943 年
张立并	高唐县人和街道后七里村	32	男	1943 年
张立国	高唐县梁村镇韩庄村	—	男	1943 年
张立荣	高唐县梁村镇于庄村	—	男	1943 年
张立中	高唐县梁村镇臧庄	—	男	1943 年
张连昌	高唐县尹集镇刘董村	27	男	1943 年
张连魁	高唐县尹集镇刘董村	38	男	1943 年
张连泉	高唐县尹集镇尹东村	18	男	1943 年
张连山	高唐县尹集镇尹东村	19	男	1943 年
郝广山	高唐县固河镇任庄	40	男	1943 年
白立奎	高唐县人和街道辛家楼村	16	男	1944 年 2 月
白立平	高唐县人和街道辛家楼村	16	男	1944 年 3 月
张三大个子	高唐县鱼丘湖街道麻庄村	50	男	1944 年
张守善	高唐县卅里铺镇苗庄村	17	男	1944 年
张书成	高唐县梁村镇打渔李村	—	男	1944 年
张书奎	高唐县梁村镇打渔李村	—	男	1944 年
张淑兰	高唐县梁村镇打渔李村	—	—	1944 年
张树弥	高唐县梁村镇大刘二村	—	男	1944 年
张振兴	高唐县	—	男	1944 年
张之宝	高唐县杨屯乡盖王庄	—	男	1944 年

姓　名	籍　贯	年龄	性别	死难时间
张之金	高唐县梁村镇前郭庄	—	男	1944 年
张之生	高唐县	—	男	1944 年
张子前	高唐县赵寨子乡姚王村	34	男	1944 年
张子英	高唐县	—	—	1944 年
赵长庆	高唐县梁村镇郭老庄村	—	男	1945 年 1 月
白友尚	高唐县卅里铺镇大马村	21	男	1945 年 3 月
赵长一	高唐县梁村镇和睦王村	—	男	1945 年
赵风安	高唐县姜店乡刘平村	19	男	1945 年
赵风贵	高唐县姜店乡刘平村	30	男	1945 年
赵风元	高唐县姜店乡刘平村	30	男	1945 年
赵连星	高唐县姜店乡刘平村	19	男	1945 年
赵荣生	高唐县姜店乡刘平村	30	男	1945 年
周瑞平	高唐县尹集镇张老庄村	—	男	—
周庆山	高唐县梁村镇高庄村	—	男	—
赵玉代	高唐县固河镇沙王村	77	男	—
赵振明	高唐县固河镇沙王村	—	男	—
周庆春	高唐县鱼丘湖街道皇殿村	28	男	—
周庆丰	高唐县鱼丘湖街道周官屯村	20	男	—
周庆家	高唐县鱼丘湖街道周官屯村	27	男	—
周庆君	高唐县梁村镇刘屯村	—	男	—
周庆禄	高唐县梁村镇刘屯村	—	男	—
周庆仁	高唐县卅里铺镇孙庄村	—	男	—
周庆山	高唐县梁村镇茶棚村	66	男	—
周庆廷	高唐县梁村镇高庄村	71	男	—
周荣秀	高唐县汇鑫街道于庄村	78	男	—
周瑞平	高唐县尹集镇三官庙村	37	男	—
赵振明	高唐县固河镇小华村	23	男	—
周庄德	高唐县杨屯乡杨东村	37	男	—
朱陈氏	高唐县杨屯乡杜庄村	30	女	—
朱心德	高唐县杨屯乡小杨屯村	39	男	—
朱心亮	高唐县杨屯乡小杨屯村	41	男	—
朱心明	高唐县杨屯乡小杨屯村	48	男	—
朱振湖	高唐县杨屯乡钱庄村	48	男	—
朱振致	高唐县杨屯乡钱庄村	27	男	—

姓 名	籍 贯	年 龄	性 别	死难时间
朱周氏	高唐县杨屯乡钱庄村	—	女	—
周庆仁	高唐县鱼丘湖街道后郭村	50	男	—
左长仁	高唐县	—	男	—
合　计	**2550**			

责任人：徐文峰　　　　　核实人：祝　君　管东华　王　飞　　填表人：王　飞

填报单位（签章）：高唐县委党史研究室　　　　　　　　填报时间：2009 年 5 月 6 日

后　记

在中央党史研究室组织指导下，山东省于 2006 年开展了抗日战争时期人口伤亡和财产损失大型调研活动（以下简称"抗损调研"）。抗损调研的成果之一，是通过全省普遍的乡村走访调查，广泛收集见证人和知情人的口述资料，如实记录伤亡者的姓名、籍贯、性别、年龄、死难时间等信息，编纂一部《山东省抗日战争时期伤亡人员名录》（以下简称《名录》）。《名录》于 2010 年编纂完成后，共收录抗日战争时期日军造成的山东现行政区域范围内的伤亡人员 46.9 万余名。以《名录》为基础，我们选择信息比较完整、填写比较规范的 100 个县（市、区）抗日战争时期死难人员名录，经省市县三级党史部门进一步整理、编纂，形成了《山东省百县（市、区）抗日战争时期死难者名录》，共收录死难者 169173 人。

2005 年，中央党史研究室部署开展《抗日战争时期中国人口伤亡和财产损失》这一重大课题的调研工作。考虑到这项课题是一项艰巨复杂的浩大工程，山东省委党史研究室确定先行试点，在取得经验的基础上全面展开。2006 年 3 月，山东省委党史研究室在全省 17 个市选择 30 个县（市、区）作为抗损调研试点单位。在中央党史研究室指导下，山东省委党史研究室按照全国调研工作方案确定的指导思想、组织领导、调研项目、工作步骤、基本要求等，制定下发了《山东省抗日战争时期人口伤亡和财产损失调研试点工作方案》。各试点县（市、区）建立了两支调研队伍：一是县（市、区）建立由党史、档案、史志等单位人员组成的档案与文献资料查阅队伍；二是乡（镇）、村建立走访调查队伍。调查的方式是：以村为单位，以 70 岁以上老人为重点，走访调查见证人和知情人，调查人员根据访问情况填写调查表，被调查人员确认填写的内容准确无误后签字（按手印）；以乡（镇）为单位对调查表记录的人员伤亡和财产损失情况进行汇总统计；以县（市、区）为单位查阅历史档案和文献资料，细致梳理人员伤亡和财产损失情况记录，汇总统计本县（市、区）人口伤亡和财产损失情况。试点工作于 7 月底结束。

试点期间，中央党史研究室不仅从方案规划设计，调研方法步骤确定，以及走访调查和档案查阅等各个环节需要把握的问题，给予我们精心指导，而且一再提出把调研工作做成"基础工程、精品工程、警世工程、传世工程"的标准要求，不断提升我们对这项工作的认识高度。

在中央党史研究室的悉心指导下，试点工作不仅取得重要成果，而且深化了我们对抗损调研工作的认识，增强了我们做好这项工作的责任意识。

一是收集了大量历史档案和文献资料，掌握了历史上山东省对抗损问题的调研情况，对如何深化调研取得了新的认识。

试点期间，30个试点县（市、区）共查阅历史档案2.36万卷，文献资料6859册，收集档案、文献资料3.72万份。主要包括：抗日战争胜利后，山东解放区政府、冀鲁豫解放区政府和国民党山东省政府、国民党青岛市政府对抗日战争时期山东省境内人口伤亡和财产损失所做的调查资料；新中国成立后，为收集日本战犯罪行证据，由山东省人民政府统一组织领导，各级公安、检察机关所做的调查资料；20世纪五六十年代和改革开放以来，各级党史、史志、文史部门，社科研究单位和民间人士对抗日战争时期发生在山东省境内的人口伤亡和财产损失重大事件所做的典型调查资料等。

通过分析这些资料，可以看到，解放区政府和国民党政府所做的调查，调查时间是抗战胜利后至1946年初，调查方法是按照联合国救济总署设定的战争灾害损失调查项目进行的，调查目的在于战后救济与善后，着重于人口伤亡和财产损失的数据统计，其调查覆盖山东全境，统计数据全面、可靠，但缺少伤亡者具体信息的记录。新中国成立后及改革开放新时期的调查，留存了日本战犯和受害人、当事人的大量口供和证词。这些口供和证词记录了伤亡者姓名、被害经过等许多具体信息，但仅限于部分重大事件中的少数伤亡者。据此，我们认识到，虽然通过系统整理散落在各级档案馆、图书馆、博物馆的档案和文献中的历次调查资料，可以在确凿的历史档案、文献资料以及人证、物证等证据的基础上，进一步查明山东省抗日战争时期人口伤亡和财产损失的情况，但还是难以在全省范围内查明伤亡者更多的具体信息。因此，还需要我们做更多的工作。

二是收集了大量见证人、知情人口述资料，掌握了乡村走访调查的样本选择和操作方法，深化了对直接调查重要性的认识。

30个试点县（市、区）走访调查19723个村庄、103.6万人，召开座谈会13.13万人次，收集证人证言22.42万份。这些证言证词记载了当年日军的累累罪行。虽然时间已经过去了六七十年，见证人的有些记忆已很不完整、有些仅是片段式的，但亲眼目睹过同胞亲人惨遭劫难的老人们，仍能清晰讲述出其刻骨铭心的深刻记忆；虽然有些村庄已经消失，有些家族整个被日军杀绝，从而导致一些信息中断，但大多数村庄仍然保留有历史记忆，大量死难者有亲人或后人在世。

基于对证言证词的分析，我们认识到：村落是民族记忆的历史载体、家族生活的社会单元，保留着家族绵延续绝的历史信息；70岁以上老人在抗日战争胜利时已有十几岁，具备准确记忆的能力。以行政村为调查样本、以全省609万在世的70岁以上老人为重点人群，采用乡村走访调查的方法，可以收集更多的抗日战争时期伤亡人员信息，以弥补过去历次调查留下的缺憾。

三是查阅了世界其他国家对二战时期死难者调查的文献资料，增强了我们对历史负责、对死难者亡灵负责、对国际社会和人类文明负责的民族担当意识。

试点期间，山东省委党史研究室组织研究人员查阅了世界各国对二战时期死难者调查和纪念的相关资料。"尊重每一个生命，珍惜每一个人的存亡"，在第二次世界大战灾难的调查和纪念中得到充分体现。2004年，以色列纪念纳粹大屠杀的主题是"直到最后一个犹太人，直到最后一个名字"。在美国建立的珍珠港纪念碑上，死难者有名有姓，十分具体。在泰国、缅甸交界的二战遗址桂河大桥旁，盟军死难者纪念公墓整齐刻写着死难者的名字。铭记死难者的名字，抚平创伤让死难者安息，成为国际社会通行的做法。但是，日本全面侵华战争中造成数百万山东人民伤亡，60多年来在尘封的历史档案中记录的多是一串串伤亡数字，至今没有一部记录死难者相关信息的大型专著。随着当事人和见证者相继逝去，再不完成这方面的调查，将会成为无法弥补的历史缺憾。推动开展一次乡村普遍调查，尽可能多地查找死难者的名字、记录死难者的相关信息，既可告慰死难者的冤魂亡灵，又可留存日军残酷暴行的铁证。这是我们历史工作者的良心所在，责任所在！

中央党史研究室对山东试点工作及取得的成果给予充分肯定和高度评价，同意山东省委党史研究室对试点成果的分析和对抗损调研工作的认识，提出了开展山东省抗日战争时期人口伤亡和财产损失大型调研活动的指导意见，并要求努力实现以下两个主要目标：

一是在收集整理以往历次抗损调研成果的基础上，准确查明山东省抗日战争时期人口伤亡和财产损失的情况。即由省市县三级党史、史志、档案等部门具有一定研究能力的人员，广泛收集散落在各地档案馆、图书馆、博物馆的抗损资料，在系统整理、深入分析研究60多年来各级政府、社会团体、研究机构等调查和研究成果的基础上，准确查明山东省抗日战争时期人口伤亡和财产损失的情况；

二是开展一次普遍的乡村走访调查，尽可能多地调查记录伤亡者的信息，弥补以往历次调查的不足。即按照统一方法步骤，由乡村两级组成走访调查队伍，以行政村为调查样本、以70岁以上老人为重点调查人群，通过进村入户走访调查，广泛收集见证人和知情人的口述资料，如实记录死难者的姓名、性别、年龄、籍贯、伤亡时间、伤亡原因等信息。

在中央党史研究室的指导下，山东省委党史研究室研究制定了《山东省抗日战争时期人口伤亡和财产损失课题调研工作方案》，明确了抗损调研的指导思想、目标任务、方法步骤和保障措施等要求。在中央党史研究室的推动下，山东省成立了由党史、财政、史志、档案、民政、文化、出版、统计、司法等单位组成的大型调研活动领导小组，下设课题研究办公室（重大专项课题组）。

2006年10月中旬，山东省抗损调研领导小组研究通过并下发了《山东省抗日战争时期人口伤亡和财产损失课题调研工作方案》及关于录制走访取证声像资料、重大惨案进行司法公证、编写抗损大事记等相关配套方案，统一复制并下发了由中央党史研究室设计制定的"抗日战争时期人口伤亡调查表"、"抗日战争时期财产损失调查表"、"抗日战争时期人口伤亡统计表"、"抗日战争时期财产损失统计表"。

各市、县（市、区）按照方案要求进行了筹备部署：

一是组织调研队伍。各市、县（市、区）成立了抗损调查委员会，从党史、史志、档案、民政、统计、图书馆等单位抽调10～20名人员组成抗损课题办公室，主要负责本地调研工作的组织协调，历史档案和文献资料的查阅、收集、分析整理、汇总统计等任务。全省共组织档案文献查阅人员3910名。各乡（镇）抽调5～10人组成走访调查取证组，具体承担本乡（镇）各村的走访调查取证工作。全省各乡（镇）调查组依托村党支部、村委会共组织走访调查取证人员32万余名。

二是培训调研人员。各市培训所属县（市、区）骨干调研队伍，培训主要采取以会代训的形式，重点推广试点县（市、区）调研工作中的成功做法。各县（市、区）培训所属乡（镇）调研队伍，培训采取选择一个典型村或镇进行集中调研、现场观摩的形式。

三是乡（镇）以行政村为单位对辖区内70岁以上老人登记造册，统一印制并向70岁以上老人发放了"抗日战争时期人口伤亡和财产损失入户调查明白纸"，告知调查的目的和有关事项。

2006 年 10 月 25 日，山东省抗损调研领导小组召开了全省抗损调研动员会议。10 月 26 日，走访取证工作在全省乡村全面展开。各乡（镇）走访调查取证组携带录音、录像设备和"抗日战争时期人口伤亡调查表"、"抗日战争时期财产损失调查表"等深入辖区行政村走访调查。调查人员主要由乡（镇）调查组人员和村党支部、村委会成员以及离退休老干部和退休教师组成。调查对象是各村 70 岁以上老人。

调查人员按照"抗日战争时期人口伤亡调查表"设置的栏目，主要询问被调查人所知道的抗日战争时期伤亡者姓名、年龄，伤亡时间、地点、经过（被日军枪杀、烧杀、活埋、砍杀、奸杀、溺水等情节）、伤亡者人数等情况。被调查人讲述，调查人员如实记录。记录完成后调查人员当场向被调查人宣读记录，被调查人确认无误后签名或盖章、按手印，调查人同时填写调查单位、调查人姓名、调查日期。证人讲述的死难者遇难现场遗址存在或部分存在的，调查组在证人指证的遗址现场（田埂、河沟、大树、坟地、小桥、水井、宅基地等）拍摄照片、录制声像资料。至此，形成一份完整的证言证词。

对于文献资料中记载的一次伤亡 10 人以上的惨案，各县（市、区）课题办公室组织党史、档案、史志等部门专业人员进行了专题调查，调查主要采取召开见证人、知情人座谈会的形式，调查过程全程录音、录像。对证言证词准确完整、具备司法公证条件的惨案，司法公证部门进行了司法公证。

为加强对调研工作的协调和指导，确保乡村走访调查目标的实现，山东省抗损课题研究办公室建立了督导制度、联系点制度、信息通报制度。省市县三级抗损课题研究办公室主任负责本辖区调研工作的督查指导，分别深入市、县（市、区）、乡（镇）检查调研工作开展情况。各市抗损课题研究办公室向所属县（市、区）派出督导员，深入乡（镇）、村检查指导调查取证工作，解决遇到的具体问题。省、市抗损课题研究办公室每位成员确定一个县（市、区）或一个乡（镇）为联系点，各县（市、区）抗损课题研究办公室每位成员联系一个乡（镇）或一个重点村，具体指导调研工作开展。为交流经验，落实措施，山东省抗损课题研究办公室编发课题调研《工作简报》150 多期。

截止到 2006 年 12 月中旬，大规模的乡村走访取证工作结束，全省乡村两级走访调查队伍共走访调查 8 万余个行政村、507 万余名 70 岁以上老人，分别占全省行政村总数和 70 岁以上老人总数的 95% 和 80% 以上，共收集证言证词 79 万余份。录制了包括证人讲述事件过程、事件遗址、有关实物证据等内容的大量影像资料，其中拍摄照片 7376 幅（同一底片者计为一幅），录音录像 49678 分钟，制作光盘2037张，并对专题调查的301个惨案进行了司法公证。

自2006年12月中旬开始，调研工作进入回头检查和分类汇总调研材料阶段。各乡（镇）调查组回头检查走访调查取证是否有遗漏的重点村庄和重点人群，收集的证言证词中证人是否签名、盖章、留下指纹，证言是否表述准确，调查人、调查单位、调查日期等是否填写齐全。在回头检查的基础上，将有关事件、伤亡者信息等如实记载下来，填写"抗日战争时期人口伤亡统计表"、"抗日战争时期财产损失统计表"。

12月16日，山东省抗损课题研究办公室印制并下发了《山东省抗日战争时期伤亡人员名录》表格。《名录》包括死难人员和受伤人员的"姓名"、"籍贯"、"年龄"、"性别"、"伤亡时间"、"伤亡地点"、"伤亡原因"等要素。《名录》以乡（镇）为单位填写，以县（市、区）为单位汇总，于2007年7月完成。

自2007年8月开始，山东省抗损课题研究办公室对各地上报的调研资料进行分类整理和分析研究，发现《名录》明显存在以下不足：一是《名录》收录的伤亡人员数远远少于档案资料中记载的抗日战争时期全省伤亡人数。山东解放区政府和冀鲁豫解放区政府调查统计的山东省平民伤亡人口为518万余人，国民党山东省政府和青岛市政府调查统计的全省平民伤亡人口为653万余人，《名录》收录的查清姓名的伤亡人员仅有46万余人，不到全省实际伤亡人口数的十分之一。分析其中原因，从见证人、知情人的层面看，主要是此次调研距抗日战争胜利已达61年之久，大多数见证人、知情人已经去世，加之部分村庄消失、搬迁，大量人口流动，调研活动中接受调查的70岁以上老人仅是当时见证人和知情人中的极少部分，而且他们中有些当时年龄较小、记忆模糊，只能回忆印象深刻的部分。从死难者的层面看，主要是记录伤亡者名字信息的家谱、墓碑在"文化大革命"时期大多已被销毁、损坏，许多名字随着时间流逝难以被后人记住。受农村传统习俗的影响，大多数农村妇女没有具体名字，而许多儿童在名字还没有固定下来时就已遇难。许多家族灭绝的遇难者，因没有留下后人而造成信息中断，难以通过知情人准确回忆姓名等信息。二是各县（市、区）名录收录的查清姓名的伤亡人员在人数的多少上与实际伤亡人数的多少不成正比，其中部分县（市、区）在抗日战争时期遭日军破坏程度接近，但所收录的伤亡人员在数量上存在较大差异。主要原因是调研活动的走访调查阶段，各县（市、区）对此项工作的重视程度、投入力量和走访调查的深入细致程度存在较大差异，有些县（市、区）在走访调查中遗漏见证人和知情人，有的在证言证词的梳理中遗漏伤亡者的填写。三是《名录》确定的各项要素有的填写不全，有些填写不完整、不规范。主要原因是，《名录》所依据的"证言证词"记录的要素有许多本身就不完整、不全面，而《名录》填写者来自乡（镇）调查组的数万名调查人员，在填写规范上也难以达到一致。

根据中央党史研究室关于编纂《抗日战争时期中国人口伤亡和财产损失调研丛书》的要求，针对《名录》中存在的主要问题，山东省抗损课题研究办公室于 2009 年初制定下发了《关于编纂〈山东省抗日战争时期伤亡人员名录〉有关要求的通知》（以下简称《通知》）。《通知》要求各市、县（市、区）党史部门以对历史高度负责的精神，集中时间、集中力量，对《名录》进行逐一核实和修订，真正把《名录》编纂成经得起历史检验和各方质疑的精品工程、传世工程、警世工程。《通知》明确了各市、县（市、区）的编纂任务和责任要求，各市委党史研究室负责所辖县（市、区）、高新技术开发区、经济开发区伤亡人员名录补充和核实校订工作的具体部署、组织指导、督促检查和汇总上报工作。各市委党史研究室主任为第一责任人，对本市所辖县（市、区）伤亡人员名录核实校订工作质量和完成时限负总责；确定一名科长为具体责任人，协助第一责任人做好工作部署和组织指导工作，具体做好督促检查和汇总上报工作。各县（市、区）委党史研究室具体负责本县（市、区）伤亡人员名录的补充、核实和校订工作。县（市、区）委党史研究室主任为责任人，对伤亡人员名录的真实性、可靠性负总责。各县（市、区）分别确定 1 至 2 名填表人和核实人。填表人根据《名录》表格的规范标准认真填写，确保无遗漏、无错误。《名录》正式出版后，责任人和填表人、核实人具体负责对来自各方的质询进行答疑。责任人、核实人、填表人在本县（市、区）伤亡人员名录最后一页页尾签名，并注明填报单位和填报时间。

《通知》下发后，各市委党史研究室确定了本市抗日战争时期伤亡人员名录编纂工作第一责任人和直接责任人。全省 140 个县（市、区）和 16 个经济开发区、高新技术开发区共确定了 460 余名责任人、核实人、填表人，并明确了责任。各县（市、区）党史研究室根据《通知》要求，细致梳理调研资料特别是走访调查资料，认真核实伤亡人员各要素，补充遗漏的伤亡人员。部分县（市、区）还针对调研资料中存在的伤亡人员基本要素表述不清、填写不完整等情况，进行实地回访或电话回访，补充了部分遗漏和填写不完整的要素。各县（市、区）抗日战争时期伤亡人员名录补充、核实工作完成后，各市委党史研究室按照《通知》提出的要求，进行了认真审核把关，对达不到要求的，返回县（市、区）进一步修订。

至 2010 年 10 月，全省 140 个县（市、区）和 16 个经济开发区、高新技术开发区共 156 个区域单位全部完成了《名录》的补充、核实和校订工作，共收录抗日战争时期因战争因素造成的、查清姓名的伤亡人员 46 万余名。此后，中央党史研究室安排中共党史出版社对《名录》进行多次编校，但终因《名录》存在伤亡原因、伤亡地点等要素不规范、不完整和缺失较多等诸多因素，未能正式出版。

2014 年初，中央党史研究室组织展开新一轮抗损课题调研成果审核出版工作，并把《名录》纳入《抗日战争时期中国人口伤亡和财产损失调研丛书》第一批出版。按照中央党史研究室的部署要求，山东省抗损课题研究办公室组织力量对 2010 年整理编纂的《名录》再次进行认真审核，从中选择死难者信息比较完整、规范的 100 个县（市、区）死难者名录，组织力量集中进行编纂。在编纂中，删除了信息缺失较多的死难者死难原因、死难地点等要素，保留了信息比较完整的姓名、籍贯、性别、年龄、死难时间等 5 项要素。2014 年 8 月，《山东省百县（市、区）抗日战争时期死难者名录》编纂完成后，山东省抗损课题研究办公室将其下发各市和相关县（市、区）进行了再次核对。

山东省抗日战争时期人口伤亡和财产损失大型调研活动和《山东省百县（市、区）抗日战争时期死难者名录》的编纂工作是一项极其复杂的系统工程。这项工程自始至终按照中央党史研究室设定的调研项目、方法步骤和基本要求开展，自始至终得到中央党史研究室的精心指导，倾注着中央党史研究室领导和专家的智慧和心血；这项工程得到了全省各级各有关部门和广大基层干部的积极支持和热情参与，包含着全省数十万名调研人员的辛勤奉献和全省各级党史部门数百名编纂人员历时数年的艰辛付出。

在调研活动和《名录》编纂过程中，每位死难者的名字，都激起亲历者、知情人难以言尽的惨痛回忆和血泪控诉，他们的所说令人震颤、催人泪下。我们深知：通过系统、详尽、具体的调查，将当年山东人民的巨大伤亡和损失尽可能完整地记载下来，上可告慰死难者的冤魂亡灵，表达后人的祭奠和怀念，下可教育子孙后代"牢记历史、珍爱和平"。我们深感：对发生在六七十年前的巨大灾难进行调查，由于资料散失、在世证人越来越少，调查和研究的难度难以想象，但良心和责任驱使我们力求使调查更加扎实、有力、具体和准确，给历史、给子孙一个负责任的交代。由于对那场巨大的战争灾难进行调查研究，毕竟是一项复杂的浩大工程，需要经过一个长期的研究过程，我们对许多调研资料的梳理还不够细致全面，对调研资料的研究还需进一步深化，我们目前取得的调研成果和研究编纂成果，都与中央党史研究室的要求存在一定差距。我们将以对历史负责、对人民负责、对死难者负责、对子孙负责的态度，不断深化研究，陆续推出阶段性研究成果，为推动人类和平和文明进步作出应有的贡献。

山东省抗损课题研究办公室

山东省委党史研究室重大专项课题组

2014 年 8 月